bar examination bar examination bar examination bar examination

기록형 변호사시험 기출문제집

공법 / 민사법 / 형사법

고시계 편집국 편저

고시계사   www.Gosi-law.com
www.Eduall.kr

지난 2012년도에 역사적인 제1회 변호사시험이 치러졌고, 2014년 현재 제3회 변호사시험까지 시행되었습니다.

기존의 사법시험이 객관식 시험과 주관식 시험을 각각 1차시험과 2차시험으로 구분하여 시행되는 것과 달리, 현재의 변호사시험의 경우는 이 모두를 한번의 시험으로 치르게 됨으로써 가지게 되는 원생들의 부담은 배가 되었다고 볼 수 있습니다.

이러한 부담스런 시험유형에다 기록형 문제까지 소화하여야 하니, 그 어려움은 두말할 필요가 없습니다. 이러한 현실임에도 수험가에는 실제로 변호사시험을 제대로 준비하기 위한 수험서가 그리 많지 않는 형편입니다.

특히나 **기록형에서는 시간안배가 관건**입니다. 2시간 동안 50쪽의 방대한 기록자료를 검토하고 답안을 작성하여야 하기 때문에 철저한 기출문제의 분석은 반드시 필요합니다.

이러한 이유로, 지난 60년간 법조인 양성을 위한 양질의 정보제공을 해 오고 있는 월간 고시계와 고시계사에서 2015년도 제4회 변호사시험 대비를 위하여 2015년 대비 변호사시험 기록형 기출문제집(공법/민사법/형사법)을 이번에 출간하게 되었습니다.

이 책의 전체적인 구성은 고시계에 게재된 변호사시험 총 3회(제1회-2012년도, 제2회-2013년도, 제3회-2014년도)의 기출문제를 기본으로 하여 저명 교수님의 상세한 해설로 되어 있습니다.

이 책의 특징은 다음과 같습니다.

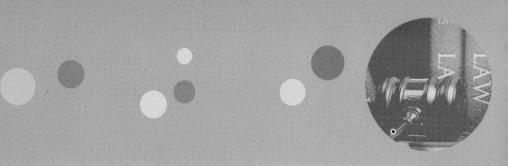

Preface

첫째, 각 과목의 상세한 해설은 저명 교수님들의 풍부하고 정확한 해설을 게재하여 수험가에 출간되어 있는 여타의 다른 기출문제집과 차별화를 꾀하였습니다.

둘째, 실제시험에서처럼 기록을 보면서 답안을 작성할 수 있는 느낌을 주기 위하여 해설답안은 『책속의 책』 형태로 편제하여 원생들의 편의를 도모하였습니다.

셋째, 실제시험에서 실체법과 절차법에 관련된 쟁점들이 출제되기 때문에 이에 대한 설명도 상세하게 해설에 첨부하였습니다.

넷째, 수험생들이 휴대하기 편리하게 공법, 민사법, 형사법을 한권으로 묶어 편제하였습니다. 차후에 분량이 많아지면 각 권으로도 출간할 예정입니다.

이 책을 이용하는 원생들에게 세가지 가지 당부의 말씀이 있습니다.

첫째로, 단순히 교수님 해설만 보지 말고, 설문 하나하나를 면밀하게 검토하면서 학습하기를 바랍니다.

둘째로, 만일에 다음번 출제에 기출문제가 어떻게 변형되어 출제될 것인가를 항상 머리속에 염두에 두면서 학습하기를 바랍니다.

셋째로, 평소에 기록검토와 답안작성연습을 하도록 원생들에게 부탁드립니다.

이 책은 여러 저명 교수님들의 혜안이 모여 이루어진 결정체입니다. 이 자리를 빌어 설문마다 일일이 자세하게 해설을 해 주신 여러 교수님들께 감사의 말씀을 드립니다.

부디 이 책이 변호사시험 합격에 일조하기를 바라며, 내용검토에 많은 도움을 주신 제3회 변호사시험 합격자분들께 감사를 드립니다.

2014년 6월
고시계 편집국

bar examination 변호사시험

Contents

변호사시험

공 법

민사법

형사법

변호사시험

■ 변호사시험 기출문제   공법
기록형

■ 2014년 제3회 변호사시험
■ 2013년 제2회 변호사시험
■ 2012년 제1회 변호사시험

공
법

2014년 제3회 변호사시험 기록형 기출문제

 문 제

1. 의뢰인의 아들 김동식을 위하여 김정의 변호사의 입장에서 <u>헌법소원심판청구서</u>를 주어진 양식에 따라 작성하시오. (80점)

2. 의뢰인의 아들 김동식을 위하여 김정의 변호사의 입장에서 대한중학교장의 각 처분의 취소를 구하는 소장의 '<u>청구취지</u>'와 '<u>청구원인</u>' 중 '<u>3. 이 사건 처분의 위법성</u>' 부분을 작성하시오. 다만, '3. 이 사건 처분의 위법성'에서는 처분의 근거가 된 <u>법령의 위헌·위법성을 다투는 내용을 제외할 것</u>. (20점)

┃작성요령 및 주의사항

1. 참고자료로 제시된 법령은 가상의 것으로, 이에 근거하여 작성할 것. 이와 다른 내용의 현행 법령이 있다면 제시된 법령이 현행 법령에 우선하는 것으로 할 것.
2. 기록에 나타난 사실관계만을 기초로 하고, 그것이 사실임을 전제로 할 것.
3. 기록 내의 각종 서류에는 필요한 서명, 날인, 무인, 간인, 정정인이 있는 것으로 볼 것.
4. 송달이나 접수, 통지, 결재가 필요한 서류는 모두 적법한 절차를 거친 것으로 볼 것.
5. (생략)이나 ☐☐☐☐ 로 표시된 것은 모두 기재된 것으로 볼 것.
6. 헌법소원심판청구서의 작성일과 제출일은 2014. 1. 3.로 할 것.
7. 서술어는 경어를 사용할 것.

※ 답안의 첨부서류에는 적법요건에 관한 것만 기재하고, 서류명은 목차에 있는 것으로 할 것.

헌법소원심판청구서 양식

헌법소원심판청구서

청 구 인

청 구 취 지

당 해 사 건

위헌이라고 해석되는 법률조항

청 구 이 유

Ⅰ. 쟁점의 정리

Ⅱ. 적법요건의 구비 여부

Ⅲ. 위헌이라고 해석되는 이유

Ⅳ. 결 론

첨 부 서 류

20XX.   .   .

청구인의 대리인   (인)

귀중

소장 양식

소　　장

원　　　고

피　　　고

퇴학처분등 취소의 소

청　구　취　지

청　구　원　인

1. 이 사건 처분의 경위

2. 이 사건 소의 적법성

3. 이 사건 처분의 위법성

4. 결론

입　증　방　법

첨　부　서　류

2013. 7. 15.

원고 ＿＿＿＿＿＿＿＿(인)

서울행정법원 귀중

공법

참고법령

학교폭력예방 및 대책에 관한 법률(발췌)
(2012. 12. 28. 법률 제12345호로 전부개정된 것)

제1조(목적) 이 법은 학교폭력의 예방과 대책에 필요한 사항을 규정함으로써 피해학생의 보호, 가해학생의 선도·교육 및 피해학생과 가해학생 간의 분쟁조정을 통하여 학생의 인권을 보호하고 학생을 건전한 사회구성원으로 육성함을 목적으로 한다.

제2조(정의) 이 법에서 사용하는 용어의 정의는 다음 각 호와 같다.
1. "학교폭력"이란 학교 내외에서 학생을 대상으로 발생한 상해, 폭행, 감금, 협박, 약취·유인, 명예훼손·모욕, 공갈, 강요·강제적인 심부름 및 성폭력, 따돌림, 사이버 따돌림, 정보통신망을 이용한 음란·폭력 정보 등에 의하여 신체·정신 또는 재산상의 피해를 수반하는 행위를 말한다.
2. "학교"란 「초·중등교육법」 제2조에 따른 초등학교·중학교·고등학교·특수학교 및 각종학교와 같은 법 제61조에 따라 운영하는 학교를 말한다.
3. "가해학생"이란 가해자 중에서 학교폭력을 행사하거나 그 행위에 가담한 학생을 말한다.
4. "피해학생"이란 학교폭력으로 인하여 피해를 입은 학생을 말한다.

제3조(해석·적용의 주의의무) 이 법을 해석·적용함에 있어서 국민의 권리가 부당하게 침해되지 아니하도록 주의하여야 한다.

제5조(다른 법률과의 관계) ① 학교폭력의 규제, 피해학생의 보호 및 가해학생에 대한 조치와 그 절차에 대하여는 다른 법률의 규정에 우선하여 이 법을 적용한다.
② 제2조 제1호 중 성폭력은 다른 법률에 규정이 있는 경우에는 이 법을 적용하지 아니한다.

제12조(학교폭력대책자치위원회의 설치·기능) ① 학교폭력의 예방 및 대책에 관련된 사항을 심의하기 위하여 학교에 학교폭력대책자치위원회(이하 "자치위원회"라 한다)를 둔다.
② 자치위원회는 학교폭력의 예방 및 대책 등을 위하여 다음 각 호의 사항을 심의한다.
　　1. 학교폭력의 예방 및 대책수립을 위한 학교 체제 구축
　　2. 피해학생의 보호
　　3. 가해학생에 대한 선도 및 징계

4. 피해학생과 가해학생 간의 분쟁조정

5. 그 밖에 대통령령으로 정하는 사항

제13조(자치위원회의 구성·운영) ① 자치위원회는 위원장 1인을 포함하여 5인 이상 10인 이하의 위원으로 구성한다. (이하생략)

② 자치위원회는 분기별 1회 이상 회의를 개최하고, 자치위원회의 위원장은 다음 각 호의 어느 하나에 해당하는 경우에 회의를 소집하여야 한다.

1. 자치위원회 재적위원 4분의 1 이상이 요청하는 경우

2. 학교의 장이 요청하는 경우

3. 피해학생 또는 그 보호자가 요청하는 경우

4. 학교폭력이 발생한 사실을 신고받거나 보고받은 경우

5. 가해학생이 협박 또는 보복한 사실을 신고받거나 보고받은 경우

6. 그 밖에 위원장이 필요하다고 인정하는 경우

③ 자치위원회는 회의의 일시, 장소, 출석위원, 토의내용 및 의결사항 등이 기록된 회의록을 작성·보존하여야 한다.

제17조(가해학생에 대한 조치) ① 자치위원회는 피해학생의 보호와 가해학생의 선도·교육을 위하여 가해학생에 대하여 다음 각 호의 어느 하나에 해당하는 조치(수 개의 조치를 병과하는 경우를 포함한다)를 할 것을 학교의 장에게 요청하여야 한다.

1. 피해학생에 대한 서면사과

2. 피해학생 및 신고·고발 학생에 대한 접촉, 협박 및 보복행위의 금지

3. 학교에서의 봉사

4. 사회봉사

5. 학내외 전문가에 의한 특별 교육이수 또는 심리치료

6. 출석정지

7. 학급교체

8. 전학

9. 퇴학처분

②~③ (생략)

④ 학교의 장은 가해학생에 대한 선도가 긴급하다고 인정할 경우 우선 제1항제1호부터 제3호까지와 제5호 중 어느 하나의 조치를 할 수 있으며, 이 경우 자치위원회에 즉시 보고하여 추인을 받아야 한다.

⑤ 자치위원회는 제1항에 따른 조치를 요청하기 전에 가해학생 및 보호자에게 의견진술의 기회를 부여하는 등 적정한 절차를 거쳐야 한다.

⑥ 제1항에 따른 요청이 있는 때에는 학교의 장은 14일 이내에 해당 조치를 하여야 한다.

⑦ 제4항에 따른 조치에도 불구하고 가해학생이 이를 거부하거나 회피하는 때에는 학교의 장은 자치위원회의 심의를 거쳐 제1항 제4호, 제6호부터 제9호까지 중 어느 하나의 조치를 하여야 한다. 다만, 제9호의 퇴학처분은 다음 각 호의 어느 하나에 해당하는 자에 한하여 행하여야 한다.
  1. 품행이 불량하여 개전의 가망이 없다고 인정된 자
  2. 정당한 이유 없이 수업일수의 3분의 1을 초과하여 출석하지 아니한 자
⑧ 학교의 장이 제4항, 제6항, 제7항의 조치를 할 때에는 그 근거와 이유를 제시하여 가해학생과 그 보호자에게 통지하여야 한다.

교육기본법
(2012. 3. 21. 법률 제12234호로 일부개정된 것)

제1조(목적) 이 법은 교육에 관한 국민의 권리·의무 및 국가·지방자치단체의 책임을 정하고 교육제도와 그 운영에 관한 기본적 사항을 규정함을 목적으로 한다.

제2조(교육이념) 교육은 홍익인간의 이념 아래 모든 국민으로 하여금 인격을 도야하고 자주적 생활능력과 민주시민으로서 필요한 자질을 갖추게 함으로써 인간다운 삶을 영위하게 하고 민주국가의 발전과 인류공영의 이상을 실현하는 데에 이바지하게 함을 목적으로 한다.

제3조(학습권) 모든 국민은 평생에 걸쳐 학습하고, 능력과 적성에 따라 교육 받을 권리를 가진다.

제4조(교육의 기회균등) ① 모든 국민은 성별, 종교, 신념, 인종, 사회적 신분, 경제적 지위 또는 신체적 조건 등을 이유로 교육에서 차별을 받지 아니한다.
② 국가와 지방자치단체는 학습자가 평등하게 교육을 받을 수 있도록 지역 간의 교원 수급 등 교육 여건 격차를 최소화하는 시책을 마련하여 시행하여야 한다.

제5조(교육의 자주성 등) ① 국가와 지방자치단체는 교육의 자주성과 전문성을 보장하여야 하며, 지역 실정에 맞는 교육을 실시하기 위한 시책을 수립·실시하여야 한다.
② 학교운영의 자율성은 존중되며, 교직원·학생·학부모 및 지역주민 등은 법령으로 정하는 바에 따라 학교운영에 참여할 수 있다.

제6조(교육의 중립성) ① 교육은 교육 본래의 목적에 따라 그 기능을 다하도록 운영되어야 하며, 정치적·파당적 또는 개인적 편견을 전파하기 위한 방편으로 이용되어서는 아니

된다.

② 국가와 지방자치단체가 설립한 학교에서는 특정한 종교를 위한 종교교육을 하여서는 아니 된다.

제7조(교육재정) ① 국가와 지방자치단체는 교육재정을 안정적으로 확보하기 위하여 필요한 시책을 수립·실시하여야 한다.

② 교육재정을 안정적으로 확보하기 위하여 지방교육재정교부금 등에 관하여 필요한 사항은 따로 법률로 정한다.

제8조(의무교육) ① 의무교육은 6년의 초등교육과 3년의 중등교육으로 한다.

② 모든 국민은 제1항에 따른 의무교육을 받을 권리를 가진다.

제9조(학교교육) ① 유아교육·초등교육·중등교육 및 고등교육을 하기 위하여 학교를 둔다.

② 학교는 공공성을 가지며, 학생의 교육 외에 학술 및 문화적 전통의 유지·발전과 주민의 평생교육을 위하여 노력하여야 한다.

③ 학교교육은 학생의 창의력 계발 및 인성 함양을 포함한 전인적 교육을 중시하여 이루어져야 한다.

④ 학교의 종류와 학교의 설립·경영 등 학교교육에 관한 기본적인 사항은 따로 법률로 정한다.

초·중등교육법

(2012. 3. 21. 법률 제12235호로 일부개정된 것)

제1조(목적) 이 법은 「교육기본법」 제9조에 따라 초·중등교육에 관한 사항을 정함을 목적으로 한다.

제2조(학교의 종류) 초·중등교육을 실시하기 위하여 다음 각 호의 학교를 둔다.

1. 초등학교·공민학교
2. 중학교·고등공민학교
3. 고등학교·고등기술학교
4. 특수학교
5. 각종학교

수임번호 2013-431	**법률상담일지**		2013. 7. 10
의 뢰 인	김갑동	의뢰인 전화	010-4545-4545
의뢰인 주소	서울 서초구 잠원로 25	의뢰인 전송	

상 담 내 용

1. 의뢰인의 아들 김동식은 서울 서초구 반포로 45에 있는 공립학교인 대한중학교 2학년 3반에 재학중이다. 대한중학교장은 2013. 6. 21. 김동식이 같은 반 급우인 조민우를 학년 초부터 지금까지 지속적으로 괴롭혔다는 이유로 그의 보호자인 의뢰인과 그의 처 이순희를 학교로 불러 김동식과 함께 상담한 후, 김동식이 3일 이내에 조민우에게 서면으로 사과할 것을 명하고 김동식과 의뢰인 부부에게 그와 같은 내용으로 작성된 서면사과명령서를 교부하였다.

2. 이후 의뢰인은 김동식으로부터 조민우와 몇 차례 말싸움을 한 적은 있지만 그를 괴롭히거나 때린 사실이 전혀 없기 때문에 사과와 반성의 뜻이 담긴 서면사과문을 절대로 작성할 수 없다는 말을 들었고, 평소 김동식이 결석을 단 한 번도 하지 않을 정도로 착실하게 학교생활을 해왔기 때문에, 처인 이순희와 상의하여 교장의 서면사과명령에 따르지 않기로 결정하였다. 그리고 의뢰인 부부는 교장을 찾아가 서면사과명령에 따르지 않을 것임을 분명히 함과 동시에 서면사과명령이 조민우의 일방적 주장에 근거한 편파적인 조치라고 항의하였다.

3. 이러한 항의를 접한 대한중학교장은 학교폭력대책자치위원회 위원장에게 김동식이 자신의 가해사실을 전혀 인정하지 않을 뿐 아니라 피해학생인 조민우를 다시 괴롭힐 수도 있어 우선적인 긴급선도조치로서 서면사과명령을 발령하였다는 사실, 서면사과명령에도 불구하고 김동식 및 의뢰인 부부가 응하지 않은 사실, 그 이후에도 김동식이 반성하지 않고 수업시간에 면학 분위기를 저해하고 있다는 사실을 알리고, 위 서면사과명령의 추인과 김동식에 대한 추가적인 징계를 위하여 자치위원회의 소집을 요청하였다.

4. 이에 2013. 7. 3. 소집된 자치위원회는 대한중학교장의 보고를 받고, 김동식 및 의뢰인 부부의 변명을 들은 다음, 위 서면사과명령의 추인과 함께 김동식에 대한 퇴학처분을 의결하여 같은 날 대한중학교장에게 퇴학처분조치를 요청하였다.

5. 이러한 요청에 따라 대한중학교장은 김동식에게 퇴학을 명하는 처분을 하였고, 퇴학처

분통지서를 교부받은 의뢰인은 상담을 위하여 본 법무법인 사무실을 방문하였다.

6. 의뢰인 희망사항 : 의뢰인은 대한중학교장의 서면사과명령과 퇴학처분이 부당하므로 이를 취소하고, 김동식이 다시 학교에 다닐 수 있기를 희망한다.

법무법인 진리(담당변호사 김정의)

전화 02-555-6789, 전송 02-555-6790, 전자우편 justicekim@truthlaw.com

서울 서초구 서초중앙로 200 진리빌딩 2층

	소송위임장	
사 건	퇴학처분등 취소	
원 고	김동식	
피 고	대한중학교장	
	위 사건에 관하여 다음 표시 수임인을 소송대리인으로 선임하고, 다음 표시에서 정한 권한을 수여합니다.	
수 임 인	법무법인 진리 서울 서초구 서초중앙로 200 진리빌딩 2층 전화 02-555-6789 전송 02-555-6790	
수권사항	1. 일체의 소송행위 1. 반소의 제기 및 응소, 상소의 제기, 동 취하 1. 소의 취하, 화해, 청구의 포기 및 인낙, 참가에 의한 탈퇴 1. 복대리인의 선임 1. 목적물의수령 1. 공탁물의 납부, 공탁물 및 이자의 반환청구와 수령 1. 담보권의 행사 최고 신청, 담보 취소 신청, 동 신청에 대한 동의, 담보 취소 결정 정본의 수령, 동 취소결정에 대한 항고권 포기 1. 강제집행신청, 대체집행신청, 가처분, 가압류 등 보전처분과 관련한 모든 소송 행위 1. 인지환급금의 수령에 관한 행위, 소송비용액확정결정신청 등 1. 등록사항별 증명서, 주민등록등·초본, 기타 첨부서류 발급에 관한 행위	
	2013. 7. 10	
위 임 인		
	서울행정법원 귀중	

담 당 변 호 사 지 정 서

사 건	퇴학처분등 취소
원 고	김동식
피 고	대한중학교장

위 사건에 관하여 당 법인은 원고의 소송대리인으로서 변호사법 제50조
제1항에 따라 그 업무를 담당할 변호사를 다음과 같이 지정합니다.

담당변호사	변호사 김정의

2013. 7. 10.

법무법인 진 리
대표변호사 송평화

법무
법인
진리

서울 서초구 서초중앙로 200 진리빌딩 2층
전화 02-555-6789 전송 02-555-6790

서울행정법원 귀중

법무법인 진리 내부회의록

일   시 : 2013. 7. 11. 14:00 ~ 15:00
장   소 : 법무법인 진리 소회의실
참석자 : 이기자 변호사(송무팀장), 김정의 변호사

이 변호사 : 다음은 김동식 학생 사건과 관련하여 논의할까요? 의뢰인의 요구사항이 무엇이던가요?

김 변호사 : 의뢰인의 아들이 같은 반 친구를 지속적으로 괴롭혔다는 이유로 학교장으로부터 서면사과명령을 받았고, 명령에 따르지 않겠다고 하자 퇴학처분을 당하였습니다. 그런데 의뢰인은 자신의 아들이 피해학생인 조민우와 몇 차례 말싸움을 한 적이 있긴 하지만 때리거나 괴롭힌 적은 없다고 합니다. 그리고 의뢰인이 같은 반의 다른 친구들에게도 물어보니 김동식이 피해학생을 때리거나 괴롭히는 등의 행위를 하는 것을 보지 못했다고 합니다.

이 변호사 : 그래서 의뢰인을 위하여 어떤 구제절차를 생각하고 있나요?

김 변호사 : 서울행정법원에 서면사과명령처분과 퇴학처분에 관한 행정소송을 제기하고자 합니다.

이 변호사 : 당연히 그래야겠지요. 그런데, 혹시 서면사과명령과 퇴학처분의 사전통지절차에 관해서 문제가 없던가요?

김 변호사 : 그렇지 않아도 그 부분에 대하여 검토를 해보았습니다. 「학교폭력 예방 및 대책에 관한 법률」제5조 제1항에서는 가해학생에 대한 조치에 대하여 그 법률에서 정한 절차를 다른 법률에 우선하여 적용하게 되어 있습니다. 그리고 의뢰인에게 알아본 결과 사전통지절차에 관해서는 별다른 법적인 문제점을 찾지 못했습니다.

이 변호사 : 그러면 사과명령처분과 퇴학처분의 근거가 되는 법률조항에 헌법적으로 문제가 되는 것은 없는지 검토해 보았나요?

김 **변호사** : 예. 검토해 보았는데, 헌법적인 쟁점이 많이 있는 것 같습니다. 그래서 저는 일단 위 처분들에 대한 행정소송을 제기하여 처분들이 위법하다고 다투면서 위 처분들의 근거가 되는 법률조항들에 대한 위헌제청을 신청할 생각입니다.

이 **변호사** : 행정법원이 위헌제청 신청을 받아들이지 않을 것을 대비해서 다른 구제수단이 있는지도 생각해 보시기 바랍니다. 쟁점이 많네요. 잘 검토해 주시기 바랍니다.

김 **변호사** : 네, 잘 알겠습니다.

이 **변호사** : 그럼, 이상으로 오늘 회의를 마치겠습니다. 끝.

서면사과명령서

인적사항	성 명	김동식 (金東植) (1999. 4. 5.생)
	학년 / 반	2학년 3반
	보 호 자	김갑동, 이순희
	주 소	서울 서초구 잠원로 25

위 김동식 학생은 피해학생인 2학년 3반 조민우에게 3일 이내에 서면으로 사과할
것을 명합니다.

2013. 6. 21.

대한중학교장 [대한중학교장인]

<2013년도 제3회>

회 의 록

일　시 : 2013. 7. 3. 15:00

장　소 : 대한중학교 회의실

참석자 : 위원장 이정현

　　　　위원 정지원, 박사랑, 주성만, 송윤서

　　　　대한중학교장 하경우, 가해학생 김동식 및 부모 김갑동 · 이순희

작성자 : 간사 김영수

대한중학교 학교폭력대책자치위원회

위원장 : 성원이 되었으므로 2013년도 제3회 대한중학교 학교폭력대책자치위원회를 개최합니다. 이번 회의는 학교장의 요청에 의하여 소집된 것입니다. 먼저 교장선생님의 보고가 있겠습니다.

학교장 : 우선 보고에 앞서 학교에 불미스러운 일이 발생하여 여러 위원님들께 심려를 끼친 점 사과드립니다. 저희 학교 2학년 3반 담임선생님이 피해자 조민우 학생의 요청으로 상담을 하는 과정에서 같은 반의 급우인 김동식 학생으로부터 지속적으로 괴롭힘을 당했다는 사실을 알고 저에게 보고하였습니다. 그래서 제가 진상을 파악해본 결과 심각한 일이라고 판단되어 2013. 6. 21. 김동식 학생의 부모를 학교로 모셔서 상담을 하고 선도에 긴급한 조치로서 김동식 학생에게 3일 이내에 서면으로 사과할 것을 명하였습니다. 따라서 서면사과명령에 대하여 위원회의 추인을 받고자 이 사실을 보고합니다.

위원장 : 보고 잘 들었습니다. 피해학생과 가해학생 모두를 상담하였나요?

학교장 : 담임선생님께서 먼저 만나고 제가 추가로 상담하여 내용을 확인하였고, 피해학생과 가해학생의 진술서를 이 자리에 가져왔습니다.

위원장 : 위원님들! 서면사과명령 추인 요청 건에 대해 이견 있으시면 말씀해주시기 바랍니다.

위원들 중 이견을 개진한 사람은 없고, 추인에 동의하다.

위원장 : 그럼 김동식에 대한 서면사과명령이 추인되었음을 의결합니다. 다음 안건에 대하여 교장선생님께서 설명해주시기 바랍니다.

학교장 : 앞에서 말씀드린 것처럼 김동식 학생에게 서면사과를 명하자 김동식 학생과 부모님이 함께 저를 찾아와서 왜 조민우 학생의 말만 믿고 편파적인 조치를 하느냐고 항의하면서 절대로 사과하지 않겠다고 했습니다. 그 이후 김동식 학생은 담임선생님 말씀도 잘 따르지 않고 수업시간에 일부러 딴청을 피우는 일이 많았다고 합니다. 그래서 담임선생님이 여러 차례 타일렀으나 이제 더 이상 타이르는 것만으로는 어렵겠다고 저에게 하소연하고 있습니다. 그러니 여러 위원님들께서는 김동식 학생에게 취할 합당한 조치를 논의하여 주시기 바랍니다.

위원장 : (회의장 밖에 대기 중이던 김동식 학생 및 그 부모인 김갑동과 이순희를 입장
시키고) 교장선생님께서 김동식 학생에 대한 추가적인 조치를 요청하였습니다.
이에 대하여 김동식 학생과 부모님께서 하실 말씀이 있으면 차례로 말씀해주시
기 바랍니다.

김갑동 : 서면사과명령서를 받은 날 밤에 아들의 이야기를 들었습니다. 아들은 조민우
와 솔직히 몇 차례 티격태격 말싸움을 한 적은 있지만 조민우의 말처럼 지속
적으로 괴롭히거나 때린 적이 없다고 합니다. 제가 생각하기에도 아들은 절대
그럴 애가 아닙니다. 얼마 전 집에서 기르던 강아지가 심하게 아픈 적이 있었
습니다. 그때 우리 애는 끙끙거리며 앓고 있는 강아지가 애처로워 울면서 밤
새 그것을 품에 꼭 끌어안고 어쩔 줄을 몰라 했습니다. 한낱 미물에게도 연민
과 동정에 사무치는 아이가 사람을 때리고 괴롭히다니……. 그리고 우리 아
들은 지금까지 단 한 번도 결석이나 지각을 하지 않을 정도로 착실한 아이입
니다. 좋습니다. 우리 애가 조민우 학생을 몇 대 때렸다고 칩시다. 아이들끼리
가벼운 다툼 끝에 몇 대 때린 것을 가지고 어린 학생에게 징계를 한다니 너무
심한 것 아닙니까! 절대 수긍 못 합니다.

김동식 : 저는 민우와 진짜 친한 친구라 생각했는데, 민우가 이렇게 나오니 정말 억울해
요. 같이 다니면서 몇 번 말다툼을 한 적은 있지만, 제가 친구 민우를 왜 때리
고 괴롭히겠어요? 저는 그런 적 절대 없어요. 정말 민우가 왜 그러는지 모르겠
네요. 진짜 억울해요.

위원장 : 위원님들! 김동식 학생과 부모님께 질문할 것이 있습니까?

위원들 : 별다른 질문 없습니다.

위원장 : (김동식과 김갑동, 이순희를 퇴실시키고) 위원님들! 김동식 학생에게 취할 조
치를 논의하여 주시기 바랍니다.

위원 주성만 : 가해학생 때문에 조민우 학생이 육체적 피해뿐만 아니라 정신적인 고통도
많이 받은 것 같습니다. 교장의 서면사과명령도 따르지 않고 학교 분위기
도 말이 아니고요. 오늘 부모님이 하는 태도를 보십시오. 격리가 필요하다
고 봅니다.

위원 박사랑 : 그래도 어린 학생인데 선처하는 것이 좋다고 생각합니다.

위원장 : (다른 의견 없음을 확인하고) 심의를 마치고 표결을 하도록 하겠습니다.

위원장 : (투표용지를 확인하고) 퇴학 4표, 출석정지 1표가 나왔습니다. 개표 결과 법령상
의 의결요건을 충족하였으므로 학교장에게 가해학생을 퇴학시키라고 요청하겠습
니다. 여러분! 수고 많으셨습니다. 이상으로 2013학년도 제3회 대한중학교 학교
폭력대책자치위원회를 마치겠습니다. 끝.

진 술 서

이름 : 김동식

학년/반 : 2학년 3반

　저는 대한중학교 2학년 3반 김동식입니다. 조면우는 2학년 들어서 처음으로 알게 되었는데 같은 동네 살더라구요. 그래서 함께 학교에서 집으로 다녔어요. 그런데, 알고 보니 되게 바보같고 답답해요. 제가 갑자기 돈이 급해서 빌려달라고 하면 치사하게 빌려주지 않는 거예요. 그래서 두 번인가 싸운 적은 있어요. 그렇지만 때리지는 않았어요. 말로만 싸웠어요.

그게 전부예요. 면우가 선생님께 왜 그렇게 말했는지 모르겠어요. 억울해요.

2013년 5월 31일

김동식

진 술 서

이름 : 조현우

학년/반 : 2학년 3반

저는 대한중학교 2학년 3반 조현우입니다. 같은 반 친구인 김동식으로부터 같은 반이 된 이후 줄곧 괴롭힘을 당하고 있어 그 사실에 대해 다음과 같이 말씀드립니다.

김동식이라는 2학년 같은 반이 된 후 처음 알게 되었는데, 같은 동네에 사는 관계로 등하교를 하면서 자주 마주치게 되어 금방 친하게 지냈습니다. 3월쯤 인가 수업을 마치고 함께 집으로 가는데, 김동식이 급히 돈이 필요하다고 하면서 내일 아침에 갚을 테니 2만 원을 빌려달라고 하여 마침 아침에 어머니로부터 받은 책값이 생각나 내일 아침까지는 꼭 달라고 하면서 2만 원을 빌려주었습니다. 그런데 다음 날 아침에 김동식이 돈을 갚지 않아 오후에 함께 집에 오면서 조심스럽게 돈을 달라고 하였지만, 김동식은 깜빡 잊었다고 하면서 내일은 꼭 갚겠다고 하였고, 그 후로도 하루하루 그렇게 변명을 하면서 돈을 갚지 않았습니다. 그래서 일주일쯤이 지나 더 이상은 안 되겠다고 생각한 나머지 김동식에게 어머니께 말씀드리겠다고 하였는데, 갑자기 주먹으로 얼굴과 가슴을 마구 때리면서 돈을 갚지 않은 것을 부모님이나 선생님께 알리면 오늘보다도 더 심하게 맞을 거라고 겁을 주었습니다.

그 후로부터 김동식은 학교를 오가면서 군것질을 할 때마다 저에게 돈을 내라고 하였고, 수업시간에 필요한 준비물도 꼭 자기 것까지 챙겨오라고 하면서 만약 가지고 오지 않으면 그 자리에서나 집으로 가는 길에 폭을 하면서 주먹이나 발로 때렸습니다. 생각해보니 3월 말부터 김동식에 관한 일로 담임선생님과 상담한 날까지 거의 매일 김동식으로부터 군것질 비용이나 학용품 값으로 돈을 빼앗겼거나 맞았습니다.

이 일로 담임선생님과 상담을 하기 전까지 많은 고민을 하였지만, 더 이상 참아서 해결될 일이 아니라고 생각해서 먼저 부모님과 상의한 후 어머니와 함께 담임선생님을 찾아가 상담을 하게 되었습니다.

지금까지 제가 한 말은 모두 거짓이 아님을 맹세합니다.

2013년 5월 31일

조현우

조 치 요 청 서

<table>
<tr><td rowspan="3">가해학생
인적사항</td><td colspan="2">성 명 (한글) 김동식
(한자) 金陳植</td><td>생년월일</td><td>1999. 4. 5.</td></tr>
<tr><td>학년/반</td><td colspan="3">2학년 3반</td></tr>
<tr><td>주 소</td><td colspan="3">서울 서초구 잠원로 25</td></tr>
<tr><td rowspan="4">보 호 자</td><td>성 명</td><td>김갑동
이순희</td><td>학생과의
관계</td><td>아버지
어머니</td></tr>
<tr><td>주 소</td><td colspan="3">서울 서초구 잠원로 25</td></tr>
<tr><td rowspan="2">전 화
번 호</td><td>자 택</td><td colspan="2">02-5300-4545</td></tr>
<tr><td>휴대전화</td><td colspan="2">010-4545-4545</td></tr>
<tr><td>요청조치</td><td colspan="4">퇴 학</td></tr>
<tr><td>사 유</td><td colspan="4">품행 불량</td></tr>
</table>

위와 같이 학교폭력의 가해학생에 대한 조치를 요청합니다.

2013년 7월 3일

위원장 이 정 현

위 원 정 지 원

박 사 랑

주 성 민

송 윤 서

대한중학교 학교폭력대책자치위원회 위원장

대한중학교장 귀중

징계처분통지서

수신자	가해학생	성 명	김동식	소 속	2학년 3반
			金偂植	생년월일	1999. 4. 5.
		주 소	서울 서초구 잠원로 25		
	보호자	성 명	김갑동 이순희	학생과의 관 계	아버지 어머니
		주 소	서울 서초구 잠원로 25		
		연 락 처	(자택) 02-5300-4545 (휴대전화) 010-4545-4545		

위 학생에 대하여 학교폭력대책자치위원회의 요청에 따라
213. 7. 5. 퇴학처분하였음을 통지합니다.

○ 덧붙임 : 징계처분서 1통

2013년 7월 5일

대한중학교장 [대한중
학교장
인]

징 계 처 분 서

<table>
<tr><td rowspan="3">인적사항</td><td rowspan="2">성 명</td><td>김동식</td><td>소 속</td><td>2학년 3반</td></tr>
<tr><td>金陳植</td><td>생년월일</td><td>1999. 4. 5.</td></tr>
<tr><td>주 소</td><td colspan="3">서울 서초구 잠원로 25</td></tr>
<tr><td rowspan="3">보호자</td><td>성 명</td><td>김갑동
이순희</td><td>학생과의
관 계</td><td>아버지
어머니</td></tr>
<tr><td>주 소</td><td colspan="3">서울 서초구 잠원로 25</td></tr>
<tr><td>연 락 처</td><td colspan="3">(자택) 02-5300-4545
(휴대전화) 010-4545-4545</td></tr>
<tr><td>징계내역</td><td colspan="4">퇴 학</td></tr>
<tr><td>징계사유</td><td colspan="4">품행 불량</td></tr>
</table>

위 학생에 대하여 위와 같이 처분함.

2013년 7월 5일

대한중학교장

수령증

대한중학교 2학년 3반 김동식에 대한 징계처분서와 징계처분 통지서 각각 2통을 정히 수령함.

2013. 7. 8.

수령자 · 보호자 김갑동 **Kimkapdong**

보호자 이순희 **이순희**

본 인 김동식 **김동식**

전달 확인자

소 속 대한중학교 행정실
성 명 이 배 달 (010-3456-****)

대한중학교장 귀하

서 울 행 정 법 원

변 론 조 서

2차

사　　건　　2013구합246 퇴학처분등 취소

재 판 장　판사　이 명 판　　　기　　　일 : 2013. 12. 5. 14:00

　　　　　　　판사　박 중 립　　　장　　　소 : 제215호 법정

　　　　　　　판사　김 공 정　　　공개 여부 :　공　개

법원주사보　이 사 무　　　　　고지된
　　　　　　　　　　　　　　　　다음 기일 : 2014. 1. 9. 10:00

사건과 당사자들 호명

원고　대리인 [　　　　　　]　　　　　　　　　　　출석

피고　대리인 변호사　송영서　　　　　　　　　　　　　출석

증거관계 별지와 같음(원고증인 등)

변론속행

　　　　　　법원 주사보　　　이 사 무 (인)

　　　　　　재판장 판사　　　이 명 판 (인)

위헌법률심판제청신청

신 청 인   김 동 식
             서울 서초구 잠원로 25
             (이하 생략)

신 청 취 지

[   ] 의 위헌 여부에 대한 심판을 제청한다.

라는 결정을 구합니다.

신 청 이 유

(생략)

2013. 10. 31.

위 신청인의 대리인 [   ] (인)

서울행정법원 제1부 귀중

서 울 행 정 법 원

제 1 부

결 정

사　　건	2013아135 위헌제청신청
신 청 인	김 동 식
	서울 서초구 잠원로 25
	(이하 생략)
당해사건	서울행정법원 2013구합246 퇴학처분등 취소

주 문

신청인의 위헌법률심판제청신청을 기각한다.

이 유

(생략)

그렇다면 이 사건 신청은 이유 없으므로 기각하기로 하여 주문과 같이 결정한다.

2013. 11. 28.

재판장 판사 　이 명 판
　　　　판사 　박 중 립
　　　　판사 　김 공 정

주 민 등 록 표

(등 본)

이 등본은 세대별 주민등록표의 원본
내용과 틀림없음을 증명합니다.

2013년 12월 10일

세대주	김 갑 동	세대구성 사유 및 일자	전입세대구성 2012-2-20
번호	주 소 (통/반)		전입일 / 변동일 변 동 사 유
현주소 전입	서울특별시 서초구 잠원로 25 2012-2-20/2012-2-20		전입
현주소	서울특별시 서초구 잠원로 25		

번호	세대주 관계	성 명 주민등록번호	전입일/변동일	변 동 사 유
1	본 인	김갑동 710803-1******		
2	처	이순희 711215-2******		
3	자	김동식 990405-1******		
		= 이 하 여 백 =		

서기 2013년 12월 10일

서울특별시 서초구 잠원동장 [잠원동
장의인]

수입 증지
350원
서울특별시

대리인선임서

사 건	헌법소원심판청구
원 고	김동식
피청구인	

위 사건에 관하여 다음 표시 수임인을 대리인으로 선임하고,
다음 표시에서 정한 권한을 수여합니다.

수 임 인	법무법인 진리 서울 서초구 서초중앙로 200 진리빌딩 2층 전화 02-555-6789 전송 02-555-6790
수권사항	1. 일체의 소송행위 1. 반소의 제기 및 응소, 상소의 제기, 동 취하 1. 소의 취하, 화해, 청구의 포기 및 인낙, 참가에 의한 탈퇴 1. 복대리인의 선임 1. 목적물의 수령 1. 공탁물의 납부, 공탁물 및 이자의 반환청구와 수령 1. 담보권의 행사 최고 신청, 담보 취소 신청, 동 신청에 대한 동의, 담보 취소결정 정본의 수령, 동 취소결정에 대한 항고권 포기 1. 강제집행신청, 대체집행신청, 가처분, 가압류 등 보전처분과 관련한 모든 소송 행위 1. 인지환급금의 수령에 관한 행위, 소송비용액확정결정신청 등 1. 등록사항별 증명서, 주민등록등·초본, 기타 첨부서류 발급에 관한 행위 1. 헌법소원심판청구와 관련된 모든 소송행위
	2013. 12. 10
위 임 인	
헌법재판소 귀중	

담 당 변 호 사 지 정 서

사　　건	헌법소원심판청구
청 구 인	김동식
피청구인	

위 사건에 관하여 당 법인은 청구인의 대리인으로서 변호사법 제50조 제1항에 의하여 그 업무를 담당할 변호사를 다음과 같이 지정합니다.

담당변호사	변호사 김정의

2013. 12. 10

법무법인　진　리
대표변호사 송평화

법무
법인
진리

서울 서초구 서초중앙로 200 진리빌딩 2층
전화 02-555-6789, 전송 02-555-6790

헌법재판소 귀중

송달증명원

사　건	2013아135 위헌제청신청
신 청 인	김동식
피신청인	

위 사건에 관하여(판결, (결정), 명령, 화해조서, 인낙조서, 조정조서, 기타:　　　)
에 대한 아래의 신청에 따른 제 증명을 발급하여 주시기 바랍니다.

2013. 12. 13.

신청인 소송대리인 [　　　　] (인)

신청할 제 증명 사항을 신청번호에 ○표하시고,
필요한 통수와 발급 대상자의 성명을 기재합니다.

신청 번호	발급 통수	신청의 종류	비　고
1		집행문부여	
②	1	송달증명	*2013. 12. 6. 송달*
3		확정증명	
4		승계증명	
5		재판서·조서의 정본·등본·초본	

서울행정법원 귀중

위 증명문서를 틀림없이 수령하였습니다.	2013. 12. 13.	수령인 [　　　　] (인)

공법

참고자료 - 달력

■ 2013년 2월 ~ 2014년 1월

2013년 2월

일	월	화	수	목	금	토
					1	2
3	4	5	6	7	8	9
10	11	12	13	14	15	16
17	18	19	20	21	22	23
24	25	26	27	28		

2013년 3월

일	월	화	수	목	금	토
					1	2
3	4	5	6	7	8	9
10	11	12	13	14	15	16
17	18	19	20	21	22	23
24/31	25	26	27	28	29	30

2013년 4월

일	월	화	수	목	금	토
	1	2	3	4	5	6
7	8	9	10	11	12	13
14	15	16	17	18	19	20
21	22	23	24	25	26	27
28	29	30				

2013년 5월

일	월	화	수	목	금	토
			1	2	3	4
5	6	7	8	9	10	11
12	13	14	15	16	17	18
19	20	21	22	23	24	25
26	27	28	29	30	31	

2013년 6월

일	월	화	수	목	금	토
						1
2	3	4	5	6	7	8
9	10	11	12	13	14	15
16	17	18	19	20	21	22
23/30	24	25	26	27	28	29

2013년 7월

일	월	화	수	목	금	토
	1	2	3	4	5	6
7	8	9	10	11	12	13
14	15	16	17	18	19	20
21	22	23	24	25	26	27
28	29	30	31			

2013년 8월

일	월	화	수	목	금	토
				1	2	3
4	5	6	7	8	9	10
11	12	13	14	15	16	17
18	19	20	21	22	23	24
25	26	27	28	29	30	31

2013년 9월

일	월	화	수	목	금	토
1	2	3	4	5	6	7
8	9	10	11	12	13	14
15	16	17	18	19	20	21
22	23	24	25	26	27	28
29	30					

2013년 10월

일	월	화	수	목	금	토
		1	2	3	4	5
6	7	8	9	10	11	12
13	14	15	16	17	18	19
20	21	22	23	24	25	26
27	28	29	30	31		

2013년 11월

일	월	화	수	목	금	토
					1	2
3	4	5	6	7	8	9
10	11	12	13	14	15	16
17	18	19	20	21	22	23
24	25	26	27	28	29	30

2013년 12월

일	월	화	수	목	금	토
1	2	3	4	5	6	7
8	9	10	11	12	13	14
15	16	17	18	19	20	21
22	23	24	25	26	27	28
29	30	31				

2014년 1월

일	월	화	수	목	금	토
			1	2	3	4
5	6	7	8	9	10	11
12	13	14	15	16	17	18
19	20	21	22	23	24	25
26	27	28	29	30	31	

2013년 제2회 변호사시험 기록형 기출문제

 문 제

1. 의뢰인 송미령을 위하여 김신뢰 변호사의 입장에서 <u>헌법소원심판청구서</u>를 작성하시오. 단, '청구이유' 중 '2. 이 사건 헌법소원의 적법성'에서는 문제되는 적법요건을 중심으로 기술할 것. (80점)
2. 의뢰인 전화랑을 위하여 김신뢰 변호사의 입장에서 영업정지 처분의 취소를 구하는 소장의 '<u>청구취지</u>'와 '<u>청구원인</u>' 중 '3. 이 사건 처분의 위법성' 부분을 작성하시오. 단, '3. 이 사건 처분의 위법성'에서는 처분의 근거법령의 위헌성 · 위법성을 다투는 내용을 제외할 것. (20점)

▌작성요령 및 주의사항

1. 참고자료로 제시된 법령은 가상의 것으로, 이에 근거하여 작성할 것. 이와 다른내용의 현행 법령이 있다면, 제시된 법령이 현행 법령에 우선하는 것으로 할 것.
2. 기록에 나타난 사실관계만을 기초로 하고, 그것이 사실임을 전제로 할 것.
3. 기록 내의 각종 서류에는 필요한 서명, 날인, 무인, 간인, 정정인이 있는 것으로 볼 것.
4. 송달이나 접수, 통지, 결재가 필요한 서류는 모두 적법한 절차를 거친 것으로 볼 것.
5. 헌법소원심판청구서의 작성일과 제출일은 2013. 1. 4.로 할 것.

헌법소원심판청구서 양식

헌법소원심판청구서

청 구 인

청구취지

침해된 권리

침해의 원인이 되는 공권력의 행사 또는 불행사

청구이유

1. 쟁점의 정리

2. 이 사건 헌법소원의 적법성

3. 이 사건 규정의 위헌성

4. 결 론

첨부서류

○○○○. ○○. ○○.

청구인의   ○○○

귀중

소 장 양 식

소　장

원　고

피　고

○○○○의 소

청구취지

청구원인

1. 이　사건　처분의　경위

2. 이　사건　소의　적법성

3. 이　사건　처분의　위법성

4. 결　론

입증방법

첨부서류

○○○○.　○○.　○○.

원고　　○○○

귀중

수임번호 2012-501	**법률상담일지**		2012. 12. 20.
의 뢰 인	1. 송미령 2. 전화랑	의뢰인 전화	1. ***-****-**** 2. ***-****-****
의뢰인 영업장 주소	1. 서울 서대문구 홍은동 300 2. 서울 서대문구 홍은동 79	의뢰인 전송	
상 담 내 용			

1. 의뢰인 송미령은 중국 국적의 여성으로서 미용사 자격을 취득한 후 2012. 9. 3. 미용실을 개설하였으나, 공중위생 관련 규정이 점빼기와 귓볼뚫기를 금지하고 있다며 헌법소원을 청구하기 위해 국선대리인 선임신청을 하였고, 헌법재판소가 본 변호사를 국선대리인으로 선정하자, 송미령이 본 법인을 방문하였다.

2. 의뢰인 전화랑은 미용사 면허를 가진 자로서 2010. 8. 30.부터 미용실을 운영하여 오다가 2012년 여름에 단골손님 2명에게 점빼기와 귓볼뚫기를 했다는 사유로 공중위생 관련 법령에 따라 영업정지 2월의 행정처분을 받고 이웃 동네에 사는 송미령과 함께 본 법인을 방문하였다.

3. 전화랑은 오랜 단골 고객인 김미순이 오랜만에 휴가를 얻어 얼굴의 점을 빼달라고 간곡히 부탁하기에 거절하지 못하고 점빼기를 해 주었다고 한다.

4. 전화랑은 그 후 위 김미순의 동생이자 역시 단골 고객인 김용순이 연휴 때 찾아와 병원에서 점을 빼면 너무 비싸다며 간곡히 부탁해서 역시 거절하지 못하였고 서비스로 귓볼뚫기도 해 주었다고 한다.

5. 의뢰인 전화랑에게 문의한바, 영업정지 처분을 하기 전에 사전 통지 및 청문절차를 거쳤다고 한다.

6. 의뢰인 희망사항

   의뢰인 송미령은 미용사가 점빼기와 귓볼뚫기를 할 수 있도록 공중위생 관련 규정에 대한 헌법소원을 청구하여 주기를 희망하고 있고, 의뢰인 전화랑은 단골 고객 2명에게 마지못해 점빼기와 귓볼뚫기 시술을 해 준 것인데도 영업정지 2월의 처분을 받은 것은 억울하다며 위 영업정지 처분에 대한 취소소송을 제기하여 줄 것을 희망하고 있다.

법무법인 정의(담당변호사 김신뢰)
전화 02-555-****, 전송 02-555-****, 전자우편 ***@justicelaw.com
서울 서초구 서초동 100-2 정의빌딩 3층

법무법인 정의 내부회의록

일   시: 2012. 12. 21. 14:00 ~ 15:00

장   소: 법무법인 정의 소회의실

참석자: 이길수 변호사(송무팀장), 김신뢰 변호사

이 변호사: 송미령, 전화랑 의뢰인 사건과 관련하여 몇 가지 논의할 사항이 있을 것 같습니다.

김 변호사님, 전화랑 씨에 대한 영업정지 처분에 대해 절차상 하자가 있다고 주장할 만한 점은 없는지요?

김 변호사: 저도 그 점에 착안해서 검토하고 전화랑 씨와 서대문구청에 확인했습니다만, 절차상의 하자는 없는 것 같습니다. 처분에 관한 사전 통지도 했고, 공중위생관리법 제12조에서 요구하는 청문도 실시한 것으로 확인되었습니다. 처분의 방식이나 이유 제시에 관해서도 별다른 하자가 발견되지 않았습니다.

이 변호사: 점빼기나 귓볼뚫기가 의료행위에 해당하는지에 관한 판례가 있는지 확인해 보았나요?

김 변호사: 점빼기나 귓볼뚫기에 관한 판례는 없는 것 같습니다. 관련 판례로는 '곰보수술, 눈쌍꺼풀, 콧날세우기 등 미용성형수술은 질병의 예방 또는 치료행위가 아니므로 오직 일반의사에게만 허용된 의료법 제25조 소정의 의료행위라고 단정할 수 없다.'는 취지의 1972년 대법원 판결이 있었지만, 1974년 이 판결을 폐기하면서 '코높이기 성형수술행위도 의료행위에 해당한다.'는 대법원 판결이 있었습니다. 문신시술행위는 의료행위에 해당한다는 대법원 판례가 있고, 이를 전제로 하여 판단한 헌법재판소 결정도 있습니다. 비교적 최근인 2007년에도 속눈썹 이식과 같은 미용성형술은 의료행위라고 본 대법원 판례가 있습니다.

이 변호사: 송미령 씨의 헌법소원 말인데요, 심판대상을 무엇으로 삼아 헌법소원을 청구해야 하나요?

김 변호사: 송미령 의뢰인의 경우 아직 위반행위를 하지 않아 행정처분을 받은 바 없고, 형사처벌 규정은 없습니다. 그래서 공중위생관리법이나 그 하위 규정 중 점빼기나 귓볼뚫기를 할 수 없게 하고 있는 근거규정을 심판대상으로 삼아 기본권 침해를 주장하는 헌법소원이 될 것 같습니다. 그런데 헌법재판소의 주류적 판례에 비추어보면 상위법인 공중위생관리법 규정보다는 보건복지부 고시의 해당 규정을 심판대상으로 삼아 헌법소원을 청구하는 것이 타당할 것 같습니다.

이 변호사: 좋은 생각입니다. 그렇게 하시죠. 헌법소원 요건은 상당히 까다로운 것으로 알고 있는데, 적법요건에 다른 문제는 없는지 잘 검토해 주시기 바랍니다.

김 변호사: 네, 잘 알겠습니다.

이 변호사: 그럼, 소장과 헌법소원 청구서 작성 준비를 잘 해주기 바랍니다. 이상으로 회의를 마치겠습니다. 끝.

대법원 2007.6.28. 선고 2005도8317 판결 【의료법위반】 (발췌)
[공2007.8.1.(279),1206]

【판시사항】

[1] 의료행위의 의미 및 미용성형술이 의료행위에 포함되는지 여부(한정 적극)

[2] 속눈썹 또는 모발의 이식시술행위가 의료행위에 해당한다고 한 사례

[3] 무면허 의료행위가 정당행위로서 위법성이 조각되기 위한 요건

[4] 의사가 모발이식시술을 하면서 이에 관하여 어느 정도 지식을 가지고 있는 간호조무사로 하여금 모발이식시술행위 중 일정 부분을 직접 하도록 맡겨둔 채 별반 관여하지 않은 것이 정당행위에 해당하지 않는다고 한 사례

【판결요지】

[1] 의료행위라 함은 질병의 예방과 치료행위뿐만 아니라 의학적 전문지식이 있는 의료인이 행하지 아니하면 사람의 생명, 신체나 공중위생에 위해를 발생시킬 우려가 있는 행위를 포함하므로, 질병의 치료와 관계가 없는 미용성형술도 사람의 생명, 신체나 공중위생에 위해를 발생시킬 우려가 있는 행위에 해당하는 때에는 의료행위에 포함된다.

[2] 의사가 속눈썹이식시술을 하면서 간호조무사로 하여금 피시술자의 후두부에서 채취한 모낭을 속눈썹 시술용 바늘에 일정한 각도로 끼우고 바늘을 뽑아낸 뒤 이식된 모발이 위쪽을 향하도록 모발의 방향을 수정하도록 한 행위나, 모발이식시술을 하면서 간호조무사로 하여금 식모기(植毛機)를 피시술자의 머리부위 진피층까지 찔러 넣는 방법으로 수여부에 모낭을 삽입하도록 한 행위가 진료보조행위의 범위를 벗어나 의료행위에 해당한다고 한 사례.

[3] 의료행위에 해당하는 어떠한 시술행위가 무면허로 행하여졌을 때, 그 시술행위의 위험성의 정도, 일반인들의 시각, 시술자의 시술의 동기, 목적, 방법, 횟수, 시술에 대한 지식수준, 시술경력, 피시술자의 나이, 체질, 건강상태, 시술행위로 인한 부작용 내지 위험 발생 가능성 등을 종합적으로 고려하여 법질서 전체의 정신이나 그 배후에 놓여 있는 사회윤리 내지 사회통념에 비추어 용인될 수 있는 행위에 해당한다고 인정되는 경우에만 사회상규에 위배되지 아니하는 행위로서 위법성이 조각된다.

[4] 의사가 모발이식시술을 하면서 이에 관하여 어느 정도 지식을 가지고 있는 간호조무사로 하여금 모발이식시술행위 중 일정 부분을 직접 하도록 맡겨둔 채 별반 관여하지 않은 것이 정당행위에 해당하지 않는다고 한 사례.

【전 문】

【피 고 인】 피고인 1외 6인
【상 고 인】 피고인들
【변 호 인】 변호사 노인수외 7인
【원심판결】 서울중앙지법 2005. 10. 13. 선고 2005노1994 판결

【주 문】
원심판결 중 피고인 1에 대한 부분을 파기하고, 이 부분 사건을 서울중앙지방법원 합의부에 환송한다. 나머지 피고인들의 상고를 모두 기각한다.

【이 유】
상고이유를 판단한다.
1. 피고인들에 대한 무면허의료행위 부분에 대하여
가. 의료행위라 함은 질병의 예방과 치료행위뿐만 아니라 의학적 전문지식이 있는 의료인이 행하지 아니하면 사람의 생명, 신체나 공중위생에 위해를 발생시킬 우려가 있는 행위를 포함하므로(대법원 1992. 5. 22. 선고 91도3219 판결, 2000. 2. 22. 선고 99도4541 판결, 2003. 9. 5. 선고 2003도2903 판결 등 참조), 질병의 치료와 관계가 없는 미용성형술도 사람의 생명, 신체나 공중위생에 위해를 발생시킬 우려가 있는 행위에 해당하는 때에는 의료행위에 포함된다(대법원 1974. 11. 26. 선고 74도1114 전원합의체 판결, 2005. 6. 10. 선고 2005도2740 판결 등 참조).
위와 같은 법리 및 기록에 비추어 보건대, 원심은 제1심이 적법하게 채택한 증거를 종합하여 판시와 같은 사실을 인정한 다음, 의사인 피고인 1이 속눈썹이식시술을 하면서 피시술자의 후두부에서 채취한 모낭을 간호조무사인 제1심 공동피고인 1로 하여금 속눈썹시술용 바늘(안과용 각침)에 일정한 각도로 끼우고 바늘을 뽑아낸 뒤 이식된 모발이 위쪽을 향하도록 모발의 방향을 수정하도록 한 행위나, 나머지 피고인들이 모발이식시술을 하면서 위 제1심 공동피고인 1로 하여금 식모기(植毛機)를 피시술자의 머리부위 진피층까지 찔러 넣는 방법으로 수여부에 모낭을

삽입하도록 한 행위가 진료보조행위의 범위를 벗어나 의료행위에 해당한다고 보아, 피고인들이 의료행위 중 일부인 위와 같은 행위를 위 제1심 공동피고인 1로 하여금 하게 한 이상 무면허의료행위의 공범이 된다고 판단하여, 피고인들에 대한 이 사건 무면허의료행위의 공소사실을 유죄로 인정한 제1심판결을 유지하였는바, 원심의 위와 같은 증거취사 및 사실인정과 판단은 옳고, 상고이유로 주장하는 바와 같은 채증법칙 위반 및 무면허의료행위에 관한 법리오해나 이로 인한 심리미진 등의 위법이 없다.

나. 의료행위에 해당하는 어떠한 시술행위가 무면허로 행하여졌을 때, 그 시술행위의 위험성의 정도, 일반인들의 시각, 시술자의 시술의 동기, 목적, 방법, 횟수, 시술에 대한 지식수준, 시술경력, 피시술자의 나이, 체질, 건강상태, 시술행위로 인한 부작용 내지 위험발생 가능성 등을 종합적으로 고려하여 법질서 전체의 정신이나 그 배후에 놓여 있는 사회윤리 내지 사회통념에 비추어 용인될 수 있는 행위에 해당한다고 인정되는 경우에만 사회상규에 위배되지 아니하는 행위로서 위법성이 조각된다(대법원 2002. 12. 26. 선고 2002도5077 판결, 2004. 10. 28. 선고 2004도3405 판결, 2006. 3. 23. 선고 2006도1297 판결 등 참조).

위와 같은 법리 및 기록에 비추어 보건대, 간호조무사에 불과한 위 제1심 공동피고인 1이 모발이식시술에 관하여 어느 정도 지식을 가지고 있다고 하여도 의료 전반에 관한 체계적인 지식과 의사 자격을 가지고 있지는 못한 사실, 피고인 5는 모발이식시술을 하면서 식모기를 환자의 머리부위 진피층까지 찔러 넣는 방법으로 수여부에 모발을 삽입하는 행위 자체 중 일정 부분에 대해서는 위 제1심 공동피고인 1에게만 맡겨둔 채 별반 관여를 하지 아니한 사실 등을 인정한 다음, 이러한 위 피고인의 행위는 의료법을 포함한 법질서 전체의 정신이나 사회통념에 비추어 용인될 수 있는 행위에 해당한다고 볼 수 없어 위법성이 조각되지 아니한다고 하여, 위 피고인의 정당행위 주장을 배척한, 원심의 조치는 옳고 정당행위에 관한 법리오해의 위법이 없다.

(중략)

3. 결 론

그러므로 원심판결 중 피고인 1에 대한 부분을 파기하고, 이 부분 사건을 다시 심리·판단하게 하기 위하여 원심법원에 환송하며, 나머지 피고인들의 상고를 모두 기각하기로 관여 대법관의 의견이 일치되어 주문과 같이 판결한다.

대법관   이홍훈(재판장) 김영란(주심) 김황식 안대희

외국인등록증
ALIEN REGISTRATION CARD

사진 (첨부된 것으로 볼 것)	외 국 인 등록번호 ******-******* 성 별 F 성 명 MI-RYONG SONG 국 가 지 역 CHINA 체류자격 영주(F-5)

발급일자   2005.11.1.

서울출입국관리사무소장
CHIEF, SEOUL IMMIGRATION OFFICE

제 2012 - 45 호

영업신고증

대표자	성명 송 미 령	생년월일 1985. 10. 15.

영업소	명칭(상호) 힐링미용실
	소재지 서울 서대문구 홍은동 300
	영업의 종류 미용업

조건	

　　　「공중위생관리법」 제3조 제1항 및 같은 법 시행규칙 제3조 제1항에 따라 영업의 신고를
하였음을 증명합니다.

2012년　　9월　　3일

서대문구청장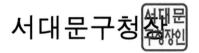

질 의 서

송미령 : 미용업 영업신고증 번호(제2012-45호)

영업소 소재지 : 서울 서대문구 홍은동 300 힐링미용실

전화 : 02)399-****

저는 서대문구에서 힐링미용실을 개업한 송미령이라고 합니다. 저는 올 해 여름 미용사 면허를 취득하였으나, 예전에 다른 분이 운영하는 미용 실에서 보조로 일할 때 그 미용실에서 헤어 펌이나 염색 외에도 입술 문신, 점제거, 귀뚫기 등의 기술을 배워서 그로 인한 수입이 상당했던 경험이 있습니다. 그래서 제가 미용실을 개업하면서 아는 분들에게 제 미용실에 오시면 두피케어도 해드리고 점도 빼드린다면서 꼭 들러달라 고 말씀을 드렸더니 어떤 분이 이제 점은 미용실에서 빼면 안 되는 것 으로 알고 있다고 하셔서 문의를 드립니다. 과연 그런지, 그 외에 구체 적으로 어떠한 행위가 금지되는 것인지 알려주시기 바랍니다. 만약 금지 된다면, 귀 협회에서 미용실에서 점을 빼는 행위 등이 안 되는 것으로 정한 것인지요.

2012. 9. 3.

대한미용업협회장 귀하

대 한 미 용 업 협 회

수신자 : 송미령(영업소 소재지 : 서울 서대문구 홍은동 300 힐링미용실)

제 목 : 질의서 회신

회신일 : 2012. 9. 10.

───

- 귀하가 요청한 질의에 대하여 다음과 같이 회보합니다.

- 공중위생관리법 관련 법령 및 보건복지부 고시에 따라 2011. 10. 15.부터 미용업자가 점빼기·귓볼뚫기·쌍꺼풀수술·문신·박피술 그 밖에 유사한 의료행위를 더 이상 할 수 없도록 규율되고 있습니다. 또한 그 외에 피부미용을 위하여 약사법에 따른 의약품 또는 의료기기법에 따른 의료기기를 사용하여서도 아니됩니다.

- 따라서 귀하가 문의한 점빼기, 귓볼뚫기 등 비교적 간단한 시술도 더 이상 미용업자의 면허로 행할 수 없음을 알려드립니다.

- 만약 이를 위반할 경우 관련 법령에 의하여 영업정지나 면허취소 등의 행정조치를 받을 수 있으므로 항상 이를 숙지하시고 영업시 착오가 없도록 만전을 기해주시기 바랍니다.

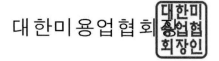

대한미용업협회

───

우편번호 150-010   서울 중구 신당동 38 고려빌딩 4층   전화 02)709-****   팩스 02)709-****

국선대리인선임신청서

신 청 인   송   미   령

　　　　　　서울 서대문구 홍은동 101 소망빌라 지층 1호

　　　　　　전화   ***-****-****

신 청 이 유

1. 헌법소원 사유

신청인은 한국에서 태어난 중국 국적의 여자로서 2005년 1월경부터 서울 서대문구 소재 미용실에서 미용사 보조원으로 다년간 일하다가 퇴직한 후, 미용사가 되기 위해 서울 강남구 소재 미용학원에서 1년 여 간 수강 및 실습을 하고 미용사 면허시험에 응시하여 2012. 8. 31. 미용사 자격을 취득하였습니다.

신청인은 2012. 9. 3. 미용실을 개설하여 그동안 배우고 익힌 기술을 활용하여 점빼기와 귓볼뚫기 등 미용행위를 하려고 하였으나, 대한미용업협회에 질의한 결과 공중위생 관련 규정에서 미용사는 점빼기와 귓볼뚫기를 할 수 없도록 하고 있다는 회신을 같은 달 10. 받았습니다. 이에 본인이 미용업을 하는 데 커다란 장애가 있어 동 규정을 대상으로 헌법소원심판을 청구하려고 합니다.

접수
No. 500
2012. 11. 20.
헌법재판소
심판사무국

2. 무자력 사유

신청인의 부모님은 신청인이 어렸을 때 돌아가셨기 때문에 신청인은 일찍부터 미용실에서 미용사 보조원으로 일했고, 그때 받은 월급의 일부를 떼어 적금을 들

어 돈을 모아 미용학원에 다녔고, 2012. 8. 31. 드디어 꿈에 그리던 미용사 자격
을 취득하였습니다. 따라서 신청인은 현재 일정한 수입이 없는 상태이고 금전적으
로 도와줄 수 있는 친척이나 형제들도 없는 터라 헌법소원을 청구하기 위한 변호
사를 대리인으로 선임할 자력이 전혀 없습니다.

3. 결 론

이상과 같은 이유로 헌법소원심판청구를 위한 국선대리인을 선정해 주시기를
앙망합니다.

2012. 11. 20.

신 청 인   송   미   령 [인]

헌법재판소 귀중

헌 법 재 판 소

제1지정재판부

결   정

사   건   2012헌사500 국선대리인선임신청

신 청 인   송 미 령

서울 서대문구 홍은동 101 소망빌라 지층 1호

주   문

신청인이 청구하고자 하는 헌법소원심판사건에 관하여 변호사 김신뢰를 신청인의 국선대리인으로 선정한다.

이   유

신청인의 국선대리인 선임신청은 헌법재판소법 제70조 제1항에서 정한 국선대리인 선임요건에 해당되므로 주문과 같이 결정한다.

2012.   12.   14.

재판장   재판관   김 ○ ○_____

재판관   이 ○ ○_____

재판관   박 ○ ○_____

정본입니다.

헌법재판소
사무관 인

제 2010 - 75 호

영업신고증

대표자	성명 전 화 랑	생년월일 1975. 11. 7.

영업소	명칭(상호) 화랑미용실
	소재지 서울 서대문구 홍은동 79
	영업의 종류 미용업

조건	

「공중위생관리법」 제3조 제1항 및 같은 법 시행규칙 제3조 제1항에 따라 영업의 신고를 하였음을 증명합니다.

2010년   8월   30일

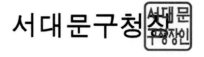

서대문구청장

단속결과보고서

제2012-189호

수신: 서대문구청장
참조: 환경위생과장
제목: 공중위생관리법 위반업소 단속결과 보고

미용업소 불법영업 신고에 따라 해당업소에 현지 출장한 결과를 아래와 같이 보고합니다.

출장일시	2012. 7. 30. 13:00 ~ 17:00
단 속 반	1개반 2명
단속업소	서울특별시 서대문구 관할 구역 내 미용실
중점단속사항	점빼기 등 의료행위 금지 준수 여부
단속결과	- 위반업소 : 화랑미용실(홍은동 79) - 공중위생관리법 제4조(공중위생영업자의 위생관리의무등) 제4항에 따라 미용업자는 점빼기·귓볼뚫기를 하여서는 아니됨에도 불구하고, 위 미용업소 영업자 전화랑이 2012. 7. 25. 10:00경 자신이 운영하는 화랑미용실에서 김미순(만 27세)을, 2012. 7. 30. 14:00경 같은 장소에서 김용순(만 21세)을 상대로 점을 빼고 귓볼을 뚫어주는 영업을 하였음을 확인하고, 전화랑, 김미순, 김용순으로부터 해당행위에 대한 자술서와 확인서를 받았습니다.

위와 같이 조치결과를 보고합니다.

2012년 7월 31일

보고자 : 서대문구청 환경위생과 6급 정수임 (정수임)
서대문구청 환경위생과 7급 정성원 (정성원)

자 술 서

이름: 전화랑(****** - ********)

주소: 서울 서대문구 홍은동 일품아파트 2동 103호

저는 2010년 여름부터 서울 홍은동 상가에서 "화랑미용실"을 운영하고 있는 전화랑입니다. 제가 17세부터 약 3년 전까지 제가 살던 읍내 미용실에서 미용 보조로 일했었는데 그 곳에서 미용사가 손님들 점도 빼주고 귀를 뚫어주기도 하는 것을 옆에서 보고 배웠습니다. 손기술만 있으면 간단히 배울 수 있었으니까요. 그 당시 손님들이 미용실에서 하니 간편하고 저렴하다며 매우 만족하셨던 기억이 납니다. 그 때 옆에서 보고 배운 기술로 이번에 제 미용실에 찾아온 손님 김미순 등에게 해드린 것입니다.

그래도 제가 제 이름으로 미용실을 운영한 이후에 요새는 미용실에서 헤어나 메이크업 외에 함부로 손님들에게 점빼기, 귀뚫기 등은 하면 안된다고 미용업 협회로부터 들은 적이 있었던 것 같아 사실 한 번도 하지 않았는데, 예전부터 저의 오랜 단골 고객인 김미순씨가 오랜만에 휴가를 얻었는데 점을 빼달라고 간절히 부탁하여 그만 거절하지 못하고 해드렸습니다. 그런데 이후에 그 손님 동생 분이자 역시 단골 고객인 김용순씨가 연휴 때 또 찾아오셔서 병원 가서 점을 빼면 너무 비싸다며 간곡히 부탁하기에 그만 거절하지 못하고 해드렸습니다. 그 분이 아직 귀를 뚫지 않아서 거의 서비스 차원에서 그 분 귀도 뚫어주게 되었던 것이고요. 미용실을 해보신 분은 아실 것입니다. 단골 고객 관리가 얼마나 어려운 일인지요.

저는 가정 형편이 어려워 17세부터 집을 나와 미용실 보조로 일했습니다. 그 때 미용실 보조 월급은 너무 적었고 심지어 어떤 달에는 못받기도 하였는데 그래도 그렇게 10년 이상 한푼 두푼 모은 돈에다 은행대출을 받아 겨우 서른이 넘어 제 이름으로 미용실을 열었고 지금 결혼하여 두 아이의 아빠로 한 가정을 책임지고 있는 가장입니다. 미용실 운영수입으로 상가월세 매달 150만원 내고 직원 월급 주고 나면 겨우 가족들 먹고 사는 정도여서 저축 한 번 제대로 해보지 못했습니다. 그래도 제 스스로의 힘으로 기술도 익히고 제 이름으로 미용실도 열어서 동네 손님들 상대로 일요일도 쉬지 않고 일하면서 소시민으로 행복하게 살아왔는데, 행여 이번 일로 영업정지라도 받으면 월세는 어떻게 낼지, 동네 장사인데 이미지에 손상을 입게 되는 것은 아닌지, 손님들이 다른 상가에 있는 미용실로 모두 옮기시지 않을지 너무 걱정되어서 요새 밥도 입에 들어가지 않습니다.

저는 지금까지 살면서 한 번도 법을 어긴 사실이 없었습니다. 그런데 이번에 제가 단골 손님들 부탁으로 점을 빼준 일 등으로 단속을 당하고 보니 너무 억울합니다.

앞으로는 아무리 부탁하더라도 절대로 법을 어기는 일이 없도록 할 테니 저의 어려운 처지를 생각해서 선처해 주실 것을 간절히 부탁드립니다.

2012년 7월 30일

전화랑 (서명)

확　인　서

성　　　　명 : 김미순

주민등록번호 : ****** ‒ *******

주　　　　소 : 서울 서대문구 홍은동 일동빌라 3동 23호

　저는 서울 서대문구 홍은동에 있는 한식당 '다헌'에서 서빙일을 하고 있습니다. 저희 한식당은 고급 한식집이라 손님들 서빙이 중요해서 제가 근처 화랑미용실에서 드라이 등 헤어관리를 자주 받았습니다. 그런데 식당일 때문에 평소 눈썹 아래 늘 거슬리던 점을 빼기 위해 휴가를 얻기가 참 어려웠습니다. 게다가 근처에 피부과도 없고 병원 예약도 잡기 어려워 답답해하고 있던 차에, 화랑미용실 사장님과 대화하다가 예전에 미용보조로 일하던 미용실에 점을 빼러 온 손님에 관한 에피소드를 얘기하시기에 하실 수 있다 생각하고 부탁하게 된 것입니다. 저희 어머니도 예전에 다른 미용실에서 점을 빼셨는데 너무 잘 마무리되었다며 안심시켜주셨고 제가 점을 빼고 난 후 제 동생도 부탁하게 된 것입니다. 전화랑 사장님이 요새는 미용실에서 점 빼면 안된다고 몇 번을 거절하셨는데도 말입니다. 성실하고 바른 분이니 제발 이번 일로 인하여 미용실 사장님께 피해가 가지 않도록 해 주십시오.

2012. 7. 30.

김미순 (서명)

확 인 서

이   름 : 김용순

주민등록번호 : ****** - *******

주   소 : 서울 서대문구 홍은동 일동빌라 3동 23호

   저는 서울 서대문구에 살고 있는 대학생입니다. 저의 언니 김미순이 평소 화랑미용실 단골이라 저도 가끔 따라가서 파마도 하고 그랬는데 언니가 그 미용실에서 이번에 점을 빼고 인상이 환해져서 저도 친구들이 평소 지적하던 얼굴의 점이 더 커지기 전에 빨리 빼야겠다는 생각에 찾아가게 된 것입니다. 언니는 더 이상 부탁하면 안된다며 말렸지만, 제 대학 학비로 허리가 휘어지는 부모님께 점 빼러 피부과 비용 달라는 말이 떨어지지 않아 언니 몰래 화랑미용실에 찾아가서 고집을 피웠습니다. 전화랑 미용실 사장님이 정말 곤란하다고 몇 번 거절하셨는데 작은 점 하나이고 앞으로 머리할 친구들 많이 데려오겠다며 집요하게 부탁했습니다.

요새 보기 드물게 성실하고 바르게 살아가시는 분인데 저희 자매 때문에 영업정지까지 당할 수 있다고 하니 정말 괴롭습니다.

솔직히 점 빼는 일이 1, 2분 만에 끝나는 간단한 일이고, 위험한 일도 아니며, 무슨 대단한 의료기기나 의료기술이 필요한 일도 아닌 것 같은데 그리고 일반인 입장에서는 병원 가서 점 빼려면 비싸고 번거로운데 왜 기술 있는 미용사가 점을 제거하면 위법이라고 단속하는 건지 잘 모르겠습니다. 게다가 저는 그날 귀도 뚫어 달라고 했는데 귀 뚫는 것도 병원 가서 하지 않으면 안 된다니 좀 과도하다고 생각합니다.

제발 미용실 사장님이 영업정지만큼은 받지 않도록 선처해주시길 부탁드립니다.

2012. 7. 30.

김용순 (서명)

서 대 문 구 청

우 123-456 / 서울 서대문구 연희동 133-2		전화 02-345-****	전송 02-345-****
처리과 환경위생과	과장 박병두	계장 이희열	담당 이민우

문서번호   환경위생 12-531

시행일자   2012. 12. 13.

받   음   전화랑 (상호: 화랑미용실) 귀하

제   목   미용업소 영업정지처분 통지

---

1. 항상 구정 발전에 협조하여 주시는 귀하께 감사드립니다.
2. 귀하께서는 공중위생관리법 제4조(공중위생영업자의 위생관리의무등) 제4항에 의하여 미용업자는 위생관리기준 등을 준수하여야 함에도 이를 위반하여, 2012. 7. 25. 및 같은 달 30. 점빼기·귓볼뚫기를 하였으므로, 동법 제11조(공중위생영업소의 폐쇄등) 제2항 및 동법 시행규칙 제19조(행정처분기준) [별표 7]의 규정에 의하여 붙임과 같이 행정처분하오니 양지하시기 바랍니다.
3. 만약 이 처분에 불복이 있는 경우 처분이 있음을 안 날부터 90일 이내에 행정심판법에 의한 행정심판 또는 행정소송법에 의한 행정소송을 제기할 수 있음을 알려드립니다.

붙임: 행정처분서(화랑미용실) 1부.   끝.

서 대 문 구 청 장

행 정 처 분 서

영업소의 소재지	서울 서대문구 홍은동 79		
영업소의 명칭	화랑미용실		
영업자의 성명	전화랑	주민등록번호	****** - *******
위 반 사 항	미용업자가 점빼기·귓볼뚫기를 한 행위 (1차 위반)		
행정처분 내역	영업정지 2월(2013. 1. 9.~2013. 3. 8.)		
지시(안내)사항	생략(이 부분은 제대로 기재된 것으로 볼 것)		

귀 업소는 위 위반사항으로 적발되어 공중위생관리법 제4조 제4항, 제11조 제2
항, 동법 시행규칙 제19조 [별표 7]에 의하여 위와 같이 행정처분합니다.

2012년 12월 13일

서 대 문 구 청 장

우편송달보고서

증서 2012년   제402호   2012년   12월 13일   발송

송달서류	미용업소 영업정지처분 통지 및 행정처분서 1부(환경위생 12-531) 발송자 서대문구청장
송달받을 자	전화랑 귀하 서울 서대문구 홍은동 일품아파트 2동 103호

영수인	**전화랑** (서명)

영수인 서명날인 불능

①	송달받을 자 본인에게 교부하였다.
~~②~~	송달받을 자가 부재 중이므로 사리를 잘 아는 다음 사람에게 교부하였다.
	사무원
	피용자
	동거자
~~③~~	다음 사람이 정당한 사유 없이 송달받기를 거부하므로, 그 장소에 서류를 두었다.
	송달받을 자
	사무원
	피용자
	동거자

송달연월일	*2012. 12. 17. 11시 20분*
송달장소	서울 서대문구 홍은동 일품아파트 2동 103호

위와 같이 송달하였다.

2012. 12. 18.

우체국 집배원   박무섭

공법

주 민 등 록 표

(등 본)

세대주	전 화 랑		세대구성 사유 및 일자	전입세대구성 2010-5-25
번호	주	소 (통/반)		전입일 / 변동일 변 동 사 유
현주소 전입	서울특별시 서대문구 홍은동 일품아파트 2동 103호(4/3) 2010-5-25/2010-5-25			전입
현주소	서울특별시 서대문구 홍은동 일품아파트 2동 103호(4/3)			
번호	세대주 관계	성 명 주민등록번호	전입일/변동일	변 동 사 유
1	본인	전 화 랑 ****** _ *******		
2	처	이 지 희 ****** _ *******		
3	자	전 도 윤 ****** _ *******		
4	자	전 혜 윤 ****** _ *******		
		= 이 하 여 백 =		

서기 2012년 12월 20일

수입 증지
350원
서울특별시

서울특별시 서대문구 홍은동장의인

서울특별시 서대문구 홍은동장

67

소 송 위 임 장

사 건	영업정지처분 취소
원 고	전화랑
피 고	서울특별시 서대문구청장

위 사건에 관하여 다음 표시 수임인을 소송대리인으로 선임하고,
다음 표시에서 정한 권한을 수여합니다.

수임인	법무법인 정의 서울 서초구 서초동 100-2 정의빌딩 3층 전화 02-555-**** 전송 02-555-****
수권사항	1. 일체의 소송행위 1. 반소의 제기 및 응소, 상소의 제기, 동 취하 1. 소의 취하, 화해, 청구의 포기 및 인낙, 참가에 의한 탈퇴 1. 복대리인의 선임 1. 목적물의 수령 1. 공탁물의 납부, 공탁물 및 이자의 반환청구와 수령 1. 담보권의 행사 최고 신청, 담보 취소신청, 동 신청에 대한 동의, 담보 취소결정 정본의 수령, 동 취소 결정에 대한 항고권 포기 1. 강제집행신청, 대체집행신청, 가처분, 가압류등 보전처분과 관련한 모든 소송 행위 1. 인지환급금의 수령에 관한 행위, 소송비용액확정결정신청 등 1. 등록사항별 증명서, 주민등록등·초본, 기타 첨부서류 발급에 관한 행위

2012. 12. 20.

위임인	전화랑 (전화랑) 서울 서대문구 홍은동 일품아파트 2동 103호

서울행정법원 귀중

담 당 변 호 사 지 정 서

사 건	영업정지처분 취소
원 고	전화랑
피 고	서울특별시 서대문구청장

위 사건에 관하여 당 법인은 원고의 소송대리인으로서 변호사법 제50조 제1항에 의하여 그 업무를 담당할 변호사를 다음과 같이 지정합니다.

담당변호사	변호사 김신뢰

2012. 12. 20.

법무법인 정 의
대표변호사 김정대 [법무법인 정 의]

서울 서초구 서초동 100-2 정의빌딩 3층
전화 02-555-**** 전송 02-555-****

서울행정법원 귀중

참고자료 1 - 공중위생관리법(발췌)

제1조(목적)

이 법은 공중이 이용하는 영업과 시설의 위생관리등에 관한 사항을 규정함으로써 위생수준을 향상시켜 국민의 건강증진에 기여함을 목적으로 한다.

제2조(정의)

① 이 법에서 사용하는 용어의 정의는 다음과 같다.

1. "공중위생영업"이라 함은 다수인을 대상으로 위생관리서비스를 제공하는 영업으로서 숙박업·목욕장업·이용업·미용업·세탁업·위생관리용역업을 말한다.

2. "숙박업"이라 함은 손님이 잠을 자고 머물 수 있도록 시설 및 설비등의 서비스를 제공하는 영업을 말한다. 다만, 농어촌에 소재하는 민박등 대통령령이 정하는 경우를 제외한다.

3. "목욕장업"이라 함은 다음 각목의 어느 하나에 해당하는 서비스를 손님에게 제공하는 영업을 말한다. 다만, 숙박업 영업소에 부설된 욕실 등 대통령령이 정하는 경우를 제외한다.

가. 물로 목욕을 할 수 있는 시설 및 설비 등의 서비스

나. 맥반석·황토·옥 등을 직접 또는 간접 가열하여 발생되는 열기 또는 원적외선 등을 이용하여 땀을 낼 수 있는 시설 및 설비 등의 서비스

4. "이용업"이라 함은 손님의 머리카락 또는 수염을 깎거나 다듬는 등의 방법으로 손님의 용모를 단정하게 하는 영업을 말한다.

5. "미용업"이라 함은 손님의 얼굴·머리·피부등을 손질하여 손님의 외모를 아름답게 꾸미는 영업을 말한다.

6. "세탁업"이라 함은 의류 기타 섬유제품이나 피혁제품등을 세탁하는 영업을 말한다.

7. "위생관리용역업"이라 함은 공중이 이용하는 건축물·시설물등의 청결유지와 실내공기정화를 위한 청소등을 대행하는 영업을 말한다.

8. "공중이용시설"이라 함은 다수인이 이용함으로써 이용자의 건강 및 공중위생에 영향을 미칠 수 있는 건축물 또는 시설로서 대통령령이 정하는 것을 말한다.

② 제1항 제2호 내지 제7호의 영업은 대통령령이 정하는 바에 의하여 이를 세분할 수 있다.

제3조(공중위생영업의 신고 및 폐업신고)

① 공중위생영업을 하고자 하는 자는 공중위생영업의 종류별로 보건복지부령이 정하는 시설 및 설비를 갖추고 시장·군수·구청장(자치구의 구청장에 한한다. 이하 같다)에게 신고하여야 한다. 보건복지부령이 정하는 중요사항을 변경하고자 하는 때에도 또한 같다.

② 제1항의 규정에 의하여 공중위생영업의 신고를 한 자(이하 "공중위생영업자"라 한다)는 공중위생영업을 폐업한 날부터 20일 이내에 시장·군수·구청장에게 신고하여야 한다.

③ 제1항 및 제2항의 규정에 의한 신고의 방법 및 절차 등에 관하여 필요한 사항은 보건복지부령으로 정한다.

제4조(공중위생영업자의 위생관리의무등)

① 공중위생영업자는 그 이용자에게 건강상 위해요인이 발생하지 아니하도록 영업관련 시설 및 설비를 위생적이고 안전하게 관리하여야 한다.

② 목욕장업을 하는 자는 다음 각호의 사항을 지켜야 한다. 이 경우 세부기준은 보건복지부장관이 고시로 정한다.

1. 제2조 제1항 제3호 가목의 서비스를 제공하는 경우 : 목욕장의 수질기준 및 수질검사방법 등 수질 관리에 관한 사항

2. 제2조 제1항 제3호 나목의 서비스를 제공하는 경우 : 위생기준 등에 관한 사항

③ 이용업을 하는 자는 다음 각호의 사항을 지켜야 한다.

1. 이용기구는 소독을 한 기구와 소독을 하지 아니한 기구로 분리하여 보관하고, 면도기는 1회용 면도날만을 손님 1인에 한하여 사용할 것. 이 경우 이용기구의 소독기준 및 방법은 보건복지부장관이 고시로 정한다.

2. 이용사면허증을 영업소안에 게시할 것

3. 이용업소표시등을 영업소 외부에 설치할 것

④ 미용업을 하는 자는 다음 각호의 사항을 지켜야 한다.

1. 미용기구는 소독을 한 기구와 소독을 하지 아니한 기구로 분리하여 보관하고,

면도기는 1회용 면도날만을 손님 1인에 한하여 사용할 것

2. 미용사면허증을 영업소안에 게시할 것

3. 그 밖에 미용업자가 준수하여야 할 위생관리기준은 보건복지부장관이 고시로 정한다.

⑤ 세탁업을 하는 자는 세제를 사용함에 있어서 국민건강에 유해한 물질이 발생되지 아니하도록 기계 및 설비를 안전하게 관리하여야 한다. 이 경우 유해한 물질이 발생되는 세제의 종류와 기계 및 설비의 안전관리에 관하여 필요한 사항은 보건복지부장관이 고시로 정한다.

⑥ 위생관리용역업을 하는 자는 사용장비 또는 약제의 취급시 인체의 건강에 해를 끼치지 아니하도록 위생적이고 안전하게 관리하여야 한다.

제6조(이용사 및 미용사의 면허등)

① 이용사 또는 미용사가 되고자 하는 자는 다음 각호의 1에 해당하는 자로서 보건복지부령이 정하는 바에 의하여 시장·군수·구청장의 면허를 받아야 한다.

1. 전문대학 또는 이와 동등 이상의 학력이 있다고 교육과학기술부장관이 인정하는 학교에서 이용 또는 미용에 관한 학과를 졸업한 자

1의 2. 「학점인정 등에 관한 법률」 제8조에 따라 대학 또는 전문대학을 졸업한 자와 동등 이상의 학력이 있는 것으로 인정되어 같은 법 제9조에 따라 이용 또는 미용에 관한 학위를 취득한 자

2. 고등학교 또는 이와 동등의 학력이 있다고 교육과학기술부장관이 인정하는 학교에서 이용 또는 미용에 관한 학과를 졸업한 자

3. 교육과학기술부장관이 인정하는 고등기술학교에서 1년 이상 이용 또는 미용에 관한 소정의 과정을 이수한 자

4. 국가기술자격법에 의한 이용사 또는 미용사의 자격을 취득한 자

② 다음 각호의 1에 해당하는 자는 이용사 또는 미용사의 면허를 받을 수 없다.

1. 금치산자

2. 「정신보건법」 제3조 제1호에 따른 정신질환자. 다만, 전문의가 이용사 또는 미용사로서 적합하다고 인정하는 사람은 그러하지 아니하다.

3. 공중의 위생에 영향을 미칠 수 있는 감염병환자로서 보건복지부령이 정하는 자

4. 마약 기타 대통령령으로 정하는 약물 중독자

5. 제7조 제1항 제1호 또는 제3호의 사유로 면허가 취소된 후 1년이 경과되지 아니한 자

제8조(이용사 및 미용사의 업무범위등)

① 제6조 제1항의 규정에 의한 이용사 또는 미용사의 면허를 받은 자가 아니면 이용업 또는 미용업을 개설하거나 그 업무에 종사할 수 없다. 다만, 이용사 또는 미용사의 감독을 받아 이용 또는 미용 업무의 보조를 행하는 경우에는 그러하지 아니하다.

② 이용 및 미용의 업무는 영업소외의 장소에서 행할 수 없다. 다만, 보건복지부령이 정하는 특별한 사유가 있는 경우에는 그러하지 아니하다.

③ 제1항의 규정에 의한 이용사 및 미용사의 업무범위에 관하여 필요한 사항은 보건복지부장관이 고시로 정한다.

제9조의2(영업의 제한)

시·도지사는 공익상 또는 선량한 풍속을 유지하기 위하여 필요하다고 인정하는 때에는 공중위생영업자 및 종사원에 대하여 영업시간 및 영업행위에 관한 필요한 제한을 할 수 있다.

제10조(위생지도 및 개선명령)

시·도지사 또는 시장·군수·구청장은 다음 각호의 1에 해당하는 자에 대하여 즉시 또는 일정한 기간을 정하여 그 개선을 명할 수 있다.

1. 제3조제1항의 규정에 의한 공중위생영업의 종류별 시설 및 설비기준을 위반한 공중위생영업자

2. 제4조의 규정에 의한 위생관리의무등을 위반한 공중위생영업자

3. 제5조의 규정에 의한 위생관리의무를 위반한 공중위생시설의 소유자 등

제11조(공중위생영업소의 폐쇄등)

① 시장·군수·구청장은 공중위생영업자가 이 법 또는 이 법에 의한 명령에 위반하거나 또는 「성매매알선 등 행위의 처벌에 관한 법률」·「풍속영업의 규제에 관한 법률」·「청소년 보호법」·「의료법」에 위반하여 관계행정기관의 장

의 요청이 있는 때에는 6월 이내의 기간을 정하여 영업의 정지 또는 일부 시설의 사용중지를 명하거나 영업소폐쇄등을 명할 수 있다. 다만, 관광숙박업의 경우에는 당해 관광숙박업의 관할행정기관의 장과 미리 협의하여야 한다.

② 제1항의 규정에 의한 영업의 정지, 일부 시설의 사용중지와 영업소폐쇄명령등의 세부적인 기준은 보건복지부령으로 정한다.

③ 시장·군수·구청장은 공중위생영업자가 제1항의 규정에 의한 영업소폐쇄명령을 받고도 계속하여 영업을 하는 때에는 관계공무원으로 하여금 당해 영업소를 폐쇄하기 위하여 다음 각호의 조치를 하게 할 수 있다.

1. 당해 영업소의 간판 기타 영업표지물의 제거

2. 당해 영업소가 위법한 영업소임을 알리는 게시물등의 부착

3. 영업을 위하여 필수불가결한 기구 또는 시설물을 사용할 수 없게 하는 봉인

④ 시장·군수·구청장은 제3항 제3호의 규정에 의한 봉인을 한 후 봉인을 계속할 필요가 없다고 인정되는 때와 영업자등이나 그 대리인이 당해 영업소를 폐쇄할 것을 약속하는 때 및 정당한 사유를 들어 봉인의 해제를 요청하는 때에는 그 봉인을 해제할 수 있다. 제3항 제2호의 규정에 의한 게시물등의 제거를 요청하는 경우에도 또한 같다.

제11조의2(과징금처분)

① 시장·군수·구청장은 제11조 제1항의 규정에 의한 영업정지가 이용자에게 심한 불편을 주거나 그 밖에 공익을 해할 우려가 있는 경우에는 영업정지 처분에 갈음하여 3천만원 이하의 과징금을 부과할 수 있다. 다만, 풍속영업의규제에관한법률 제3조 각호의 1 또는 이에 상응하는 위반행위로 인하여 처분을 받게 되는 경우를 제외한다.

② 제1항의 규정에 의한 과징금을 부과하는 위반행위의 종별·정도 등에 따른 과징금의 금액 등에 관하여 필요한 사항은 대통령령으로 정한다.

③ 시장·군수·구청장은 제1항의 규정에 의한 과징금을 납부하여야 할 자가 납부기한까지 이를 납부하지 아니한 경우에는 지방세체납처분의 예에 의하여 이를 징수한다.

④ 제1항 및 제3항의 규정에 의하여 시장·군수·구청장이 부과·징수한 과징금은 당해 시·군·구에 귀속된다.

제12조(청문)

① 시장·군수·구청장은 제7조의 규정에 의한 이용사 및 미용사의 면허취소·면허정지, 제11조의 규정에 의한 공중위생영업의 정지, 일부 시설의 사용중지 및 영업소폐쇄명령등의 처분을 하고자 하는 때에는 청문을 실시하여야 한다.

제18조(위임 및 위탁)

① 보건복지부장관은 이 법에 의한 권한의 일부를 대통령령이 정하는 바에 의하여 시·도지사 또는 시장·군수·구청장에게 위임할 수 있다.

② 보건복지부장관은 대통령령이 정하는 바에 의하여 관계전문기관등에 그 업무의 일부를 위탁할 수 있다.

제20조(벌칙)

① 다음 각호의 1에 해당하는 자는 1년 이하의 징역 또는 1천만원 이하의 벌금에 처한다.

1. 제3조 제1항 전단의 규정에 의한 신고를 하지 아니한 자

2. 제11조 제1항의 규정에 의한 영업정지명령 또는 일부 시설의 사용중지명령을 받고도 그 기간중에 영업을 하거나 그 시설을 사용한 자 또는 영업소 폐쇄명령을 받고도 계속하여 영업을 한 자

② 다음 각호의 1에 해당하는 자는 6월 이하의 징역 또는 500만원 이하의 벌금에 처한다.

1. 제3조 제1항 후단의 규정에 의한 변경신고를 하지 아니한 자

2. 제3조의2 제1항의 규정에 의하여 공중위생영업자의 지위를 승계한 자로서 동조 제4항의 규정에 의한 신고를 하지 아니한 자

③ 다음 각호의 1에 해당하는 자는 300만원 이하의 벌금에 처한다.

1. 제5조의 규정에 위반하여 위생관리기준 또는 오염허용기준을 지키지 아니한 자로서 제10조의 규정에 의한 개선명령에 따르지 아니한 자

2. 제7조 제1항의 규정에 의하여 면허가 취소된 후 계속하여 업무를 행한 자 또는 동조동항의 규정에 의한 면허정지기간중에 업무를 행한 자, 제8조 제1항의 규정에 위반하여 이용 또는 미용의 업무를 행한 자

제22조(과태료)

① 다음 각호의 1에 해당하는 자는 300만원 이하의 과태료에 처한다.

1. 제3조 제2항의 규정을 위반하여 폐업신고를 하지 아니한 자

1의2. 제4조 제2항의 규정을 위반하여 목욕장의 수질기준 또는 위생기준을 준수하지 아니한 자로서 제10조의 규정에 의한 개선명령에 따르지 아니한 자

2. 제4조 제2항의 규정에 위반하여 목욕장업소의 시설 및 설비를 위생적이고 안전하게 관리하지 아니한 자

3. 제9조의 규정에 의한 보고를 하지 아니하거나 관계공무원의 출입·검사 기타 조치를 거부·방해 또는 기피한 자

4. 제10조의 규정에 의한 개선명령에 위반한 자

5. 제11조의5를 위반하여 이용업소표시등을 설치한 자

② 다음 각호의 1에 해당하는 자는 200만원 이하의 과태료에 처한다.

1. 제4조 제3항의 규정에 위반하여 이용업소의 위생관리 의무를 지키지 아니한 자

2. 제4조 제4항의 규정에 위반하여 미용업소의 위생관리 의무를 지키지 아니한 자

3. 제4조 제5항의 규정에 위반하여 세탁업소의 위생관리 의무를 지키지 아니한 자

4. 제4조 제6항의 규정에 위반하여 위생관리용역업소의 위생관리 의무를 지키지 아니한 자

5. 제8조 제2항의 규정에 위반하여 영업소외의 장소에서 이용 또는 미용업무를 행한 자

6. 제17조 제1항의 규정에 위반하여 위생교육을 받지 아니한 자

부칙 <법률 제9839호, 2005. 2. 8.>

제1조 (시행일) 이 법은 공포후 6월이 경과한 날부터 시행한다.

참고자료 2 - 공중위생관리법 시행규칙(발췌)

제19조(행정처분기준) 법 제7조 제2항 및 법 제11조 제2항의 규정에 의한 행정처분의 기준은 별표 7과 같다.

부칙 <보건복지부령 제19048호, 2010. 5. 25.>

제1조 (시행일) 이 규칙은 공포한 날부터 시행한다.

[별표 7]

행정처분기준(제19조 관련)

Ⅰ. 일반기준

1. 위반행위가 2 이상인 경우로서 그에 해당하는 각각의 처분기준이 다른 경우에는 그 중 중한 처분기준에 의하되, 2 이상의 처분기준이 영업정지에 해당하는 경우에는 가장 중한 정지처분기간에 나머지 각각의 정지처분기간의 2분의 1을 더하여 처분한다.

2. 행정처분을 하기 위한 절차가 진행되는 기간 중에 반복하여 같은 사항을 위반한 때에는 그 위반횟수마다 행정처분 기준의 2분의 1씩 더하여 처분한다.

3. 위반행위의 차수에 따른 행정처분기준은 최근 1년간 같은 위반행위로 행정처분을 받은 경우에 이를 적용한다. 이때 그 기준적용일은 동일 위반사항에 대한 행정처분일과 그 처분후의 재적발일(수거검사에 의한 경우에는 검사결과를 처분청이 접수한 날)을 기준으로 한다.

4. 행정처분권자는 위반사항의 내용으로 보아 그 위반정도가 경미하거나 해당 위반사항에 관하여 검사로부터 기소유예의 처분을 받거나 법원으로부터 선고유예의 판결을 받은 때에는 Ⅱ. 개별기준에 불구하고 그 처분기준을 다음의 구분에 따라 경감할 수 있다.

  가. 영업정지의 경우에는 그 처분기준 일수의 2분의 1의 범위안에서 경감할 수 있다.

  나. 영업장폐쇄의 경우에는 3월 이상의 영업정지처분으로 경감할 수 있다.

Ⅱ. 개별기준

4. 미용업

위 반 사 항	관련법규	행 정 처 분 기 준			
		1차 위반	2차 위반	3차 위반	4차 위반
1. 미용사의 면허에 관한 규정을 위반한 때	법 제7조제1항				
가. 국가기술자격법에 따라 미용사자격이 취소된 때		면허취소			
나. 국가기술자격법에 따라 미용사자격정지처분을 받은 때		면허정지	(국가기술자격법에 의한 자격정지처분기간에 한한다)		
다. 법 제6조제2항제1호 내지 제4호의 결격사유에 해당한 때		면허취소			
라. 이중으로 면허를 취득한 때		면허취소	(나중에 발급받은 면허를 말한다)		
마. 면허증을 다른 사람에게 대여한 때		면허정지 3월	면허정지 6월	면허취소	
바. 면허정지처분을 받고 그 정지기간중 업무를 행한 때		면허취소			
2. 법 또는 법에 의한 명령에 위반한 때	법 제11조제1항				
가. 시설 및 설비기준을 위반한 때	법 제3조제1항	개선명령	영업정지 15일	영업정지 1월	영업장 폐쇄명령
나. 신고를 하지 아니하고 영업소의 명칭 및 상호 또는 영업장 면적의 3분의 1 이상을 변경한 때	법 제3조제1항	경고 또는 개선명령	영업정지 15일	영업정지 1월	영업장 폐쇄명령
다. 신고를 하지 아니하고 영업소의 소재지를 변경한 때	법 제3조제1항	영업장 폐쇄명령			
라. 영업자의 지위를 승계한 후 1월 이내에 신고하지 아니한 때	법 제3조의2제4항	개선명령	영업정지 10일	영업정지 1월	영업장 폐쇄명령
마. 미용업자가 준수하여야 할 위생관리기준을 위반한 때	법 제4조제4항	영업정지 2월	영업정지 3월	영업장 폐쇄명령	
바. 영업소 외의 장소에서 업무를 행한 때	법 제8조제2항	영업정지 1월	영업정지 2월	영업장 폐쇄명령	

사. 시 · 도지사, 시장 · 군수 · 구청장이 하도록 한 필요한 보고를 하지 아니하거나 거짓으로 보고한 때 또는 관계공무원의 출입 · 검사를 거부 · 기피하거나 방해한 때	법 제9조제1항	영업정지 10일	영업정지 20일	영업정지 1월	영업장 폐쇄명령
아. 시 · 도지사 또는 시장 · 군수 · 구청장의 개선명령을 이행하지 아니한 때	법 제10조	경 고	영업정지 10일	영업정지 1월	영업장 폐쇄명령
자. 영업정지처분을 받고 그 영업정지기간중 영업을 한 때	법 제11조제1항	영업장 폐쇄명령			
차. 위생교육을 받지 아니한 때	법 제17조	경 고	영업정지 5일	영업정지 10일	영업장 폐쇄명령
3. 「성매매알선 등 행위의 처벌에 관한 법률」 · 「풍속영업의 규제에 관한 법률」 · 「의료법」에 위반하여 관계행정기관의 장의 요청이 있는 때	법 제11조제1항				
가. 손님에게 성매매알선등행위 또는 음란행위를 하게 하거나 이를 알선 또는 제공한 때					
(1) 영업소		영업정지 2월	영업정지 3월	영업장 폐쇄명령	
(2) 미용사(업주)		면허정지 2월	면허정지 3월	면허취소	
나. 손님에게 도박 그 밖에 사행행위를 하게 한 때		영업정지 1월	영업정지 2월	영업장 폐쇄명령	
다. 음란한 물건을 관람 · 열람하게 하거나 진열 또는 보관한 때		개선명령	영업정지 15일	영업정지 1월	영업장 폐쇄명령
라. 무자격안마사로 하여금 안마사의 업무에 관한 행위를 하게 한 때		영업정지 1월	영업정지 2월	영업장 폐쇄명령	

참고자료 3 - 보건복지부 고시

미용업자 위생관리기준(2011. 10. 15. 보건복지부 고시 제2011-35호)

공중위생관리법 제4조 제4항의 규정에 의하여 미용업자가 준수하여야 할 위생관리기준은 다음과 같다.

1. 점빼기·귓볼뚫기·쌍꺼풀수술·문신·박피술 그 밖에 이와 유사한 의료행위를 하여서는 아니 된다.
2. 피부미용을 위하여 「약사법」에 따른 의약품 또는 「의료기기법」에 따른 의료기기를 사용하여서는 아니 된다.
3. 미용기구 중 소독을 한 기구와 소독을 하지 아니한 기구는 각각 다른 용기에 넣어 보관하여야 한다.
4. 1회용 면도날은 손님 1인에 한하여 사용하여야 한다.
5. 영업장 안의 조명도는 75룩스 이상이 되도록 유지하여야 한다.
6. 영업소 내부에 미용업 신고증 및 개설자의 면허증 원본을 게시하여야 한다.
7. 영업소 내부에 최종지불요금표를 게시 또는 부착하여야 한다.

부칙
이 고시는 2011년 10월 15일부터 시행한다.

참고자료 4 - 관보

제17914호 관 보 2011. 10. 15.

고 시

● 보건복지부 고시 제2011-35호

「미용업자 위생관리기준」을 다음과 같이 고시합니다.

2011년 10월 15일
보건복지부장관

공중위생관리법 제4조 제4항의 규정에 의하여 미용업자가 준수하여야 할 위생관리기준은 다음과 같다.

1. 점빼기·귓볼뚫기·쌍꺼풀수술·문신·박피술 그 밖에 이와 유사한 의료행위를 하여서는 아니 된다.
2. 피부미용을 위하여 「약사법」에 따른 의약품 또는 「의료기기법」에 따른 의료기기를 사용하여서는 아니 된다.
3. 미용기구 중 소독을 한 기구와 소독을 하지 아니한 기구는 각각 다른 용기에 넣어 보관하여야 한다.
4. 1회용 면도날은 손님 1인에 한하여 사용하여야 한다.
5. 영업장 안의 조명도는 75룩스 이상이 되도록 유지하여야 한다.
6. 영업소 내부에 미용업 신고증 및 개설자의 면허증 원본을 게시하여야 한다.
7. 영업소 내부에 최종지불요금표를 게시 또는 부착하여야 한다.

부칙

이 고시는 2011년 10월 15일부터 시행한다.

◇ 개정이유

미용업은 공중위생영업으로서 손님의 외모를 아름답게 꾸미는 업인데도 불구하고 최근 미용업자가 미용시술을 빙자하여 쌍꺼풀수술, 문신, 박피술 등을 시행하거나 의약품 또는 의료기기를 사용하는 사례가 많고, 이로 인한 피해 사례가 발생하였거나 우려되고 있으므로, 미용업자가 의료에 관한 전문적 지식과 기술을 필요로 하는 시술을 하거나 의약품 또는 의료기기 사용을 하지 못하게 하는 등 미용업자 위생관리기준을 명확히 정함으로써 국민의 건강과 위생보호에 만전을 기하려는 것임.

◇ 주요내용

가. 점빼기·귓볼뚫기·쌍꺼풀수술·문신·박피술 그 밖에 이와 유사한 의료행위를 금지함(제1호).
나. 피부미용을 위하여 「약사법」에 따른 의약품 또는 「의료기기법」에 따른 의료기기의 사용을 금지함(제2호).

81

참고자료 5 - 달력

■ 2012년 2월 ~ 2013년 1월

2012년 2월

일	월	화	수	목	금	토
			1	2	3	4
5	6	7	8	9	10	11
12	13	14	15	16	17	18
19	20	21	22	23	24	25
26	27	28	29			

2012년 3월

일	월	화	수	목	금	토
				1	2	3
4	5	6	7	8	9	10
11	12	13	14	15	16	17
18	19	20	21	22	23	24
25	26	27	28	29	30	31

2012년 4월

일	월	화	수	목	금	토
1	2	3	4	5	6	7
8	9	10	11	12	13	14
15	16	17	18	19	20	21
22	23	24	25	26	27	28
29	30					

2012년 5월

일	월	화	수	목	금	토
		1	2	3	4	5
6	7	8	9	10	11	12
13	14	15	16	17	18	19
20	21	22	23	24	25	26
27	28	29	30	31		

2012년 6월

일	월	화	수	목	금	토
					1	2
3	4	5	6	7	8	9
10	11	12	13	14	15	16
17	18	19	20	21	22	23
24	25	26	27	28	29	30

2012년 7월

일	월	화	수	목	금	토
1	2	3	4	5	6	7
8	9	10	11	12	13	14
15	16	17	18	19	20	21
22	23	24	25	26	27	28
29	30	31				

2012년 8월

일	월	화	수	목	금	토
			1	2	3	4
5	6	7	8	9	10	11
12	13	14	15	16	17	18
19	20	21	22	23	24	25
26	27	28	29	30	31	

2012년 9월

일	월	화	수	목	금	토
						1
2	3	4	5	6	7	8
9	10	11	12	13	14	15
16	17	18	19	20	21	22
23/30	24	25	26	27	28	29

2012년 10월

일	월	화	수	목	금	토
	1	2	3	4	5	6
7	8	9	10	11	12	13
14	15	16	17	18	19	20
21	22	23	24	25	26	27
28	29	30	31			

2012년 11월

일	월	화	수	목	금	토
				1	2	3
4	5	6	7	8	9	10
11	12	13	14	15	16	17
18	19	20	21	22	23	24
25	26	27	28	29	30	

2012년 12월

일	월	화	수	목	금	토
						1
2	3	4	5	6	7	8
9	10	11	12	13	14	15
16	17	18	19	20	21	22
23/30	24/31	25	26	27	28	29

2013년 1월

일	월	화	수	목	금	토
		1	2	3	4	5
6	7	8	9	10	11	12
13	14	15	16	17	18	19
20	21	22	23	24	25	26
27	28	29	30	31		

공
법

2012년 제1회 변호사시험 기록형 기출문제

 문 제

재미노래연습장의 영업자인 박미숙은 2011. 12. 22. 관련서류를 가지고 법무법
인 필승 소속의 나성실 변호사를 찾아와 노래연습장 등록취소처분에 대해서 불복
을 하고 싶다고 하면서 법적 절차를 밟아 줄 것을 요청하였다.
박미숙으로부터 사건을 의뢰받은 법무법인 필승의 담당변호사 나성실은 박미숙에
대한 노래연습장 등록취소처분이 위법하여 승소가능성이 있다는 결론을 내리고 관
할법원에 이에 관한 소송을 제기하려고 한다.
나성실 변호사의 입장에서 소장 작성 및 제출일을 <u>2012. 1. 3.</u>로 하여, 본 기록
에 첨부된 소장양식에 따라 <u>취소소송의 소장</u>을 작성하시오.

▎**작성요령 및 주의사항**

1. '이 사건 처분의 경위'는 8줄 내외로 작성할 것
2. '이 사건 소의 적법성'에서는 제소기간과 피고적격을 중심으로 작성할 것
3. '이 사건 처분의 위법성'에서는 사실관계와 참고자료에 수록된 관계법령과 제공된 법전 내
   법령, 기존 판례 및 학설의 입장에 비추어 볼 때 설득력 있는 주장을 중심으로 작성할 것
4. '이 사건 처분 근거법령의 위헌성'에서는 참고자료에 수록된 음악산업진흥에 관한 법률 제
   <u>22조 제1항 제4호, 제27조 제1항 제5호 및 동법 시행령 제9조 제1호의 위헌성</u> 여부에
   대해서만 작성할 것
5. '입증방법' 및 '첨부서류'에서는 각각 3개 항목만 기재하여도 무방함
6. 「음악산업진흥에 관한 법률」은 '음악진흥법'으로 약칭하여도 무방함
7. 법률상담일지, 법무법인 필승의 내부회의록 등 기록에 나타난 사실관계만을 기초로 하고,
   그것이 사실임을 전제로 할 것
8. 참고자료에 수록된 관계법령(그중 일부 조문은 현행 법령과 차이가 있을 수 있음)과 제공
   된 법전 내의 법령이 이 사건 처분시와 소장 작성 및 제출시에 시행되고 있는 것으로 볼
   것
9. 각종 서류 등에 필요한 서명, 날인 또는 무인, 간인, 접수인 등은 모두 갖추어진 것으로 볼
   것

참고: <u>전체 배점은 100점이고, 그중 '4. 이 사건 처분 근거법령의 위헌성'에 대한 배점은 20
     점이다.</u>

소장양식

소 장

원 고 ○○○

피 고 ○○○

○○○○의 소

청구취지

청구원인

1. 이 사건 처분의 경위

2. 이 사건 소의 적법성

3. 이 사건 처분의 위법성

4. 이 사건 처분 근거법령의 위헌성

5. 결론

입증방법

첨부서류

○○○○. ○○. ○○.

원고 ○○○

○○○○ 법원 귀중

수임번호 2011-301	법률상담일지		2011. 12. 22.	
의 뢰 인	박미숙(재미노래연습장 영업자)	의뢰인 전화	041-200-1234(영업장) ***-****-****(휴대전화)	
의뢰인 영업장 주소	충남 천안시 동남구 안서동 11-1	의뢰인 팩스		
상 담 내 용				

1. 의뢰인 박미숙은 충남 천안시 동남구 안서동 11-1에서 재미노래연습장이라는 상호로 노래방을 운영하다가 청소년 출입시간 위반으로 등록취소처분을 받고 본 법무법인을 방문하였다.

2. 박미숙은 초등학교 동창이 소개한 전(前) 영업자 이원숙에게서 2011. 6. 17. 오케이노래연습장의 영업을 양수하였다. 영업자의 지위를 승계받은 박미숙은 2011. 6. 24. 영업자 및 상호가 변경된 등록증을 발급받아 2011. 7. 1.부터 재미노래연습장이라는 상호로 영업을 시작하였다.

3. 박미숙은 2011. 7. 25. 오후 7시에 회사원 일행 7명을 출입시켜 영업을 하다가 오후 8시경 천안시 동남구청 담당직원의 단속을 받았다. 그런데 위 일행 중 1명이 만 17세로 밝혀졌다.

4. 박미숙은 천안시장 명의의 2011. 8. 12.자 등록취소처분 사전통지서를 송달받았으나 바빠서 의견제출을 하지 않았다.

5. 박미숙의 모친인 윤숙자는 대구에 떨어져 살고 있는데, 2011. 9. 16. 박미숙의 집을 잠시 방문하였다가 같은 날 박미숙이 외출한 사이에 우편집배원으로부터 노래연습장 등록취소처분 통지서를 교부받았다. 윤숙자는 깜빡 잊고 위 통지서를 박미숙에게 전달하지 않은 채 이를 가지고 2011. 9. 17. 대구 집으로 돌아갔다.

6. 한편, 박미숙은 2011. 10. 13. 노래연습장 등록취소처분 통지서를 우편집배원으로부터 직접 교부받았다.

7. 박미숙은 2011. 11. 5. 모친인 윤숙자와 전화통화를 하는 과정에서, 윤숙자가 등록취소처분 통지서를 2011. 9. 16. 교부받은 채 자신에게 전달하지 않았다는 사실을 뒤늦게 알게 되었다.

8. 박미숙의 음악산업진흥에관한법률위반 피의사건에 관하여는 현재 수사 진행 중이다.

9. 의뢰인 희망사항
의뢰인 박미숙은 자신이 청소년 출입시간 위반을 1회만 했을 뿐인데 노래연습장 등록취소처분을 받아 억울하다고 하면서 등록취소처분에 대하여 소송 제기를 희망하고 있다.

법무법인 필승(담당변호사 나성실)
전화 041-555-1786, 팩스 041-555-1856, 이메일 ***@********.***
충남 천안시 신부동 76-2 법조빌딩 3층

법무법인 필승의 내부회의록

일   시: 2011. 12. 23. 14:00 ~ 15:00
장   소: 법무법인 필승 소회의실
참석자: 김정통 변호사(행정소송팀장), 나성실 변호사

김 변호사: 박미숙 사건의 소송제기와 관련하여 회의를 개최하여 승소전략을 강구하고자 합니다. 나 변호사께서 이 사건 검토 결과를 보고해 주기 바랍니다.

나 변호사: 예, 말씀드리겠습니다. 첫째로, 천안시 담당공무원 홍민원에게 요청하여 관련자료를 받아본 결과 박미숙에 대한 등록취소처분을 하기에 앞서 사전통지는 하였으나 그 밖의 다른 의견진술 기회는 주지 않은 것으로 확인되었습니다. 둘째로, 박미숙으로부터 영업양도양수계약서를 전달받아 검토해본 결과 계약은 유효하고, 박미숙은 영업자 등이 변경된 등록증을 적법하게 발급받았습니다. 셋째로, 관련 규정을 확인해 본 결과, 노래연습장에 대한 단속 및 처분권한을 갖고 있는 천안 시장이 내부적인 사무처리의 편의를 도모하기 위하여 동남구청장으로 하여금 그 단속 및 처분권한을 사실상 행사하게 하고 있습니다.

김 변호사: 박미숙이 등록취소를 받은 이유는 무엇인가요?

나 변호사: 담당공무원 홍민원에게 확인한 바에 따르면, 박미숙과 전(前) 영업자인 이원숙이 청소년 출입시간 위반을 한 것이 합계 4회가 되어서 등록취소가 되었다고 합니다.

김 변호사: 이원숙이 받은 제재처분의 내역을 확인해 보았나요?

나 변호사: 관련자료를 검토해본 결과, 이원숙은 청소년출입시간을 위반하였다는 사유로 2010. 3. 3. 영업정지 10일, 2010. 11. 19. 영업정지 1월, 2011. 2. 1. 영업정지 3월의 처분을 각각 받은 사실이 확인되었습니다.

김 변호사: 박미숙은 영업양수를 할 때 이원숙이 제재처분을 받았다는 사실을 몰랐다고 하던가요?

나 변호사: 박미숙은 양도양수계약 당시에, 동일한 사유로 제재처분이 이미 3회 있었다는 사실을 양도인 이원숙으로부터 들어서 알고 있었다고 합니다.

김 변호사: 법률상담일지를 보니 등록취소처분 통지서가 2회에 걸쳐 송달된 것으로 되어 있던데 어떻게 된 것인가요.

나 변호사: 천안시 담당공무원에게 확인해본 바에 의하면, 박미숙의 모친 윤숙자가 박미숙의 집을 잠시 방문했다가 처분통지서를 2011. 9. 16. 교부받았습니다. 그 후에 담당공무원은 처분관련서류를 검토하는 과정에서 송달에 문제가 있다고 판단하여 종전의 처분통지서를 다시 발송하였고, 2011. 10. 13. 박미숙 본인이 이를 직접 교부받은 것입니다.

김 변호사: 추가적인 질문이나 의견이 있습니까?

나 변호사: 처분의 근거조항인 음악산업진흥에 관한 법률 시행령 조항의 위헌성 여부 이외에 법률 조항의 위헌성 여부도 소장에 포함시키려고 하는데 괜찮겠습니까?

김 변호사: 좋은 생각입니다. 시행령 조항의 위헌성 여부를 소장에 포함시키는 것은 물론이고, 위헌법률심판제청신청을 하기 전이라도 법률 조항의 위헌성 여부도 소장에 포함시켜 주장하는 것이 좋겠습니다. 박미숙이 영업을 계속할 수 있도록 집행정지신청도 할 필요가 있는데 이 부분은 다른 변호사에게 맡겨놓았으니 나 변호사는 소장 작성 준비를 잘 해주기 바랍니다. 이상 회의를 마치겠습니다. 끝.

천 안 시

우 330-070 / 충남 천안시 서북구 불당동 234-1	전화 041-234-2644	전송 041-234-2647
처리과 환경위생과 과장 박병훈	계장 이을식	담당 홍민원

문서번호   환경위생 11-788

시행일자   2011. 9. 13.

받   음   박미숙 (상호: 재미노래연습장) 귀하

제   목   노래연습장 등록취소처분 통지

---

1. 항상 시정발전에 협조하여 주시는 귀하께 감사드립니다.

2. 귀하께서는 음악산업진흥에 관한 법률 제22조(노래연습장업자의 준수사항 등) 제1항 제4호 및 동법 시행령 제9조(노래연습장업자의 준수사항) 제1호의 규정에 의하여 당해 영업장소에 출입시간 외에 청소년을 출입하게 하여서는 아니됨에도 불구하고 2011. 7. 25. 이를 위반하였으므로, 동법 제23조(영업의 승계 등), 제27조 (등록취소 등) 제1항 제5호 및 동법 시행규칙 제15조(행정처분의 기준 등) [별표 2]의 규정에 의하여 붙임과 같이 행정처분하오니 양지하시기 바랍니다.

3. 만약 이 처분에 불복이 있는 경우 처분이 있음을 안 날로부터 90일 이내에 행정심판법에 의한 행정심판 또는 행정소송법에 의한 행정소송을 제기할 수 있음을 알려드립니다.

붙임: 행정처분서(재미노래연습장)

천 안 시 장 [천안시 장의인]

공법

행 정 처 분 서

영업소의 소재지	천안시 동남구 안서동 11-1		
영업소의 명칭	재미노래연습장		
영업자의 성명	박미숙	주민등록번호	******-*******
위 반 사 항	노래연습장에 출입시간 외에 청소년을 출입시킨 행위 (4차 위반)		
행정처분 내역	노래연습장 등록취소		
지시(안내)사항	생략(이 부분은 제대로 기재된 것으로 볼 것)		

귀 업소는 위 위반사항으로 적발되어 음악산업진흥에 관한 법률 제27조 제1항 제5호, 제22조 제1항 제4호, 제23조, 동법 시행령 제9조 제1호, 동법 시행규칙 제15조 [별표 2]에 의하여 위와 같이 행정처분합니다.

2011년 9월 13일

천 안 시 장 [인: 천안시 장의인]

우편송달보고서

증서 2011년 제387호   2011년 9월 13일   발송

1. 송달서류 노래연습장 등록취소처분 통지 및 행정처분서 1부(환경위생 11-788)
                                                    발송자 천안시장

송달받을 자 박미숙 귀하
천안시 동남구 안서동 369

영수인	**박미숙의 모 윤숙자** (서명)
영수인 서명날인 불능	

	송달받을 자 본인에게 교부하였다.		
	송달받을 자가 부재 중이므로 사리를 잘 아는 다음 사람에게 교부하였다.		
		사무원	
		피용자	
		동거자	
	다음 사람이 정당한 사유 없이 송달받기를 거부하므로, 그 장소에 서류를 두었다.		
		송달받을 자	
		사무원	
		피용자	
		동거자	

송달연월일	2011. 9. 16. 16시 40분
송달장소	천안시 동남구 안서동 369

위와 같이 송달하였다.
                              2011. 9. 19.
                              우체국 집배원   고배달

우편송달보고서

증서 2011년　　제402호	2011년　10월　10일　　발송

1. 송달서류　　노래연습장 등록취소처분 통지 및 행정처분서 1부(환경위생 11-788)

발송자　천안시장

송달받을 자　　박미숙 귀하
천안시 동남구 안서동 369

영수인	박미숙 (서명)

영수인 서명날인 불능

①	송달받을 자 본인에게 교부하였다.

2	송달받을 자가 부재 중이므로 사리를 잘 아는 다음 사람에게 교부하였다.
	사무원
	피용자
	동거자

3	다음 사람이 정당한 사유 없이 송달받기를 거부하므로, 그 장소에 서류를 두었다.
	송달받을 자
	사무원
	피용자
	동거자

송달연월일　　*2011. 10. 13.　10시 50분*

송달장소　　　*천안시 동남구 안서동 369*

위와 같이 송달하였다.

2011. 10. 17.

우체국 집배원　　　　고배달

주 민 등 록 표

(등 본)

이 등본은 세대별 주민등록표의 원본
내용과 틀림없음을 증명합니다.

2011년   12월   26일

천안시 동남구 안서동장

세대주	박 미 숙		세대구성 사유 및 일자	전입세대구성 2000-5-25
번호	주	소 (통/반)		전입일 / 변동일 변 동 사 유
현주소 전입	천안시 동남구 안서동 369(5/3)			2000-5-25/2000-5-25 전입
현주소	천안시 동남구 안서동 369(5/3)			
번호	세대주 관계	성 명 주민등록번호	전입일/변동일	변 동 사 유
1	본인	박 미 숙 ******-*******		
2	자	강 믿 음 ******-*******		
3	자	강 보 람 ******-*******		

= 이 하 여 백 =

서기 2011년 12월 26일

수입 증지
350원
충남 천안시

천안시 동남구 안서동장 안서동
장의인

주 민 등 록 표
(등 본)

이 등본은 세대별 주민등록표의 원본 내용과 틀림없음을 증명합니다.

2011년   12월   26일

대구광역시 남구 대명제10동장

세대주		윤 숙 자	세대구성 사유 및 일자	전입세대구성 1978-9-27
번호		주 소 (통/반)		전입일 / 변동일 변 동 사 유
현주소 전입		대구광역시 남구 대명10동 203(1/2)		1978-9-27/1978-9-27 전입
현주소		대구광역시 남구 대명10동 203(1/2)		
번호	세대주 관계	성 명 주민등록번호	전입일/변동일	변 동 사 유
1	본인	윤 숙 자 ******-*******		
		= 이 하 여 백 =		

서기 2011년 12월 26일

수입 증지
350원
대구광역시 남구

대구광역시 남구 대명제10동장

대명10
동장인

단속결과보고서

제2011-189호

수신: 동남구청장

참조: 보건위생과장

제목: 음악산업진흥에 관한 법률 위반업소 단속결과보고

노래연습장 불법영업 지도·단속 계획에 따라 해당업소에 현지 출장한 결과를 아래와 같이 보고합니다.

출장일시	2011. 7. 25. 18:00 ~ 24:00
단 속 반	1개반 2명
단속업소	천안시 동남구 관할구역 내 노래연습장 5개소
중점단속사항	- 청소년 출입시간 준수 여부 - 주류 판매위반 여부
단속결과	- 위반업소 : 재미노래연습장(안서동 11-1) 음악산업진흥에 관한 법률 제22조(노래연습장업자의 준수사항 등) 제1항 제4호, 동법 시행령 제9조(노래연습장업자의 준수사항) 제1호의 규정에 따라 노래연습장업자는 당해 영업장소에 출입시간(오전 9시부터 오후 6시까지) 외에 청소년을 출입시켜서는 아니됨에도 불구하고, 위 노래연습장 영업자 박미숙이 2011. 7. 25. 20:00경 자신이 운영하는 재미노래연습장에서 청소년 정미성(만 17세)을 최성연 등 6명과 함께 노래방에 출입시간 외에 출입시켜 영업하였음을 확인하고, 박미숙, 최성연, 정미성으로부터 해당행위에 대한 자술서 및 확인서를 징구하였습니다.

위와 같이 조치결과를 보고합니다.

2011년 7월 26일

보고자 : 천안시 동남구청 6급 이점검 (이점검)

천안시 동남구청 7급 이미연 (이미연)

자 술 서

이름: 박미숙(******-*******)
주소: 충남 천안시 동남구 안서동 369번지

저는 천안시 동남구 안서동 11-1번지에서 "재미노래연습장"을 운영하고 있는 박미숙입니다. 개업 후 한 두 번 와서 얼굴을 아는 최성연을 비롯한 회사 사람들 7명이 오늘 저녁 7시쯤에 왔길래 6호실로 안내하여 주었습니다. 그런데 저녁 8시쯤 구청에서 단속반이 나와서 손님들의 나이를 조사하기 시작하였고 회사 사람들 중에서 정미성이 만 17세라는 사실이 밝혀졌습니다. 겉모습으로는 모두 성인이었기 때문에 저로서는 그들 중에 청소년이 있다고는 꿈에도 생각하지 못하였습니다.

저는 살아오면서 지금까지 한 번도 법을 어긴 사실이 없었습니다. 그런데 이번에 출입시간 외에 청소년을 출입시켰다고 하여 단속을 당하고 보니 너무 억울합니다.

앞으로는 나이 확인을 더 철저히 해서 절대로 법을 어기는 일이 없도록 할 테니 저의 어려운 처지를 생각해서 선처해 주실 것을 간절히 부탁드립니다.

2011년 7월 25일

박미숙 (서명)

확 인 서

성   명 : 최성연

주민등록번호 : ******-*******

주   소 : 천안시 성정동 689번지 제일빌라 5동 101호

저는 천안시 동남구 소재 동남전자 주식회사에 다니고 있습니다. 정미성은 직장 후배입니다. 오늘 정미성을 포함하여 직장동료들과 저녁 회식을 마치고, 그냥 헤어지기 서운해서 근처 노래방에 가서 노래를 부르기로 하였습니다. 제가 노래방을 한 두 번 가본 적이 있어 일행들과 함께 오늘 저녁 7시경 노래방 6호실로 들어가 노래를 부르던 중 갑자기 구청에서 단속을 나왔는데, 신분증을 일일이 조사하는 과정에서 정미성이 1993년생으로 만 17세에 해당되어 청소년인 사실이 드러났습니다. 정미성이 나이가 들어보여서 그런지는 몰라도 노래방에 들어갈 때 신분증 검사를 따로 하지는 아니하였고, 저를 알고 있는 노래방 사장님이 곧바로 노래방 6호실로 안내하였습니다. 이번 일로 인하여 노래방 사장님께 피해가 가지 않도록 해 주십시오.

2011. 7. 25.

최성연 (서명)

확 인 서

이   름 : 정미성

주민등록번호 : ******－*******

주   소 : 천안시 원성동 245번지 제일아파트 2동 503호

    저는 고등학교 과정을 검정고시로 마치고 천안시 동남구에 있는 동남전자 주식회사에 갓 취업하였습니다. 오늘 최성연 대리님 등 6명과 함께 저녁 회식에 참석하였다가 식사를 마치고 그냥 헤어지기 서운해서 노래방을 가기로 하였습니다. 직장 선배들과 함께 근처에 있는 재미노래방에 왔습니다. 이 노래방은 처음 온 곳인데 노래방 사장님이 최성연 대리님을 알아봐서 그런지 따로 신분 확인을 하지는 아니하였습니다. 노래방 6호실에서 2PM의 "Hands Up"을 부르고 있는데 마침 구청에서 단속을 나와 저에게 나이를 물길래 주민등록증을 제시했습니다. 청소년이 노래방에 왔다고 왜 단속을 하는지 모르겠습니다. 그러면 우리는 어디로 가야 합니까?

                        2011. 7. 25.

                                정미성 (서명)

천 안 시

우 330-070 / 충남 천안시 서북구 불당동 234-1	전화 041-234-2644	전송 041-234-2647
처리과 환경위생과　　　과장 박병훈	계장 이을식	담당 홍민원

수 신 자　박미숙(재미노래연습장 영업자)

시행일자　2011. 8. 12.

제　　목　노래연습장 등록취소처분 사전통지서

　　　　행정절차법 제21조 제1항의 규정에 의하여 우리 기관이 하고자 하는 처분의 내용을 통지하오니 의견을 제출하여 주시기 바랍니다.

<table>
<tr><td colspan="2">1. 예정된 처분의 제목</td><td colspan="3">노래연습장 등록취소</td></tr>
<tr><td rowspan="2">2. 당사자</td><td>성명(명칭)</td><td colspan="3">박미숙(재미노래연습장)</td></tr>
<tr><td>주　　소</td><td colspan="3">충남 천안시 동남구 안서동 369</td></tr>
<tr><td colspan="2">3. 처분의 원인이 되는 사실</td><td colspan="3">노래연습장에 출입시간 외에 청소년 출입 (4차 위반)</td></tr>
<tr><td colspan="2">4. 처분하고자 하는 내용</td><td colspan="3">노래연습장 등록취소</td></tr>
<tr><td colspan="2">5. 법적 근거</td><td colspan="3">음악산업진흥에 관한 법률 제27조 제1항 제5호, 제22조 제1항 제4호, 제23조, 동법 시행령 제9조 제1호, 동법 시행규칙 제15조 [별표 2]</td></tr>
<tr><td rowspan="3">6. 의견제출</td><td>기관명</td><td>천안시청</td><td>부서명</td><td>환경위생과</td></tr>
<tr><td>주　소</td><td colspan="3">천안시 서북구 불당동 234-1</td></tr>
<tr><td>기　한</td><td colspan="3">2011. 8. 31.까지</td></tr>
</table>

천 안 시 장 [천안시장의인]

공법

등록번호 제11-56호

노래연습장업 등록증

1. 성명(영업자): 박미숙

2. 생년월일: 1965. 6. 5.

3. 상호: 재미노래연습장

4. 영업소 소재지: 충남 천안시 동남구 안서동 11-1

5. 영업소 면적: 125㎡

「음악산업진흥에 관한 법률」 제20조·제21조 및 같은 법 시행규칙 제10조·제11조에 따라 노래연습장업(청소년실 [o] 유 [ ] 무) ([ ] 등록증 [o] 변경등록증)을 ([o] 발급 [ ] 재발급)합니다.

2011년 6월 24일

천 안 시 장 [천안시 장의인]

피 의 자 신 문 조 서

피 의 자 : 박미숙

　　위의 사람에 대한 음악산업진흥에관한법률위반 피의사건에 관하여 2011. 10. 24. 천안동남경찰서에서 사법경찰관 경위 최순찰은 사법경찰리 경사 오배석을 참여하게 하고, 아래와 같이 피의자임에 틀림 없음을 확인하다.

문　　피의자의 성명, 주민등록번호, 직업, 주거, 등록기준지 등을 말하십시오.

답　　성명은　　　　　박미숙 (朴美淑)

　　　주민등록번호는 ******-******* (만 46세)

　　　직업은　　　　　노래연습장업자

　　　주거는　　　　　충남 천안시 동남구 안서동 369

　　　등록기준지는　　생략

　　　직장주소는　　　충남 천안시 동남구 안서동 11-1

　　　연락처는　　　　직장전화 041-200-1234　　휴대전화 ***-****-****

　　　입니다.

　　사법경찰관은 피의사건의 요지를 설명하고 사법경찰관의 신문에 대하여 형사소송법 제244조의3에 따라 진술을 거부할 수 있는 권리 및 변호인의 참여 등 조력을 받을 권리가 있음을 피의자에게 알려주고 이를 행사할 것인지 그 의사를 확인하다.

진술거부권 및 변호인 조력권 고지 등 확인

---

1. 귀하는 일체의 진술을 하지 아니하거나 개개의 질문에 대하여 진술을 하지 아니할 수 있습니다.

2. 귀하가 진술을 하지 아니하더라도 불이익을 받지 아니합니다.

3. 귀하가 진술을 거부할 권리를 포기하고 행한 진술은 법정에서 유죄의 증거로 사용될 수 있습니다.

4. 귀하가 신문을 받을 때에는 변호인을 참여하게 하는 등 변호인의 조력을 받을 수 있습니다.

문   피의자는 위와 같은 권리들이 있음을 고지 받았는가요.

답   예, 고지 받았습니다.

문   피의자는 진술거부권을 행사할 것인가요.

답   아닙니다.

문   피의자는 변호인의 조력을 받을 권리를 행사할 것인가요.

답   아닙니다. 혼자서 조사를 받겠습니다.

이에 사법경찰관은 피의사실에 관하여 다음과 같이 피의자를 신문하다.

문   피의자는 전과가 있나요.

답   없습니다.

문   피의자의 병역관계를 말하시오.

답   해당사항 없습니다.

문   학력 관계를 말하시오.

답   대구시 소재 상서여자상업고등학교를 졸업했습니다.

문 　가족관계를 말하시오.

답 　2000년 이혼한 후에 아들 강믿음(15세), 딸 강보람(14세)과 함께 살고 있습니다.

문 　피의자의 경력은 어떠한가요.

답 　저는 이혼 후 10년간 식당에서 일하다가 모아둔 돈으로 무슨 사업을 할까 고민하다가 마침 이원숙이 노래방을 내놓았다는 이야기를 초등학교 동창을 통해 전해 듣고, 자기 사업을 하고 싶어 노래방을 양수하여 2011년 7월 1일부터 영업을 하다가 등록취소를 당했으며 그 외 특별한 경력은 없습니다.

문 　재산관계를 말하시오.

답 　제 소유의 부동산은 없고, 전세보증금 2천만원에 전세들어 생활하고 있습니다. 월수입 100만원으로 근근이 생활하고 있습니다.

문 　피의자는 술과 담배를 어느 정도 하는가요.

답 　술과 담배는 하지 않습니다.

문 　피의자의 건강상태를 말하시오.

답 　혈압이 높은 편이고, 건강이 그리 좋지는 못합니다.

문 　피의자는 믿는 종교가 있는가요.

답 　없습니다.

문 　피의자는 청소년을 출입시간 외에 노래연습장에 손님으로 출입시켜 영업을 하다가 단속에 걸린 사실이 있나요.

답 　예, 그런 사실이 있습니다.

문 　어떻게 단속에 걸린 것인가요.

답 　2011년 7월 25일 저녁 평소와 마찬가지로 영업을 하던 중, 저녁 7시경 노래방에 한 두 번 찾아왔던 최성연이 처음 보는 정미성 등 일행 6명과 함께 찾아왔습니다. 그런데 저녁 8시경 구청 단속직원들이 갑자기 들이닥쳐 손님들의 신분증을 확인하기 시작했습니다. 그 과정에서 최성연과 함께 온 정미성이 만 17세인 사실이 밝혀졌습니다.

문   피의자는 평소 노래방 손님들의 나이를 어떻게 확인하고 있나요.

답   노래방을 개업한지 얼마 안 되었고 청소년으로 보이는 손님이 출입시간 외에 온 경우는 별로 없었지만, 청소년으로 의심되는 손님이 들어오면 나이를 확인하곤 했습니다.

문   그날 손님들의 나이는 어떻게 확인하였나요.

답   최성연은 재미노래방에 이미 한 두 번 와서 아는 손님이었고 당시 일행 7명이 우르르 몰려왔는데 그 중에 청소년으로 보이는 사람이 없어서 노래방 6호실로 바로 안내하였습니다.

문   피의자는 단속 당시에 노래방을 운영한지 얼마나 되었나요.

답   이원숙으로부터 노래방을 양수하고 변경등록을 마친 후 영업을 시작한지 1달이 채 못되었습니다.

문   노래방 규모는 어떤가요.

답   노래방은 약 40평으로 청소년실 1개와 일반실 6개가 있습니다.

문   더 하고 싶은 말이 있나요.

답   탄원서를 가져왔으니 선처해주시기 바랍니다.

이때 피의자가 제출하는 탄원서를 조서 말미에 편철하다.

문   이상의 진술내용에 대하여 이의나 의견이 있는가요.

답   없습니다. ㉑

위 조서를 진술자에게 열람하게 한 바, 진술한 대로 오기나 증감, 변경할 것이 전혀 없다고 말하므로 간인한 후 서명 날인케 하다.

진술자   박미숙 ㉑

2011년   10월   24일

천안동남경찰서

사법경찰관 경위   최 순 찰 ㉑

사법경찰리 경사   오 배 석 ㉑

탄 원 서

저는 천안시 동남구 안서동 11-1번지에서 "재미노래연습장"을 운영하던 박미숙입니다. 저는 10년 전에 남편과 성격 차이 때문에 이혼하고 난 뒤에 어린 자식 둘을 어떻게 키울까하고 걱정이 태산 같았습니다. 그 이후 10년간 식당에서 일하면서 모은 돈으로 제 사업을 하려고 알아보던 중, 초등학교 동창의 소개로 알게 된 이원숙으로부터 그녀가 운영하던 "오케이노래연습장"을 인수하게 되었습니다. 처음에는 노래방을 해 본 적이 없어서 많이 망설였는데, 이원숙이 "노래방 영업은 카운터에 앉아 있기만 하면 되고 별로 힘들 게 없으며, 또 필요하면 여러 가지로 조언을 해 주겠다"고 하여서 이원숙에게 권리금 1천만원을 주고 노래방을 인수하였습니다. 노래방 인테리어에 500만원이 들었고, 보증금 3천만원에 월 50만원씩을 임대료로 내고 있습니다.

제가 "재미노래연습장"이라는 상호로 영업을 시작한지 한 달도 채 지나지 않은 지난 2011년 7월 25일 저녁 7시쯤의 일입니다. 같은 회사 사람들로 보이는 일행 일곱 명이 제 노래방에 왔는데, 모두 나이가 들어 보였고 그 중에 청소년이 있다고는 전혀 생각하지 못하였습니다. 그런데 불시에 천안시 동남구청에서 단속을 나와서 그 손님들 중의 한 명인 정미성이 만 17세라는 사실이 밝혀졌습니다. 구청 직원은 왜 청소년을 출입시간 이외에 출입시켰느냐고 다그쳤는데, 저로서는 생각도 못한 너무 뜻밖의 일인지라 당황하여 어찌 할 바를 몰랐습니다.

제가 그 날, 제 노래방에 한두 번 와서 안면이 있던 최성연과 그 일행 여섯 명의 신분증과 나이를 일일이 확인하지 않은 것은 결과적으로 보면 제 불찰입니다. 그렇지만, 제가 노래방을 양수한 이후로 중고등학생이나 청소년으로 보이는 손님들을 저녁 6시 이후에 출입시킨 적은 한 번도 없습니다. 그런데 이번에 회사 사람들 중 한 명이 청소년이라는 이유로 저에게 등록취소처분을 하여 영업을 하지 못하게 한 것은 너무나 가혹합니다.

저로서는 노래방이 유일한 생계수단이고, 노래방을 운영하지 못하게 되면 당장의 생계가 막막하고 한창 교육비가 들어가는 자식들을 제대로 키울 수가 없습니다. 그리고, 제가 이원숙에게 지급한 권리금이나 투자한 인테리어 비용을 회수할 길이 없어서 저는 금전상으로 큰 손해를 입게 됩니다. 또, 이번 일로 노래방 등록이 취소되고 형사처벌까지 받게 된다면 저로서는 너무나 감당하기 힘든 일입니다. 그러니 이번에 한하여 저에게 관대하게 용서하여 주시기 바랍니다. 앞으로는 조금이라도 청소년이라고 의심이 드는 손님에 대해서는 그 손님이 혼자 왔든지, 여러 사람이 왔든지 간에 나이 확인을 철저히 해서 절대로 법을 어기는 일이 없도록 하겠습니다.

저의 어려운 처지를 생각해서 선처해 주실 것을 간절히 부탁드립니다.

2011년 10월 24일

탄원인 박미숙 올림 ㉑

천안동남경찰서장님 귀하

참고자료 1 - 음악산업진흥에 관한 법률(발췌)

제1조(목적) 이 법은 음악산업의 진흥에 필요한 사항을 정하여 관련 산업의 발전을 촉진함으로써 국민의 문화적 삶의 질을 높이고 국민경제의 발전에 이바지함을 목적으로 한다.

제2조(정의) 이 법에서 사용하는 용어의 정의는 다음과 같다.

1. ~ 12. <생략>

13. "노래연습장업"이라 함은 연주자를 두지 아니하고 반주에 맞추어 노래를 부를 수 있도록 하는 영상 또는 무영상 반주장치 등의 시설을 갖추고 공중의 이용에 제공하는 영업을 말한다.

14. "청소년"이란 함은 18세 미만의 자(「초·중등교육법」 제2조의 규정에 따른 고등학교에 재학 중인 학생을 포함한다)를 말한다.

제11조(노래연습장업자의 교육) ① 시장·군수·구청장(자치구의 구청장을 말한다. 이하 같다)은 다음 각 호의 경우에는 대통령령이 정하는 바에 따라 노래연습장업자에 대하여 준수사항, 재난예방, 제도변경사항 등에 관한 교육을 실시할 수 있다.

1. 노래연습장업을 신규등록하는 경우

2. 노래연습장업의 운영 및 재난방지방법 등 관련 제도가 변경된 경우

3. 그 밖에 시장·군수·구청장이 필요하다고 인정하는 경우

② 시장·군수·구청장은 제1항의 규정에 불구하고 제1항 제1호의 경우에는 노래연습장업자에 대한 교육을 실시하여야 한다. 이 경우 교육은 월별 또는 분기별로 통합하여 실시할 수 있다.

제16조(음반·음악영상물제작업 등의 신고) ① ~ ④ <생략>

제18조(노래연습장업의 등록) ① 노래연습장업을 영위하고자 하는 자는 문화체육관광부령으로 정하는 노래연습장 시설을 갖추어 시장·군수·구청장에게 등록하여야 한다.

② 제1항의 규정에 따른 등록의 절차·방법 및 운영 등에 관하여 필요한 사항은 문화체육관광부령으로 정한다.

제19조(영업의 제한) 제16조 및 제18조에 따라 신고 또는 등록하고자 하는 자가 다음 각 호의 어느 하나에 해당하는 때에는 제16조 및 제18조의 규정에 따른 신고 또는 등록을 할 수 없다.

1. 제27조 제1항의 규정에 따라 영업의 폐쇄명령 또는 등록의 취소처분을 받은 후 1년이 경과되지 아니하거나 영업정지처분을 받은 후 그 기간이 종료되지 아니한 자(법인의 경우에는 그 대표자 또는 임원을 포함한다)가 같은 업종을 다시 영위하고자 하는 때

2. 노래연습장업자가 제27조 제1항의 규정에 따라 영업의 폐쇄명령 또는 등록의 취소처분을 받은 후 1년이 경과되지 아니하거나 영업정지처분을 받은 후 그 기간이 종료되지 아니한 경우에 같은 장소에서 같은 업종을 다시 영위하고자 하는 때

제20조(신고증·등록증의 교부) 시·도지사 또는 시장·군수·구청장은 제16조 및 제18조의 규정에 따른 신고를 받거나 등록을 한 경우에는 문화체육관광부령이 정하는 바에 따라 신청인에게 신고증 또는 등록증을 교부하여야 한다.

제21조(신고 또는 등록사항의 변경) ① 제16조 및 제18조의 규정에 따라 신고 또는 등록을 한 자가 문화체육관광부령이 정하는 중요사항을 변경하고자 하는 경우에는 문화체육관광부령이 정하는 바에 따라 시·도지사 또는 시장·군수·구청장에게 변경신고 또는 변경등록을 하여야 한다.
② 시·도지사 또는 시장·군수·구청장은 제1항의 규정에 따라 변경신고 또는 변경등록을 받은 경우에는 문화체육관광부령이 정하는 바에 따라 신고증 또는 등록증을 갱신하여 교부하여야 한다.

제22조(노래연습장업자의 준수사항 등) ① 노래연습장업자는 다음 각 호의 사항을 지켜야 한다.

1. 영업소 안에 화재 또는 안전사고 예방을 위한 조치를 할 것
2. 접대부(남녀를 불문한다)를 고용·알선하거나 호객행위를 하지 아니할 것
3. 「성매매알선 등 행위의 처벌에 관한 법률」 제2조 제1항의 규정에 따른 성매매 등의 행위를 하게 하거나 이를 알선·제공하는 행위를 하지 아니할 것
4. 기타 대통령령이 정하는 사항을 준수할 것

② 누구든지 영리를 목적으로 노래연습장에서 손님과 함께 술을 마시거나 노래 또는 춤으로 손님의 유흥을 돋우는 접객행위를 하거나 타인에게 그 행위를 알선하여서는 아니 된다.

제23조(영업의 승계 등) ① 제16조 또는 제18조의 규정에 따라 신고 또는 등록을 한 영업자가 그 영업을 양도하거나 사망한 때 또는 그 법인의 합병이 있는 때에는 그 양수인·상속인 또는 합병 후 존속하는 법인이나 합병에 의하여 설립되는 법인은 그 영업자의 지위를 승계한다.

② <생략>

③ 제1항의 규정에 따라 영업자의 지위를 승계하는 경우 종전의 영업자에게 제27조 제1항 각 호의 위반을 사유로 행한 행정제재처분의 효과는 그 행정제재처분일로부터 1년간 영업자의 지위를 승계 받은 자에게 승계되며, 행정제재처분의 절차가 진행 중인 때에는 영업자의 지위를 승계받은 자에게 행정제재처분의 절차를 속행할 수 있다. 다만, 영업자의 지위를 승계 받은 자가 승계시에 그 처분 또는 위반사실을 알지 못한 경우에는 그러하지 아니다.

④ <생략>

제27조(등록취소 등) ① 시·도지사 또는 시장·군수·구청장은 제2조 제8호 내지 제11호 및 제13호의 규정에 따른 영업을 영위하는 자가 다음 각 호의 어느 하나에 해당하는 때에는 그 영업의 폐쇄명령, 등록의 취소처분, 6개월 이내의 영업정지명령, 시정조치 또는 경고조치를 할 수 있다. 다만, 제1호 또는 제2호에 해당하는 때에는 영업을 폐쇄하거나 등록을 취소하여야 한다.

1. 거짓 그 밖의 부정한 방법으로 신고 또는 등록을 한 때
2. 영업의 정지명령을 위반하여 영업을 계속한 때

3. <생략>

4. 제21조의 규정에 따른 변경신고 또는 변경등록을 하지 아니한 때

5. 제22조의 규정에 따른 노래연습장업자 준수사항을 위반한 때

6. <생략>

② 제1항의 규정에 따라 영업의 폐쇄명령 또는 등록의 취소처분을 받은 자는 그 처분의 통지를 받은 날부터 7일 이내에 신고증 또는 등록증을 반납하여야 한다.

③ 제1항의 규정에 따른 행정처분의 기준 등에 관하여 필요한 사항은 문화체육관광부령으로 정한다.

제30조(청문) ① 시·도지사 또는 시장·군수·구청장은 제27조의 규정에 따라 영업의 폐쇄명령 또는 등록의 취소를 하고자 하는 경우에는 청문을 실시하여야 한다.

② <생략>

제34조(벌칙) ① ~ ⑤ <생략>

참고자료 2 - 음악산업진흥에 관한 법률 시행령(발췌)

제1조(목적) 이 영은 「음악산업진흥에 관한 법률」에서 위임된 사항과 그 시행에 관하여 필요한 사항을 규정함을 목적으로 한다.

제8조 <삭제>

제9조(노래연습장업자의 준수사항) 법 제22조 제1항 제4호에 따라 노래연습장업자가 준수하여야 할 사항은 다음 각 호와 같다.

1. 당해 영업장소에 출입시간(오전 9시부터 오후 6시까지) 외에 청소년이 출입하지 아니하도록 할 것

2. 주류를 판매·제공하지 아니할 것

2012년 제1회 변호사시험 기록형 기출문제

참고자료 3 - 음악산업진흥에 관한 법률 시행규칙(발췌)

제1조(목적) 이 규칙은 「음악산업진흥에 관한 법률」 및 「음악산업진흥에 관한 법률 시행령」에서 위임된 사항과 그 시행에 관하여 필요한 사항을 규정함을 목적으로 한다.

제10조(신고증·등록증의 교부 및 재교부) ① ~ ③ <생략>

제11조(신고 또는 등록사항의 변경신고 등) ① 법 제21조 제1항에 따라 음반·음악영상물제작업, 음반·음악영상물배급업 또는 온라인음악서비스제공업을 신고하거나 노래연습장업을 등록한 자가 변경신고 또는 변경등록을 하여야 하는 사항은 다음 각 호와 같다.
1. 영업자(법인의 경우에는 그 대표자를 말한다)의 변경
2. 영업소 소재지의 변경
3. 제작품목 또는 배급품목의 변경(음반·음악영상물제작업 및 음반·음악영상물배급업에 한한다)
4. 상호의 변경
5. 영업소 면적의 변경과 청소년실 유무의 변경(노래연습장업에 한한다)
② ~ ⑤ <생략>

제15조(행정처분의 기준 등) ① 법 제27조 제3항에 따른 행정처분의 기준은 별표 2와 같다.
② 시·도지사 또는 시장·군수·구청장은 제1항에 따른 행정처분을 하는 경우에는 별지 제14호 서식의 행정처분기록대장에 그 처분내용 등을 기록·관리하여야 한다.
③ 법 제23조에 따라 영업자의 지위를 승계하려는 자는 담당 공무원에게 해당 영업소의 행정처분기록대장의 열람을 청구할 수 있다.

[별표 2] 행정처분의 기준 (제15조 관련)

1. 일반기준

가. ~ 나. <생략>

다. 위반행위의 횟수에 따른 행정처분의 기준은 최근 1년간 같은 위반행위로 행정
처분을 받은 경우에 적용한다. 이 경우 행정처분 기준의 적용은 같은 위반
행위에 대하여 최초로 행정처분을 한 날을 기준으로 한다.

라. <생략>

마. 위반사항의 내용으로 보아 그 위반의 정도가 경미하거나 위반행위가 고의·
과실이 아닌 사소한 부주의나 오류로 인한 것으로 인정되는 경우에는 영업
정지처분에 해당되는 경우에 한하여 그 처분기준의 2분의 1의 범위에서
감경하여 처분할 수 있다.

바. <생략>

2. 개별기준

위반사항	근거법령	행정처분기준			
		1차위반	2차위반	3차위반	4차위반
가. ~ 라. <생략>					
마. 법 제22조 및 동법 시행령 제9조에 따른 노래연습장업자의 준수사항을 위반한 때					
1) 영업소 안에 화재 또는 안전사고 예방을 위한 조치를 취하지 아니한 때	법 제27조 제1항 제5호	경고	영업정지 10일	영업정지 20일	영업정지 1월
2) 접대부(남녀를 불문한다)를 고용·알선한 때		영업정지 1월	영업정지 2월	등록취소	
3) 「성매매알선 등 행위의 처벌에 관한 법률」 제2조 제1항에 따른 성매매 등의 행위를 하게 하거나 이를 알선·제공하는 행위를 한 때		등록취소			
4) 청소년 출입시간 외에 청소년을 출입시킨 때		영업정지 10일	영업정지 1월	영업정지 3월	등록취소
5) 주류를 판매·제공한 때		영업정지 10일	영업정지 1월	영업정지 3월	등록취소
바. <생략>					

참고자료 4 - 법원조직법(발췌)

제3조(법원의 종류) ① 법원은 다음의 6종으로 한다.

1. 대법원

2. 고등법원

3. 특허법원

4. 지방법원

5. 가정법원

6. 행정법원

② 지방법원 및 가정법원의 사무의 일부를 처리하게 하기 위하여 그 관할구역안에 지원과 가정지원, 시법원 또는 군법원(이하 "시·군법원"이라 한다) 및 등기소를 둘 수 있다. 다만, 지방법원 및 가정법원의 지원은 2개를 합하여 1개의 지원으로 할 수 있다.

③ 고등법원·특허법원·지방법원·가정법원·행정법원과 지방법원 및 가정법원의 지원, 가정지원, 시·군법원의 설치·폐지 및 관할구역은 따로 법률로 정하고, 등기소의 설치·폐지 및 관할구역은 대법원규칙으로 정한다.

부칙 <법률 제4765호, 1994. 7. 27.>

제1조(시행일) ① ~ ② <생략>

제2조(행정사건에 관한 경과조치) 부칙 제1조 제1항 단서의 규정에 의한 행정법원에 관한 사항의 시행당시 행정법원이 설치되지 않은 지역에 있어서의 행정법원의 권한에 속하는 사건은 행정법원이 설치될 때까지 해당 지방법원 본원 및 춘천지방법원 강릉지원이 관할한다.

참고자료 5 - 각급 법원의 설치와 관할구역에 관한 법률(발췌)

제1조(목적) 이 법은「법원조직법」제3조 제3항에 따라 각급 법원의 설치와 관할구역을 정함을 목적으로 한다.

제4조(관할구역) 각급 법원의 관할구역은 다음 각 호의 구분에 따라 정한다. 다만, 지방법원 또는 그 지원의 관할구역에 시·군법원을 둔 경우「법원조직법」제34조 제1항 제1호 및 제2호의 사건에 관하여는 지방법원 또는 그 지원의 관할구역에서 해당 시·군법원의 관할구역을 제외한다.

1. 각 고등법원·지방법원과 그 지원의 관할구역: 별표 3

2. 특허법원의 관할구역: 별표 4

3. 각 가정법원과 그 지원의 관할구역: 별표 5

4. 행정법원의 관할구역: 별표 6

5. 각 시·군법원의 관할구역: 별표 7

6. 항소사건(抗訴事件) 또는 항고사건(抗告事件)을 심판하는 지방법원 본원 합의부 및 지방법원 지원 합의부의 관할구역: 별표 8

7. 행정사건을 심판하는 춘천지방법원 및 춘천지방법원 강릉지원의 관할구역: 별표 9

[별표 3] 고등법원·지방법원과 그 지원의 관할구역

고 등 법 원	지 방 법 원	지 원	관 할 구 역
서 울	서 울 중 앙		서울특별시 종로구·중구·성북구·강남구·서초구·관악구·동작구
	서 울 동 부		서울특별시 성동구·광진구·강동구·송파구
	서 울 남 부		서울특별시 영등포구·강서구·양천구·구로구·금천구
	서 울 북 부		서울특별시 동대문구·중랑구·도봉구·강북구·노원구
	서 울 서 부		서울특별시 서대문구·마포구·은평구·용산구
	의정부		의정부시·동두천시·구리시·남양주시·양주시·연천군·포천시·가평군, 강원도 철원군. 다만, 소년보호사건은 앞의 시·군 외에 고양시·파주시
		고 양	고양시·파주시
	인 천		인천광역시. 다만, 소년보호사건은 앞의 광역시 외에 부천시·김포시
		부 천	부천시·김포시
	수 원		수원시·오산시·용인시·화성시. 다만, 소년보호사건은 앞의 시 외에 성남시·하남시·평택시·이천시·안산시·광명시·시흥시·안성시·광주시·안양시·과천시·의왕시·군포시·여주군·양평군
		성 남	성남시·하남시·광주시
		여 주	이천시·여주군·양평시
		평 택	평택시·안성시
		안 산	안산시·광명시·시흥시
		안 양	안양시·과천시·의왕시·군포시
	춘 천		춘천시·화천군·양구군·인제군·홍천군. 다만, 소년보호사건은 철원군을 제외한 강원도
		강 릉	강릉시·동해시·삼척시
		원 주	원주시·횡성군
		속 초	속초시·양양군·고성군
		영 월	태백시·영월군·정선군·평창군

공법

고 등 법 원	지 방 법 원	지 원	관 할 구 역
대 전	대 전		대전광역시·연기군·금산군
		홍 성	보령시·홍성군·예산군·서천군
		공 주	공주시·청양군
		논 산	논산시·계룡시·부여군
		서 산	서산시·태안군·당진군
		천 안	천안시·아산시
	청 주		청주시·청원군·진천군·보은군·괴산군·증평군. 다만, 소년보호사건은 충청북도
		충 주	충주시·음성군
		제 천	제천시·단양군
		영 동	영동군·옥천군
대 구	대 구		대구광역시 중구·동구·남구·북구·수성구·영천시·경산시·칠곡군·청도군
		서 부	대구광역시 서구·달서구·달성군, 성주군·고령군
		안 동	안동시·영주시·봉화군
		경 주	경주시
		포 항	포항시·울릉군
		김 천	김천시·구미시
		상 주	상주시·문경시·예천군
		의 성	의성군·군위군·청송군
		영 덕	영덕군·영양군·울진군
부 산	부 산		부산광역시 중구·서구·동구·영도구·부산진구·북구·사상구·강서구·사하구·동래구·연제구·금정구
		동 부	부산광역시 해운대구·남구·수영구·기장군
	울 산		울산광역시·양산시
	창 원		창원시 의창구·성산구·진해구, 김해시. 다만, 소년보호사건은 양산시를 제외한 경상남도
		마 산	창원시 마산합포구·마산회원구, 함안군·의령군
		통 영	통영시·거제시·고성군

고등법원	지방법원	지원	관할구역
		밀 양	밀양시·창녕군
		거 창	거창군·함양군·합천군
		진 주	진주시·사천시·남해군·하동군·산청군
광 주	광 주		광주광역시·나주시·화순군·장성군·담양군·곡성군·영광군
		목 포	목포시·무안군·신안군·함평군·영암군
		장 흥	장흥군·강진군
		순 천	순천시·여수시·광양시·구례군·고흥군·보성군
		해 남	해남군·완도군·진도군
	전 주		전주시·김제시·완주군·임실군·진안군·무주군. 다만, 소년보호사건은 전라북도
		군 산	군산시·익산시
		정 읍	정읍시·부안군·고창군
		남 원	남원시·장수군·순창군
	제 주		제주시·서귀포시

[별표 6] 행정법원의 관할구역

고 등 법 원	행 정 법 원	관 할 구 역
서 울	서 울	서울특별시

참고자료 6 - 달력

■ 2010년 1월~12월

2010년 1월
일	월	화	수	목	금	토
					1	2
3	4	5	6	7	8	9
10	11	12	13	14	15	16
17	18	19	20	21	22	23
24/31	25	26	27	28	29	30

2010년 2월
일	월	화	수	목	금	토
	1	2	3	4	5	6
7	8	9	10	11	12	13
14	15	16	17	18	19	20
21	22	23	24	25	26	27
28						

2010년 3월
일	월	화	수	목	금	토
	1	2	3	4	5	6
7	8	9	10	11	12	13
14	15	16	17	18	19	20
21	22	23	24	25	26	27
28	29	30	31			

2010년 4월
일	월	화	수	목	금	토
				1	2	3
4	5	6	7	8	9	10
11	12	13	14	15	16	17
18	19	20	21	22	23	24
25	26	27	28	29	30	

2010년 5월
일	월	화	수	목	금	토
						1
2	3	4	5	6	7	8
9	10	11	12	13	14	15
16	17	18	19	20	21	22
23/30	24/31	25	26	27	28	29

2010년 6월
일	월	화	수	목	금	토
		1	2	3	4	5
6	7	8	9	10	11	12
13	14	15	16	17	18	19
20	21	22	23	24	25	26
27	28	29	30			

2010년 7월
일	월	화	수	목	금	토
				1	2	3
4	5	6	7	8	9	10
11	12	13	14	15	16	17
18	19	20	21	22	23	24
25	26	27	28	29	30	31

2010년 8월
일	월	화	수	목	금	토
1	2	3	4	5	6	7
8	9	10	11	12	13	14
15	16	17	18	19	20	21
22	23	24	25	26	27	28
29	30	31				

2010년 9월
일	월	화	수	목	금	토
			1	2	3	4
5	6	7	8	9	10	11
12	13	14	15	16	17	18
19	20	21	22	23	24	25
26	27	28	29	30		

2010년 10월
일	월	화	수	목	금	토
					1	2
3	4	5	6	7	8	9
10	11	12	13	14	15	16
17	18	19	20	21	22	23
24/31	25	26	27	28	29	30

2010년 11월
일	월	화	수	목	금	토
	1	2	3	4	5	6
7	8	9	10	11	12	13
14	15	16	17	18	19	20
21	22	23	24	25	26	27
28	29	30				

2010년 12월
일	월	화	수	목	금	토
			1	2	3	4
5	6	7	8	9	10	11
12	13	14	15	16	17	18
19	20	21	22	23	24	25
26	27	28	29	30	31	

■ 2011년 1월~12월

2011년 1월

일	월	화	수	목	금	토
						1
2	3	4	5	6	7	8
9	10	11	12	13	14	15
16	17	18	19	20	21	22
23/30	24/31	25	26	27	28	29

2011년 2월

일	월	화	수	목	금	토
		1	2	3	4	5
6	7	8	9	10	11	12
13	14	15	16	17	18	19
20	21	22	23	24	25	26
27	28					

2011년 3월

일	월	화	수	목	금	토
		1	2	3	4	5
6	7	8	9	10	11	12
13	14	15	16	17	18	19
20	21	22	23	24	25	26
27	28	29	30	31		

2011년 4월

일	월	화	수	목	금	토
					1	2
3	4	5	6	7	8	9
10	11	12	13	14	15	16
17	18	19	20	21	22	23
24	25	26	27	28	29	30

2011년 5월

일	월	화	수	목	금	토
1	2	3	4	5	6	7
8	9	10	11	12	13	14
15	16	17	18	19	20	21
22	23	24	25	26	27	28
29	30	31				

2011년 6월

일	월	화	수	목	금	토
			1	2	3	4
5	6	7	8	9	10	11
12	13	14	15	16	17	18
19	20	21	22	23	24	25
26	27	28	29	30		

2011년 7월

일	월	화	수	목	금	토
					1	2
3	4	5	6	7	8	9
10	11	12	13	14	15	16
17	18	19	20	21	22	23
24/31	25	26	27	28	29	30

2011년 8월

일	월	화	수	목	금	토
	1	2	3	4	5	6
7	8	9	10	11	12	13
14	15	16	17	18	19	20
21	22	23	24	25	26	27
28	29	30	31			

2011년 9월

일	월	화	수	목	금	토
				1	2	3
4	5	6	7	8	9	10
11	12	13	14	15	16	17
18	19	20	21	22	23	24
25	26	27	28	29	30	

2011년 10월

일	월	화	수	목	금	토
						1
2	3	4	5	6	7	8
9	10	11	12	13	14	15
16	17	18	19	20	21	22
23/30	24/31	25	26	27	28	29

2011년 11월

일	월	화	수	목	금	토
		1	2	3	4	5
6	7	8	9	10	11	12
13	14	15	16	17	18	19
20	21	22	23	24	25	26
27	28	29	30			

2011년 12월

일	월	화	수	목	금	토
				1	2	3
4	5	6	7	8	9	10
11	12	13	14	15	16	17
18	19	20	21	22	23	24
25	26	27	28	29	30	31

■ 2012년 1월~3월

2012년 1월

일	월	화	수	목	금	토
1	2	3	4	5	6	7
8	9	10	11	12	13	14
15	16	17	18	19	20	21
22	23	24	25	26	27	28
29	30	31				

2012년 2월

일	월	화	수	목	금	토
			1	2	3	4
5	6	7	8	9	10	11
12	13	14	15	16	17	18
19	20	21	22	23	24	25
26	27	28	29			

2012년 3월

일	월	화	수	목	금	토
				1	2	3
4	5	6	7	8	9	10
11	12	13	14	15	16	17
18	19	20	21	22	23	24
25	26	27	28	29	30	31

변호사시험

공 법

민사법

형사법

변호사시험 기출문제

민사법
기록형

2014년 제3회 변호사시험 기록형 기출문제

【문 제 1. 소장 작성】

조일국 변호사는 의뢰인들로부터 소송사건 처리를 위임받고, 〈의뢰인 상담일지〉와 같이 상담하였고, 그 첨부자료는 의뢰인들이 가져온 것입니다. 조일국 변호사가 의뢰인들을 위하여 법원에 제출할 소장을 아래 작성 요령에 따라 작성하시오. (155점)

■ 소 장 작 성 요 령

1. 소장 작성일과 소 제기일은 2014. 1. 6.로 하시오.
2. 의뢰인들의 의사와 요구에 최대한 부합하는 내용으로 소장을 작성하되, 법령 및 판례에 따라 일부라도 패소하는 부분이 생기지 않도록 하시오.
3. 공동소송의 요건은 모두 갖추어진 것으로 전제하시오.
4. 청구원인은 주요사실이 분명히 드러나도록 기재하고, 주요사실의 증명과 무관한 간접사실은 기재하지 마시오. 다만, 〈의뢰인 상담일지〉의 첨부문서에 나타난 상대방의 태도에 비추어 장차 상대방이 소송에서 제기할 것으로 예상되는 주장 중 이유 없다고 판단되는 것은 소장을 통해 반박하시오.
5. 예비적·선택적 청구는 하지 마시오.
6. 물건의 표시가 필요한 경우 별지로 목록을 만들지 말고 소장의 해당 부분에 직접 표기하시오.
7. 당사자는 반드시 소송상 자격(원고, 피고 등)과 그 이름으로 지칭하시오(피고 1 등과 같이 번호로 지칭할 수 없음).
8. 〈의뢰인 상담일지〉와 그 첨부서류에 나타난 사실관계는 특별한 지시가 없는 한 모두 진실한 것으로 간주하고, 첨부서류의 진정성립도 모두 인정되는 것으로 전제하며, 사실관계는 본 기록에 나타나 있는 것으로 한정하시오.
9. 피고가 복수인 경우 청구원인은 피고별로 나누어 기재하고, 증거방법란과 첨부서류란은 기재하지 마시오(필요한 경우 청구원인란에서는 해당 증거방법을 적절한 형식으로 제시하여도 무방함).
10. 소장의 작성자와 수소법원은 기재하시오.

【문 제 2. 답변서 작성】

【문 제 1】과 관련하여 원고 ○○○이 홍은동 521 토지에 관하여 정준일 명의의 소유권보존등기를 하기 위해 대한민국을 피고로 하여 ○○○법원 2013가단 10123호(소유권확인)로 아래와 같은 내용의 소를 제기하였다고 가정하고, 위 사건에 관하여 피고 대한민국의 소송대리인 변호사 이민우가 피고 대한민국을 위하여 2014. 1. 6.자로 위 법원에 제출할 답변서를 작성하시오. (20점)

※ 1. 피고 대한민국은, 위 토지가 현재 미등기 상태이고, 그 토지대장에 연일정씨숙정공파종중이 소유자로 등록되어 있는 사실은 다투지 않는 것을 전제하시오.
 2. 원고 적격이나 채권자대위의 요건은 갖추어진 것으로 전제하시오.
 3. 원고 기재란은 '원고 ○○○'로, 수소법원 기재란은 '○○○법원 제2단독'으로 각 표시하고, 증거방법란과 첨부서류란은 생략하시오.

청 구 취 지

원고 ○○○와 피고 대한민국 사이에서 서울 서대문구 홍은동 521 잡종지 90㎡가 정준일의 소유임을 확인한다.

청 구 원 인

 청구취지 기재 이 사건 토지는 1911. 2. 1. 소외 정상우가 사정을 받아 원시취득하였습니다. 그런데 정상우가 1943. 7. 6. 사망하여 그 아들 정병조가 이를 단독으로 상속하였고, 정병조가 1969. 4. 1. 사망하여 다시 그 아들인 정준일이 단독으로 이를 상속하였습니다.
 위 토지는 현재 미등기 상태로 그 토지대장에는 연일정씨숙정공파종중이 사정을 받은 소유자로 잘못 등록되어 있습니다. 따라서 위 정준일은 이 사건 토지의 소유권보존등기를 위해 피고 대한민국을 상대로 소유권확인을 청구할 권리가 있습니다.
 원고 ○○○는 위 정준일에 대한 채권자로서 그 채권을 보전하기 위해, 무자력 상태임에도 피고 대한민국에 대한 위 소유권확인청구권을 행사하지 않고 있는 정준일을 대위하여 청구취지와 같은 재판을 구합니다.

증 거 방 법

(생략)

첨 부 서 류

(생략)

2013. 12. 20.

원고 ○○○   (인)

○○○법원 귀중

【참고자료 1】

각급 법원의 설치와 관할구역에 관한 법률 (일부)

제4조(관할구역) 각 법원의 관할구역은 다음 각 호의 구분에 따라 정한다. 다만, 지방법원 또는 그 지원의 관할구역에 시·군법원을 둔 경우 「법원조직법」 제34조 제1항 제1호 및 제2호의 사건에 관하여는 지방법원 또는 그 지원의 관할구역에서 해당 시·군법원의 관할구역을 제외한다.

1. 각 고등법원·지방법원과 그 지원의 관할구역: 별표 3
2. 특허법원의 관할구역: 별표 4
3. 각 가정법원과 그 지원의 관할구역: 별표 5
4. 행정법원의 관할구역: 별표 6
5. 각 시·군법원의 관할구역: 별표 7
6. 항소사건(抗訴事件) 또는 항고사건(抗告事件)을 심판하는 지방법원 본원 합의부 및 지방법원 지원 합의부의 관할구역: 별표 8
7. 행정사건을 심판하는 춘천지방법원 및 춘천지방법원 강릉지원의 관할구역: 별표 9

【참고자료 2】

[별표 3] 고등법원 · 지방법원과 그 지원의 관할구역 (일부)

고등 법원	지방 법원	지원	관 할 구 역
서 울	서울 중앙		서울특별시 종로구 · 중구 · 성북구 · 강남구 · 서초구 · 관악구 · 동작구
	서울 동부		서울특별시 성동구 · 광진구 · 강동구 · 송파구
	서울 남부		서울특별시 영등포구 · 강서구 · 양천구 · 구로구 · 금천구
	서울 북부		서울특별시 동대문구 · 중랑구 · 도봉구 · 강북구 · 노원구
	서울 서부		서울특별시 서대문구 · 마포구 · 은평구 · 용산구
	의정부		의정부시 · 동두천시 · 구리시 · 남양주시 · 양주시 · 연천군 · 포천시 · 가평군, 강원도 철원군. 다만, 소년보호사건은 앞의 시 · 군 외에 고양시 · 파주시
		고양	고양시 · 파주시

민
사
법

의뢰인 상담일지

변호사 조일국 법률사무소

서울 종로구 삼청로 1121, 1503호(삼청동, 삼청빌딩)
☎ 02-720-1100, 팩스 720-1101, 전자우편 ikc@gmail.com

접 수 번 호	2014-02	상 담 일 시	2014. 1. 3.
상 담 인	최회선, 이명구	내 방 경 위	지인 소개
관 할 법 원		사 건 번 호 (법원, 검찰)	

【상 담 내 용】

1. 토지의 공동매수

가. 이명구와 최회선은 고등학교 동창인데, 2010년 공동으로 부동산을 매수하기로 합의한 후 각기 3억 원씩 출연하여 공동자금 6억 원을 모았다. 그 당시 매매계약 등 업무는 이명구가 맡아서 처리하기로 하였다가, 2012. 12. 25.부터는 최회선이 그 업무를 맡아서 처리하기로 하였다.

나. 이명구는 2010. 5. 정준일에게서 박이채의 명의로 서울 서대문구 홍은동 520 임야와 홍은동 521 잡종지를 매수하였고, 그 당시 이명구는 자신을 대리인으로 표시하였다. 이명구는 박이채에게 최회선과 공동으로 매수하기로 하였다는 점을 설명하고 박이채의 명의로 등기를 넘겨받기로 동의를 받았지만, 정준일은 매매 당시 명의차용이나 공동매수 관계를 전혀 알지 못하였다.

이명구는 2010. 6. 30. 위 공동자금으로 매매대금을 모두 지급하고, 홍은동 520 토지에 관하여는 박이채의 명의로 소유권이전등기를 받았으나, 홍은동 521 토지는 미등기 상태라서 나중에 등기를 이전 받기로 하였다.

2. 홍은동 520 토지의 처분

가. 박이채는 서병석에게 손해배상채무를 지고 있었는데, 그 채무 담보를 위해 임의로 홍은동 520 토지에 관하여 서병석 앞으로 소유권이전등기를 마쳐 주었

다. 그 당시 박이채와 서병석은 위 담보약정 외에 채무의 청산 등에 관하여는 아무런 합의
를 한 바 없다. 박이채가 약속한 날까지 돈을 갚지 못하자, 서병석은 2011. 1. 박이채에게
위 토지를 자신의 소유로 귀속한다는 내용의 통지서를 보냈다. 박이채는 다음날 그 통지서
를 받았지만, 현재까지 아무런 조치를 취하지 않고 있다. 박이채는 2010. 8. 경까지는 적극
재산이 더 많았으나 2010. 9. 1. 이후 현재까지는 소극재산이 적극재산보다 많아 경제적으
로 매우 어려운 상태이다.

나. 2011. 6. 초 이와 같은 사실을 알게 된 이명구는 박이채와 서병석에게 원상복구를 강
력히 요구하였다. 그러나 박이채는 이명구의 요구를 거부하였고, 서병석은 박이채가
빚을 갚지 않아 자신이 홍은동 520 토지의 소유권을 취득하였다며 이를 역시 거부하
였다.

다. 최회선이 2013. 4. 초 박이채의 재산관계를 조사해 보았더니, 박이채는 자신의 여동생 박
이순 앞으로 시가 2억 원 상당의 서울 은평구 대조로 120소재 아파트 1채를 1억 원에 매
도하여 소유권이전등기해 주었고, 시가 1억 2,000만 원 상당의 서울 은평구 녹번동 403
잡종지를 5,000만 원에 매도하여 소유권이전등기해 준 사실이 드러났다. 위 각 부동산의
시가는 현재까지 변동이 없다.

라. 최회선은 이명구와 함께 박이순을 찾아가 항의하였다. 박이순은 돈을 주고 진정하게
매수하였을 뿐 이명구와 박이채의 관계 등 다른 것은 전혀 알지 못한다고 말하였다.
위 아파트에는 현재 신한은행 명의의 근저당권이 설정되어 있는데, 위 은행에서는 박
이순에게 돈을 대출하고 담보권을 설정 받았을 뿐 박이채와 박이순의 관계에 대해서는
전혀 아는 바가 없다고 한다. 이명구와 박이채의 관계를 모른다는 박이순의 말은 믿을
수 없지만 신한은행의 말은 거짓이 아닌 것 같다.

3. 홍은동 521 토지의 상태
가. 정준일은 홍은동 521 토지를 인도하지 않은 채 2010. 7. 무단으로 홍은동 521 토지에
미등기 건물 1동을 신축한 다음 이를 김병만에게 임대하였다.

이명구는 2010. 9. 초 이런 사실을 알고 자신과 최회선의 명의로 정준일을 상대로 손해배
　　상청구의 소를 제기하였는데, 소송 도중 재판상 화해가 이루어졌다.

나. 이명구와 박이채, 최회선은 위 화해가 이루어지기 전 정준일을 만나 그들의 관계와 그
　　때까지 그들 사이에 있었던 일을 모두 설명하였다. 이에 따라 이들과 정준일은 홍은동
　　521 토지의 매수인 지위를 박이채로부터 이명구, 최회선 앞으로 양도하기로 합의하였
　　고, 정준일은 2010. 12. 말까지 매도인으로서의 의무를 모두 이행하기로 약속하였다.
　　그러나 정준일은 그 약속을 지키지 않았다.

다. 최회선은 2013. 2. 정준일을 찾아가 홍은동 521 토지의 등기를 속히 넘겨주고, 또 재
　　판상 화해 및 합의한 내용대로 위 토지를 인도해줄 것을 요구하였다. 그러자 정준일
　　은, 홍은동 521 토지는 자신이 조부 정상우와 부친을 거쳐 단독으로 전전상속 받은
　　것인데, 지적공부가 멸실되었다가 복구·등록되면서 근거 없이 연일정씨숙정공파종중의
　　소유인 것으로 토지대장에 잘못 기재되어 있으므로 이를 정리한 후 이명구와 최회선에
　　게 이전·인도해 주겠다고 하였다. 그러나 정준일은 그 뒤 위 홍은동 521 토지 문제를
　　전혀 해결해 주지 않았고, 오히려 자신에게 그 토지의 사용·수익권이 있다는 내용의
　　편지를 보낸 후 2013. 6. 경 행방을 감춰버렸다.

 4. 최회선과 김병수의 가구 매매
가. 최회선은 2001년 봄 김병수에게 수입 목가구 1점을 매도하였다. 그 당시 김병수는 '런
　　던가구'라는 상호로 가구 판매점을 운영하고 있었는데, 그는 위 목가구를 상품으로 팔
　　기 위해 최회선에게서 구입하였다.

나. 김병수는 2007. 1. 김병만에게 위 가구점의 영업 일체를 양도하여 현재까지 김병만이
　　'런던가구'라는 상호로 가구 판매점을 운영해 오고 있다. 최회선은 위와 같은 사실을
　　알고 법무사에 의뢰하여 2007년 김병만 소유의 아파트를 가압류하였다.

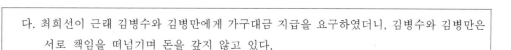

다. 최희선이 근래 김병수와 김병만에게 가구대금 지급을 요구하였더니, 김병수와 김병만은 서로 책임을 떠넘기며 돈을 갚지 않고 있다.

【의뢰인 최희선, 이명구의 희망사항】

1. 의뢰인들이 가지는 홍은동 520 토지와 관련한 일체의 권리를 실현해 주고, 홍은동 521 토지에 대해서는 의뢰인들이 완전한 소유권을 취득, 행사할 수 있도록 해 주며, 최희선이 김병수에게 판 목가구의 매도대금 사안도 해결해 줄 것을 희망한다.

2. 김병만이 만약 정준일에게 홍은동 521 지상 점포를 반환한다면 정준일이 또다시 타인에게 처분할 우려가 있으므로, 정준일에게 반환되지 않기를 바란다.

3. 정준일이 화해 내용 및 구두 약속을 지키지 않고 오히려 홍은동 521 토지의 소유권을 주장하고 있으므로, 가능하면 의뢰인들이 위 토지를 사용하지 못한 데에 따른 손해도 전보받기를 원한다.

4. 홍은동 521 토지에 관하여 정준일 앞으로 소유권보존등기를 하기 위해 이미 대한민국을 상대로 소유권확인의 소를 제기한 상태이므로, 필요하다면 추후 다른 절차를 취하더라도 위 토지에 대한 소유권확인의 문제에 관하여는 위 확인소송의 결론이 날 때까지 보류해 주기 바란다. 끝.

합 의 서

甲 : 이명구
　　　주소 서울시 서대문구 창천로 32, 101동 503호(창천동, 현대아파트)
乙 : 최희선
　　　주소 서울시 서대문구 연희로 57, 102호(연희동, 삼성아파트)

甲과 乙은 다음과 같이 합의한다.

1. 甲과 乙은 공동으로 부동산을 매입하여 전매하기로 하고, 그 소요자금의 출연비율 및 취득하는 부동산의 지분은 1:1로 한다.

2. 공동자금의 관리, 매매계약의 체결, 등기 등 업무 일체는 甲이 맡아서 처리한다.

3. 매매계약의 체결과 부동산 소유권등기는 박이채의 명의로 하기로 한다.

4. 甲과 乙은 각자의 계산과 책임으로 자유로이 그 취득한 부동산 지분을 처분할 수 있다.

2010년 3월 1일

甲: 이명구(630507-1542634) ㊞

乙: 최희선(630127-1538216) ㊞

금일 부동산매수자금 등으로 6억 원을 조달하기로 하고, 갑과 을은 각 3억 원을 출연하기로 하여, 갑은 을로부터 3억 원을 영수함

2010년 5월 1일　　　　영수인 이명구

인 수 인 계 서

이명구는 2010년 3월 1일 최희선과 공동자금으로 부동산을 매수하기로 약정하고, 그동안 공동자금의 관리와 매매 등 관련 업무를 이명구가 맡아서 해 왔으나, 사정에 의하여 금일자로 그 업무 일체를 최희선에게 인계하기로 함.

2012년 12월 25일

인계인 이명구 (九李 印明)

인수인 최희선 (선최 인희)

낡은 긆 5,000만 원을 정히 영수함 (선최 인희)

부 동 산 매 매 계 약 서

매도인 甲과 매수인 乙은 다음과 같이 합의하여 계약을 체결하고, 이를 증하기 위해 甲과 乙이 서명·날인한 후 각각 계약서 1통씩을 보관하기로 한다.

제1조 甲은 그 소유의 아래 2필지 부동산을 乙에게 매도하고, 乙은 이를 매수한다.

소 재 지	서울 서대문구 홍은동 520			
토 지	지 목	임야	면 적	3,200㎡(평)

소 재 지	서울 서대문구 홍은동 521			
토 지	지 목	잡종지	면 적	90㎡(평)

제2조 ① 매매대금은 총 5억 5,000만 원(홍은동 520 토지는 5억 원, 같은 동 521 토지는 5,000만 원)으로 하고, 다음과 같이 지급하기로 한다.

계 약 금	금 1억 원은 계약체결 시에 지급하고
중 도 금	금 원은 년 월 일에 지급하며
잔 금	금 4억 5,000만 원은 2010년 6월 30일에 지급하기로 함.

② 제1항의 계약금은 잔금수령 시에 매매대금의 일부에 충당하기로 한다.

제3조 甲은 乙로부터 매매대금의 잔금을 수령함과 동시에 乙에게 소유권이전등기에 필요한 모든 서류를 교부하고 이전등기에 협력하여야 하며, 또한 위 부동산을 인도하여야 한다. ※ 단, 향후 홍은동 521 토지는 등기정리 후 이전하기로 함.

제4조 甲은 위 부동산에 설정된 저당권, 지상권, 임차권 등 소유권의 행사를 제한하는 사유가 있거나, 조세공과 기타 부담금의 미납금 등이 있을 때에는 잔금 수수일까지 그 권리의 하자 및 부담 등을 제거하여 완전한 소유권을 乙에게 이전하여야 한다. 다만 승계하기로 합의하는 권리 및 금액은 그러하지 아니한다.

제5조 乙이 甲에게 잔대금을 지불할 때까지 甲은 계약금의 배액을 상환하고, 乙은 계약금을 포기하고 이 계약을 해제할 수 있다.

2010년 5월 1일

甲: 정준일(541120-1913459)
서울시 은평구 진관사로 59
乙: 박이채(640805-1349510)
서울시 마포구 공덕로 41, 201동 309호(공덕동, 대명아파트)
대리인 이명구(630507-1542634)
서울시 서대문구 창천로 32, 101동 503호(창천동, 현대아파트)

2014년 제3회 변호사시험 기록형 기출문제

등기사항전부증명서(말소사항 포함) - 토지

[토지] 서울특별시 서대문구 홍은동 520 　　　　　고유번호 1008-2008-12377

[표 제 부]　(토지의 표시)

표시번호	접수	소재지번	지목	면적	등기원인 및 기타사항
1	1980년7월5일	서울특별시 서대문구 홍은동 520	임야	3,200㎡	부동산등기법시행규칙부칙 제3조 제1항의 규정에 의하여 2001년7월14일 전산이기

[갑　구]　(소유권에 관한 사항)

순위번호	등기목적	접수	등기원인	권리자 및 기타사항
1 (전5)	소유권이전	1990년7월5일 제2680호	1990년7월1일 증여	소유자 정준일 541120-1913459 서울시 은평구 진관내동 59
				부동산등기법시행규칙부칙 제3조 제1항의 규정에 의하여 2001년7월14일 전산이기
2	소유권이전	2010년6월30일 제2473호	2010년5월1일 매매	소유자 박이채 640805-1349510 서울시 마포구 공덕로 41, 201동 309호(공덕동, 대명아파트)
3	소유권이전	2010년8월10일 제32347호	2010년8월8일 매매	소유자 서병석 781031-1638112 서울 서대문구 연희로 132

－ 이 하 여 백 －

수수료 금 1,000원 영수함 관할등기소 서울서부지방법원 서대문등기소 / 발행등기소 서울중앙지방법원 등기국

이 증명서는 등기기록의 내용과 틀림없음을 증명합니다.

서기 2014년 01월 03일
법원행정처 등기정보중앙관리소 전산운영책임관

*실선으로 그어진 부분은 말소사항을 표시함.　　　*등기기록에 기록된 사항이 없는 갑구 또는 을구는 생략함.

문서 하단의 바코드를 스캐너로 확인하거나, **인터넷등기소(http://iros.go.kr)의 발급확인 메뉴에서 발급 확인번호**를 입력하여 **위·변조 여부를 확인할 수 있습니다. 발급확인번호**를 통한 확인은 발행일로부터 3개월까지 5회에 한하여 가능합니다.

발행번호 11360011004936072010961250SLBO114951WOG295021311122　　　1/1　　　발행일 2014/01/03

대 법 원

고유 번호	4545011400-10096-0002			도면 번호	6	발급 번호	050115-0072-01
토지 소재	서울시 서대문구 홍은동		**토지대장**	장 번호	1-1	처리 시각	15시44분10초
지번	521	축척	1:1200	비고		작성자	박창진 ㉑

토 지 표 시				소 유 권			
지목	면적 (㎡)	사 유		변동일자		주 소	
				변동원인	성명 또는 명칭		등록번호
(08) 잡종지	*90*	(44)1997년 6월 9일 면적정정		1911년2월1일	서울 은평구 진관내동 44		
				사정	연일정씨숙정공파종중 (대표자 정상일)		
		이 하 여 백		2010년7월10일	서울 은평구 진관사로 59-1		
				주소 및 대표자 변경	연일정씨숙정공파종중 (대표자 정병일)		
					이하여백		

등급수정 년월일	1994.1.1 수정	1997.1.1 수정	2000.1.1 수정	2002.1.1 수정	2006.1.1 수정	2008.1.1 수정	2010.1.1 수정	2012.1.1 수정
토지등급 (기준수확 량등급	163	213	221	243	315	350	500	480

토지대장에 의하여 작성한 등본입니다.

2014년 1월 3일

서울서대문구청장   서대문구
청장의인
민원사무전용

등기사항전부증명서(말소사항 포함) - 집합건물

[집합건물] 서울특별시 은평구 대조로 120 문화아파트 201동 203호　　　고유번호 1239-2812-25232

[표 제 부]　　(1동의 건물의 표시)

표시번호	접수	소재지번, 건물명칭 및 번호	건물내역	등기원인 및 기타사항
~~1~~	~~2005년4월3일~~	~~서울특별시 은평구 대조동 707 문화아파트 201동~~	~~철근콘크리트조 슬래브 지붕 4층 아파트~~ ~~1층 863.50㎡~~ ~~2층 863.50㎡~~ ~~3층 863.50㎡~~ ~~4층 863.50㎡~~ ~~지층 863.50㎡~~	~~도면편철장 제6책~~ ~~제65면~~
2	2010년7월1일	서울특별시 은평구 대조로 120 문화아파트 201동	철근콘크리트조 슬래브 지붕 4층 아파트 1층 863.50㎡ 2층 863.50㎡ 3층 863.50㎡ 4층 863.50㎡ 지층 863.50㎡	도면편철장 제6책 제65면 도로명 주소

(대지권의 목적인 토지의 표시)

표시번호	소재지번	지목	면적	등기원인 및 기타사항
1	서울특별시 은평구 대조동 707	대	52,368.2㎡	2005년 4월 3일

[표 제 부]　　　　(전유부분의 건물의 표시)

표시번호	접수	건물번호	건물내역	등기원인 및 기타사항
1	2005년4월3일	제2층 제203호	철근콘크리트조 131.83㎡	도면편철장 제6책 제65면

(대지권 표시)

표시번호	대지권 종류	대지권 비율	등기원인 및 기타사항
1	소유권 대지권	52,368.2분의 50.72	2005년2월1일 대지권 2005년4월3일 등기

*실선으로 그어진 부분은 말소사항을 표시함.　　*등기기록에 기록된 사항이 없는 갑구 또는 을구는 생략함.

문서 하단의 바코드를 스캐너로 확인하거나, **인터넷등기소(http://iros.go.kr)의 발급확인 메뉴에서 발급 확인번호를 입력하여 위·변조 여부를 확인할 수 있습니다. 발급확인번호를 통한 확인은 발행일로부터 3개월까지 5회에 한하여 가능합니다.**

발행번호 1136001100493607201096125OSLBO114951WOG295021311123　　　1/2　　　발행일 2014/01/03

[집합건물] 서울특별시 은평구 대조로 120 문화아파트 201동 203호   고유번호 1239-2812-25232

[갑　　구]　(소유권에 관한 사항)

순위번호	등기목적	접수	등기원인	권리자 및 기타사항
1	소유권보존	2005년4월3일 제9123호		소유자 신라건설 주식회사 120011-2140578 서울시 성북구 안암동 220
2	소유권이전	2005년7월18일 제13456호	2005년6월10일 매매	소유자 박이채 640805-1349510 서울시 마포구 공덕동 41 대명아파트 201동 309호
3	소유권이전	2011년4월9일 제2473호	2011년4월9일 매매	소유자 박이순 660102-2349513 서울시 마포구 공덕로 41, 509동 701호(공덕동, 대명아파트) 매매가액 금 100,000,000원

[을　　구]　(소유권 이외의 권리에 관한 사항)

순위번호	등기목적	접수	등기원인	권리자 및 기타사항
1	근저당권설정	2011년5월2일 제6321호	2011년5월2일 설정계약	채권최고액 금 50,000,000원 채무자 박이순 660102-2349513 서울시 마포구 공덕로 41, 509동 701호 (공덕동, 대명아파트) 근저당권자 주식회사 신한은행 110014-1110453 서울시 마포구 공덕로 220 (마포지점)

- 이 하 여 백 -

수수료 금 1,000원 영수함 관할등기소 서울서부지방법원 은평등기소 / 발행등기소 서울중앙지방법원 등기국

이 증명서는 등기기록의 내용과 틀림없음을 증명합니다.

서기 2014년 01월 03일
법원행정처 등기정보중앙관리고 전산운영책임관

등기정보
중앙관리
소전산운
영책임관

*실선으로 그어진 부분은 말소사항을 표시함.　　*등기기록에 기록된 사항이 없는 갑구 또는 을구는 생략함.

문서 하단의 바코드를 스캐너로 확인하거나, **인터넷등기소**(http://iros.go.kr)의 발급확인 메뉴에서 발급
확인번호를 입력하여 **위·변조 여부**를 확인할 수 있습니다. **발급확인번호**를 통한 확인은 발행일로부터 3
개월까지 5회에 한하여 가능합니다.

발행번호 11360011000219107201096125 0SLBO114951WOG295021311123　　　2/2　　　발행일
2014/01/03

대법원

등기사항전부증명서(말소사항 포함) - 토지

[토지] 서울특별시 은평구 녹번동 403   고유번호 1213-1034-42358

[표 제 부] (토지의 표시)

표시번호	접수	소재지번	지목	면적	등기원인 및 기타사항
1 (전2)	1983년6월2일	서울특별시 은평구 녹번동 403	잡종지	150㎡	부동산등기법시행규칙부칙 제3조 제1항의 규정에 의하여 2001년7월 14일 전산이기

[갑 구] (소유권에 관한 사항)

순위번호	등기목적	접수	등기원인	권리자 및 기타사항
1 (전5)	소유권이전	1999년7월20일 제5793호	1999년7월19일 매매	소유자 서민영 470325-1025611 서울시 강남구 대치동 177 개나리아파트 108동 301호
				부동산등기법시행규칙부칙 제3조 제1항의 규정에 의하여 2001년7월14일 전산이기
2	소유권이전	2002년8월30일 제7239호	2002년8월27일 매매	소유자 박이채 640805-1349510 서울시 마포구 공덕로 41 대명아파트 201동 309호
3	소유권이전	2011년4월9일 제2474호	2006년4월6일 매매	소유자 박이순 660102-2349513 서울시 마포구 공덕로 41, 509동 701호(공덕동, 대명아파트) 매매가액 금 50,000,000원

－ 이 하 여 백 －

수수료 금 1,000원 영수함 관할등기소 서울서부지방법원 은평등기소 / 발행등기소 서울중앙지방법원 등기국

이 증명서는 등기기록의 내용과 틀림없음을 증명합니다.

서기 2014년 01월 03일
법원행정처 등기정보중앙관리소 전산운영책임관

```
등 기 정 보
중 앙 관 리
소 전 산 운
영 책 임 관
```

*실선으로 그어진 부분은 말소사항을 표시함.   *등기기록에 기록된 사항이 없는 갑구 또는 을구는 생략함.

문서 하단의 바코드를 스캐너로 확인하거나, **인터넷등기소(http://iros.go.kr)의 발급확인 메뉴에서 발급
확인번호를 입력하여 위·변조 여부를 확인할 수 있습니다.** 발급확인번호를 통한 확인은 발행일로부터 3
개월까지 5회에 한하여 가능합니다.

발행번호 11360011002191072010961250SLBO114951WOG295021311124   1/1   발행일
2014/01/03

대 법 원

각 서

서병석 사장님 귀하

1. 귀하에 대한 민사상 손해배상채무금 2억 원(원금)의 담보 목적으로, 귀하에게 본인 소유의 아래 부동산에 대하여 틀림없이 소유권이전등기를 경료해 드리겠습니다.

   ◾ 부동산 : 서울 서대문구 홍은동 520 임야 3,200㎡

2. 본인은 2010년 12월 31일까지 위 채무를 귀하에게 정히 변제하고, 만약 이를 어길 시 모든 책임을 질 것을 각서합니다.

※ 단, 위 2억 원에 대한 *2010년 12월 31일* 이전의 자연손해금채무는 면제함.

2010년 8월 8일

각서인 박이채(640805-1349510) ㉑ (彩朴印理)
서울시 마포구 공덕로 41, 201동 309호(공덕동, 대명아파트)

통 지 서

수신인 : 박이채(640805-1349510)

　　　　서울시 마포구 공덕로 41, 201동 309호(공덕동, 대명아파트)

발신인 : 서병석(781031-1638112)

　　　　서울시 서대문구 연회로 132

1. 귀하는 2010년 12월 31일까지 본인에게 손해배상채무 금 2억 원을 변제할 것을 약속하
   였으나 현재까지 변제하지 않았습니다.

2. 고로 귀하의 2010년 8월 8일자 각서에 따라 서울 서대문구 홍은동 520 임야 3,200㎡
   는 금일부로 본인이 소유권을 취득하였음을 통지합니다. 따라서 귀하가 이후 위 채무를
   변제하더라도 본인은 이를 수령하거나 위 토지를 반환할 생각이 없습니다.

3. 그러니 귀하는 이후 위 토지에 대하여 일절 이의를 제기하거나 본인의 소유권 행사를
   방해하는 일은 없도록 해주시기 바랍니다.

4. 끝으로 귀하의 행운을 빕니다.

2011년 1월 5일

발신인 서병석

이 우편물은 **2011년 1월 5일** 등기 제0250호에 의하
여 내용증명 우편물로 발송하였음을 증명함

　　　　　　　서울서대문우체국장

통 지 서

수신인 : 이명구 (630507-1542634)
　　　　 서울 서대문구 창천로 32, 101동 503호(창천동, 현대아파트)

1. 그간 안녕하셨는지요. 며칠 전 형님께서 다녀가신 후 내내 제 마음이 무겁고, 서신으로 이런 말씀 드리는 것이 도리는 아닌 줄 압니다. 물론 제가 형님 승낙 없이 홍은동 520 토지를 서병석 씨에게 담보로 제공한 것에 대해서는 입이 열개라도 드릴 말씀이 없습니다. 그러나 당시에는 제가 형편이 좋을 때라 곧 해결할 생각으로 그렇게 한 것이고, 그래서 이제까지 말씀을 못 드린 것입니다.

2. 형님이 일전에 오셔서 저를 무조건 죄인 취급하시니 저로서도 많이 서운했습니다. 홍은동 520 토지 건은 명의신탁이 불법인 이상 명의신탁자인 형님 입장에서는 어떤 권리 주장도 할 수 없다는 점을 형님도 잘 아시겠지요?

3. 형님도 아시다시피 저는 2010년 9월 초 큰 부도를 맞아 이후 형편이 어려워졌고, 그래서 지금 서병석 씨에게도 돈을 갚지 못해 그 땅을 되찾아 올 형편이 못 됩니다. 그러니 형님께서도 제 처지를 이해해 주시고, 앞으로 홍은동 520 토지에 관해서는 당분간 말씀하지 않으셨으면 좋겠습니다.

4. 다만, 제가 사업이 풀리는 대로 형님한테 폐 끼친 것은 꼭 갚아드릴 테니 동서 간의 우애로 믿고 기다려 주셨으면 합니다.

2011년 6월 12일

발신인　　　　박이채(640805-1349510) ㉑ 彩朴印理
　　　　　　　서울시 마포구 공덕로 41, 201동 309호(공덕동, 대명아파트)

서울마포
우체국
2011. 06. 12.
11 - 9765

이 우편물은 **2011년 6월 12일** 등기 제9765호에 의하여 내용증명 우편물로 발송하였음을 증명함

서울마포우체국장　　서울마포우체국장인

합 의 서

甲 : 이명구 (630507-1542634) 서울 서대문구 창천로 32, 101동 503호

乙 : 최회선 (630127-1538216) 서울 서대문구 연회로 57, 102호

丙 : 박이채 (640805-1349510) 서울 마포구 공덕로 41, 201동 309호

丁 : 정준일 (541120-1913459) 서울 은평구 진관사로 59

甲, 乙, 丙, 丁은 2010년 5월 1일자 서울 서대문구 홍은동 521 잡종지 90㎡의 매매계약에 관련하여 아래와 같이 합의함

1. 甲, 乙, 丙, 丁은 위 매매계약상 매수인의 지위를 丙으로부터 甲과 乙에게 균등하게 이전하기로 합의한다.

2. 丁은 위 토지에 관하여 甲과 乙이 2010년 5월 1일자 매매계약에 따른 매수인으로서의 모든 권리를 행사할 수 있도록 매도인으로서의 의무를 2010년 12월 말까지 이행할 것을 약속한다.

2010년 11월 1일

갑 : 이명구 (九李印明)   을 : 최회선 (선최인희)

병 : 박이채 (彩朴印理)   정 : 정준일 (일정인준)

서 울 중 앙 지 방 법 원
화 해 조 서

사 건 2010가단22809 손해배상(기)

원 고 1. 이명구 (630507-1542634)

　　　　　　서울 서대문구 창천로 32, 101동 503호(창천동, 현대아파트)

　　　　2. 최희선 (630127-1538216)

　　　　　　서울 서대문구 연희로 57, 102호(연희동, 삼성아파트)

피 고 정준일 (541120-1913459)

　　　　　서울 은평구 진관사로 59

판 사 하정림　　　　　　　　　　기　　일 2010. 11. 5. 10:00

장 소 203호 소법정　　　　　　공개여부　　　　　　공개

법원사무관 주명석

원고들　　　　　　　　　　　　　　　　　　　　　　각 출석

피 고　　　　　　　　　　　　　　　　　　　　　　　출석

위 당사자들은 다음과 같이 화해하였다.

화 해 조 항

1. 피고는 원고들에게 서울 서대문구 홍은동 521 잡종지 90㎡를 2010. 12. 31.까지 인도한다.
2. 원고들은 피고에 대한 이 사건 손해배상청구권을 포기한다.
3. 소송비용은 각자 부담한다.

청구의 표시

청구취지

피고는 원고들에게 2010. 7. 1.부터 화해조항 제1항 기재 토지의 인도 완료일까지 월 50만 원의 비율에 의한 금전을 지급하라.

청구원인

　1. 원고들은 2010. 5. 1. 박이채의 명의를 빌려 피고로부터 청구취지 기재 토지(이하 '이 사건 토지'라 함)를 대금 5,000만 원에 매수하기로 약정하였고, 그 약정에 따라 2010. 6. 30. 대금 전액을 지급하였습니다.

2. 그럼에도 피고는 2010. 7. 1. 원고들의 동의 없이 무단으로 이 사건 토지상에 시멘트 벽돌조 판넬 지붕으로 된 50㎡의 점포 1동을 축조하고, 같은 해 8. 1.부터 소외 김병만에게 이를 임대하여 월 50만 원씩의 차임을 지급받고 있습니다.

3. 그러므로 피고는 원고들에게 불법행위 또는 채무불이행에 따른 손해배상으로 위 건물 축조일인 2010. 7. 1.부터 이 사건 토지 인도 완료일까지 매월 50만 원의 비율에 의한 금전을 지급할 의무가 있습니다.

법원사무관   주   명   석   (인)

판   사   하   정   림   (인)

민
사
법

통 지 서

수신인 : 최희선(630127-1538216)
　　　　서울 서대문구 연희로 57, 102호(연희동, 삼성아파트)

1. 그간 안녕하셨는지요.

2. 몇 달 전 귀하가 찾아왔을 때 상세히 말씀드린 바와 같이, 홍은동 521 토지는 저의 조부(정상우)가 1911. 2. 1 사정을 받고, 1943. 7. 6 조부가 돌아가시자 외아들인 저의 부친(정병조)이 단독으로 상속을 받았으며, 부친이 1969. 4. 1 사망하여 외아들인 본인이 다시 단독으로 상속을 받은 땅인데, 6·25 동란의 와중에 지적공부가 멸실되었다가 1970년 경 지적을 복구하는 과정에서 연일정씨숙정공파종중의 전 회장인 정상일(본인의 육촌 형)이 임의로 위 토지를 종중 소유로 신고하는 바람에 현재 토지대장에는 종중 소유로 등록되어 있는 것에 불과하므로, 소유권은 저에게 있습니다.

3. 제가 이명구(박이채) 씨에게 위 토지를 매각한 사실은 있으나, 근래 주위에서 들어보니 위 토지는 보존등기가 되어 있지 않은 것이라서 애초부터 소유권이전은 불가능한 것이었고(오래 전에 본인이 조부 명의로 소유권확인 소송을 제기 했다가 패소판결을 선고받은 사실도 있으므로, 첨부한 판결문을 참고하시기 바랍니다.), 현재까지 본인이 귀하와 이명구씨 앞으로 등기를 넘겨주지 않은 이상 소유권자인 본인이 여전히 그 모든 권리를 행사할 수 있다고 합니다.

4. 그리고 본인은 위 홍은동 521 토지상에 시멘트벽돌조 판넬지붕 점포(50㎡ 등기는 안함) 1채를 2010. 7. 1에 완공하여 그해 8. 1 김병만 씨(서울 서대문구 연희로 112 201호, 연희동, 한화아파트)에게 기간을 2012. 7. 31까지로 하고 보증금은 없이 매월 임료로 50만 원씩 받기로 약정하여 임대하였는데, 김병만 씨는 2011년 10월 1일 이후 임료도 내지 않고 있어서 2012년 6월 중순 더 이상 임대할 의사가 없으니 비워달라고 통지했지만 아직까지 나가지 않고 있습니다.

5. 그러나 위 토지의 소유권이 현재까지 본인에게 있으므로 본인으로서는 귀하들의 모든 요구에 응할 수 없습니다. 또한 귀하는 본인이 위 점포를 지어 임대한 것을 두고 불법행위라고 하면서 손해배상 운운하는데, 귀하도 잘 알다시피 귀하 등은 이미 본인이 상대로 그 같은 이유로 손해배상청구 소송을 제기하였다가 재판상 화해를 통해 손해배상 청구권을 포기하기로 한 바가 있는 이상 더 이상 그런 주장을 해서는 안 될 것입니다. 그런데도 귀하들이 그 같은 요구를 계속한다면 본인으로서도 법적 조치를 취할 생각이니 그리 아시기 바랍니다.

　　　　　　　　　　　　　　2013년 6월 3일

　　　　발신인　　정준일(541120-1913459) (일정 인준)

　　　　　　　　서울 은평구 진관사로 59

이 우편물은 2013년 6월 3일 등기 제8335호에 의하여 내용증명 우편물로 발송하였음을 증명함

　　　　　　　서울은평우체국장

148 • 〔변호사시험 기출문제집〕 〔기록형〕 공법 / 민사법 / 형사법

서울중앙지방법원
판 결

사　　건　　2010가단10882 소유권확인
원　　고　　정상우(鄭相宇, 1890. 3. 23. 생)
　　　　　　　최후주소 서울 서대문구 홍은동 44
　　　　　　　송달장소 서울 은평구 진관사로 59
피　　고　　대한민국
　　　　　　　법률상 대표자 법무부 장관 정형진
　　　　　　　소송수행자 이병석
변론종결　　2010. 8. 25.
판결선고　　2010. 9. 8.

주 문

1. 이 사건 소를 각하한다.
2. 소송비용은 원고가 부담한다.

청 구 취 지

서울 서대문구 홍은동 521 잡종지 90㎡가 원고의 소유임을 확인한다.

이 유

　원고는 이 사건 청구원인으로, 원고가 1911. 2. 1. 청구취지 기재의 이 사건 토지를 사정받아 원시취득하였는데, 현재 미등기 상태이므로 그 소유권보존등기를 위해 피고를 상대로 청구취지와 같은 확인을 구한다고 주장한다.

　이 사건 소의 적법 여부에 관하여 직권으로 살피건대, 소장에 첨부된 제적등본의 기재에 의하면 원고는 이 사건 소 제기 이전인 1943. 7. 6. 사망한 사실이 인정되므로, 이 사건 소는 당사자능력이 없는 자가 제기한 것으로서 부적법하다.

　그러므로 이 사건 소를 각하하기로 하여 주문과 같이 판결한다.

　　　　　　　판사　　이유섭 ＿＿＿＿＿＿＿＿

확 정 증 명 원

사　　건　　2010가단10882 소유권확인

원　　고　　정상우

피　　고　　대한민국

위 사건에 관하여 2010. 9. 8. 귀원이 선고한 판결이 2010. 11. 5. 확정되었음을 증명하여 주시기 바랍니다.

2012. 10. 28.

신청인 정준일 (일정 인준)

서울중앙지방법원 귀중

```
위 사실을 증명합니다.
        2012. 10. 28.
서울중앙지방법원       (서울중앙
법원주사 최영란        지방법원
                      법원주사)
```

확 인 서

1. 본인은 서울 서대문구 홍은로 772에서 '명일부동산'이라는 상호로 부동산 중개업을 하고 있는 공인중개사입니다.

2. 본인은 2010. 5. 1. 이명구 씨가 정준일 씨로부터 서울 서대문구 홍은동 520, 521 토지 2필지를 매수할 당시 그 매매계약을 중개한 사실이 있습니다.

3. 그 당시 홍은동 521 토지는 미등기 상태라서 잔대금 지급과 동시에 매수인이 인도받는 것으로 하고, 그 후 빠른 시일 내에 매도인이 보존등기를 마치고 소유권이전등기까지 해 주기로 약정한 사실이 있으며, 잔금 지급도 우리 사무실에서 하였는데, 그 당시 위 토지는 지상에 아무런 시설물이나 적치물이 없었습니다.

4. 위 홍은동 520, 521 토지의 시가는 매매 이후 현재까지 아무런 변동이 없으며, 현재 위 홍은동 521 토지를 그 지상 건물까지 임대할 경우 차임은 보증금 없이 월 50만 원 가량으로, 건물이 없는 상태로 토지만 임대할 경우 차임은 보증금 없이 월 30만원 가량으로 거래되고 있습니다.

2013년 12월 28일

공인중개사 강만해(491220-1533652)

서울 서대문구 홍은로 772 명일부동산

양도양수계약서

양도인 : 김병수
       서울시 서초구 양재동 221
양수인 : 김병만
       서울시 서대문구 연희동 88 한화아파트 201호

양도인과 양수인은 아래와 같이 양도양수계약을 체결하기로 한다.

제1조(계약의 목적) 양수인은 양도인으로부터 서울시 동작구 동작동 123 소재 '런던가구'의 영업을 양수하여 금일부터 가구판매점을 운영하기로 한다.

제2조(양도의 대상) 다음 각 호를 포함한 '런던가구' 영업에 필요한 유무형의 일체의 재산
1. '런던가구'의 상호
2. 영업 관련 고객명부, 전화가입권 등 영업권
3. 양도인의 '런던가구'의 점포에 대한 보증금반환채권

제3조(양도의 대가) 영업양도의 대가는 금 1억 원으로 하고, 양수인의 양도인에 대한 기존 대여금 채권 금 1억 원과 상계하기로 한다.

제4조(이행시기) 본 계약 체결일에 양도인은 양수인에게 제2조의 재산에 관하여 이전에 필요한 행위를 하여야 한다.

제5조(기타) 본 계약에 명시되지 않은 사항에 대하여는 상관례 및 상호 합의하에 처리하기로 한다.

위 내용을 명확히 하기 위하여 본 계약서를 2부 작성하여 각자 1부씩 보관하기로 한다.

2007년 1월 15일

양도인 김병수(710514-1812812) ㉑

양수인 김병만(690302-1236512) ㉑

서 울 서 부 지 방 법 원
결   정

사   건   2007카단10882 부동산가압류

채 권 자   최희선 (630127-1538216)

　　　　　　　서울 서대문구 연희동 15 삼성아파트 102호

채 무 자   김병만 (690302-1236512)

　　　　　　　서울 서대문구 연희동 88 한화아파트 201호

주   문

채무자 소유의 별지 목록 기재 부동산을 가압류한다.

채무자는 다음 청구금액을 공탁하고 집행정지 또는 집행취소를 신청할 수 있다.

청구채권의 내용 2001. 3. 20.자 물품대금 및 지연손해금 (내역은 생략)

청구금액   (내역은 생략)

이   유

　이 사건 부동산 가압류신청은 이유 있으므로, 담보로 5,000,000원의 지급보증 위탁계약
을 맺은 문서를 제출받고 주문과 같이 결정한다.

2007. 3. 14.

판사 노민호 (인)

부동산 목록

1동의 건물의 표시

서울 서대문구 연희동 88 철근콘크리트조 슬래브 지붕 3층 한화아파트

　　　1층 756.40㎡

　　　2층 756.40㎡

　　　3층 756.40㎡

대지권의 목적인 토지의 표시

서울 서대문구 연희동 88 대 10,128㎡

전유부분의 건물의 표시

2층 201호 철근콘크리트조 120.72㎡

대지권의 표시

소유권 대지권 10128분의 100.54 끝.

확 인 서

최희선 사장님 귀하

1. 본인은 최희선 사장이 공무원으로 재직하던 2001년 3월 20일 '런던가구점' 사장 김병수 씨에게 수입 목가구 1점을 대금 2천만 원에 매도한 일이 있음을 그 당시 매매를 알선했던 관계로 잘 알고 있습니다. 당시 김병수 사장은 위 가구 대금을 2002년 3월 19일까지 갚기로 약속하였습니다.

2. 그 뒤 김병수 사장은 위 가구대금을 갚지 않은 채 가구점을 김병만 사장님에게 넘겨버렸는데, 최희선 사장님이 뒤늦게 이를 알고 2007년 3월 11일 김병만 사장의 아파트에 가압류를 신청하여 2007년 3월 15일자로 가압류등기가 되었고, 현재까지도 가압류등기가 존속하고 있습니다. 그러나 아직까지도 이 문제가 해결되지 않고 있습니다.

3. 근래 최희선 사장과 본인이 김병수 사장님과 김병만 사장님을 찾아가 가구대금 문제의 해결을 요구하였던바, 김병수 사장은 "가구점의 영업재산 일체를 이미 김병만에게 양도하였으니 법적으로 보더라도 나는 책임을 질 일이 없다. 그러니 앞으로 일절 그런 말을 하지마라."라며 완강히 거부하였고, 김병만 사장은 "이미 10년도 더 지났는데 이제 와서 무슨 말이냐? 재판을 해도 내가 이길 것이다."라며 그 역시 절대로 돈을 줄 수 없다며 법대로 하든지 맘대로 하라고 대답하여 본인의 입장이 매우 난처한 상태입니다.

4. 이상의 사실을 확인하오며, 만약 법원에서 증인으로 소환할 경우 아는 대로 증언할 것임을 확약합니다.

2013년 12월 26일

확인인 최상철(621010-1627345) (인)

서울 동대문구 전농로 56, 106동 405호(전농동, 청구아파트)

2013년 제2회 변호사시험 기록형 기출문제

문 제

귀하는 서울 서초구 서초동 233 동문빌딩 511호에서 개업을 한 변호사 이경수이다. 귀하는 2013. 1. 7. 김갑동과 송무중에게 〈의뢰인 상담일지〉에 기재된 내용과 같이 상담을 해주고 이들로부터 사건을 수임하면서 첨부서류를 자료로 받았다. 의뢰인들을 위하여 법원에 제출할 소장을 아래 작성요령에 따라 작성하시오.

■ 작성요령

1. 소장 작성일 및 소 제기일은 2013. 1. 7.로 하시오.
2. 의뢰인의 의사와 요구에 최대한 부합하는 내용으로 소장을 작성하되, 법령 및 판례에 따라 일부라도 패소하는 부분이 생기지 않도록 하시오.
3. 공동소송의 요건은 모두 갖추어진 것으로 전제하시오.
4. 청구원인은 주요사실이 분명히 드러나도록 기재하고, 주요사실의 증명과 무관한 간접사실은 기재하지 마시오. 다만, 기록상 상대방이 소송 중 제기할 것으로 예상되는 주장 중 이유 없다고 판단되는 것은 소장을 통해 반박하시오.
5. 예비적·선택적 청구는 하지 마시오.
6. 물건의 표시가 필요한 경우 별지로 목록을 만들지 말고 소장의 해당 부분에 직접 표기하시오.
7. 당사자는 반드시 소송상 자격(원고, 피고 등)으로 지칭하고, 원고 또는 피고가 여러 명인 경우에는 소송상 자격 및 이름으로 지칭하시오(피고1. 등과 같이 번호로 지칭하지 않음).
8. 상담 결과 청취된 사실관계는 모두 진실한 것으로 간주하고, 첨부서류의 진정성립을 의심할만한 사유는 없는 것으로 간주하며, 사실관계는 본 기록에 나타나 있는 것으로 한정하시오.
9. 피고가 복수인 경우 청구원인은 피고별로 나누어 기재하고, 증거방법란과 첨부서류란은 기재하지 마시오(필요할 경우 청구원인란에서는 해당 증거방법을 적절한 방법으로 제시하여도 무방함).
10. 기간을 계산할 때는 'O'월은 'O/12'년으로 계산하시오(예: '4'월은 '4/12'년으로 계산).

【참고자료 1】

이자제한법 제2조 제1항의 최고이자율에 관한 규정

제정 2007. 6. 28. 대통령령 제*****호

이자제한법 제2조 제1항에 따른 금전대차에 관한 계약상의 최고이자율은 연 30퍼센트로 한다.

부칙 (제20118호, 2007. 6. 28.)
이 영은 2007년 6월 30일부터 시행한다.

【참고자료 2】

각급 법원의 설치와 관할구역에 관한 법률 (일부)

제4조(관할구역) 각급 법원의 관할구역은 다음 각 호의 구분에 따라 정한다. 다만, 지방법원 또는 그 지원의 관할구역에 시·군법원을 둔 경우「법원조직법」제34조 제1항 제1호 및 제2호의 사건에 관하여는 지방법원 또는 그 지원의 관할구역에서 해당 시·군법원의 관할구역을 제외한다.

1. 각 고등법원·지방법원과 그 지원의 관할구역: 별표 3
2. 특허법원의 관할구역: 별표 4
3. 각 가정법원과 그 지원의 관할구역: 별표 5
4. 행정법원의 관할구역: 별표 6
5. 각 시·군법원의 관할구역: 별표 7
6. 항소사건(抗訴事件) 또는 항고사건(抗告事件)을 심판하는 지방법원 본원 합의부 및 지방법원 지원 합의부의 관할구역: 별표 8
7. 행정사건을 심판하는 춘천지방법원 및 춘천지방법원 강릉지원의 관할구역: 별표 9

[별표 3] 고등법원·지방법원과 그 지원의 관할구역 (일부)

고 등 법 원	지 방 법 원	지 원	관 할 구 역
서 울	서 울 중 앙		서울특별시 종로구·중구·성북구·강남구·서초구·관악구· 동작구
	서 울 동 부		서울특별시 성동구·광진구·강동구·송파구
	서 울 남 부		서울특별시 영등포구·강서구·양천구·구로구·금천구
	서 울 북 부		서울특별시 동대문구·중랑구·도봉구·강북구·노원구
	서 울 서 부		서울특별시 서대문구·마포구·은평구·용산구
	의정부		의정부시·동두천시·구리시·남양주시·양주시·연천군· 포천시·가평군, 강원도 철원군. 다만, 소년보호사건은 앞의 시·군 외에 고양시·파주시
		고 양	고양시·파주시

의뢰인 상담일지

변호사 이경수 법률사무소

서울 서초구 서초동 *** **** ***호

☎ 532-****, 팩스 532-****, 전자우편 ***@gmail.com

접수번호	2013-05	상담일시	2013. 1. 7.
상 담 인	김갑동 송무중	내방경위	지인 소개, 소제기 의뢰
관할법원		사건번호 (법원, 검찰)	

【 상 담 내 용 】

1. 김갑동은 2010. 6.경 을서 주식회사에 서울 서초구 땅을 임대하였다. 을서 주식회사는 위 토지상에 건물을 건축하고, 등기를 마친 후 그 2층에 '드래곤스'라는 상호의 패스트푸드 프랜차이즈 본사를 두고 2010. 8. 23.부터 위 건물 1층에서 그 영업점을 운영해 왔다. 위 토지 전부가 위 건물의 대지로 이용되고 있다.

2. 을서 주식회사가 임대차기간이 만료된 후에도 위 토지를 인도해주지 않으므로, 김갑동은 을서 주식회사를 상대방으로 하여 건물철거 등을 구하는 소송을 제기하였다. 임대료는 2012. 6. 22.까지 발생한 부분만큼은 모두 지급받았으나, 그 이후에는 어떤 돈도 받은 것이 없다.

3. 가. 김갑동은 승소 판결을 받아 그 판결이 확정되었다. 김갑동은 점유이전금지가처분을 해두지는 않았다. 그 사이에 김갑동은 위 토지를 송무중에게 매도하고 그 소유권이전등기를 마쳐주었다. 송무중은 소유권 이전과 동시에 김갑동의 을서 주식회사에 대한 임차보증금반환채무도 인수하였고, 을서 주식회사는 이를 승낙하였다.

   나. 한편 송무중은 2006. 1.경 문영수에게 1억 원을 대여해 주었고(이자는 원금 변제 시 함께 받기로 함) 을서 주식회사는 그 당시 이를 연대보증하였는데, 당시 대표이사는 최상근이었다. 문영수는 그 담보조로 액면 1억 원의 약속어음을 발행해 주었는데, 송무중은 아직까지도 위 대여금을 지급받지 못

하고 있다. 송무중은 2009. 1. 4. 문영수에 대하여 위 어음금의 지급을 구하는 소를 제기하여 확정판결을 받았으나, 문영수가 재산이 없어 집행은 하지 못하였다.

4. 송무중은 김갑동이 받은 판결에 승계집행문을 받아 위 건물의 철거 및 토지 인도 집행을 하려고 집행관과 함께 현장에 갔는데, 박병남이 위 건물에서 한식당 영업을 하고 있었고, 을서 주식회사는 위 건물을 점유하고 있지 않았다. 박병남 말로는 자신이 을서 주식회사와 약정을 하고 사용 중이므로 위 건물에서 나갈 이유가 없다고 하며, 자신을 내보내려면 자신에 대하여 판결을 받아 오라고 하였다.

5. 게다가 집행 현장에는 을서 주식회사의 대표이사인 노용호가 나타나, 송무중에게 "민법에 따라 건물에 대한 매수청구권을 행사한다. 매매대금 3억 원을 모두 받기 전에는 철거 집행을 할 수 없다."라고 하였다. 이 말을 들은 집행관은 더 이상 집행할 수 없다고 말하면서 돌아가 버렸다.

6. 그런데 위 건물에는 최정북(시청 소속 공무원) 명의로 근저당권이 설정되어 있다. 김갑동이 그 경위를 상세히 알아보니 을서 주식회사가 2010. 8. 23. 회사 운영자금 5,000만 원을 대표이사 노용호의 지인인 최정북에게서 차용하면서 위 근저당권을 설정해 준 것이었다.

7. 을서 주식회사는 그 후 위 차용금에 대한 변제조로 두 차례에 걸쳐 합계 5,750만 원을 지급하였고, 최정북은 이의 없이 이 금액을 모두 수령하였음에도 현재 위 근저당권을 말소해 주지 않고 있다.

【의뢰인 김갑동, 송무중의 요구사항】

1. 서울 서초구 서초동 671 지상 건물에 관하여 타인에 의한 점유나 담보물권의 제한이 없는 상태로 완전한 소유권을 취득하고, 위 건물 및 대지를 인도받고 싶다.
2. 위 토지의 임대료 또는 토지사용료 상당의 돈도 지급받고 싶다.
3. 을서 주식회사가 문영수의 차용금채무를 보증한 데 따른 보증금도 지급받았으면 좋겠다. 끝.

등기사항전부증명서(말소사항 포함) - 토지

[토지] 서울특별시 서초구 서초동 671　　　　　　고유번호 ****-****-******

【표 제 부】　(토지의 표시)

표시번호	접 수	소재지번	지목	면 적	등기원인 및 기타사항
1 (전2)	1995년6월5일	서울특별시 서초구 서초동 671	대	320㎡	부동산등기법시행규칙부칙 제3조 제1항의 규정에 의하여 2001년7월 14일 전산이기

【갑　　구】　(소유권에 관한 사항)

순위번호	등기목적	접 수	등기원인	권리자 및 기타사항
1 (전2)	소유권이전	1997년7월5일 제2453호	1997년7월3일 매매	소유자 서영구 ****** - ******* 성남시 분당구 정자동 277 정자아파트 109동 901호
				부동산등기법시행규칙부칙 제3조 제1항 의 규정에 의하여 2001년7월14일 전산 이기
2	소유권이전	2002년11월15일 제33451호	2002년11월15일 매매	소유자 김갑동 ****** - ******* 서울 영등포구 여의도동 334
3	소유권이전	2012년11월23일 제30757호	2012년11월10일 매매	소유자 송무중 ****** - ******* 서울 종로구 내자동 500

―― 이 하 여 백 ――

수수료 금 1,000원 영수함　관할등기소 서울중앙지방법원 등기국 / 발행등기소 서울중앙지방법원 등기국

이 증명서는 등기기록의 내용과 틀림없음을 증명합니다.

서기 2013년 01월 07일

법원행정처 등기정보중앙관리소 전산운영책임관

* 실선으로 그어진 부분은 말소사항을 표시함.　　*등기기록에 기록된 사항이 없는 갑구 또는 을구는 생략함.

문서 하단의 바코드를 스캐너로 확인하거나 인터넷등기소(http://*****.go.kr)의 발급확인 메뉴에서 발급확인번호를 입력하여
위·변조 여부를 확인할 수 있습니다. 발급확인번호를 통한 확인은 발행일부터 3개월까지 5회에 한하여 가능합니다.

발행번호11360011004936072010961250SLBO114951WOG295021311122　1/1　발행일 2013/01/07

대 법 원

등기사항전부증명서(말소사항 포함) - 건물

[건물] 서울특별시 서초구 서초동 671　　　　　　　　고유번호 ****-****-*******

【표 제 부】　　（건물의 표시）

표시번호	접　수	소재지번	건물내역	등기원인 및 기타사항
1	2010년8월13일	서울특별시 서초구 서초동 671	철골조 샌드위치패널지붕 2층 근린생활시설 1층 200㎡ 2층 200㎡	

【갑　　구】　　（소유권에 관한 사항）

순위번호	등기목적	접　수	등기원인	권리자 및 기타사항
1	소유권보존	2010년8월13일 제16774호		소유자 을서 주식회사****** - ******* 서울 송파구 잠실동 123 송파빌딩 407호

【을　　구】　　（소유권 이외의 권리에 관한 사항）

순위번호	등기목적	접　수	등기원인	권리자 및 기타사항
1	근저당권설정	2010년8월25일 제17543호	2010년8월23일 설정계약	채권최고액 금 65,000,000원 채무자 을서 주식회사 　서울 송파구 잠실동 123 송파빌딩 407호 근저당권자 최정북****** - ******* 　서울 서초구 반포동 423

―― 이 하 여 백 ――

수수료 금 1,000원 영수함　관할등기소 서울중앙지방법원 등기국 / 발행등기소 서울중앙지방법원 등기국

이 증명서는 등기기록의 내용과 틀림없음을 증명합니다.

서기 2013년 01월 07일

법원행정처 등기정보중앙관리소 전산운영책임관

등기정보
중앙관리
소전산운
영책임관

* 실선으로 그어진 부분은 말소사항을 표시함.　　*등기기록에 기록된 사항이 없는 갑구 또는 을구는 생략함.

문서 하단의 바코드를 스캐너로 확인하거나 인터넷등기소(http://****.go.kr)의 발급확인 메뉴에서 발급확인번호를 입력하여 위·변조 여부를 확인할 수 있습니다. 발급확인번호를 통한 확인은 발행일부터 3개월까지 5회에 한하여 가능합니다.

발행번호11360011004936072010961250SLBO114951WOG295021311122　　1/1　발행일 2013/01/07

대 법 원

부동산임대차계약서

부동산의 표시 : 서울특별시 서초구 서초동 671 대 320㎡

제1조 위 부동산을 임대차함에 있어 임대인과 임차인은 쌍방 합의하에 아래 각
　　　조항과 같은 조건으로 계약한다.

보증금	칠억 (700,000,000)원	월세금액	오백만 (5,000,000)원 (매월 22일 후불)
계약금	일금　　　　원정을 계약당일 임대인에게 지불하고		
중도금	일금　　　　원정을　　년　　월　　일 지불하고		
잔액금	일금 700,000,000 원정을 2010년 6월 23일 소개인 입회하에 지불키로 함. 위 금액을 전액 수령함. 2010. 6. 23. 김갑동 (印)		

제2조 부동산은 2010년 6월 23일 인도하기로 한다.
제3조 임대기간은 2010년 6월 23일부터 2012년 6월 22일까지로 한다.
제4조 임차인은 이 계약으로 인한 권리를 타에 양도, 전대할 수 없다.
제5조 임차인은 임대인의 승인 없이는 토지의 형상을 변경할 수 없다.

특약사항 : 1. 임차인은 자신의 비용으로 임차지상에 건물을 축조하여 영업을 할 수 있다.
　　　　　 2. 임차인은 임대차기간 동안 토지와 건물에 대한 제세공과금을 모두 책임지며, 법령
　　　　　　　을 위반하여 임대인이 여하한 불이익도 받게 해서는 안 된다.

위 계약조건을 틀림없이 지키기 위하여 본 계약서를 2부 작성하여 각자 1부씩 보관한다.

2010년 6월 23일

임대인	주소	서울특별시 영등포구 여의도동 334		
	성명	김 갑 동 (印)	주민등록번호	****** - *******
임차인	주소	서울 송파구 잠실동 123 송파빌딩 407호		
	성명	을서 주식회사 대표이사 노용호 (印)	주민등록번호 (법인등록번호)	****** - *******

등기번호	00*****	등기사항전부증명서(현재사항)			
등록번호	******-*******				

상 호	을서 주식회사	.	.	변경
		.	.	등기
본 점	서울 송파구 잠실동 123 송파빌딩 407호	.	.	변경
		.	.	등기

공고방법	서울시내에서 발행하는 일간 매일경제신문에 게재한다.	.	.	변경
		.	.	등기

1주의 금액	금 5,000원	.	.	변경
		.	.	등기

발행할 주식의 총수	40,000주	.	.	변경
		.	.	등기

발행주식의 총수와 그 종류 및 각각의 수	자본의 총액	변 경 연 월 일 등 기 연 월 일	

발행주식의 총수 20,000주
  보통주식 15,000주
  우선주식 5,000주
	금 100,000,000 원	. .	변경

		. .	등기

목 적
1. 음식판매업무 2. 연예기획업무 3. 부동산임대업무 4. 제1호 내지 제3호에 부대되는 업무로서 기획재정부 장관의 승인을 얻은 업무

임원에 관한 사항
이사 정운성 ****** - ******* 원인 취임 연 월 일 2011년 07월 21일
이사 진현우 ****** - ******* 원인 중임 연 월 일 2010년 08월 20일
이사 서정수 ****** - ******* 원인 취임 연 월 일 2011년 07월 21일
대표이사 노용호 ****** - ******* 서울 중구 필동 3가 149-6 원인 취임 연 월 일 2010년 05월 30일
감사 최양숙 ****** - ******* 원인 중임 연 월 일 2011년 08월 23일

40109153136672895679224820 1 1000 1 발행일 2013/01/07   1/2

기타사항
- 생 략 -

회사성립연월일	2005년 04월 21일

등기용지의 개설사유 및 연월일	
설립	2005년 04월 21일 등기

—— 이 하 여 백 ——

수수료 1,000원 영수함   서울중앙지방법원 등기국

민
사
법

정 관

(발췌)

을서 주식회사

중 략

제22조(이사회의 결의사항) 대표이사가 아래 각 호의 행위를 할 때에는 사전
에 이사회의 결의를 얻어야 한다. 이사회의 결의는 이사 전원 중 과반
수의 동의로써 이루어진다.
㉮ 프랜차이즈 가맹규약 등 본사와 가맹점 사이의 기본관계에 관한 규약
의 변경
㉯ 부동산의 취득, 처분, 담보설정 등의 행위
㉰ 회사가 타인의 채무를 보증하는 행위
㉱ 회사가 소제기 또는 보전처분을 신청하는 행위
㉲ 기타 회사의 중요 업무로서, 대표이사가 이사회에 결의를 요구한 사항

이 하 생 략

서 울 중 앙 지 방 법 원

제 23 민사부

판 결

사 건   2012가합***** 건물철거 등

원 고   김갑동 (****** - *******)

         서울 영등포구 여의도동 334

피 고   을서 주식회사

         서울 송파구 잠실동 123 송파빌딩 407호

         대표이사 노용호

변론종결   2012. 10. 5.

판결선고   2012. 11. 2.

주 문

1. 피고는 원고에게,

   가. 별지 목록 제2 기재 건물을 철거하고,

   나. 원고로부터 7억 원을 지급받음과 동시에 별지 목록 제1 기재 토지를 인도하라.

2. 소송비용은 피고가 부담한다.

3. 제1항은 가집행할 수 있다.

청 구 취 지

주문과 같다.

이   유

원고가 별지 목록 제1 기재 토지(아래에서는 '이 사건 토지'라고 한다)를 소유하고 있고 피고가 위 토지상에 별지 목록 제2 기재 건물(아래에서는 '이 사건 건물'이라고 한다)을 신축하여 소유하고 있는 사실에 대해서는 당사자 사이에 다툼이 없다. 그러므로 피고는 특별한 사정이 없는 한 원고에게 위 건물을 철거하고, 위 토지를 인도할 의무가 있다.

이에 대하여 피고는 원고로부터 이 사건 토지를 임차하였고 그 임대차계약이 묵시적으로 갱신되었으므로 위 토지를 점유할 정당한 권원이 있다고 항변한다.

살피건대, 을 제1호증의 기재에 변론 전체의 취지를 종합하면, 피고가 2010. 6. 23. 원고로부터 이 사건 토지를 임대차기간 2010. 6. 23.부터 2012. 6. 22.까지, 임대차보증금 7억 원, 월 차임 500만 원으로 약정하여 임차한 사실을 인정할 수 있으나, 갑 제1호증의 기재에 변론 전체의 취지를 종합하면, 피고가 임대차기간이 만료되기 전인 2012. 6. 15. 원고에게 위 임대차계약의 갱신을 청구하였으나 원고가 이를 거절한 사실을 인정할 수 있다. 그러므로 피고의 항변은 이유 없다.

따라서 이 사건 토지의 소유권에 기하여 이 사건 건물의 철거와, 임대차보증금 7억 원의 지급과 상환으로 위 토지의 인도를 구하는 원고의 이 사건 청구는 모두 이유 있어 이를 인용하기로 하고, 소송비용 부담에 관하여는 민사소송법 제98조, 가집행선고에 관하여는 민사소송법 제213조를 적용하여 주문과 같이 판결한다.

재판장   판사   오현명 ＿＿＿＿＿＿＿＿＿＿

판사   장영주 ＿＿＿＿＿＿＿＿＿＿

판사   정명훈 ＿＿＿＿＿＿＿＿＿＿

민사법

목 록

1. 서울 서초구 서초동 671 대 320㎡

2. 위 지상 철골조 샌드위치패널지붕 2층 근린생활시설

   1층 200㎡

   2층 200㎡. 끝.

확 정 증 명 원

사　　건　　　2012가합***** 건물철거 등

원　　고　　　김갑동

피　　고　　　을서 주식회사

위 당사자 간 귀원 2012가합***** 건물철거 등 사건에 관하여 2012. 11. 2. 선고된
판결이 2012. 11. 30. 확정되었음을 증명하여 주시기 바랍니다.

2013.　1.　4.

신청인 원고 김갑동

서울중앙지방법원 귀중

> 위 사실을 증명합니다.
>
> 2013. 1. 4.
>
> 서울중앙지방법원
>
> 법원주사 한성균　서울중앙지방법원법원주사

不 動 産 賣 買 契 約 書

매도인과 매수인 쌍방은 아래 표시 부동산에 관하여 다음 계약내용과 같이 매매 계약을 체결한다.

1. 부동산의 표시

所 在 地	서울 서초구 서초동 671				
土 地	지 목	대		面 積	320㎡
建 物	구조 · 용도			面 積	

2. 계약내용

제1조 위 부동산의 매매에 대하여 매도인과 매수인은 합의에 의하여 매매대금을 아래와 같이 지불하기로 한다.

賣買代金	金 貳拾億 원(₩2,000,000,000) 整	單位	
契 約 金	金 貳億 원(₩200,000,000) 整을 계약시 지불하고		
中 渡 金	金 七億 원(₩700,000,000) 整은 2012년 11월 15일 지불하고		
殘 金	金 壹拾壹億 원(₩1,100,000,000) 整은 2012년 11월 23일 지불한다.		

제2조 매도인은 매수인으로부터 매매대금의 잔금을 수령함과 동시에 매수인에게 소유권 이전등기에 필요한 모든 서류를 교부하고 이전등기에 협력하여야 하며, 또한 위 부동산을 인도하여야 한다.

제3조 매도인은 위 부동산에 설정된 저당권, 지상권, 임차권 등 소유권의 행사를 제한하는 사유가 있거나, 조세공과 기타 부담금의 미납금 등이 있을 때에는 잔금 수수일까지 그 권리의 하자 및 부담 등을 제거하여 완전한 소유권을 매수인에게 이전하여야 한다. 다만 승계하기로 합의하는 권리 및 금액은 그러하지 아니한다.

제4조 위 부동산의 전부 또는 일부가 그 인도전에 천재지변 등 불가항력의 사유로 멸실, 훼손된 경우와 공용수용 등 당사자 쌍방의 책임없는 사유로 부담이 과하여졌을 경우 그 손실은 매도인의 부담으로 한다. 다만 매수인의 수령지체 중에 위와 같은 사유가 발생한 경우 그 손실은 매수인의 부담으로 한다.

제5조 매수인이 매도인에게 중도금을 지불할 때까지는 매도인은 계약금의 배액을 상환하고, 매수인은 계약금을 포기하고 이 계약을 해제할 수 있다.

※ 특약사항 : 잔금 중 7억 원은 토지임차인에 대한 임대차보증금 7억 원을 소유권이전등기와 동시에 매수인이 인수함으로써 갈음한다.

위 채무인수를 승낙함.
을서 주식회사 乙西株式會社 代表理事

이 계약을 증명하기 위하여 계약서 2부를 작성하여 계약당사자가 이의 없음을 확인하고 각자 날인한다.

2012년 11월 10일

매도인	주 소	서울시 영등포구 여의도동 334					
	주민등록번호	****** – *******	전화	02-723-****	성명	김갑동	金甲 印
매수인	주 소	서울시 종로구 내자동 500					
	주민등록번호	****** – *******	전화	02-668-****	성명	송무중	宋戊 印

각   서

대여자 : 서울시 종로구 내자동 500 송무중 (****** - *******)
차용인 : 서울시 강서구 염창동 56-3 문영수 (****** - *******)

금 액 : 일금 1억 원
이 자 : 연 6%(이자는 변제일에 원금과 함께 일시에 지급하기로 함)
변제일 : 2007. 1. 4.

차용인은 오늘 자로 대여자로부터 위와 같이 차용하기로 하고 위 돈을 지급받았
으므로 변제기에 확실히 변제하겠음을 각서합니다.

2006. 1. 5.

차용인 문 영 수

문영수가 2006. 1. 5. 귀하로부터 차용한 위 금 1억 원 및 이자 등을 지급하지 않
을 경우 문영수와 연대하여 지급할 것을 보증하기로 하여 이에 각서합니다.

2006. 1. 5.

연대보증인 을서 주식회사 대표이사 최상근

乙 西 株 式 會 社

****** - *******
서울 송파구 잠실동 123 송파빌딩 407호
代表理事 崔 上 根   乙西株式會社代表理事

약 속 어 음

송 무 중   귀하

금   100,000,000원 정

위의 금액을 귀하 또는 귀하의 지시인에게 이 약속어음과 상환으로 지급하겠습니다.

지 급 일   2006년 1월 5일   발 행 일   2005년 12월 5일
지 급 지   서울   발 행 지   서울
지급장소   서울   발 행 인   문영수 (洙文印榮)

서 울 중 앙 지 방 법 원

판   결

사   건   2009가단**** 어음금

원   고   송무중 (****** - *******)

           서울 종로구 내자동 500

피   고   문영수 (****** - *******)

           서울 강서구 염창동 56-3

변론종결   2009. 4. 16.

판결선고   2009. 4. 30.

주   문

1. 피고는 원고에게 1억 원 및 이에 대한 2006. 1. 5.부터 2009. 1. 15.까지는 연 6%
   의, 그 다음 날부터 다 갚는 날까지는 연 20%의 각 비율에 의한 돈을 지급하라.

2. 소송비용은 피고가 부담한다.

3. 제1항은 가집행할 수 있다.

청 구 취 지

주문과 같다.

이   유

   원고가 이 사건 청구원인으로, 피고는 2006. 1. 5. 원고에게 액면 1억 원, 지급지, 발행지 및 지급장소 각 서울, 지급일 2006. 1. 5., 수취인 원고, 발행일 2005. 12. 5.로 된 약속어음을 발행하였고, 원고는 2009. 1. 3. 피고에게 위 어음을 지급을 위하여 제시하였다고 주장함에 대하여, 피고는 민사소송법 제150조에 따라 이를 자백한 것으로 본다.

위 인정사실에 의하면, 피고는 원고에게 어음금 1억 원 및 이에 대한 지급일인 2006. 1. 5.부터 지급제시일인 2009. 1. 3.까지는 어음법이 정한 연 6%의 비율에 의한 법정이자를, 그 다음 날부터 이 사건 소장부본 송달일임이 기록상 명백한 2009. 1. 15.까지는 어음법이 정한 연 6%의, 그 다음 날부터 다 갚는 날까지는 「소송촉진 등에 관한 특례법」이 정한 연 20%의 각 비율에 의한 지연손해금을 지급할 의무가 있다. 따라서 원고의 이 사건 청구는 모두 이유 있어 이를 인용하기로 하고, 소송비용 부담에 관하여는 민사소송법 제98조, 가집행선고에 관하여는 민사소송법 제213조를 적용하여 주문과 같이 판결한다.

판사 노은설 _____

확 정 증 명 원

사   건   2009가단**** 어음금

원   고   송무중

피   고   문영수

위 당사자 간 귀원 2009가단**** 어음금 사건에 관하여 2009. 4. 30. 선고된 판결이 2009. 5. 20. 확정되었음을 증명하여 주시기 바랍니다.

2013. 1. 4.

신청인 원고 송무중

서울중앙지방법원 귀중

위 사실을 증명합니다.

2013. 1. 4.

서울중앙지방법원

법원주사 한성균

감 정 평 가 서

물 건 명	서울 서초구 서초동 671 지상 철골조 샌드 위치패널지붕 2층 근린생활시설
감정평가서 번 호	한국부감-123-****

알리는 말씀

한 국 감 정 원
KOREA APPRAISAL BOARD

부동산 평가부 TEL.(02)2189-****
FAX.(02)562-****
http://www.***.co.kr

부 동 산 평 가 표

APPRAISAL STATEMENT

본 감정평가서는 40년 전통의 출자 감정평가 전문기관인 한국감정원에서 「부동산 가격공시 및 감정평가에 관한 법률」등 관련법규에 따라 성실·공정하게 작성하였습니다.

평가가액	가 격 시 점		가 액	
	2012. 12. 21.		₩200,000,000	
평가의뢰인	송무중		평가목적	자체평가
채무자			제출처 (채권기관)	송무중
평가조건	가격시점 당시를 기준함			
목록표시 근거	등기사항전부증명서	가격시점	조사기간	작성일자
		2012.12.21.	2012.12.29.	2013. 1. 5.

	종 별	면적 또는 수량	단가 가격시점	가액	평가가액
평가내용	건물(서울시 서초구 서초동 671 지상 철골조 샌드위치패널지붕 2층 근린생활시설)	1층 200㎡ 2층 200㎡	2012.12.21.	500,000원/㎡	200,000,000원
		이 하 여 백			

위 평가결과는 평가 가격시점을 기준으로 하여 전후 4월 이내 시점의 가격으로도 활용할 수 있습니다.

조사자	임 수 병 (炳林印洙)	감정평가사	권 일 욱 (旭權印逸)
임수병		권일욱	

179

약 정 서

대주 : 최정북
  서울 서초구 반포동 423

차주 : 을서 주식회사
  서울 송파구 잠실동 123 송파빌딩 407호
  대표이사 노용호

대여금 : 오천만원 (₩50,000,000)

대주와 차주는 아래와 같이 대여금 약정을 체결하고 이를 확인하기 위하여 이 약정서를 작성하여 1부씩 보관한다.

아   래

1. 대주는 2010. 8. 23. 차주에게 금 50,000,000원을, 이자 월 4%, 대여기간 2010. 8. 23.부터 2012. 8. 22.까지로 약정하여 대여한다.

2. 차주는 매월 22일에 대주에게 월 4%의 이자를 대주가 지정하는 계좌로 입금하고, 대여금의 변제기인 2012. 8. 22.에 원금 50,000,000원을 위 대주의 계좌로 입금한다.

2010. 8. 23.

대주 : 최정북 (****** - *******) (北崔印丁)

차주 : 을서 주식회사
  서울 송파구 잠실동 123 송파빌딩 407호
  대표이사 노용호 (乙西株式會社代表理事)

영 수 증

금 삼천칠백오십만 (37,500,000)원 정

대주 최정북은 차주 을서 주식회사의 2010. 8. 23.자 차용금의 변제로 위와 같이
정히 영수함.

2011.   2.   22.

영수인   최정북 (北崔印丁)

을서 주식회사 귀중
서울 송파구 잠실동 123 송파빌딩 407호
대표이사 노용호

영 수 증

금 이천만 (20,000,000)원 정

대주 최정북은 차주 을서 주식회사의 2010. 8. 23.자 차용금의 변제로 위와 같이
정히 영수함.

2012.   2.   22.

영수인   최정북 (北崔印丁)

을서 주식회사 귀중
서울 송파구 잠실동 123 송파빌딩 407호
대표이사 노용호

서울중앙지방법원

건물철거 및 토지인도 집행불능조서

사　　　건 : 2012본*****
채 권 자 : 김갑동의 승계인 송무중
채 무 자 : 을서 주식회사
집 행 권 원 : 서울중앙지방법원 2012가합***** 건물철거 등 판결
집 행 일 시 : 2012. 12. 21. 10:00
집 행 장 소 : 서울특별시 서초구 서초동 671

1. 위 집행권원에 의한 채권자 승계인 송무중의 위임에 의하여 집행장소에서 집행대상 건물을 철거하려 하였으나, 채무자는 집행대상건물을 사무실로 사용하고 있지 않으며, 집행대상건물은 박병남이 점유하고 있고, 박병남은 '을서 주식회사와 약정을 하고 사용 중이므로 건물에서 나갈 이유가 없다. 나를 내보내려면 나에 대한 판결을 받아와야 한다.'는 취지로 진술하며 약정서를 제시하므로 이를 사본하여 본 조서에 편철하였다.

2. 채무자 을서 주식회사의 대표이사 노용호는 집행현장에서 송무중에게 '집행대상건물의 매수청구권을 행사하는 바이므로 그 매매대금 3억 원을 지급받을 때까지는 집행할 수 없다.'는 취지로 진술하였다.

3. 본 집행관은 집행불능을 선언하고 이 절차를 2012. 12. 21. 11:00에 종료하였다.

이 조서는 현장에서 작성하여 집행참여인들에게 읽어주었으며, 집행참여인들은 이를 승인하고 다음과 같이 서명날인한다.

2012. 12. 21.

2013.　1.　4.

집 행 관 : 정형섭
채 권 자 : 김갑동의 승계인 송무중
채 무 자 : 을서 주식회사 (대표이사 노용호)
입 회 인 : 박병남

등 본 입 니 다

서울중앙지방법원
집행관 김종인

서울중
앙지방
법원집
행관인

약 정 서

부동산의 표시 : 서울 서초구 서초동 671 지상 철골조 샌드위치패널지붕 2층
　　　　　　　근린생활시설 1층 200㎡, 2층 200㎡

제1조 대주는 위 부동산을 차주에게 무상으로 사용·수익하게 하고, 차주는 이를
　　　 사용·수익한 후 반환한다.
제2조 대주는 위 부동산을 2012년 12월 3일 인도한다.
제3조 차주는 선량한 관리자의 주의로 위 부동산을 보관하여야 한다.
제4조 차주는 대주의 승낙 없이 위 부동산을 제3자에게 사용·수익하게 할 수
　　　 없다.
제5조 차주는 위 목적물에 관한 통상의 필요비를 부담한다.
제6조 차주는 언제든지 대주가 인도요구를 하면 3일 이내에 조건 없이 원상회
　　　 복하여 인도한다.

　위 계약조건을 틀림없이 지키기 위하여 본 계약서를 2부 작성하여 각자 1부씩
보관한다.

2012년 12월 3일

대주	주소	서울 송파구 잠실동 123 송파빌딩 407호		
	성명	을서 주식회사 대표이사 노용호 (인)	법인등록번호	****** - *******
차주	주소	서울 강남구 삼성동 475		
	성명	박병남 (인)	주민등록번호	****** - *******

통 고 장

수 신 : 최정북 (****** - *******)

　　　　서울 서초구 반포동 423

1. 먼저, 귀하와 면식이 없는 가운데 이렇게 서면으로 통고하게 되어 유감스럽게 생각합니다.

2. 본인은 을서 주식회사(대표이사 노용호)가 임차하여 대지로 사용하고 있는 서울 서초구 서초동 671 토지의 소유자입니다.

3. 등기부에 따르면 위 대지의 지상 건물에 귀하가 채권최고액 6,500만 원인 근저당권을 가지고 있고, 본인이 을서 주식회사에 확인한 바에 의하면 대여한 채권 원금은 5,000만 원인데 현재는 이자까지 모두 변제한 것으로 알고 있습니다.

4. 따라서 본인은 귀하에게 근저당권설정등기를 말소하여 주실 것을 요청드리게 되었으니, 조속한 시일 내에 협조하여 주시기 바랍니다.

　　　　　　　　　　2012. 11. 23.

　　　　발신인　　송무중 (****** - *******)　㊞

　　　　　　　　　　서울 종로구 내자동 500

서울종로우체국
2012. 11. 23.
12 - 9765

이 우편물은 2012년 11월 23일 등기 제9765호에 의하여 내용증명 우편물로 발송하였음을 증명함

서울종로우체국장 ㊞

통고에 대한 답신

수 신 : 송무중 (****** - *******)

　　　　서울 종로구 내자동 500

1. 귀하의 통고장을 잘 받아보았습니다.

2. 본인은 을서 주식회사의 대표이사 노용호와 개인적으로 알고 지내는 처지인데, 노용호 씨가 2010년 여름에 가축구제역 파동으로 가맹점 매출이 급감하고 가맹점 해약이 속출하면서 외상대금 수금도 제대로 이루어지지 않는다고 하소연하면서 급히 사업자금을 빌려달라고 하였는데, 저로서는 가진 돈이 없었는데 주변에서 돈을 모아 빌려 준 것입니다.

3. 그런데 차용인이 회사인 데다가, 을서 주식회사가 자금사정이 좋지 않다는 것을 알고 있는 상태이다 보니 담보설정을 요구할 수밖에 없었고, 그래서 회사 명의로 된 서초동 671번지 건물에 근저당권을 설정하게 된 것입니다.

4. 그 후 을서 주식회사는 2011. 2. 22. 금 3,750만 원을 지급하고, 2012. 2. 22. 금 2,000만 원을 지급하였는데, 그때는 변제기 도래 전이었음에도 본인이 이의 없이 이를 수령하였으나 그 이후로 을서 주식회사는 더 이상 말이 없습니다.

5. 노용호 씨 생각대로라면 그 정도로 모두 변제된 것으로 해주길 바라는 것인지 모르겠지만, 본인으로서는 본인이 가진 돈을 빌려 준 것도 아니고, 그 당시 저한테 돈을 빌려 준 주위 사람들에 대한 입장도 있기 때문에 노용호 씨 생각대로 마무리할 수는 없는 것이고, 당초 약속한 대로 월 4%에 따른 이자를 받지 않으면 근저당권 등기를 말소해 줄 수 없는 처지인 것입니다.

6. 참고로, 제가 담보로 잡고 있는 건물은 을서 주식회사의 소유인데, 무슨 근거로 귀하가 저당권등기를 말소해달라고 요구하는지도 알 수가 없습니다.

2012. 11. 27.

```
┌─────────────┐
│ 서울서초우체국 │
│ 2012. 11. 27. │      발신인    최정북 (****** - ****** 北崔)
│  12 - 12765  │              서울 서초구 반포동 423    印丁
└─────────────┘
```

최 고 서

수 신 : 을서 주식회사(****** - *******) (대표이사 노용호)

　　　　서울 송파구 잠실동 123 송파빌딩 407호

1. 귀사의 일익번창을 기원합니다.

2. 본인은 2006. 1. 5. 문영수에게 1억 원을 대여하였고, 그 당시 귀사는 문영수의 차용금채무를 연대보증한 바 있습니다.

3. 본인은 문영수를 상대로 어음금에 대한 확정판결을 받은 바 있어 이를 믿고 기다려 왔는데 최근 문영수는 아예 행방을 감추어 더 이상 연락조차 되지 않고 있습니다.

4. 이에 부득이 본인은 연대보증을 한 귀사에 대하여 이행을 최고하기에 이른 것입니다.

5. 이런 경위를 혜량하시고 조속한 시일 내에 원금 1억 원과 약정한 이자 등을 합한 금액을 차질 없이 변제하시기 바랍니다.

2012. 12. 13.

송무중 (****** - *******) (中宋印戊)

서울 종로구 내자동 500

서울종로우체국
2012. 12. 13.
12 - 9923

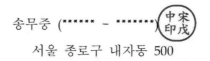

이 우편물은 2012년 12월 13일 등기 제9923호에 의하여 내용증명 우편물로 발송하였음을 증명함

서울종로우체국장　(서울종로우체국장인)

최고에 대한 회신

수 신 : 송무중(****** - *******) 서울 종로구 내자동 500

1. 귀하의 최고서를 잘 받았는데, 내용인즉 영문을 모르겠습니다.

2. 먼저 본사가 귀하가 주장하는 바와 같은 보증을 섰다는 것도 믿기 어려웠지만, 그렇다 하더라도 7년 전에 보증 선 것을 이제 와서 책임지라고 하는 것은 납득할 수 없습니다.

3. 귀하도 알다시피 본사는 주식회사라서 상사채무의 소멸시효를 적용하더라도 본사가 책임질 일은 아닐 것입니다.

4. 또한 귀하의 최고서를 받고서 경위를 알아본바, 그 당시 대표이사였던 최상근이 이사회의 결의도 받지 않고서 위와 같은 보증을 한 것으로 확인되었는데, 아래 인용해드리는 바와 같이 본사의 정관 제22조 제㉓호에 의하면 본사가 타인의 채무를 보증함에 있어서는 반드시 이사회의 결의를 얻도록 되어 있었음에도 그 당시 대표이사 최상근이 정관의 규정을 무시하고 연대보증을 한 것이라서 그와 같은 보증행위는 무효이고, 따라서 이제 와서 본사가 책임을 질 수는 없는 것입니다.

정 관 (일부)

제22조(이사회의 결의사항) 대표이사가 아래 각 호의 행위를 할 때에는 사전에 이사회의 결의를 얻어야 한다. 이사회의 결의는 이사 전원 중 과반수의 동의로써 이루어진다.

㉮ 프랜차이즈 가맹규약 등 본사와 가맹점 사이의 기본관계에 관한 규약의 변경
㉯ 부동산의 취득, 처분, 담보설정 등의 행위
㉰ 회사가 타인의 채무를 보증하는 행위
㉱ 회사가 소제기 또는 보전처분을 신청하는 행위
㉲ 기타 회사의 중요 업무로서, 대표이사가 이사회에 결의를 요구한 사항

서울송파우체국
2012. 12. 18.
12 - 9323

2012. 12. 18.

을서 주식회사 (****** - *******)

서울 송파구 잠실동 123 송파빌딩 407호

대표이사 노용호   乙西株式會社代表理事

답 변 서

수 신 : 을서 주식회사(****** - *******) (대표이사 노용호)
　　　　서울 송파구 잠실동 123 송파빌딩 407호

1. 귀사가 보낸 12. 18.자 회신에 대한 답신입니다.

2. 귀사가 보증을 선 뒤 7년이 지난 지금에 와서야 보증책임의 이행을 요구한 데 대해서는 본인으로서도 유감스럽게 생각합니다. 그러나, 그 동안에는 주채무자인 문영수가 책임을 질 것으로 믿고 기다려왔던 것인데, 문영수가 종적을 감추었고, 더구나 최근에 확인한 바에 의하면 문영수가 도산하여 개인회생 신청절차를 알아보고 다닌다는 소문까지 들리는 마당인지라 어쩔 수 없이 보증인에게 변제를 요구하게 된 것이니 이 점 거듭 이해를 구합니다.

3. 귀사는 그 당시 대표이사가 이사회 결의를 받지 않고서 연대보증을 한 것이니 무효라고 주장하나, 본인이 문영수에 대하여 연대보증 입보를 요구하자 문영수는 귀사의 대표이사인 최상근을 대동하고 법무사 사무실에 나타났고, 그 자리에서 최상근은 귀사의 대표이사로 기재된 명함을 교환하고서, 가지고 온 귀사의 명판과 인감도장으로 보증계약서에 날인하였습니다. 그런 상황에서 본인으로서는 당연히 최상근에게 대표권이 있다고 믿었던 것이고, 그 당시 입회한 법무사도 "대표이사가 직접 인감을 날인하면 충분하다"고 말하였으며, 본인으로서는 이에 대하여 더 이상 누구에게 물어보거나 확인할 방법도 없었던 것입니다. 게다가 그 때 법무사 사무실에는 당시 귀사의 이사 중 한 사람인 진현우도 최상근과 함께 찾아 와서 동석하였는데 아무런 이의도 하지 아니하였습니다.

4. 그럼에도 불구하고 이제 와서 종전 대표이사가 한 일이라서 책임지지 못하겠다고 하는 것은 납득이 될 수 없는 주장인 것입니다.

5. 추가로 요청드릴 사항은, 귀사도 잘 알고 있는 바와 같이 귀사는 김갑동으로부터 서울 서초구 서초동 671 대지를 임차하였고, 본인은 김갑동으로부터 그 땅을 매수하여 소유권자가 되었는데, 귀하는 김갑동에게 2012. 6. 22.까지의 임대료만을 지급하고서, 그 후에는 지급하지 않고 있습니다. 따라서 2012. 6. 23.부

터 임대료를 지급하여 주시기 바랍니다. 또 귀사의 대표이사가 지난 12. 21. 서초동 건물철거의 집행 현장에서 본인에게 건물매수청구 운운한 바 있으나, 그것은 귀사와 임대차계약을 체결한 김갑동에게 할 말이지 저에게 주장할 일은 아닌 것으로 사료됩니다.

6. 어차피 본인으로서는 귀사를 상대로 건물 관련 소송을 제기할 처지에 있으므로, 만일 이 서면을 받은 날로부터 3일 이내에 보증금과 임대료에 관한 긍정적인 답신이 없으면 이 부분도 함께 법원의 판단을 받는 쪽으로 준비를 하겠으니 양해하시기 바랍니다.

2012. 12. 24.

발신인   송무중 (****** - *******) (宋中戊印)

서울 종로구 내자동 500

(서울종로우체국 2012. 12. 24. 12 - 10267)

이 우편물은 2012년 12월 24일 등기 제10267호에 의하여 내용증명 우편물로 발송하였음을 증명함

서울종로우체국장   (서울종로우체국장인)

2012년 제1회 변호사시험 기록형 기출문제

서울 종로구 종로 1가 1 교보빌딩 1203호에서 단독으로 변호사 개업을 하고 있는 신영수 변호사는 2012. 1. 5. 박대원과 〈의뢰인 상담일지〉에 기재된 내용의 상담을 하고 첨부서류를 자료로 받았다. 위 신영수 변호사가 〈의뢰인 상담일지〉와 첨부서류 및 예시·참고 자료를 바탕으로 의뢰인을 위하여 법원에 소를 제기한다고 가정하고 아래 〈작성요령〉에 따라 소장을 작성하시오.

▌작성요령

※ 아래 작성요령을 위반하여 작성한 경우에는 감점이나 불이익을 당함.

1. 소장 작성일 및 소 제기일은 2012. 2. 1.로 전제할 것.
2. 법리적으로 가능한 범위에서 의뢰인에게 최대한 유리하게 소장을 작성하되, 〈의뢰인 상담일지〉에 나타난 의뢰인의 의사에 반하지는 말 것.
3. 소의 전부나 일부가 각하되거나, 청구의 전부나 일부가 기각되지 않도록 하고, 예비적 청구나 선택적 청구를 하지 말 것. 다만, 첨부서류의 내용에 비추어 장차 소송 과정에서 피고(들)의 항변이 예상되는 경우, 미리 이를 가정하여 이에 대한 반박을 기재할 것.
4. 금전청구의 경우 기간이 결부될 때에는 이를 정산하지 말고 금액과 기간의 초일, 말일을 표시하는 방법으로 기재하고, 지연손해금청구는 제외할 것.
5. 물건의 표시가 필요한 경우 목록을 별지로 만들지 말고 청구취지와 청구원인에 직접 표시할 것.
6. 당사자는 반드시 자격(원고, 피고, 소외)과 이름으로 기재하고, '원고 1.' 등과 같이 번호로 특정하지 말 것.
7. 본 기록에 나타나 있는 사실관계 및 첨부자료만을 기초로 하고, 별도의 법률행위 또는 사실행위를 전제하거나, 채권자대위권의 행사를 하지 말 것.
8. 특별한 언급이 없는 한, 이 기록 내의 각종 서류는 모두 적법하게 작성되었고, 첨부서류 및 〈의뢰인 상담일지〉의 내용은 모두 진실한 것으로 전제할 것.
9. 예시로 제시한 소장의 형식과 참고자료로 제시한 「각급 법원의 설치와 관할구역에 관한 법률」을 참고하되, 피고가 복수인 경우 청구원인은 반드시 피고별로 나누어 기재하고, 입증방법란과 첨부서류란은 생략할 것(청구원인에 입증방법을 표시하지 않아도 무방함).
10. 법리문제는 현행 법령 및 대법원 판례의 태도에 따를 것.

【소장 양식】

<h1 style="text-align:center">소　　　장</h1>

원　　고　　○○○
_____
　　　　　소송대리인 변호사 △△△
_____

피　　고　　□□□
_____

건물철거 등 청구의 소

청　구　취　지

청　구　원　인

1. 피고 □□□에 대한 청구

　　　。
　　　。
　　　。

입　증　방　법

(생략)

첨　부　서　류

(생략)

20○○. ○. ○○.
원고(들) 소송대리인
변호사 △△△ ㉑

○○지방법원 귀중

【참고자료】

각급 법원의 설치와 관할구역에 관한 법률

제1조(목적) 이 법은 「법원조직법」 제3조 제3항에 따라 각급 법원의 설치와 관할구역을 정함을 목적으로 한다.

제2조(설치) ① 고등법원, 특허법원, 지방법원, 가정법원, 행정법원과 지방법원의 지원(支院) 및 가정법원의 지원을 별표 1과 같이 설치한다.
② 시법원 또는 군법원(이하 "시·군법원"이라 한다)을 별표 2와 같이 설치한다.

제3조(합의부지원) 지방법원의 지원 및 가정법원의 지원에 합의부를 둔다. 다만, 대법원규칙으로 정하는 지원에는 두지 아니한다.

제4조(관할구역) 각급 법원의 관할구역은 다음 각 호의 구분에 따라 정한다. 다만, 지방법원 또는 그 지원의 관할구역에 시·군법원을 둔 경우 「법원조직법」 제34조 제1항 제1호 및 제2호의 사건에 관하여는 지방법원 또는 그 지원의 관할구역에서 해당 시·군법원의 관할구역을 제외한다.

1. 각 고등법원·지방법원과 그 지원의 관할구역: 별표 3
2. 특허법원의 관할구역: 별표 4
3. 각 가정법원과 그 지원의 관할구역: 별표 5
4. 행정법원의 관할구역: 별표 6
5. 각 시·군법원의 관할구역: 별표 7
6. 항소사건(抗訴事件) 또는 항고사건(抗告事件)을 심판하는 지방법원 본원 합의부 및 지방법원 지원 합의부의 관할구역: 별표 8
7. 행정사건을 심판하는 춘천지방법원 및 춘천지방법원 강릉지원의 관할구역: 별표 9

제5조(행정구역 등의 변경과 관할구역)

① 법원의 관할구역의 기준이 되는 행정구역이 변경된 경우에는 이 법에 따라 법원의 관할구역이 정하여질 때까지 정부와 협의하여 그 변경으로 인한 관할구역을 대법원규칙으로 정할 수 있다.

② 인구 및 사건 수 등의 변동으로 인하여 시·군법원의 관할구역을 조정할 필요가 있다고 인정되는 경우에는 이 법에 따라 관할구역이 정하여질 때까지 그 관할구역의 변경을 대법원규칙으로 정할 수 있다.

[별표 3] 고등법원·지방법원과 그 지원의 관할구역 중 일부

고등 법원	지방 법원	지원	관할구역
서울	서울 중앙		서울특별시 종로구·중구·성북구·강남구·서초구·관악구·동작구
	서울 동부		서울특별시 성동구·광진구·강동구·송파구
	서울 남부		서울특별시 영등포구·강서구·양천구·구로구·금천구
	서울 북부		서울특별시 동대문구·중랑구·도봉구·강북구·노원구
	서울 서부		서울특별시 서대문구·마포구·은평구·용산구
	의정부		의정부시·동두천시·구리시·남양주시·양주시·연천군·포천시·가평군, 강원도 철원군. 다만, 소년보호사건은 앞의 시·군 외에 고양시·파주시
		고양	고양시·파주시

의뢰인 상담일지

변호사 신영수 법률사무소

서울 종로구 종로 1가 1 교보빌딩 1203호
☎ : 732-1000, 팩스 : 732-1001, e-mail : ***@*******.***

접수번호	2012-05	상담일시	2012. 1. 5.
상담인	박대원 02-730-5169	내방경위	지인 소개, 소 제기 의뢰
관할법원		사건번호 (법원, 검찰)	

\<상 담 내 용\>

1. 박대원의 아버지 박정수는 가구 제조·판매업을 하였는데, 서울 종로구 관철동 50-1 대 500㎡와 50-2 잡종지 330㎡를 소유하고 있었다.

2. 위 50-1 토지는 박정수가 주택을 신축할 목적으로 옛 집을 헐어 나대지가 되었는데 자금 사정으로 건축이 지연되어 현재까지 나대지 상태로 있다. 위 잡종지는 위 나대지에 바로 붙어 있는 땅으로 아버지 박정수는 이를 폐가구나 목재 등의 자재를 쌓아두는 데에 사용하였다.

3. 박대원은 1995년경 캐나다에 가서 태권도 체육관을 운영하다가 2005년 봄에 영구 귀국하였고, 여동생인 박점숙은 1992년에 출가하여 현재까지 부산에서 살고 있다.

4. 박정수는 2000년 여름 급성 폐렴으로 사망하였으며, 박대원은 아버지의 사업을 잇기 위해서 위와 같이 2005년 체육관을 정리하고 귀국을 하였다.

5. 숙부 박진수(박정수의 동생)는 부친 박정수의 집 가까이에 거주하며 박정수의 가구점 일을 도와주곤 하였는데, 박정수가 사망한 후 박대원과 박점숙이 상속등기를 하지 않고 그 재산을 관리하지 못하는 사정을 이용하여, 위 2필지를 마치 자신이 박정수에게서 매수한 것처럼 서류를 위조해서 자기 앞으로 등기를 한 후 위 나대지는 자신이 고물수집장소로 이용하다가 신한은행 앞으로 근저당권을 설정하고, 위 잡종지는 김영철이라는 사람에게 임대해버렸다.

6. 박대원은 이런 사실을 귀국 후인 2005년 7월 1일에야 알고 박진수에게 등기의 환원을 요구하고 김영철에게도 잡종지의 반환을 요구하였다. 숙부 박진수는 자신이 위 토지들을 박대원의 조부로부터 증여를 받았고 박정수는 단지 등기 명의만 보유하고 있던 것에 불과하다며 불응하였고, 김영철도 자신은 등기부를 보고 박진수가 소유자인 것으로 알고 임차한 것뿐이라며 박진수와 해결하라고 인도를 거절하였다.

7. 이에 박대원과 박점숙은 아는 법조인의 도움을 받아 변호사 없이 김영철을 상대로 민사재판을 제기하였는데, 법을 잘 몰라 증거를 대지 못하는 바람에 패소하고 말았다.

8. 그 뒤에도 박대원과 박점숙은 박진수에게 모든 것을 원상으로 돌려놓을 것을 요구하였으나 박진수가 이에 응하지 않으므로 부득이 2007년 9월 1일 박진수를 형사고소하였고, 박진수는 1심에서 유죄판결을 받았다. 이에 박대원은 판결문을 복사하여 2008년 11월 1일 김영철을 찾아가 이를 건네주고, 박진수가 무단으로 잡종지를 임대한 것이니 즉시 이를 반환해 줄 것을 요구하였던바, 김영철은 정리할 시간을 좀 달라고 하였다 (김영철은 잡종지에서 지게차 대여업을 운영하고 있음).

9. 박진수는 1심에서 유죄판결이 나자 항소심 계속 중인 2009년 5월 10일 박대원과 박점숙을 찾아와 화해를 요청하고, 위 나대지를 고물상 영업장소로 무단 사용한 데 대한 보상으로 자신이 김영철에게 받을 대여금반환 채권을 박대원과 박점숙에게 대신 받아 가지라며 양도해 주고 김영철에게 그 뜻을 통지까지 하였다. 박대원과 박점숙은 이를 수락하고 나대지 사용에 따른 문제는 더 이상 거론하지 않기로 하였다.

10. 이에 박대원과 박점숙은 박진수에게 최대한 **빠른** 시간 안에 원상복구할 것을 요구하고, 박진수가 이미 김영철에게서 받아 써버린 임대료 상당의 손해를 배상해 주고 이후로 김영철에게 받을 임대료를 받는 족족 박대원과 박점숙에게 지급해 주도록 요구하였다(그러나 박진수의 무단임대를 추인한 것은 아니고 지금도 그럴 생각은 없다).

11. 그러나 박진수는 위 나대지만을 지난 12월 말에 반환하였을 뿐, 돈이 없다며 자신이 받아 써버린 임대료는 반환하지 않고 있음은 물론 현재까지도 계속 김영철에게 임대료를 받고 있으며 김영철도 아직까지 위 잡종지를 반환하지 않고 있다.

12. 위 2필지를 임대할 경우 매월 800만 원의 임대료를 받을 수 있다고 여러 부동산중개업소에서 확인하였다.

<상담인의 희망사항>

1. 박대원은 위 2필지에 빌라를 신축하여 임대업을 할 계획을 세웠다. 그런데 박진수 명의로 등기가 되어 있고 근저당권까지 설정되어 있어 건축허가가 지연되고 있다. 건축허가만 나면 곧 건축공사에 들어갈 예정이다. 박진수와 신한은행 명의의 등기를 말소해 주면 상속등기를 한 후 건축허가를 받겠다. 신한은행에서는 박진수의 채무 5,000만 원만 갚아 주면 근저당을 풀어 주겠다고 하므로, 박대원은 그 채무를 자신이 법적으로 책임져야 한다면 그 돈을 대신 갚고서라도 속히 근저당권 문제를 해결하고 싶다.

2. 숙부가 잡종지를 무단으로 임대하고 김영철에게서 받아먹은 임대료를 박대원과 박점숙에게 주어야 하나, 숙부가 아직까지 해결해주지 않고 있으니 김영철에게 이를 받았으면 좋겠다. 숙부는 앞으로 받을 임대료 도 자신이 써버리고 우리에게 안 줄 게 틀림없다. 그러나 숙부 박진수는 재산이 없어 교도소 출소 후 현재 노숙자 상태나 다름이 없고 연로한 데다 앞으로도 재산을 보유할 가능성이 전혀 없어 소송을 해봐야 실익이 없다. 김영철은 양수금도 가압류가 있다는 핑계로 한 푼도 지급하지 않고 있으니 이것도 받아 주었으면 좋겠다.

3. 여동생 박점숙은 최근에 미국 여행을 갔는데, 요 몇 달 동안 서로 연락이 되지 못해 위 토지 문제에 대해 미리 말을 하지 못했다. 박점숙이 오늘 변호사 사무소를 찾아 문제 해결을 의뢰한 오빠 박대원의 이런 행동에 대해 찬성을 할지 어떨지는 잘 모르겠다(이전에 형사고소와 민사재판을 할 때도 여동생은 "굳이 그렇게까지 할 필요 있느냐, 삼촌이 원상복구할 때까지 기다리자."라며 다소 소극적이었다). 일이 급하니 박점숙의 귀국 전이라도 속히 문제를 해결했으면 한다.

서 울 중 앙 지 방 법 원

판   결

사   건   2007고단7512 사문서위조, 위조사문서행사, 공정증서원
                      본불실기재, 불실기재공정증서원본행사

피 고 인   박진수 (******-*******), 고물상

                      주거 서울 종로구 신교동 500

                      등록기준지 경주시 서부동 255

검   사   한문혁

변 호 인   변호사 정영훈(국선)

판 결 선 고   2008. 10. 24.

주   문

피고인을 징역 1년에 처한다.

이   유

범 죄 사 실

　피고인은 공소외 박정수의 동생으로서, 박정수 소유인 서울 종로구 관철동 50-1 대 500㎡ 및 같은 동 50-2 잡종지 330㎡를 박정수로부터 매수한 바 없음에도, 박정수가 사망하고 그 상속인들인 박대원, 박점숙이 위 각 토지의 관리를 소홀히 한 틈을 이용하여 위 각 토지에 대한 등기를 자신의 명의로 이전하기로 마음먹고,

1. 사문서 위조

　행사할 목적으로, 2001. 3. 3.경 서울 종로구 신교동 500 피고인의 주소지에서 박정수 명의의 서울 종로구 관철동 50-1 대 500㎡ 및 같은 동 50-2 잡종지 330㎡에

관한 매도증서의 매수인란에 피고인의 이름을 기재한 다음, 매도인란에 볼펜으로 매도인의 성명 '박정수', 주민등록번호 '******-*******', 주소 '서울 종로구 내자동 12'라고 각 기재한 후 미리 위조하여 소지하고 있던 박정수 명의의 인장을 찍어 권리의무에 관한 사문서인 박정수 명의의 매도증서 1장을 위조하고,

2. 위조사문서행사

2001. 3. 5. 14:00경 서울 중구 순화동 17 소재 서울지방법원 중부등기소에서 피고인 명의로 소유권이전등기를 경료하기 위하여, 위조사실을 모르는 성명불상의 등기소 직원에게 위와 같이 위조된 매도증서 1장을 마치 진정하게 작성한 것처럼 교부하여 이를 행사하고,

3. 공정증서원본불실기재 및 불실기재공정증서원본행사

2001. 3. 5. 14:00경 위 중부등기소 접수실에서, 사실은 박정수가 피고인에게 위 각 토지를 매도한 사실이 없음에도 불구하고, 위조한 박정수 명의의 매도증서를 첨부하여 피고인을 위 토지에 대한 소유자로 하는 소유권이전등기신청서를 작성·접수하여, 2001. 3. 5. 시간불상경 그 정을 모르는 위 등기소 담당직원으로 하여금 위 토지들에 대하여 피고인 앞으로 각 소유권이전등기를 마치게 함으로써, 공무원에게 허위신고를 하여 공정증서원본인 부동산등기부에 불실의 사실을 기재하게 하고, 그 때 이를 그곳에 비치하게 하여 행사하였다.

증거의 요지
1. 피고인의 법정진술
1. 피고인에 대한 각 경찰 피의자신문조서
1. 고소장
1. 위조된 매도증서
1. 등기부 등본

법령의 적용

1. 범죄사실에 대한 해당 법조

　　형법 제231조(사문서위조의 점), 제234조(위조사문서행사의 점), 제228조 제1항
(공정증서원본불실기재의 점), 형법 제229조, 제228조 제1항(불실기재공정증서원본
행사의 점)

1. 형의 선택

　　각 징역형 선택

1. 경합범가중

　　형법 제37조 전단, 제38조 제1항 제2호, 제50조

이상의 이유로 주문과 같이 판결한다.

　　　　　　　　판사　　　박창범 ＿＿＿＿＿＿＿＿＿＿＿＿

서 울 중 앙 지 방 법 원
제 12 형 사 부
판   결

사 건	2008노57134 사문서위조, 위조사문서행사, 공정증서원
	본불실기재, 불실기재공정증서원본행사
피 고 인	박진수 (******-*******), 고물상
	주거 서울 종로구 신교동 500
	등록기준자 경주시 서부동 255
검 사	고동석
항 소 인	피고인
변 호 인	변호사 김미리(국선)
제 1 심 판 결	서울중앙지방법원 2008. 10. 24. 선고 2007고단7512 판결
판 결 선 고	2009. 10. 9.

주   문

피고인의 항소를 기각한다.

이   유

피고인의 이 사건 항소요지는 원심의 형량이 너무 무거워 부당하다는 것이나, 기록을 살펴보아도 원심의 양형이 부당하다고 보이지는 않으므로, 피고인의 항소는 이유 없다. 그러므로 이를 기각하기로 하여 주문과 같이 판결한다.

재판장 판사   조용기 _____

판사   김유석 _____

판사   최인철 _____

확 정 증 명 원

사　　건　　2007고단7512　사문서위조, 위조사문서행사 등
피　고　인　　박진수

위 피고인에 대한 귀원 2007고단7512(2008노57134) 사문서위조, 위조사문서행사 등 사건에 관하여 2008. 10. 24. 선고된 판결이 항소기각 판결로 2009. 10. 17. 확정되었음을 증명하여 주시기 바랍니다.

2012. 1. 5.

신청인 고소인 박대원

서울중앙지방법원 귀중

위 사실을 증명합니다.

2012. 1. 5.

서울중앙지방법원
법원주사 고주원

서 울 중 앙 지 방 법 원

판   결

사   건   2005가단36104 부당이득반환청구

원   고   1. 박대원(******-*******)

　　　　　　 서울 종로구 내자동 12

　　　　　 2. 박점숙(******-*******)

　　　　　　 부산시 수영구 감천동 51

피   고   김영철(******-*******)

　　　　　　 서울 종로구 효자동 32

변론 종결   2005. 9. 20.

판결 선고   2005. 10. 1.

주   문

1. 원고들의 청구를 모두 기각한다.
2. 소송비용은 원고들이 부담한다.

청 구 취 지

피고는 원고들에게 2004. 9. 1.부터 서울 종로구 관철동 50-2 잡종지 330㎡를 반환할 때까지 매달 3백만 원씩 지급하라.

이   유

1. 원고들의 주장

　　원고들은 이 사건 청구원인으로, 서울 종로구 관철동 50-2 잡종지 330㎡는 자신들의 소유인데 피고가 위 토지를 아무런 권원 없이 점유·사용하여 매월 임대료

상당액인 3,000,000원의 부당이득을 얻고 원고들은 동액 상당의 손해를 입고 있으니 이를 반환할 의무가 있다고 주장한다.

2. 판단

그러나 갑제1호증(등기부 등본)의 기재만으로는 원고들이 위 토지의 소유자임을 인정하기에 부족하고(오히려 갑제1호증에 의하면 위 토지의 소유자는 박진수임을 알 수 있다.) 달리 이를 인정할 증거가 없다.

3. 결론

따라서 원고들의 임료 상당 금액에 관한 주장 및 피고의 소멸시효 항변 주장에 대하여 더 나아가 볼 것 없이 원고들의 이 사건 청구는 모두 이유 없으므로 주문과 같이 판결한다.

판사   신도현 _____

민
사
법

확정증명원

사 건   2005가단36104 부당이득반환청구

원 고   1. 박 대 원
           2. 박 점 숙

피 고   김 영 철

위 당사자 간 귀원 2005가단36104 부당이득반환청구 사건에 관하여 2005. 10. 1. 선고된 판결이 위 원고들의 항소포기로 2005. 10. 25. 확정되었음을 증명하여 주시기 바랍니다.

2012. 1. 5.

신청인 원고 박대원

서울중앙지방법원 귀중

위 사실을 증명합니다.

2012. 1. 5.

서울중앙지방법원

법원주사 한성균

등기부 등본(말소사항 포함)-토지

[토지] 서울 종로구 관철동 50-1 　　　　　고유번호 3103-1997-341247

【표 제 부】 (토지의 표시)

표시번호	접　수	소재지번	지목	면적	등기원인 및 기타사항
1 (전2)	1997년6월15일	서울 종로구 관철동 50-1	대	500㎡	부동산등기법시행규칙부칙 제3조 제1항의 규정에 의하여 1997년7월14일 전산이기

【갑　구】 (소유권에 관한 사항)

순위번호	등기목적	접　수	등 기 원 인	권리자 및 기타사항
1 (전2)	소유권이전	1970년4월16일 제1453호	1970년3월15일 매매	소유자 박정수 ******-******* 서울 종로구 내자동 12
				부동산등기법시행규칙부칙 제3조 제1항의 규정에 의하여 1997년7월14일 전산이기
2	소유권이전	2001년3월5일 제1500호	2001년3월3일 매매	소유자 박진수 ******-******* 서울 종로구 신교동 500

--- 이 하 여 백 ---

발행번호1136001100493607201096125OSLBO114951WOG295021311122 1/2 발행일 2011/08/05

대법원

[토지] 서울 종로구 관철동 50-1 　　　　　　　　　고유번호 3103-1997-341247

【을　　구】		(소유권 이외의 권리에 관한 사항)		
순위번호	등기목적	접　　수	등기원인	권리자 및 기타사항
1	근저당권설정	2001년7월3일 제5950호	2001년7월3일 설정계약	채권최고액 금 500,000,000원 채무자 박진수 ******-******* 　서울 종로구 신교동 500 근저당권자 주식회사 신한은행 　110301-1109403 　서울 중구 을지로 1가 18

--- 이　하　여　백 ---

수수료 금 1,000원 영수함.　　관할등기소 서울중앙지방법원 중부등기소 / 발행등기소 법원행정처 등기정보중앙관리소

이 등본은 부동산 등기부의 내용과 틀림없음을 증명합니다.

서기 2011년 8월 5일

법원행정처 등기정보중앙관리소 전산운영책임관 박수한　　　　등기정보 중앙관리 소전산운 영책임관

문서 하단의 바코드를 스캐너로 확인하거나 인터넷등기소(http://iros.go.kr)의 발급확인 메뉴에서 발급확인번호를 입력하여 위·변조 여부를 확인할 수 있습니다. 발급확인번호를 통한 확인은 발행일부터 3개월까지 5회에 한하여 가능합니다.

* 실선으로 그어진 부분은 말소사항을 표시함. *등기부에 기록된 사항이 없는 갑구 또는 을구는 생략함.
발행번호113600110049360720109612505LBO114951WOG295021311122 2/2 발행일 2011/08/05

　　　　　　　　　　　　　　　　　　　　　　　　　　　　　대 법 원

등기부 등본(말소사항 포함)-토지

[토지] 서울 종로구 관철동 50-2   고유번호 3103-1997-341248

【표 제 부】   (토지의 표시)

표시번호	접 수	소재지번	지목	면적	등기원인 및 기타사항
1 (전2)	1997년6월15일	서울 종로구 관철동 50-2	잡종지	330㎡	부동산등기법시행규칙부칙 제3조 제1항의 규정에 의하여 1997년7월 14일 전산이기

【갑 구】   (소유권에 관한 사항)

순위번호	등기목적	접 수	등 기 원 인	권리자 및 기타사항
1 (전2)	소유권이전	1970년4월16일 제1453호	1970년3월15일 매매	소유자 박정수 ******-******* 서울 종로구 내자동 12
				부동산등기법시행규칙부칙 제3조 제1항의 규정에 의하여 1997년7월14일 전산 이기
2	소유권이전	2001년3월5일 제1500호	2001년3월3일 매매	소유자 박진수 ******-******* 서울 종로구 신교동 500

--- 이 하 여 백 ---

수수료 금 1,000원 영수함.   관할등기소 서울중앙지방법원 중부등기소 / 발행등기소 법원행정처 등기정보중앙관리소

이 등본은 부동산 등기부의 내용과 틀림없음을 증명합니다.

서기 2011년 8월 5일

법원행정처 등기정보중앙관리소 전산운영책임관 박수한   [등기정보 중앙관리 소전산운 영책임관]

문서 하단의 바코드를 스캐너로 확인하거나 인터넷등기소(http://iros.go.kr)의 발급확인 메뉴에서 발급확인번호를 입력하여 위·변조 여부를 확인할 수 있습니다. 발급확인번호를 통한 확인은 발행일부터 3개월까지 5회에 한하여 가능합니다.

* 실선으로 그어진 부분은 말소사항을 표시함. *등기부에 기록된 사항이 없는 갑구 또는 을구는 생략함.
발행번호113600110049360720109612505LBO114951WOG295021311123 1/1 발행일 2011/08/05

대 법 원

제 적 등 본

본　　　적	경주시 서부동 255					
호적 편제	[편제일] 1980년 07월 10일					
호적 재제	[재제일] 2000년 04월 15일 [재제사유] 멸실우려(전산화)					
전산 이기	[이기일] 2002년 11월 11일 [이기사유]호적법시행규칙 부칙 제2조 제1항					
전호주와의 관계	박석곤의 자			전호적		
부	박석곤	성별	남	본		
모	이숙자			密陽	입　적 또　는 신호적	
호주	박정수(朴正洙)		제적	출　생	서기 1922년 12월 06일	
				주민등록 번　호	******_*******	
출생	[출생장소] 경주시 서부리 255 [신고일] 1925년 01월 20일　　　　[신고인] 호주					
혼인	[혼인신고일] 1945년 01월 13일　　　[배우자] 김수연					
호주 상속	[호주상속] 1980년 06월 29일　　　[호주상속사유] 전호주 사망 [신고일] 1980년 07월 10일					
사망	[사망장소] 서울 종로구 혜화동 15 서울대학교병원 [사망일] 2000년 08월 01일　　　[신고일] 2005년 05월 30일 [신고인] 자 박대원					
부	김덕만	성별	여	본	전호적	경상남도 창녕군 고암면 계상리 53
모	송애자			慶州		
처	김수연(金水延)		제적	입　적 또　는 신호적		
				출　생	서기 1927년 06월 24일	
				주민등록 번　호	******_*******	
출생	[출생장소] 경상남도 창녕군 고암면 계상리 53 [신고일] 1927년 08월 13일　　　[신고인] 호주					
혼인	[혼인신고일] 1945년 01월 13일　　[배우자] 박정수					
사망	[사망장소] 서울 동작구 대방동 425 일성병원 [사망일] 1999년 05월 18일　　　[신고일] 1999년 05월 25일 [신고인] 호주					

부	박정수	성별	남	본	전호적	
모	김수연			密陽		
자	대원(大元) 　　　[제적]				입 적 또 는 신호적	
					출 생	서기 1960년 08월 24일
					주민등록 번　호	******_*******
출생	[출생장소] 서울 종로구 무악동 12 보람산부인과 [신고일] 1960년 08월 24일　　　　　[신고인] 호주					
혼인	[혼인신고일] 1995년 09월 25일　　　　[배우자] 최수정					
호주 승계	[호주승계일] 2000년 08월 01일　　　[호주승계사유] 전호주 사망 [신고일] 2005년 05월 30일					
부	박정수	성별	여	본	전호적	
모	김수연			密陽		
자	점숙(点淑) 　　　[제적]				입 적 또 는 신호적	부산시 수영구 감천동 51 호주 조명국
					출 생	서기 1963년 02월 27일
					주민등록 번　호	******_*******
출생	[출생장소] 서울 종로구 무악동 12 보람산부인과 [신고일] 1963년 02월 27일　　　　　　[신고인] 부					
혼인	[혼인신고일] 1992년 10월 07일　　　　[배우자] 조중연					
부	최진원	성별	남	본	전호적	광주시 남구 학동 242 호주 최주영
모	강수진			慶州		
자 의 처	최수정(崔秀貞) 　　　[제적]				입 적 또 는 신호적	
					출 생	서기 1965년 11월 05일
					주민등록 번　호	******_*******
출생	[출생장소] 광주시 동구 금남로 12 기쁨산부인과 [신고일] 1965년 11월 05일　　　　　[신고인] 호주					
혼인	[혼인신고일] 1995년 09월 25일　　　　[배우자] 박대원					

위 등본은 제적의 내용과 틀림없음을 증명합니다.

서기 2012년 01월 05일

경 주 시 장　경주시
장의인
민원용

| 가 | 족 |

가 족 관 계 증 명 서

| 등록기준지 | 경주시 서부동 255 |

구분	성명	출생연월일	주민등록번호	성별	본
본인	박정수(朴正洙) 사망	1922년 12월 06일	******_*******	남	密陽

| 가족사항 |

구분	성명	출생연월일	주민등록번호	성별	본
부	박석곤			남	密陽
모	이숙자			여	全州

| 배우자 | 김수연(金水延) 사망 | 1927년 06월 24일 | ******_******* | 여 | 慶州 |

| 자녀 | 박대원(朴大元) | 1960년 08월 24일 | ******_******* | 남 | 密陽 |
| 자녀 | 박점숙(朴点淑) | 1963년 02월 27일 | ******_******* | 여 | 密陽 |

위 가족관계증명서는 가족관계등록부의 기록사항과 틀림없음을 증명합니다.

2012년 1월 5일

경 주 시 장   경주시
장의인
민원용

부동산임대차계약서(~~전세~~/월세)

부동산의 표시: 서울 종로구 관철동 50-2 잡종지 330㎡

제1조 위 부동산을 (~~전세~~/월세)로 사용함에 있어 쌍방 합의하에 아래 각 조항과
      같은 조건으로 계약한다.

보증금		월세금액	**3,000,000원정**(매월 말일 후불함)
계약금	~~일금 원정을 계약당일 임대인에게 지불하고~~		
중도금	~~일금 원정을 년 월 일 지불하고~~		
잔 금	~~일금 원정을 년 월 일 소개인 입회하에 지불키로 함.~~		

제2조 부동산은 2004년 9월 1일 인도하기로 한다.
제3조 임대기간은 2004년 9월 1일부터 ~~년 월 일까지로 한다.~~
제4조 임차인은 이 계약으로 인한 권리를 타에 양도, 전대할 수 없다.
제5조 임차인은 임대인의 승인 없이는 토지의 형상을 변경할 수 없다.

특약사항:

1. 임대기간은 10년으로 하되 임대기간 만료 후 당사자 간 특별한 의사표시가 없으면 5년
    단위로 연장되는 것으로 한다.

2. 임차인은 본 임대차계약이 종료한 경우 원상회복의무가 있다.

3. 임차인은 토지에 대한 임대차기간의 제세공과금을 모두 책임지며, 법령을 위반하여 임대인이
    여하한 불이익도 받게 해서는 안 된다.

위 계약조건을 틀림없이 지키기 위하여 본 계약서를 2부 작성하여 각자 1부씩
보관한다.

2004년 7월 15일

임대인	주소	서울 종로구 신교동 500		
	성명	박진수	주민등록번호	******-*******
임차인	주소	서울 종로구 효자동 32		
	성명	김영철	주민등록번호	******-*******

채권 양도양수 통지서

1. 본 통고인은 고물수집업을 운영하던 2008. 10. 5. 귀하에게 금 3천만 원을 대여한 바 있습니다.

2. 그 당시 귀하는 지게차 임대업을 하는데 지게차 수량이 모자라 영업에 애로사항이 있어 신규로 지게차를 구입하는 데 사용한다며 위 금액을 차용해 갔습니다.

3. 그때 본 통고인은 귀하의 사정이 하도 딱하고 돈이 급하다고 해서 이자에 대한 말도 하지 못하고, 나중에 필요하면 귀하에게 구입할 고물의 선도자금으로 충당하기로 하는 조건으로, 고물 판 돈을 몽땅 모아 1년 6개월 후에 돌려받기로 하고 귀하에게 빌려주었으나, 귀하는 현재까지 사례도 하지 않고 돈도 갚지 않고 있습니다.

4. 이에 본 통고인은 위 채권 중 절반을 양수인 박대원(주소: 서울 종로구 내자동 12, 주민등록번호: ******-*******)에게, 나머지 절반을 양수인 박점숙(주소: 부산시 수영구 감천동 51, 주민등록번호: ******-*******)에게 오늘 자로 양도하였고, 양수인들은 이를 수락하였습니다.

5. 그러니 귀하께서는 위 금전 대여와 관련하여 본 통고인에게 지급할 일체의 돈을 양수인 박대원과 박점숙에게 지급하여 주시기 바랍니다.

2009.   5.   11.

통고인 박진수
　　　서울 종로구 신교동 500
김영철 귀하
　　　서울 종로구 효자동 32

이 우편물은 2009년 5월 11일 등기 제3456호에 의하여 내용증명 우편물로 발송하였음을 증명함 　　　　　　서울종로우체국장

서울종로우체국
2009. 5. 11.
09 - 3456

<table>
<tr><td colspan="4" align="center">우편물배달증명서</td></tr>
<tr><td colspan="4">수취인의 주거 및 성명
　서울 종로구 효자동 32 김영철</td></tr>
<tr><td>접수국명</td><td>서울 종로</td><td>접수연월일</td><td>2009년 5월 11일</td></tr>
<tr><td>접수번호</td><td>제3456호</td><td>배달연월일</td><td>2009년 5월 13일</td></tr>
<tr><td colspan="2">적 요
　본인 수령
　김 영 철　(철김인영)</td><td colspan="2">2009. 5. 20.
서울종로우체국장　(서울종로우체국장인)</td></tr>
</table>

토지임대료 확인서

아래 토지들에 대하여 2004년 9월 1일부터 현재까지 임대보증금 없이 임대할 경우 그 임료는 다음과 같음을 확인합니다.

1. 서울 종로구 관철동 50-1 대 500㎡: 월 500만 원
2. 서울 종로구 관철동 50-2 잡종지 330㎡: 월 300만 원

2012년 1월 5일

그린하우스 공인중개사 사무소(서울 종로구 교남동 700)
대표 공인중개사 김후남 (인)

무악재 부동산(서울 종로구 무악동 50-8)
대표 공인중개사 박명철 (인)

등기이행 촉구서

발신인: 박대원(서울 종로구 내자동 12)
수신인: 박진수(서울 종로구 신교동 500)

삼가 건승을 빕니다.

다름이 아니오라, 수신인은 발신인의 부친인 박정수 소유의 종로구 관철동 50-1 및 50-2 토지의 문서를 위조하여 자신 명의로 소유권이전등기를 하였다는 혐의로 이미 형사판결이 확정되었음에도 불구하고, 아직까지 위 등기명의를 원래대로 복구하지 않고 있습니다. 그간 발신인은 수신인의 친족으로서 여러 가지 사정을 감안하여 전화 등으로 조속히 등기를 말소해 줄 것을 촉구 했으나, 아직까지도 이행되지 아니하여 부득이하게 문서로 촉구하게 되었습니다. 만일, 이 촉구서에도 불구하고 등기말소를 해 주지 않으신다면 이후에는 민사상 법적인 조치를 취하도록 할 것입니다. 그로 인한 손해는 모두 수신인이 부담 하여야 할 것임을 말씀드리며, 다시 한 번 협조를 부탁드립니다.

2011. 5. 27.

박 대 원

이 우편물은 2011년 5월 27일 등기 제4327호에 의하여 내용증명 우편물로 발송하였음을 증명함

서울종로우체국장

서울종로우체국
2011. 5. 27.
11 - 4327

2012년 제1회 변호사시험 기록형 기출문제

등기이행 촉구서에 대한 답변

수신인(조카)의 등기이행 촉구서에 대해 다음과 같이 답변하겠네.

우선, 조카와 사이에 안 좋은 일이 생긴 것에 대해서는 미안하게 생각하지만, 조카가 나를 범죄자처럼 취급하는 것은 몹시 섭섭하네. 이제 와서 이런 얘기를 하는 것은 아무 소용이 없을 것이지만 관철동 땅들은 원래 자네 조부의 소유였는데, 등기 명의만 자네 부친(박정수) 명의로 있었고, 나는 조부 생전에 이 땅을 증여받았다는 것만은 알아주었으면 하네. 비록 증거가 없어 유죄판결을 받고 억울한 옥살이를 했지만 나는 떳떳하네. 게다가 나도 법을 잘 아는 사람에게 물어보니 등기 후 10년을 경과하면 등기명의자가 시효취득으로 소유권을 취득한다고 하니 내가 등기를 말소해 줄 이유가 전혀 없다고 하네. 그러니 소송 운운하는 것은 매우 잘못된 일이고, 만약 소송이 벌어지면 나도 응당 법적 대응을 할 것이니 심사숙고해서 처리하기를 바라네. 이만 줄이네.

2011. 6. 2.

발신인: 서울 종로구 신교동 500 박진수

수신인: 박대원 귀하

이 우편물은 2011년 6월 2일 등기 제4517호에 의하여 내용증명 우편물로 발송하였음을 증명함

서울종로우체국장

민사법 기출형

통지서

발신인: 김영철
수신인: 박대원(서울 종로구 내자동 12)

1. 안녕하십니까. 본인은 박진수 씨로부터 서울 종로구 관철동 50-2 잡종지 330㎡를 임차하여 '승리지게차'라는 상호로 지게차 임대업을 운영하고 있는 김영철이라고 합니다.

2. 귀하는 2011년 7월 말까지 5회에 걸쳐 전화를 하거나 본인을 찾아와, 귀하가 위 토지의 현재 소유자이고 임대인인 박진수의 조카라면서 본인에게 위 토지의 인도와 양수금의 지급을 요구하였으나, 본인의 뜻을 다음과 같이 명확히 해 두고자 합니다.

3. 먼저, 본인은 선의의 임차인이므로 위 토지에 대한 임차권을 선의취득하였습니다. 본인은 위 토지의 임대차 계약 당시 분명히 등기부 등본을 발급받아 박진수 씨가 소유자인 사실을 확인한 뒤 그 사실을 믿고 계약을 하였고, 위 토지를 선의로 인도받아 현재까지 점유해 오고 있는 것입니다. 따라서 본인에게 위 토지를 점유할 정당한 권원이 있으므로 귀하에게 토지를 인도해 줄 이유가 없습니다. 더구나 본인이 2008년 11월 1일 귀하로부터 박진수가 등기서류를 위조하여 1심에서 유죄판결을 받았다는 말을 듣고 그 즉시 박진수를 찾아가 확인하였을 때도, 박진수는 "등기서류를 위조한 것은 맞지만 그렇게 한 데는 말 못 할 사정이 있고, 내 양심에 반하는 행동을 한 적은 없다."라고 말한 바 있습니다.

4. 다음으로, 귀하와 박점숙 씨는 이미 2005년 본인을 상대로 민사소송을 제기하였다가, 위 토지가 귀하 등의 소유라는 증거가 없다는 이유로 패소확정

되었는데, 다시 민사소송 제기 운운하는 것은 무슨 처사입니까? 본인은 법을 잘은 모르지만 기판력이라는 것도 알고 있고 소멸시효가 있다는 것도 알고 있습니다.

5. 끝으로, 귀하가 양수하였다는, 박진수의 본인에 대한 대여금 반환채권은 이미 귀하의 채권자인 정태수가 가압류하여 법원결정이 확정되어 본인도 그에 따라 부득이 지급을 정지하고 있는 이상 본인에게 청구할 일이 아니며, 소송도 할 수 없습니다.

6. 이상과 같은 이유로 발신인은 귀하의 요구에 응할 수 없으니, 이를 잘 헤아리시고 이 뜻을 여동생 박점숙 씨에게도 잘 전해 주시기 바랍니다. 만약 앞으로 소송이 벌어진다면 본인은 앞에서 말한 내용을 모두 판사님 에게 낱낱이 말씀드릴 것입니다.

※ 첨부: 가압류결정문 및 송달증명원

2011. 8. 10.

발신인   김영철
서울 종로구 효자동 32 승리지게차

이 우편물은 2011년 8월 10일 등기 제5610호에 의하 여 내용증명 우편물로 발송하였음을 증명함

서울종로우체국장

서 울 중 앙 지 방 법 원

결   정

사 건	2009카단3516 채권가압류
채 권 자	정태수 (******-*******)
	서울 서초구 반포 4동 501 서초아파트 301동 1004호
채 무 자	박대원 (******-*******)
	서울 종로구 내자동 12
제3채무자	김영철 (******-*******)
	서울 종로구 효자동 32

주   문

채무자의 제3채무자에 대한 별지 목록 기재 채권을 가압류한다.

제3채무자는 채무자에게 위 채권에 관한 지급을 하여서는 아니 된다.

채무자는 다음 청구금액을 공탁하고 가압류의 집행정지 또는 그 취소를 구할 수 있다.

청구채권   2007. 8. 21.자 소비대차계약에 의한 대여금

청구금액   금 50,000,000원

이   유

이 사건 가압류 신청은 이유 있으므로 담보로 금 2,500,000원을 공탁하게 하고 주문과 같이 결정한다.

2009. 5. 20.

판사   임상수 ㉙

목록

2008. 10. 5.자 3,000만 원의 금전소비대차계약 및 2009. 5. 11.자 채권양도계약에 기하여 채무자가 제3채무자에 대하여 가지는 대여금반환채권 및 이와 관련한 일체의 채권 중 위 청구금액에 이를 때까지의 금액. 끝.

송 달 증 명 원

귀원 2009카단3516 채권가압류사건에 관하여 2009. 5. 20.자 가압류결정 정본이 2009. 5. 23. 제3채무자에게 송달되었음을 증명하여 주시기 바랍니다.

2011. 8. 5.

신청인 김영철 (철김인영)

서울중앙지방법원 귀중

위 사실을 증명합니다.

2011. 8. 5.

서울중앙지방법원
법원주사 진수영 (서울중앙지방법원 법원주사)

채무확인서

당행은 채무자 박진수(주민등록번호: ******-*******)에 대하여 2001. 7. 3. 서울 종로구 관철동 50-1 대 500㎡를 담보로 3억 5,000만 원을 대출한 바 있는데, 오늘(2012. 1. 5.) 현재 대출금은 원금 5,000만 원이 남아 있음을 확인합니다.

2012. 1. 5.

주식회사 신한은행

서울 중구 을지로 1가 18

대표이사 라응식

종로 제2지점 여신과장 최영돈

서울 종로구 신교동 826 신한은행 종로 제2지점

변호사시험

공법
민사법
형사법

변호사시험 기출문제

형사법
기록형

2014년 제3회 변호사시험 기록형 기출문제

피고인 김갑동에 대해서는 법무법인 공정 담당변호사 김힘찬이 객관적인 입장에서 대표변호사에게 보고할 검토의견서를, 피고인 이을남에 대해서는 변호인 이사랑의 변론요지서를 작성하되, 다음 쪽 검토의견서 및 변론요지서 양식 중 <u>본문 Ⅰ, Ⅱ 부분</u>만 작성하시오.

※ 검토의견서에서는 공소장의 죄명 내지 구성요건에 대한 의율이 잘못되었을 경우 관련 법률적 쟁점 및 이에 대한 의견과 더불어 적합한 의율변경을 하여 의율변경 된 죄명 내지 구성요건에 대한 법률적 쟁점 및 이에 대한 의견도 제시할 것.

┃작성요령

1. 학설·판례 등의 견해가 대립되는 경우, 한 견해를 취할 것. 단, 대법원 판례와 다른 견해를 취하여 의견을 제시하고자 하는 경우에는 대법원 판례의 취지를 적시할 것.
2. 증거능력이 없는 증거는 실제 소송에서는 증거로 채택되지 않아 증거조사가 진행되지 않지만, 이 문제에서는 시험의 편의상 증거로 채택되어 증거조사가 진행된 것을 전제하였음. 따라서 필요한 경우 증거능력에 대하여도 논할 것.
3. 검토의견서에 기재한 내용은 변론요지서에서, 변론요지서에 기재한 내용은 검토의견서에서 각각 인용 가능.

┃주의사항

1. 쪽 번호는 편의상 연속되는 번호를 붙였음.
2. 조서, 기타 서류에는 필요한 서명, 날인, 무인, 간인, 정정인이 있는 것으로 볼 것.
3. 증거목록, 공판기록 또는 증거기록 중 '(생략)'이라고 표시된 부분에는 법에 따른 절차가 진행되어 그에 따라 적절한 기재가 있는 것으로 볼 것.
4. 공판기록과 증거기록에 첨부하여야 할 일부 서류 중 '(생략)' 표시가 있는 것, '증인선서서'와 수사기관의 조서에 첨부하여야 할 '수사과정확인서'는 적법하게 존재하는 것으로 볼 것.
5. 송달이나 접수, 통지, 결재가 필요한 서류는 모두 적법한 절차를 거친 것으로 볼 것.
6. 시험의 편의상 주소기재는 도로명 주소가 아닌 지번주소로 하였음.

형
사
법

【검토의견서 양식】

검토의견서

사 건   2013고합1277 특정경제범죄가중처벌등에관한법률위반(횡령) 등
피고인   김갑동

 Ⅰ. 피고인 김갑동에 대하여 (25점)
  1. 배임의 점
  2. 특정경제범죄가중처벌등에관한법률위반(횡령)의 점

※ 평가제외사항 – 공소사실의 요지, 정상관계 (답안지에 기재하지 말 것)

        2014. 1. 4.

           법무법인 공정 변호사 김힘찬 ㊞

【변론요지서 양식】

변론요지서

사 건   2013고합1277 특정경제범죄가중처벌등에관한법률위반(횡령) 등
피고인   이을남
 위 사건에 관하여 피고인 이을남의 변호인 변호사 이사랑은 다음과 같이 변론합니다.
        다 음
 Ⅱ. 피고인 이을남에 대하여 (75점)
  1. 특정경제범죄가중처벌등에관한법률위반(횡령)의 점
  2. 강도의 점
  3. 현금 절도, 여신전문금융업법위반의 점
  4. 점유이탈물횡령의 점
  5. 금목걸이 절도의 점

※ 평가제외사항 – 공소사실의 요지, 정상관계 (답안지에 기재하지 말 것)

        2014. 1. 4.
         피고인 이을남의 변호인 변호사 이사랑 ㊞

서울중앙지방법원 제26형사부 귀중

					구속만료			미결구금
		서 울 중 앙 지 방 법 원			최종만료			
구 공 판		**형사제1심소송기록**			대행 갱신 만 료			

기일	사건번호	2013고합1277	담임	제26부	주심	다
1회기일						

기일			
12/5 *A10*			
12/19 *P3*	사 건 명	가. 특정경제범죄가중처벌등에관한법률위반(횡령) 나. 배임 다. 강도 라. 절도 마. 여신전문금융업법위반 바. 점유이탈물횡령	
	검 사	구사현	2013형제99999호
	피 고 인	1. 가.나.　　　　　　　　김갑동 2. 가.다.라.마.바.　　　이을남	
	공소제기일	2013. 10. 18.	
	변 호 인	사선　　법무법인 공정 담당변호사 김힘찬(피고인 김갑동) 사선　　변호사 이사랑(피고인 이을남)	

형사법

확　　정			완결 공람	담 임	과 장	국 장	주심 판사	재판장	원장
보존종기									
종결구분									
보　　존									

접 수 공 람	과 장	국 장	원 장
	㉑	㉑	㉑

공 판 준 비 절 차

회 부 수명법관 지정 일자	수명법관 이름	재 판 장	비 고

법 정 외 에 서 지 정 하 는 기 일

기일의 종류	일 시	재 판 장	비 고
1회 공판기일	2013. 12. 5. 10:00	㉑	

서울중앙지방법원

목 록		
문 서 명 칭	장 수	비 고
증거목록	8	검사
공소장	10	
변호인선임신고서	(생략)	피고인 김갑동
변호인선임신고서	(생략)	피고인 이을남
영수증(공소장부본 등)	(생략)	피고인 김갑동
영수증(공소장부본 등)	(생략)	피고인 이을남
영수증(공판기일통지서)	(생략)	변호사 김힘찬
영수증(공판기일통지서)	(생략)	변호사 이사랑
국민참여재판 의사 확인서(불희망)	(생략)	피고인 김갑동
국민참여재판 의사 확인서(불희망)	(생략)	피고인 이을남
의견서	(생략)	피고인 김갑동
의견서	(생략)	피고인 이을남
공판조서(제1회)	15	
공판조서(제2회)	17	
증인신문조서	20	박고소
증인신문조서	21	나부인

서울중앙지방법원

목 록(구속관계)		
문 서 명 칭	장 수	비 고
체포영장	13	피고인 이을남
피의자석방보고	(생략)	피고인 이을남

증 거 목 록 (증거서류 등)
2013고합1277

① 김갑동
② 이을남

2013형제99999호

신청인: 검사

순번	증거방법					참조사항등	신청기일	증거의견		증거결정		증거조사기일	비고
	작성	쪽수(수)	쪽수(증)	증거명칭	성명			기일	내용	기일	내용		
1	검사	37		피의자신문조서 (대질– 김갑동.이을남)	김갑동	(생략)	1	1	①② ○ / ① ○ / ② ×	(생략)			공소사실1항부분 / 공소사실2항부분 / 〃
					이을남				①② ○ / ① × / ② ○				공소사실1항부분 / 공소사실2항부분 / 〃
2	〃	(생략)		각 세금계산서			1	1	①② ○				
3	〃	46		증명서	전총무		1	1	① ○ / ② ×				
4	〃	(생략)		사망진단서사본	전총무		1	1	①② ○				
5	〃	47		피의자신문조서 (제2회)	이을남		1	1	② ○				
6	사경	24		고소장	박고소		1	1	① ○ / ② ×				
7	〃	(생략)		부동산매매계약서	김갑동 박고소		1	1	①② ○				
8	〃	(생략)		영수증	김갑동		1	1	①② ○				
9	〃	25		각 등기사항전부증명서			1	1	①② ○				
10	〃	27		진술조서	박고소		1	1	① ○ / ② ×				
11	〃	29		피의자신문조서	김갑동		1	1	①② ○ / ① ○ / ② ×				공소사실Ⅰ,3의 가,나,다 항 부분 / 공소사실2항부분 / 〃
12	〃	32		고소장	김갑동		1	1	①② ○				
13	〃	(생략)		신한카드 사용내역			1	1	② ○				
14	〃	33		압수조서			1	1	② ○				
15	〃	34		피의자신문조서	이을남		1	1	② ○				
16	〃	(생략)		각 가족관계증명서			1	1	② ○				
17	〃	(생략)		각 조회보고서	김갑동 이을남		1	1	①② ○				

※ 증거의견 표시 – 피의자신문조서: 인정 ○, 부인 × (여러 개의 부호가 있는 경우, 적법성/성립/임의성/내용의 순서임)
－ 기타 증거서류 동의 ○, 부동의 ×
－ 진술이 특히 신빙할 수 있는 상태 하에서 행하여졌다는 점 부인:"특신성 부인"(비고란 기재)
※ 증거결정 표시 － 채 ○, 부 ×
※ 증거조사 내용은 제시, 내용고지

형 사 법

증 거 목 록 (증인 등)
2013고합1277

① 김갑동
② 이을남

2013형제99999호

신청인: 검사

증 거 방 법	쪽수 (공)	입증취지 등	신청 기일	증거결정 기일	증거결정 내용	증거조사기일	비고
캐논 디지털 카메라 (증 제2호)		공소사실 3의 다.항	1	1	○	2013. 12. 19. 15:00 (실시)	
금목걸이 (증 제3호)		공소사실 3의 라.항	1	1	○	〃	
증인 박고소	20	공소사실 1항, 2항	1	1	○	〃	
증인 나부인	21	공소사실 2항	1	1	○	〃	
		·					

※ 증거결정 표시: 채 ○, 부 ×

서 울 중 앙 지 방 검 찰 청

2013. 10. 18.

사건번호   2013년 형제99999호
수 신 자   서울중앙지방법원
제   목   **공소장**

검사 구사현은 아래와 같이 공소를 제기합니다.

Ⅰ. 피고인 관련사항

1. 피 고 인   김갑동 (53****-1******), 60세
직업   갑동주식회사 대표이사, 010-****-****
주거   서울 서초구 양재동 751-5, 02-533-4784
등록기준지   경기 성남시 수정구 태평동 1429

죄   명   특정경제범죄가중처벌등에관한법률위반(횡령), 배임

적용법조   특정경제범죄 가중처벌 등에 관한 법률 제3조 제1항 제2호, 형법 제
355조 제1항, 제2항, 제30조, 제37조, 제38조

구속여부   불구속
변 호 인   없음

2. 피 고 인   이을남 (63****-1******),
직업   갑동주식회사 경리부장, 010-****-****
주거   서울 관악구 봉천동 123 봉천빌라 1층
등록기준지   서울 동작구 상도2동 375

죄   명   특정경제범죄가중처벌등에관한법률위반(횡령), 강도, 여신전문
금융업법위반, 점유이탈물횡령

적용법조   특정경제범죄 가중처벌 등에 관한 법률 제3조 제1항 제2호, 형법 제
355조 제1항, 제333조, 제329조, 여신전문금융업법 제70조 제1항 제
4호, 형법 제360조 제1항, 제30조, 제37조, 제38조

구속여부   불구속
변 호 인   없음

(접수 No. 15511, 2012. 10. 18. 서울중앙지방법원 형사1과, 1277)

Ⅱ. 공소사실

피고인 김갑동은 서울 서초구 서초동 89에 있는 갑동주식회사의 대표이사이고, 피고인
이을남은 위 회사의 경리부장이다.

1. 피고인 김갑동의 배임

피고인 김갑동은 피해자 갑동주식회사 재산을 성실히 관리해야 할 의무에 위배하여
2012. 3. 15. 위 회사 사무실에서 시가 3억 원 상당의 위 회사 소유의 서울 종로구 관철
동 50-1 대 300㎡에 관하여 채권자 박고소, 채권최고액 2억 원으로 하는 근저당권을 설정
하여 주고 박고소로부터 1억 5,000만 원을 대출받았다.

이로써 피고인 김갑동은 위 2억 원에 해당하는 재산상의 이익을 취득하고 피해자에게

같은 액수에 해당하는 손해를 가하였다.

2. 피고인들의 공동범행 - 특정경제범죄가중처벌등에관한법률위반(횡령)

피고인들은 피해자 갑동주식회사가 소유하는 시가 6억 원 상당의 서울 구로구 개봉동 353-4 대 500㎡를 임의로 처분하여 그 돈을 각자 개인적으로 사용하기로 공모하였다.

피고인 김갑동은 2012. 4. 15. 위 회사 사무실에서 피해자 박고소와 위 토지에 관하여 매수인 박고소, 매매대금 4억 원으로 하는 매매계약을 체결한 후 같은 날 계약금 1억 원, 중도금 2억 원 합계 3억 원을 수령하였다.

그럼에도 불구하고 피고인 김갑동은 2012. 5. 9. 위 회사 사무실에서 이미 피해자 박고소에게 위와 같이 매도한 위 토지를 최등기에게 매매대금 4억 원에 매도하는 계약을 체결하고, 2012. 5. 10. 서울남부지방법원 구로등기소에서 최등기의 명의로 소유권이전등기를 마쳤다.

이로써 피고인들은 공모하여 피해자들에 대하여 각각 재물을 횡령하였다.

3. 피고인 이을남

가. 강도

피고인 이을남은 2012. 5. 20. 갑동주식회사 사무실에서 피해자 김갑동에게 "신용카드를 주지 않으면 회사 토지를 마음대로 처분한 것을 경찰에 알려 콩밥을 먹게 하겠다. 내게는 힘 좀 쓰는 동생들도 있다."라고 협박하여 피해자의 반항을 억압하고 피해자로부터 피해자 명의의 신용카드 1장(카드번호 : 4***-****-****-****)을 빼앗아 강취하였다.

나. 절도, 여신전문금융업법위반

피고인 이을남은 2012. 5. 21. 서울 서초구 서초동 456-2에 있는 신한은행 현금자동지급기 코너에서 위와 같이 강취한 피해자 김갑동의 신용카드를 현금자동지급기에 투입하고, 피해자가 위 신용카드 교부시 알려준 신용카드 비밀번호와 금액을 입력하여 피해자의 예금계좌에서 현금 100만 원을 인출하였다.

이로써 피고인 이을남은 강취한 위 신용카드를 사용하여 피해자의 재물을 절취하였다.

다. 점유이탈물횡령

피고인 이을남은 2008. 9.말경 종로구에 있는 경복궁에서 일본인 여성으로 보이는 피해자 성명불상자가 그곳 벤치 옆에 두고 간 피해자 소유의 시가 250만 원 상당의 캐논 디지털 카메라 1대를 습득하고도 피해자에게 반환하는 등 필요한 절차를 취하지 아니한 채 자신이 가질 생각으로 가지고 가 이를 횡령하였다.

라. 절도

피고인 이을남은 2011. 12.중순경 서울 관악구 봉천동에 있는 피고인의 집 인근에 있는 봉천금은방에서 업주인 피해자 성명불상자가 잠시 자리를 비운 사이 진열대 위에 놓여있던 피해자 소유의 시가 150만 원 상당의 금목걸이 1개를 몰래 가져가 이를 절취하였다.

Ⅲ. 첨부서류
  1. 체포영장 1통
  2. 피의자가석방보고 1통 (생략)

검사   구사현   ㉑

체 포 영 장

서울중앙지방법원

영 장 번 호	1547		죄 명	강도 등
피 의 자	성 명	이을남	직 업	갑동주식회사 경리부장
	주민등록번호	63****-1******		
	주 소	서울 관악구 봉천동 123 봉천빌라 1동 지하 103호		
청구한 검사	강형준		청 구 일 자	2013. 6. 28.
변 호 인			유 효 기 간	2013. 7. 8.
범죄사실의 요지	별지 기재와 같다.		인치할 장소	□ 서울중앙지방검찰청 ■ 서울서초경찰서
구금할 장소	■ 서초경찰서유치장 □ ( )구치소 □ ( )교도소			

■ 피의자는 정당한 이유 없이 수사기관의 출석요구에 응하지 아니하였다.

□ 피의자는 정당한 이유 없이 수사기관의 출석요구에 응하지 아니할 우려가 있다.

□ 피의자는 일정한 주거가 없다 (다액 50만 원 이하의 벌금, 구류 또는 과료에 해당하는 사건).

피의자가 별지 기재와 같은 죄를 범하였다고 의심할 만한 상당한 이유가 있고, 체포의 사유 및 체포의 필요가 있으므로, 피의자를 체포한다.

유효기간이 경과하면 체포에 착수할 수 없고, 유효기간이 경과한 경우 또는 유효기간내라도 체포의 필요가 없어진 경우에는 영장을 반환하여야 한다.

2013. 7. 1.

판   사   한 현 주 ㉔

체 포 일 시	2013. 7. 5. 09:00	체 포 장 소	피의자의 주거지
인 치 일 시	2013. 7. 5. 10:00	인 치 장 소	서울서초경찰서 수사과 경제범죄수사팀 사무실
구 금 일 시		구 금 장 소	
집행불능사유			
처리자의 소속 관서, 관직	서울서초경찰서 수사과	처 리 자 서 명 날 인	경위 배압수 ㉔

범죄사실

피의자는 2012. 5. 20. 서울 서초구 서초동 89 소재 갑동주식회사 사무실에서 피해자 김갑동에게 "신용카드를 주지 않으면 회사 토지를 마음대로 처분한 것을 경찰에 알려 콩밥을 먹게 하겠다. 내게는 힘 좀 쓰는 동생들도 있다."라고 협박하여 피해자 김갑동 명의의 신용카드 1장(카드번호 : 4***-****-****-****)을 강취하였다.

피의자는 2012. 5. 21. 서울 서초구 서초동 456-2에 있는 신한은행의 현금자동지급기 코너에서 위와 같이 강취한 김갑동의 신용카드를 현금자동지급기에 투입하고, 김갑동이 신용카드 교부시 알려준 신용카드 비밀번호와 금액을 입력하는 방법으로 현금 100만 원을 인출하였다.

피의자는 2008. 9.말경 서울 종로구에 있는 경복궁에서 일본인 여성으로 보이는 피해자 성명불상자가 그곳 벤치 옆에 두고 간 피해자 성명불상자 소유의 시가 250만 원 상당의 캐논 디지털 카메라 1대를 습득하고도 피해자 성명불상자에게 반환하는 등 필요한 절차를 취하지 아니한 채 자신이 가질 생각으로 가지고 가 이를 횡령하였다.

서 울 중 앙 지 방 법 원
공 판 조 서

제 1 회

사   건   2013고합1277 특정경제범죄가중처벌등에관한법률위반(횡령) 등

재판장 판사   김상혁   기   일: 2013. 12. 5. 10:00

　　판사   이채은   장   소: 제425호 법정

　　판사   김시화   공개 여부: 공개

법원사무관   성진수   고 지 된

                              다음기일: 2013. 12. 19. 15:00

피 고 인   1. 김갑동   2. 이을남   각 출석

검   사   이유진   출석

변 호 인   법무법인 공정 담당변호사 김힘찬 (피고인 1을 위하여)   출석

　　 변호사 이사랑 (피고인 2를 위하여)   출석

───────────────────────────────────

재판장

　　피고인들은 진술을 하지 아니하거나 각개의 물음에 대하여 진술을 거부할 수 있고,
　　이익되는 사실을 진술할 수 있음을 고지

재판장의 인정신문

　　성   명: 1. 김갑동 2. 이을남

　　주민등록번호: 각 공소장 기재와 같음

　　직   업: 〃

　　주   거: 〃

　　등록기준지: 〃

재판장

　　피고인들에 대하여

　　주소가 변경될 경우에는 이를 법원에 보고할 것을 명하고, 소재가 확인되지 않을
　　때는 피고인들의 진술 없이 재판할 경우가 있음을 경고

검   사

　　공소장에 의하여 공소사실, 죄명, 적용법조 낭독

피고인 김갑동

　　갑동주식회사는 피고인 김갑동이 소유하는 회사이므로 서울 종로구 관철동 50-1
　　대 300㎡에 근저당권을 설정한 것에 대해서 처벌받는 것은 억울하고, 박고소에게
　　매도한 서울 구로구 개봉동 353-4 대 500㎡를 다시 최등기에게 이전등기해 준 부
　　분은 잘못을 인정한다고 진술

피고인 이을남

　　피고인 김갑동이 위 개봉동 토지를 이중으로 파는 데 공모한 사실이 없고, 나머지
　　공소사실은 인정한다고 진술

피고인 김갑동의 변호인 변호사 김힘찬

피고인 김갑동을 위하여 유리한 변론을 함. 변론기재는 (생략).
피고인 이을남의 변호인 변호사 이사랑
피고인 이을남을 위하여 유리한 변론을 함. 변론기재는 (생략).
재판장
    증거조사를 하겠다고 고지
증거관계 별지와 같음(검사, 변호인)
재판장
    각각의 증거조사 결과에 대하여 의견을 묻고 권리를 보호하는 데
    사를 신청할 수 있음을 고지
소송관계인
    별 의견 없다고 각각 진술
재판장
    변론 속행

2013. 12. 5.

법 원 사 무 관　성진수　㊞
재판장 판 사　김상혁　㊞

서 울 중 앙 지 방 법 원

공 판 조 서

제 2 회

사　　　　건	2013고합1277　특정경제범죄가중처벌등에관한법률위반(횡령) 등		
재판장 판사　김상혁		기　　　일:	2013. 12. 19. 15:00
판사　이채은		장　　　소:	제425호 법정
판사　김시화		공개 여부:	공개
법원사무관　성진수		고 지 된	
		다음기일:	2014. 1. 9. 15:00

피 고 인	1. 김갑동	2. 이을남	각 출석
검　　　사	이유진		출석
변 호 인	법무법인 공정 담당변호사 김힘찬 (피고인 1을 위하여)		출석
	변호사 이사랑 (피고인 2를 위하여)		출석
증　　　인	박고소, 나부인		각 출석

재판장

　　전회 공판심리에 관한 주요사항의 요지를 공판조서에 의하여 고지

소송관계인

　　변경할 점이나 이의할 점이 없다고 진술

출석한 증인 박고소, 나부인을 별지와 같이 신문하다

증거관계 별지와 같음(검사, 변호인)

재판장

　　각 증거조사 결과에 대하여 의견을 묻고 권리를 보호하는 데에 필요한 증거조사를

　　신청할 수 있음을 고지

소송관계인

　　별 의견 없으며, 달리 신청할 증거도 없다고 각각 진술

재판장

　　증거조사를 마치고 피고인신문을 하겠다고 고지

검　　　사

피고인 김갑동에게

문　　　피고인은 2012. 3. 15. 갑동주식회사가 소유하는 서울 종로구 관철동 50-1 대 300

　　　㎡에 관하여 임의로 채권자 박고소, 채권최고액 2억 원으로 하는 근저당권을 설정

　　　하여 주고 박고소로부터 1억 5,000만 원을 빌린 사실이 있지요.

답　　　예. 그렇습니다.

문　　　피고인은 이을남과 공모하여 2012. 4. 15. 위 회사 소유의 서울 구로구 개봉동

　　　353-4 대 500㎡에 관하여 매수인 박고소, 매매대금 4억 원으로 하는 매매계약을

　　　체결한 후 같은 날 계약금 1억 원, 중도금 2억 원 합계 3억 원을 수령하였음에도

　　　2012. 5. 9. 최등기에게 위 토지를 다시 매도하고 2012. 5. 10. 최등기 앞으로 위

　　　토지의 소유권이전등기를 마친 사실이 있지요.

답　　　예. 그렇습니다.

피고인 이을남에게

문 피고인은 김갑동과 공모하여 2012. 4. 15. 위 회사 소유의 서울 구로구 개봉동 353-4 대 500㎡에 관하여 매수인 박고소, 매매대금 4억 원으로 하는 매매계약을 체결한 후 같은 날 계약금 1억 원, 중도금 2억 원 합계 3억 원을 수령하였음에도 2012. 5. 9. 최등기에게 위 토지를 다시 매도하고 2012. 5. 10. 최등기 앞으로 위 토지의 소유권이전등기를 마친 사실이 있지요.

답 김갑동과 최등기 사이를 오가며 매매가 성사되도록 도와준 사실은 있으나 소유권 이전등기 당시까지는 김갑동이 위 토지를 이미 박고소에게 매도한 사실은 몰랐습니다.

문 피고인은 2012. 5. 20. 김갑동에게 "신용카드를 주지 않으면 회사 토지를 마음대로 처분한 것을 경찰에 알려 콩밥을 먹게 하겠다. 내게는 힘 좀 쓰는 동생들도 있다." 라고 협박하여 김갑동으로부터 김갑동 명의의 신용카드 1장을 빼앗은 사실이 있지요.

답 예. 그렇습니다. 하지만 그렇다고 해서 강도죄로까지 처벌받는 것은 억울합니다.

문 피고인은 2012. 5. 21. 신한은행 현금자동지급기에서 위와 같이 강취한 김갑동의 신용카드를 사용하여 김갑동의 예금계좌에서 현금 100만 원을 인출한 사실이 있지요.

답 예. 그렇습니다.

문 피고인은 2008. 9.말경 경복궁 안 벤치 옆에 놓여있던 성명불상자 소유의 시가 250만 원 상당의 캐논 디지털 카메라 1대를 몰래 가져가고, 2011. 12.중순경 봉천 금은방에서 업주가 잠시 자리를 비운 사이 진열대 위에 놓여있던 업주 소유의 시가 150만 원 상당의 금목걸이 1개를 몰래 가져간 사실이 있지요.

답 예. 그렇습니다.

피고인 이을남의 변호인 변호사 이사랑

문답 기재(생략)

재판장

 피고인신문을 마쳤음을 고지

재판장

 변론 속행 (변론 준비를 위한 변호인들의 요청으로)

2013. 12. 19.

법 원 사 무 관 성 진 수 ㊞
재판장 판 사 김 상 혁 ㊞

서울중앙지방법원

증인신문조서 (제2회 공판조서의 일부)

사   건   2013고합1277 특정경제범죄가중처벌등에관한법률위반(횡령) 등
증   인   이   름   박고소
              생년월일 및 주거는 (생략)

재판장
          증인에게 형사소송법 제148조 또는 제149조에 해당하는가의 여부를 물어 증인이
          이에 해당하지 아니함을 인정하고, 위증의 벌을 경고한 후 별지 선서서와 같이 선
          서를 하게 하였다. 다음에 신문할 증인은 재정하지 아니하였다.
검사
          증인에게 수사기록 중 증인이 작성한 고소장과 사법경찰리가 작성한 증인에 대한
          진술조서를 보여주고 이를 열람하게 한 후,
문   증인은 고소장을 직접 작성하여 경찰에 제출하고, 경찰에서 사실대로 진술하고 그
          조서를 읽어보고 서명, 무인한 사실이 있고, 그 진술조서는 그때 경찰관에게 진술
          한 내용과 동일하게 기재되어 있는가요.
답   예. 그렇습니다.
문   김갑동과 이을남을 함께 고소한 이유는 무엇인가요.
답   김갑동에게 제가 매수한 토지의 잔금을 치르러 간 날 김갑동이 최등기에게 그 토
          지를 매도한 사실을 알고 그렇다면 받은 돈이라도 돌려달라고 하였더니, 김갑동이
          "받은 돈은 이을남과 함께 다 써버렸다."라고 하여 김갑동과 이을남이 함께 계획적
          으로 범행을 한 것이라고 생각해서 두 사람 모두 고소한 것입니다.
피고인 이을남의 변호인 변호사 이사랑
          문답 기재(생략)

2013. 12. 19.

법 원 사 무 관   성진수   ㉑

재판장 판 사   김상혁   ㉑

서 울 중 앙 지 방 법 원
증 인 신 문 조 서 (제2회 공판조서의 일부)

사　건　　2013고합1277　특정경제범죄가중처벌등에관한법률위반(횡령) 등
증　인　　이　름　　　　나부인
　　　　　생년월일 및 주거는 (생략)

재판장
　　　증인에게 형사소송법 제148조 또는 제149조에 해당하는가의 여부를 물어 증인이
　　이에 해당하지 아니함을 인정하고, 위증의 벌을 경고한 후 별지 선서서와 같이 선
　　서를 하게 하였다.
검사
문　　증인은 김갑동, 이을남을 아는가요.
답　　예. 김갑동은 남편이 교통사고를 당한 때부터 저희 가족을 경제적으로 많이 도와주
　　고 계신 고마운 분이고, 이을남은 남편의 친구입니다.
문　　남편뿐만 아니라 증인도 개인적으로 김갑동이나 이을남과 가까운가요.
답　　그렇지는 않습니다. 다만, 매년 현충일 무렵에 이을남의 집에 생일 음식을 싸다 준
　　일은 있습니다. 10여년 전에 봉천동 판자촌에 있는 이을남의 집에 처음 가보았는
　　데 보증금 300만 원에 월세 20만 원짜리 단칸방에서 혼자 어렵게 살아가고 있어
　　남편이 저를 보내서 매년 이을남의 생일을 챙겨왔는데 10년 넘게 이을남의 생활이
　　나아지는 것이 없으니 안타깝습니다.
검사는 전총무 명의의 증명서를 증인에게 제시하고 이를 열람하게 한 뒤,
문　　증인은 2013. 6. 5.자 전총무 명의의 증명서에 대해서 아는가요.
답　　예. 그때쯤 남편이 교통사고로 입원해 있을 때 김갑동이 갑자기 찾아와 남편과 이야기를
　　하다가 남편이 다쳐 글을 쓰지 못하니 남편 말을 받아 적어달라고 부탁하여 남편이 불
　　러주는 대로 제가 직접 자필로 작성한 것으로 본문과 성명을 모두 제가 직접 적은 것이
　　맞습니다. 하지만 그 내용이 사실인지 여부는 모릅니다.
피고인 이을남의 변호인 변호사 이사랑
　　　문답기재 (생략)

2013. 12. 19.

| 제 | 1 | 책 |
| 제 | 1 | 권 |

서 울 중 앙 지 방 법 원
증거서류등(검사)

사 건 번 호	2013고합1277	담임	제26형사부	주심	다
	20 노		부		
	20 도		부		

사 건 명	가. 특정경제범죄가중처벌등에관한법률위반(횡령) 나. 배임 다. 강도 라. 절도 마. 여신전문금융업법위반 바. 점유이탈물횡령

검 사	구사현	2013년 형제99999호

피 고 인	1. 가.나. 2. 가.다.라.마.바.	김갑동 이을남

공소제기일	2013. 10. 18.

1심 선고	20 . . .	항소	20 . . .
2심 선고	20 . . .	상고	20 . . .
확 정	20 . . .	보존	

형사법

		제 1 책
		제 1 권

<table>
<tr><td>구공판</td><td colspan="6" align="center">서 울 중 앙 지 방 검 찰 청
증 거 기 록</td></tr>
<tr><td rowspan="2">검 찰</td><td>사건번호</td><td>2013년 형제99999호</td><td rowspan="2">법원</td><td>사건번호</td><td>2013년 고합1277호</td></tr>
<tr><td>검 사</td><td>구사현</td><td>판 사</td><td></td></tr>
<tr><td>피 고 인</td><td colspan="5">1. 가.나.　　　　　김갑동
2. 가.다.라.마.바.　이을남</td></tr>
<tr><td>죄 명</td><td colspan="5">가. 특정경제범죄가중처벌등에관한법률위반(횡령)
나. 배임
다. 강도
라. 절도
마. 여신전문금융업법위반
바. 점유이탈물횡령</td></tr>
<tr><td>공소제기일</td><td colspan="5">2013. 10. 18.</td></tr>
<tr><td>구 속</td><td colspan="2">각각 불구속</td><td>석 방</td><td colspan="2"></td></tr>
<tr><td>변 호 인</td><td colspan="5"></td></tr>
<tr><td>증 거 물</td><td colspan="5">있음</td></tr>
<tr><td>비 고</td><td colspan="5"></td></tr>
</table>

고 소 장

┌───┐
│ 서 초 경 찰 서 접 수 인 (5555호)(2013.5.6.) │
└───┘

고 소 인   박 고 소
                인적사항(생략)

피고소인   1. 김 갑 동
                인적사항(생략)
            2. 이 을 남
                인적사항(생략)

죄   명   배임, 횡령

피고소인들은 공모하여,

2013. 3.경 갑동주식회사 소유의 시가 3억 원 상당의 서울 종로구 관철동 50-1 대 300㎡에 관하여 채권자 박고소, 채권최고액 2억 원으로 하는 근저당권을 설정하고 박고소로부터 1억 5,000만 원을 대출받아 갑동주식회사에 대하여 배임 행위를 하고,

2012. 4.경 위 회사 소유의 시가 6억 원 상당의 서울 구로구 개봉동 353-4 대 500㎡를 피해자인 고소인 박고소에게 4억 원에 매도하는 계약을 체결한 후 같은 날 계약금 1억 원, 중도금 2억 원을 수령하였음에도 2013. 5.경 최등기에게 위 토지를 4억 원에 매도한 후 소유권이전등기를 경료하여 위 토지를 횡령하였습니다.

피고소인들을 조사하여 죄가 인정되면 엄중하게 처벌해 주시기 바랍니다.

참 고 자 료

1. 매매계약서
2. 영수증
3. 각 등기사항전부증명서

2013. 5. 6.
고소인 박 고 소 ㉐

서울서초경찰서장 귀중

등기사항전부증명서(말소사항 포함)-토지

[토지] 서울 종로구 관철동 50-1   고유번호 3103-1997-341247

[표 제 부] (토지의 표시)

표시번호	접 수	소재지번	지목	면적	등기원인 및 기타사항
1 (전2)	1997년6월15일	서울 종로구 관철동 50-1	대	300㎡	부동산등기법시행규칙부칙 제3조 제1항의 규정에 의하여 1997년 7월14일 전산이기

[갑 구] (소유권에 관한 사항)

순위번호	등기목적	접 수	등 기 원 인	권리자 및 기타사항
1 (전2)	소유권이전	2009년6월4일 제1351호	2009년6월3일 매매	소유자 갑동주식회사 110111-2091124 서울 서초구 서초동 89 부동산등기법시행규칙부칙 제3조 제1항의 규정에 의하여 1997년7월14일 전산이기
2	소유권이전	2010년4월16일 제1499호	2010년4월15일 매매	소유자 김갑동 53****-1******* 서울 서초구 양재동 751-5

- -

[토지] 서울 종로구 관철동 50-1   고유번호 3103-1997-341247

[을 구] (소유권 이외의 권리에 관한 사항)

순위번호	등기목적	접 수	등 기 원 인	권리자 및 기타사항
1	근저당권설정	2012년3월15일 제5950호	2012년3월15일 설정계약	채권최고액 금 200,000,000원 채무자 김갑동 53****-1****** 서울 서초구 양재동 751-5 근저당권자 박고소 651021-1574258 서울 성북구 동선동 1가 18

서기 2013년 5월 6일

법원행정처 등기정보중앙관리소 전산운영책임관 박수한

등기정보
중앙관리
소전산운
영책임관

등기사항전부증명서(말소사항 포함)-토지

[토지] 서울 구로구 개봉동 353-4   고유번호 3103-1997-342356

[표 제 부] (토지의 표시)					
표시번호	접수	소재지번	지목	면적	등기원인 및 기타사항
1 (전2)	1997년6월15일	서울 구로구 개봉동 353-4	대	500㎡	부동산등기법시행규칙부칙 제3조 제1항의 규정에 의하여 1997년7월14일 전산이기

[갑 구] (소유권에 관한 사항)				
순위번호	등기목적	접 수	등기원인	권리자 및 기타사항
1 (전2)	소유권이전	2009년6월4일 제1352호	2009년6월3일 매매	소유자 갑동주식회사 110111-2091124 서울 서초구 서초동 89
				부동산등기법시행규칙부칙 제3조 제1항의 규정에 의하여 1997년7월14일 전산이기
2	소유권이전	2012년5월10일 제1500호	2012년5월9일 매매	소유자 최등기 640524-1019410 서울 송파구 가락동 21-6

[토지] 서울 구로구 개봉동 353-4   고유번호 3103-1997-342356

[을 구] (소유권 이외의 권리에 관한 사항)				
순위번호	등기목적	접 수	등기원인	권리자 및 기타사항
1	근저당권설정	2010년3월15일 제3200호	2010년3월15일 설정계약	채권최고액 금 200,000,000원 채무자 갑동주식회사 110111-2091124 서울 서초구 서초동 89 근저당권자 주식회사 신한은행 110301-1109403 서울 중구 을지로 1가 18

서기 2013년 5월 6일

법원행정처 등기정보중앙관리소 전산운영책임관 박수한

(등기정보 중앙관리 소전산운 영책임관)

진 술 조 서

성명 : 박고소(인적사항 생략)

주민등록번호 : 651021-1574258

직업, 주거, 등록기준지, 직장주소, 연락처는 각각 (생략)

위의 사람은 피의자 김갑동에 대한 배임 등 피의사건에 관하여 2013. 5. 13. 서울서초경찰서 경제범죄수사팀 사무실에 임의 출석하여 다음과 같이 진술하다.

문 진술인이 박고소인가요.

답 예. 그렇습니다.

문 피고소인들과는 어떤 관계인가요.

답 김갑동은 제 고향 형님이고 이을남은 김갑동이 운영하는 갑동주식회사의 경리부장입니다.

문 고소인은 피의자들을 무슨 내용으로 고소한 것인가요.

답 김갑동과 이을남이 위 회사 소유의 토지를 마음대로 처분하여 피해를 입었으니 처벌해 달라는 것입니다.

문 구체적인 고소내용은 무엇인가요.

답 김갑동이 2012. 2.말경에 저를 찾아와 돈을 빌려달라고 했습니다. 제가 담보가 있느냐고 하니 김갑동은 자기 명의로 되어 있는 서울 종로구 관철동 50-1 대 300㎡가 있다고 했습니다. 그 토지의 시가를 알아보니 3억 원 정도 되어서 2012. 3.중순경에 위 토지에 관하여 채권최고액 2억 원의 근저당권을 설정하고 김갑동에게 1억 5,000만 원을 빌려 준 적이 있습니다.

문 근저당권을 설정했으니 고소인이 피해를 입은 것은 없지 않나요.

답 나중에 알고 보니 위 토지는 사실 위 회사 소유였는데, 김갑동이 자기 소유인 것처럼 말한 것이 괘씸하여 처벌해달라는 것입니다.

문 채권최고액은 2억 원인데 1억 5,000만 원을 빌려준 이유는 무엇인가요.

답 제가 돈놀이를 하는 친구들이 좀 있어서 알아보니 개인이 근저당권 채권 최고액의 70퍼센트 이상을 빌려주면 후한 것이라고 했습니다. 그래서 김갑동이 제 고향 형님임을 생각해서 2억 원의 75퍼센트인 1억 5,000만 원을 빌려준 것입니다.

문 다른 고소 내용은 무엇인가요.

답 2014. 4.중순경에 김갑동이 회사 운영자금이 급히 필요하다며 시가 6억 원 상당의 회사 소유의 토지인 서울 구로구 개봉동 353-4 대 500㎡를 4억 원에 팔고 싶다고 했습니다. 마침 제가 부동산 재테크를 생각하고 있던 때라서 그 날 즉시 계약금 1억 원, 중도금 2억 원을 현금으로 급히 마련해서 총 3억 원을 김갑동에게 주었습니다. 그런데 2012. 5.경 잔금을 치르러 가보니 김갑동이 사정이 급해 최등기라는 사람에게 4억 원을 받고 소유권을 넘겼다는 사실을 알게 되었습니다. 그래서 저는 계약금과 중도금 합계 3억 원의 피해를 보았으니 김갑동을 처벌해달라는 것입니다.

문 이을남을 고소한 이유는 무엇인가요.

답 김갑동에게 잔금을 치르러 간 날 제가 김갑동이 최등기에게 토지를 넘긴 것을 따지며 돈이라도 돌려달라고 했습니다. 그랬더니 김갑동이 "이을남과 함께 이미 돈을 다 써

　버리고 없다"고 말하였습니다. 그래서 근저당 건이든 매매 건이든 김갑동과 이을남이
　미리 짜고 계획적으로 사기를 친 것이라고 생각해서 함께 고소를 한 것입니다.
문 김갑동이 이을남에게 얼마를 주었다고 하던가요.
답 김갑동이 그것까지는 구체적으로 말하지 않았습니다.
문 이상의 진술은 사실인가요.
답 예. 사실대로 진술하였습니다.

위의 조서를 진술자에게 열람하게 하였던바, 진술한 대로 오기나 증감·변경할 것이 전혀
없다고 말하므로 간인한 후 서명무인하게 하다.

　　　　　　　　　　　　진술자　박 고 소　(무인)

　　　　　　　2013. 5. 13.
　　　　　　　서울서초경찰서
　　　　　　　사법경찰리　경장　　권 장 기　㊞

피의자신문조서

피의자 : 김갑동

위의 사람에 대한 배임 등 피의사건에 관하여 2013. 6. 3. 서울서초경찰서 수사
과 경제범죄수사팀 사무실에서 사법경찰관(리) 경장 권장기는(은) 사법경찰관(리)
경사 변동구를(을) 참여하게 하고, 아래와 같이 피의자임에 틀림없음을 확인하다.

문 피의자의 성명, 주민등록번호, 직업, 주거, 등록기준지 등을 말하십시오.
답 성명은 김갑동(金甲童)

　　　주민등록번호는　　　53****-1******
직업, 주거, 등록기준지, 직장주소, 연락처는 각각 (생략)

사법경찰관(리)은(는) 피의사건의 요지를 설명하고 사법경찰관(리)의 신문에
대하여 「형사소송법」 제244조의3에 따라 진술을 거부할 수 있는 권리 및 변호인
의 참여 등 조력을 받을 권리가 있음을 피의자에게 알려주고 이를 행사할 것인지
그 의사를 확인하다.

진술거부권 및 변호인 조력권 고지 등 확인

1. 귀하는 일체의 진술을 하지 아니하거나 개개의 질문에 대하여 진술을 하지 아니할 수
   있습니다.
2. 귀하가 진술을 하지 아니하더라도 불이익을 받지 아니합니다.
3. 귀하가 진술을 거부할 권리를 포기하고 행한 진술은 법정에서 유죄의 증거로 사용될 수
   있습니다.
4. 귀하가 신문을 받을 때에는 변호인을 참여하게 하는 등 변호인의 조력을 받을 수 있습니다.

문　 피의자는 위와 같은 권리들이 있음을 고지받았는가요.
답　 예. 고지를 받았습니다.
문　 피의자는 진술거부권을 행사할 것인가요.
답　 아닙니다.
문　 피의자는 변호인의 조력을 받을 권리를 행사할 것인가요.
답　 변호사 없이 조사를 받겠습니다.

이에 사법경찰관(리)은(는) 피의사실에 관하여 다음과 같이 피의자를 신문하다.
[피의자의 범죄전력, 경력, 학력, 가족·재산 관계 등(생략)]
문　 피의자는 회사 소유 토지를 임의로 처분한 사실이 있나요.
답　 예. 2012. 2.말경에 박고소에게 돈을 빌리러 갔는데 담보를 요구해서 2012. 3.중순경에
　　　제 명의로 되어 있는 서울 종로구 관철동 50-1 대 300㎡에 관하여 박고소 앞으로 채권

최고액 2억 원의 근저당권을 설정하고 박고소로부터 1억 5,000만 원을 빌린 사실이 있습니다.

문 피의자는 고소인 박고소에게 팔기로 한 토지를 다른 사람에게 판 사실이 있나요.

답 예. 제가 2012. 4.중순경에 박고소를 찾아가 시가 6억 원 상당의 위 회사소유의 서울 구로구 개봉동 353-4 대 500㎡를 매매대금 4억 원에 팔고 싶다고 했습니다. 박고소는 그날 바로 계약금 1억 원, 중도금 2억 원을 주었습니다. 그런데 급전이 더 필요해서 2012. 5.경에 아는 사채업자인 최등기에게 매매대금 4억 원을 받고 그 토지를 넘겼습니다.

문 개봉동 토지를 처분한 돈은 어떻게 했나요.

다 제가 최등기에게 토지를 넘긴 직후인 2012. 5.경에 최등기로부터 받은 4억 원 중에서 2억 원을 이을남에게 주었고, 나머지 돈은 제가 개인 빚 변제 등으로 사용했습니다.

문 처음부터 이을남과 짜고 회사 소유 토지를 처분한 것은 아닌가요.

답 그 토지는 명의만 회사로 되어 있을 뿐, 실제로는 제 토지와 마찬가지인데, 제가 알아서 팔면 되지 이을남과 짜고 처분할 이유가 없습니다.

문 그렇다면 이을남에게 2억 원이나 준 이유는 무엇인가요.

답 저의 사촌동생인 이을남이 급전이 필요하다고 하여 빌려준 것입니다.

문 더 하고 싶은 말이 있나요.

답 제가 이을남에게 2억 원이나 주었음에도 불구하고 이을남은 배은망덕하게 "신용카드를 주지 않으면 회사 토지를 마음대로 처분한 것을 경찰에 알려 콩밥을 먹게 하겠다. 내게 는 힘 좀 쓰는 동생들도 있다."라고 협박해서 어쩔 수 없이 제 신용카드를 주면서 비밀 번호도 알려주었습니다. 이을남은 그 다음 날인 2012. 5. 21. 제 카드를 사용해서 100만 원을 인출하였습니다. 어차피 제 잘못이 들통이 난 김에 이을남이 제 신용카드를 빼앗아 이를 사용하여 돈을 인출한 것도 함께 처벌해주셨으면 합니다. 이에 제가 준비해 온 고소장과 신한카드 사용내역을 제출하도록 하겠습니다.

이때 피의자가 제출한 고소장과 신한카드 사용내역을 기록에 첨부하기로 하고

문 그 외에 또 이을남에게 빼앗긴 것이 있나요.

다 아니오, 없습니다. 다만 제가 2008. 9.말경에 이을남과 함께 경복궁에 간적이 있는데, 그때 이을남이 누군가가 벤치 옆에 놓고 간 고급 디지털카메라 1대를 슬그머니 집어 자신의 가방에 넣는 것을 목격한 적도 있습니다. 아주 나쁜 놈입니다. 처벌해 주십시오.

문 이상의 진술은 사실인가요.

답 예. 모두 사실입니다.

위의 조서를 진술자에게 열람하게 하였던바, 진술한 대로 오기나 증감·변경할 것이 전혀 없다고 말하므로 간인한 후 서명무인하게 하다.

진술자 김갑동 (무인)

2013. 6. 3.

서울서초경찰서
사법경찰리 경장 권장기 ㉑
사법경찰리 경사 변동구 ㉑

고 소 장

<u>서초경찰서 접수인 (6633호)(2013.6.3.)</u>

고 소 인　　김 갑 동
　　　　　　　인적사항 (생략)
피고소인　　이 을 남
　　　　　　　인적사항 (생략)

죄　　　명　　강도 등

　피고소인은 2012. 5.중순경에 "신용카드를 주지 않으면 회사 토지를 마음대로 처분한 것을 경찰에 알려 콩밥을 먹게 하겠다. 내게는 힘 좀 쓰는 동생들도 있다."라고 협박하여 고소인으로부터 신용카드를 빼앗고, 그 무렵 신한은행 현금인출기에서 위 신용카드를 사용하여 고소인의 예금계좌에서 권한 없이 100만 원을 인출하였으니 처벌해주시기 바랍니다.

　참고로, 고소인이 2008. 9.말경에 피고소인과 함께 경복궁에 간 적이 있는데, 그때 피고소인이 누군가가 놓고 간 벤치 옆에 있던 고가의 캐논 디지털카메라 1대를 슬그머니 집어간 것을 목격하였습니다. 이 부분도 조사하여 처벌해주시기 바랍니다.

참 고 자 료

산한카드 사용내역

2013. 6. 3.

고소인　김 갑 동　㊞

서울서초경찰서장귀중

압 수 조 서

　피의자 이을남에 대한 강도 등 피의사건에 관하여 2013. 7. 5. 09:00경 서울 관악구 봉천동 123 봉천빌라 1동 지하 103호에서 사법경찰관 경위 배압수는 사법경찰리 경장 권장기를 참여하게 하고 별지 목록의 물건을 다음과 같이 압수하다.

압 수 경 위

　피의자 이을남에 관한 강도 등 혐의로 피의자의 집에서 피의자를 체포하면서 그 곳에 있던 신용카드와 캐논 디지털카메라를 압수하였으며, 또한 피의자의 생활형편 등에 비추어 별도의 범죄행위로 취득하였을 것으로 사료되는 고가의 금목걸이 1개를 별지 압수목록과 같이 압수하다.

참여인	성명	주민등록번호	주소	서명 또는 날인
	이을남	63****-1******	서울 관악구 봉천동 123 봉천빌라 1동 지하 103호	이을남

2013년 7월 5일
서울서초경찰서 수사과 경제수사범죄수사팀
사법경찰리 경위　배 압 수 ㉑
사법경찰리 경장　권 장 기 ㉑

압 수 목 록

번호	품 명	수량	피압수자주거성명 1 유류자	2 보관자	(3) 소지자	4 소유자	소 유 자 주거·성명	비고
1	신용카드	1개	서울 관악구 봉천동 123 봉천빌라 1동 지하 103호 이을남				김갑동	가환부
2	캐논 디지털 카메라	1개	상동				성명불상자	
3	금목걸이	1개	상동				상동	

피의자신문조서

피의자 : 이을남

위의 사람에 대한 강도 등 피의사건에 관하여 2013. 7. 5. 서울서초경찰서 수사과 경제범죄수사팀 사무실에서 사법경찰관(리) 경장 권장기는(은) 사법경찰관(리) 경사 변동구를(을) 참여하게 하고, 아래와 같이 피의자임에 틀림없음을 확인하다.

문 피의자의 성명, 주민등록번호, 직업, 주거, 등록기준지 등을 말하십시오.
답 성명은 이을남(李乙男)

　　　　주민등록번호는　　　　63****-1******

직업, 주거, 등록기준지, 직장주소, 연락처는 각각 (생략)

사법경찰관(리)은(는) 피의사건의 요지를 설명하고 사법경찰관(리)의 신문에 대하여 「형사소송법」 제244조의3에 따라 진술을 거부할 수 있는 권리 및 변호인의 참여 등 조력을 받을 권리가 있음을 피의자에게 알려주고 이를 행사할 것인지 그 의사를 확인하다.

진술거부권 및 변호인 조력권 고지 등 확인

1.귀하는 일체의 진술을 하지 아니하거나 개개의 질문에 대하여 진술을 하지 아니할 수 있습니다.
2.귀하가 진술을 하지 아니하더라도 불이익을 받지 아니합니다.
3.귀하가 진술을 거부할 권리를 포기하고 행한 진술은 법정에서 유죄의 증거로 사용될 수 있습니다.
4.귀하가 신문을 받을 때에는 변호인을 참여하게 하는 등 변호인의 조력을 받을 수 있습니다.

문 피의자는 위와 같은 권리들이 있음을 고지받았는가요.
답 예. 고지를 받았습니다.
문 피의자는 진술거부권을 행사할 것인가요.
답 아닙니다.
문 피의자는 변호인의 조력을 받을 권리를 행사할 것인가요.
답 변호사 없이 조사를 받겠습니다.

이에 사법경찰관(리)은(는) 피의사실에 관하여 다음과 같이 피의자를 신문하다.
[피의자의 범죄전력, 경력, 학력, 가족·재산 관계 등(생략)]
문 피의자는 2013. 6. 10. 서울서초경찰서로부터 김갑동이 피의자를 고소한 사건과 관련하여 출석을 요구받았지요.
답 예. 그렇습니다.

문 그 후에도 수차례 출석요구를 받고도 출석을 하지 않았지요.

답 예. 그렇습니다.

문 그 이유는 무엇인가요.

답 제가 김갑동을 협박한 적이 있어서 처벌받을까봐 두려워서 나오지 않았습니다. 죄송합니다.

문 피의자는 고소인인 김갑동과 어떤 관계인가요.

답 예. 김갑동은 제 사촌형님인데 저는 김갑동이 운영하는 갑동주식회사의 경리부장으로 일하고 있습니다. 제가 김갑동과의 친족관계를 증명하는 가족관계증명서들을 제출하겠습니다.

이때 본직이 피의자로부터 가족관계증명서들을 제출받아 조서 말미에 첨부하기로 하고,

문 피의자는 고소인의 돈을 빼앗은 사실이 있나요.

답 예. 2012. 5.경에 김갑동이 개인적으로 위 회사 토지 2필지(서울 종로구 관철동 50-1 대 300㎡, 서울 구로구 개봉동 353-4 대 500㎡)를 처분한 사실을 발견했습니다. 그래서 2012. 5. 20.경 김갑동에게 가서 평소 알고 지내는 건강한 동생들 이야기를 하면서 김갑동의 위와 같은 잘못을 경찰에 알릴수도 있는데 신용카드를 주면 참겠다고 하였더니 김갑동이 자신의 신용카드를 주면서 비밀번호도 알려주었습니다. 다음 날 그 신용카드를 사용해서 100만 원을 인출하여 생활비로 사용하였습니다.

이때 피의자에게 압수된 카메라와 금목걸이를 보여주면서

문 이 카메라를 취득한 경위는 어떤가요.

답 실은 2008. 9.말경 경복궁에 갔다가 일본인 관광객이 벤치 옆에 놓고 간 카메라를 몰래 가져온 것입니다.

문 이 금목걸이를 취득한 경위는 어떤가요.

답 예. 2011. 크리스마스 일주일 전 쯤에 제 집 근처에 있는 봉천금은방에 갔다가 주인이 잠시 자리를 비운 사이에 진열대 위에 있던 금목걸이를 몰래 가져온 것입니다.

문 이상의 진술은 사실인가요.

답 예. 모두 사실입니다.

위의 조서를 진술자에게 열람하게 하였던 바, 진술한 대로 오기나 증감·변경할 것이 전혀 없다고 말하므로 간인한 후 서명무인하게 하다.

진술자 이 을 남 (무인)

2013. 7. 5.

서울서초경찰서
사법경찰리 경장 권 장 기 ㊞
사법경찰리 경사 변 동 구 ㊞

피의자신문조서(대질)

성   명 : 김갑동
주민등록번호 : 53****-1******
위의 사람에 대한 배임 등 피의사건에 관하여 2013. 8. 5. 서울중앙지방검찰청
901호 검사실에서 검사 구사현은 검찰주사 전주사를 참여하게 한 후, 아래와 같
이 피의자임에 틀림없음을 확인한다.

문 피의자의 성명, 주민등록번호, 직업, 주거, 등록기준지 등을 말하시오.
답 성명은   김갑동(金甲童)
주민등록번호, 직업, 주거, 등록기준지, 직장주소, 연락처는 각각 (생략)
검사는 피의사실의 요지를 설명하고 검사의 신문에 대하여 「형사소송법」 제244조의3에 따라
진술을 거부할 수 있는 권리 및 변호인의 참여 등 조력을 받을 권리가 있음을 피의자에게
알려주고 이를 행사할 것인지 그 의사를 확인하다.

진술거부권 및 변호인 조력권 고지 등 확인

1. 귀하는 일체의 진술을 하지 아니하거나 개개의 질문에 대하여 진술을 하지 아니할 수
   있습니다.
2. 귀하가 진술을 하지 아니하더라도 불이익을 받지 아니합니다.
3. 귀하가 진술을 거부할 권리를 포기하고 행한 진술은 법정에서 유죄의 증거로 사용될 수
   있습니다.
4. 귀하가 신문을 받을 때에는 변호인을 참여하게 하는 등 변호인의 조력을 받을 수 있습니다.

문   피의자는 위와 같은 권리들이 있음을 고지받았는가요.
답   예. 고지받았습니다.
문   피의자는 진술거부권을 행사할 것인가요.
답   아닙니다.
문   피의자는 변호인의 조력을 받을 권리를 행사할 것인가요.
답   아닙니다. 혼자서 조사를 받겠습니다.
이에 검사는 피의자 김갑동 옆에 피의자 이을남을 동석하게 하고 피의자 김갑동을 다음과 같
이 신문하다.
<피의자 김갑동에게>
문   피의자의 병역, 학력, 가족관계, 재산 및 월수입, 건강상태 등은 경찰에서 진술한 바와
      같은가요.
이때 검사는 피의자에게 기록 중 해당 부분을 읽어준 바,
답   예. 사실과 같습니다.
문   피의자는 형사처벌을 받은 사실이 있는가요.

답 아니오, 없습니다.

문 피의자와 갑동주식회사의 관계는 어떤가요.

답 의류제조업인 갑동주식회사는 2009. 6.경에 제가 자본금 5,000만 원과 시가 3억 원 상당의 서울 종로구 관철동 50-1 대 300㎡, 시가 6억 원 상당의 서울 구로구 개봉동 353-4 대 500㎡를 출연하여 설립한 회사이고, 그때부터 제가 대표이사로서 100퍼센트 주식을 가지고 있으며 단독으로 회사의 모든 의사결정을 해오고 있습니다.

문 그동안 토지들의 시세는 변동이 있었나요.

답 부동산 경기가 좋지 않아서 지금까지 시세는 계속 제자리입니다.

문 피의자 외에 다른 이사나 경영진은 없나요.

답 조그만 회사인데 다른 이사가 무슨 필요가 있나요. 경리부장인 이을남과 총무부장인 전충무만 직원으로 두고 저 혼자서 힘겹게 회사를 꾸려왔습니다.

문 피의자는 위 회사 소유의 토지를 임의로 처분한 사실이 있나요.

다 예. 2012. 2.말경에 고향 동생인 박고소에게 돈을 빌리러 갔는데 담보가 필요하다고 해서 2012. 3.초경에 제 명의로 되어 있는 회사 소유 토지인 서울 종로구 관철동 50-1 대 300㎡에 박고소 앞으로 채권최고액 2억 원의 근저당권을 설정하고 박고소로부터 1억 5,000만 원을 빌린 사실이 있습니다.

문 관철동 토지는 위 매매 당시 피의자 명의로 되어 있는데 어떻게 된 것인가요.

답 원래 회사를 설립할 때 회사 명의로 회사 자산을 매입했던 것인데, 대표이사인 제가 외형상 아무 재산도 없으면 위신이 떨어지는 것 같아서 서류상으로만 매매 형식을 꾸며 명의만 제 앞으로 돌려놓았던 것입니다.

문 회사 소유의 토지를 피의자 앞으로 명의신탁을 했다는 말인가요.

답 예. 그렇습니다.

문 위 토지를 처분하는 과정에서 회사 내부에서 어떤 절차를 거쳤나요.

답 제 회사인데 제 물건 제가 처분하는데 무슨 절차가 필요하나요. 제가 회사소유의 토지에 근저당권을 설정한 것은 맞지만 그 일로 처벌받는 것은 억울합니다.

문 박고소는 피의자가 위 관철동 토지를 임의로 처분한다는 것을 알고 있었나요.

답 아니오, 박고소는 제 개인 토지에 정당하게 근저당권을 설정하는 줄로만 알았습니다.

문 빌린 돈은 1억 5,000만 원인데 채권최고액을 2억 원으로 설정한 이유는 무엇인가요.

답 개인에게 채권최고액의 70퍼센트 이상을 빌리는 것은 쉽지 않은 일입니다. 그나마 박고소가 제 고향 동생이어서 후하게 빌려준 것입니다.

문 박고소로부터 빌린 1억 5,000만 원은 어떻게 사용하였나요.

답 저희 회사에서 원단 납품업체들에게 돌린 어음 부도를 막기 위해서 모두 사용했습니다.

문 원단 납품업체들에게 돈을 지급한 자료는 있나요.

답 예. 제가 납품업체들에게 대금을 지급하고 받은 세금계산서들을 가지고 왔으니 제출하겠습니다.

이에 검사는 피의자로부터 위 세금계산서들을 임의 제출받아 본 조서 말미에 첨부하기로 하고,

문 피의자는 고소인 박고소에게 팔기로 한 토지를 다른 사람에게 판 사실이 있나요.

답 예. 2012. 4.중순경에 회사 운영자금이 급히 필요해서 박고소를 찾아가 6억 원 상당의 회사 소유의 서울 구로구 개봉동 353-4 대 500㎡를 4억 원에 팔고 싶다고 했습니다. 박고소가 그 토지를 꼭 원했는지 그날 저녁에 바로 계약금 1억 원, 중도금 2억 원을

현금으로 마련해주었습니다. 그런데 제 개인 형편이 너무 어려워서 2012. 5. 10. 아는 사채업자인 최등기에게 4억 원을 받고 그 토지를 넘겼습니다.

문 박고소와 최등기는 피의자가 회사의 개봉동 토지를 임의로 처분한다는 것을 알고 있었나요.

답 아니오, 두 사람 모두 정당하게 회사 소유의 토지를 사는 줄로만 알았습니다.

문 그렇다면 최등기는 피의자가 이미 개봉동 토지를 박고소에게 매도하고 계약금과 중도금까지 받은 사실을 알고 있었나요.

답 아니오, 제가 알려주지도 않았고, 최등기는 사채업자라서 그것을 알았다면 사지 않았을 것입니다.

이때 검사는 피의자에게 서울 구로구 개봉동 353-4 대 500㎡에 관한 등기사항전부증명서를 보여주면서,

문 이 토지는 2010. 3. 15. 주식회사 신한은행이 채권최고액 2억 원의 근저당권을 설정한 것으로 되어 있는데, 그 내용은 무엇인가요.

답 예. 그 날짜에 회사에서 필요한 물품구입 자금이 필요해서 신한은행으로부터 1억 5,000만 원을 대출받으면서 위 토지에 채권최고액 2억 원의 근저당권을 설정해준 것입니다. 다행히 이자는 꼬박꼬박 갚아와서 그때부터 현재까지 계속 대출금액에는 변동이 없는 상태입니다.

문 박고소와 최등기로부터 받은 돈은 어떻게 하였나요.

답 최등기로부터 받은 4억 원 중 2억 원을 이을남에게 나누어주고 나머지는 제가 개인 빚이 좀 많아 그 빚을 갚는데 썼습니다.

문 이을남에게는 왜 돈을 나누어 주었나요.

답 사촌동생인 이을남이 급전이 필요하다고 하여 빌려준 것입니다.

문 처음부터 이을남과 짜고 회사 땅을 처분한 것은 아닌가요.

답 (잠시 생각하다가 한숨을 푹 쉬더니) 실은 박고소에게 관철동 토지에 대한 근저당권을 설정해 준 것은 저 혼자 한 것이 맞으나, 최등기에게 개봉동 토지를 매도한 것은 이을남과 함께 처분한 것입니다. 그렇지 않다면 아무리 이을남이 사촌동생이라고 해도 2억 원 씩이나 주겠습니까? 경찰에서는 사촌동생이어서 감싸주었으나, 이제는 남보다 못한 사이가 되어 사실대로 말씀드리는 것입니다.

문 이을남과 함께 범행을 한 경위는 어떠한가요.

답 실은 박고소에게 개봉동 토지를 매도한 직후에 이을남이 그 사실을 알고는 제게 와서 예전부터 현금 부자인 최등기가 그 토지에 관심을 많이 가지고 있었는데 아깝다는 말을 했습니다. 그리고 며칠 후에 이을남이 제게 다시 와서 혹시 박고소에게 개봉동 토지의 소유권이전등기까지 넘겼냐고 물어보아서 등기는 아직 제 명의로 남아 있지만 박고소를 위해서 대신 보관만 하고 있을 뿐이고 그 토지는 이미 박고소의 물건이라고 대답했습니다. 그랬더니 이을남이 "형님이나 저나 요즘 형편이 너무 어려운데 최등기는 아직 토지를 박고소에게 넘긴 것을 모르니 최등기에게 팝시다."라고 제안해서 제가 마지못해 승낙했습니다. 그래서 이을남이 최등기에게 가서 토지를 살 의향이 있냐고 물어보자 최등기는 4억 원에 살 용의가 있다고 했습니다. 이을남이 제게 "덤으로 생기는 돈이니 최등기에게 그 토지를 팔아 4억을 반반씩 나누면 2억씩 이득이 되지 않겠느냐."라고 계속 강권하여 형편이 어려운 저로서는 마지못해 받아들였습니다. 그래서 2012. 5. 9. 제 사무실에서 최등기를 직접 만나 개봉동 토지에 대한 매매계약서를

작성하고, 다음 날인 2012. 5. 10 최등기로부터 4억 원을 받은 즉시 서울남부지방법
원 구로등기소에 가서 최등기 앞으로 소유권이전등기를 한 것입니다.

문 이을남에게 피의자 명의의 신용카드를 빼앗긴 사실이 있나요.

답 예, 2012. 5. 20. 이을남이 대낮부터 회사 사무실로 혼자 찾아와 제게 "신용카드를 주
지 않으면 회사 토지를 마음대로 처분한 것을 경찰에 알려 콩밥을 먹게 하겠다. 내게
는 힘 좀 쓰는 동생들도 있다."라고 협박하여 어쩔 수 없이 제 신용카드(카드번호 :
4****-****-****-****) 1장을 주었습니다.

문 "힘 좀 쓰는 동생들"은 누구를 말하는가요.

답 평소 조폭까지는 아니고 동네 건달 수준으로 보이는 건장한 남자들이 이을남에게 "형
남"이라고 깍듯하게 인사하는 것을 본 적이 있습니다. 혹시 이을남 요구를 거절하면
그들을 회사에 데려와 소란을 피울까봐 염려되고 회사 소유의 토지를 임의로 처분한
것이 발각되는 것도 두려워 신용카드를 준 것입니다.

<피의자 이을남에게>

문 피의자의 성명, 주민등록번호, 직업, 주거, 등록기준지를 말하시오.

답 성명은 　　　　　　이을남(李乙男)

주민등록번호, 직업, 주거, 등록기준지, 직장주소, 연락처는 각각 (생략)

검사는 피의사실의 요지를 설명하고 검사의 신문에 대하여 「형사소송법」 제244조의3에 따라
진술을 거부할 수 있는 권리 및 변호인의 참여 등 조력을 받을 권리가 있음을 피의자에게
알려주고 이를 행사할 것인지 그 의사를 확인하다,

형
사
법

진술거부권 및 변호인 조력권 고지 등 확인

1. 귀하는 일체의 진술을 하지 아니하거나 개개의 질문에 대하여 진술을 하지 아니할 수 있습니다.
2. 귀하가 진술을 하지 아니하더라도 불이익을 받지 아니합니다.
3. 귀하가 진술을 거부할 권리를 포기하고 행한 진술은 법정에서 유죄의 증거로 사용될 수 있습니다.
4. 귀하가 신문을 받을 때에는 변호인을 참여하게 하는 등 변호인의 조력을 받을 수 있습니다.

문   피의자는 위와 같은 권리들이 있음을 고지받았는가요.

답   예. 고지받았습니다.

문   피의자는 진술거부권을 행사할 것인가요.

답   아닙니다.

문   피의자는 변호인의 조력을 받을 권리를 행사할 것인가요.

답   아닙니다. 혼자서 조사를 받겠습니다.

이에 검사는 피의자 이을남의 피의사실에 관하여 다음과 같이 피의자를 신문하다.

문   피의자의 병역, 학력, 가족관계, 재산 및 월수입, 건강상태 등은 경찰에서 진술한 바와 같은가요.

이때 검사는 피의자에게 기록 중 해당부분을 읽어준 바,

답   예. 사실과 같습니다.

문   피의자는 형사처벌을 받은 사실이 있는가요.

답   아니오. 없습니다.

문   피의자는 김갑동과 어떤 사이인가요.

다   예. 김갑동은 제 사촌형님이고, 저는 김갑동이 운영하는 갑동주식회사의 경리부장으로 근무하여 잘 알고 있습니다.

문   지금까지 김갑동이 하는 말을 들었지요.

답   예. 그렇습니다.

문   김갑동이 위와 같이 회사 소유의 토지들을 처분한 것이 맞나요.

답   김갑동이 정확히 얼마를 챙겼는지 모르지만, 김갑동이 말한 대로 박고소와 최등기에게 근저당을 설정하거나 소유권을 넘긴 것은 사실입니다.

문   김갑동이 관철동 토지에 관해서 박고소에게 채권최고액 2억 원의 근저당권을 설정해주고 1억 5,000만 원을 빌린 것은 적정한 것인가요.

답   김갑동이 회사에게 아무런 절차를 거치지 않고 독단적으로 회사 소유의 토지에 근저당권을 설정한 것은 잘못이지만, 시중 대출 관행에 비추어 볼 때 채권최고액 2억 원에 1억 5,000만 원을 빌린 것은 나쁘지 않은 것 같습니다.

문   회사에 김갑동 외에 다른 이사나 경영진이 있나요.

답   영세업체이다 보니 대표이사인 김갑동, 경리부장인 저, 그리고 총무부장인 전총무 3명이서 회사를 꾸려왔습니다.

문   김갑동이 관철동 토지를 담보로 빌린 돈을 어디에 썼는지 아는가요.

답 예. 당시 회사에서 원단 납품업체들에게 돌린 어음을 급히 막아야 해서 거기에 1억 5,000만 원을 쓴 것을 제가 직접 확인한 적이 있습니다. 김갑동이 회사의 부채를 갚기 위해서 쓴 것이 맞습니다.

문 혹시 피의자가 김갑동과 같이 위 돈을 나누어 쓰고 지금 거짓말을 하는 것은 아닌가요.

답 절대 아닙니다. 이미 김갑동과 저는 갈 데까지 간 험악한 사이인데 서로 감싸줄 이유가 없습니다.

문 피의자는 개봉동 토지를 처분한 돈 중 일부를 김갑동과 함께 나누어 쓴 사실이 있나요.

답 그런 사실이 없습니다.

문 김갑동은 피의자와 미리 짜고 회사 소유의 토지를 같이 처분했다고 하는데 어떤가요.

답 절대로 아닙니다. 제가 언젠가 지나가는 말로 김갑동에게 최등기가 개봉동 토지에 관심이 많이 있다는 말은 한 적은 있습니다. 그리고 2012. 5.초경에 김갑동이 제게 회사자금이 부족하여 개봉동 토지를 팔아야겠으니 최등기에게 가서 현금으로 토지를 살 수 있는지 의사를 타진해보라고 해서 제가 최등기와 김갑동을 오가며 4억 원에 매매가 성사되도록 한 것은 맞습니다. 하지만 저와 최등기는 모두 김갑동이 이미 박고소에게 개봉동 토지를 팔아먹은 상태에서 최등기에게 토지를 또 팔아먹은 줄은 꿈에도 몰랐습니다.

문 김갑동이 회사 소유의 토지를 개인이 임의로 파는 것에 피의자가 관여한 것은 잘못이 아닌가요.

답 앞서 말씀드렸듯이 김갑동이 박고소 앞으로 관철동 토지에 근저당을 설정하고 받은 돈 1억 5,000만 원으로 회사 부도를 막은 적이 있습니다. 그래서 저는 개봉동 토지를 최등기에게 팔 때도 김갑동이 회사자금이 필요하다고 해서 그 말만 믿고 매매를 성사시켜준 것 뿐입니다. 그런데 나중에 알고보니 김갑동은 개봉동 토지와 관련해서 박고소와 최등기로부터 현금으로 받은 돈을 직접 가지고 있다가 모든 돈을 회사와 무관하게 개인적으로 혼자 다 써버린 것을 알게 되었습니다. 그러고는 이제 책임을 회피하기 위해서 저에게 2억 원이나 주었다고 하니 황당할 뿐입니다. 그 인색한 사람이 감옥에 갈지언정 2억 원을 줄 리가 절대 없습니다.

문 피의자의 말을 증명할 증거가 있나요.

답 돈을 받았다면 증거가 있겠지만 받지도 않았는데 무슨 증거가 있겠습니까?

문 피의자는 김갑동을 협박하여 신용카드를 빼앗은 사실이 있는가요.

답 예. 제가 김갑동을 최등기에게 소개를 시켜주어 매매가 성사되었음에도 저에게 고맙다는 말 한마디 없어서 괘씸하게 생각하고 있던 중, 김갑동이 이미 그 토지를 박고소에게 팔고 또다시 최등기에게 팔아서 돈을 받았다는 사실을 알게 되었습니다. 그래서 2012. 5 20 점심 무렵에 김갑동의 회사 사무실에 혼자 점잖게 찾아가 왜 회사 토지를 마음대로 처분하느냐, 경찰에 알리겠다고 했더니 김갑동이 겁을 먹었는지 자신의 신용카드(카드번호 : 4***-****-****-****)를 주면서 비밀번호도 알려주었습니다. 그래서 다음날인 2012. 5. 21. 서울 서초구 서초동 456-2에 있는 신한은행 현금자동지급기코너에서 그 카드를 사용하여 김갑동의 예금계좌에서 100만 원을 인출하여 생활비에 사용하였습니다.

문 김갑동에게 신용카드를 달라고 하면서 "콩밥을 먹게 하겠다." "내게는 힘 좀 쓰는 동생들도 있다."라고 말한 사실이 있나요.

다 생각해보니 그런 말도 약간 했던 것 같습니다. 그 정도는 말해야 김갑동이 겁을 먹지

답 예. 당시 회사에서 원단 납품업체들에게 돌린 어음을 급히 막아야 해서 거기에 1억 5,000만 원을 쓴 것을 제가 직접 확인한 적이 있습니다. 김갑동이 회사의 부채를 갚기 위해서 쓴 것이 맞습니다.

문 혹시 피의자가 김갑동과 같이 위 돈을 나누어 쓰고 지금 거짓말을 하는 것은 아닌가요.

답 절대 아닙니다. 이미 김갑동과 저는 갈 데까지 간 험악한 사이인데 서로 감싸줄 이유가 없습니다.

문 피의자는 개봉동 토지를 처분한 돈 중 일부를 김갑동과 함께 나누어 쓴 사실이 있나요.

답 그런 사실이 없습니다.

문 김갑동은 피의자와 미리 짜고 회사 소유의 토지를 같이 처분했다고 하는데 어떤가요.

답 절대로 아닙니다. 제가 언젠가 지나가는 말로 김갑동에게 최등기가 개봉동 토지에 관심이 많이 있다는 말은 한 적은 있습니다. 그리고 2012. 5.초경에 김갑동이 제게 회사자금이 부족하여 개봉동 토지를 팔아야겠으니 최등기에게 가서 현금으로 토지를 살 수 있는지 의사를 타진해보라고 해서 제가 최등기와 김갑동을 오가며 4억 원에 매매가 성사되도록 한 것은 맞습니다. 하지만 저와 최등기는 모두 김갑동이 이미 박고소에게 개봉동 토지를 팔아먹은 상태에서 최등기에게 토지를 또 팔아먹은 줄은 꿈에도 몰랐습니다.

문 김갑동이 회사 소유의 토지를 개인이 임의로 파는 것에 피의자가 관여한 것은 잘못이 아닌가요.

답 앞서 말씀드렸듯이 김갑동이 박고소 앞으로 관철동 토지에 근저당을 설정하고 받은 돈 1억 5,000만 원으로 회사 부도를 막은 적이 있습니다. 그래서 저는 개봉동 토지를 최등기에게 팔 때도 김갑동이 회사자금이 필요하다고 해서 그 말만 믿고 매매를 성사시켜준 것 뿐입니다. 그런데 나중에 알고보니 김갑동은 개봉동 토지와 관련해서 박고소와 최등기로부터 현금으로 받은 돈을 직접 가지고 있다가 모든 돈을 회사와 무관하게 개인적으로 혼자 다 써버린 것을 알게 되었습니다. 그러고는 이제 책임을 회피하기 위해서 저에게 2억 원이나 주었다고 하니 황당할 뿐입니다. 그 인색한 사람이 감옥에 갈지언정 2억 원을 줄 리가 절대 없습니다.

문 피의자의 말을 증명할 증거가 있나요.

답 돈을 받았다면 증거가 있겠지만 받지도 않았는데 무슨 증거가 있겠습니까?

문 피의자는 김갑동을 협박하여 신용카드를 빼앗은 사실이 있는가요.

답 예. 제가 김갑동을 최등기에게 소개를 시켜주어 매매가 성사되었음에도 저에게 고맙다는 말 한마디 없어서 괘씸하게 생각하고 있던 중, 김갑동이 이미 그 토지를 박고소에게 팔고 또다시 최등기에게 팔아서 돈을 받았다는 사실을 알게 되었습니다. 그래서 2012. 5. 20. 점심 무렵에 김갑동의 회사 사무실에 혼자 점잖게 찾아가 왜 회사 토지를 마음대로 처분하느냐, 경찰에 알리겠다고 했더니 김갑동이 겁을 먹었는지 자신의 신용카드(카드번호 : 4***-****-****-****)를 주면서 비밀번호도 알려주었습니다. 그래서 다음날인 2012. 5. 21. 서울 서초구 서초동 456-2에 있는 신한은행 현금자동지급기코너에서 그 카드를 사용하여 김갑동의 예금계좌에서 100만 원을 인출하여 생활비에 사용하였습니다.

문 김갑동에게 신용카드를 달라고 하면서 "콩밥을 먹게 하겠다." "내게는 힘 좀 쓰는 동생들도 있다."라고 말한 사실이 있나요.

다 생각해보니 그런 말도 약간 했던 것 같습니다. 그 정도는 말해야 김갑동이 겁을 먹지 않겠습니까.

<피의자 김갑동에게>

문   이을남은 피의자로부터 신용카드 외에 2억 원을 받은 사실이 없다고 주장하는데 어떤가요.

답   말도 안 됩니다. 제가 처분한 토지들의 시가를 합치면 무려 9억 원입니다. 제가 얼마를 챙겼는지 정확히 말하지는 않았지만 회사 경리부장인 이을남이 제 수중에 수억 원이 들어왔을 것이라 짐작하는 것은 당연합니다. 그런데 고작 신용카드 한 장만 받아서 100만 원만 인출했겠습니까. 이을남이 자신은 처벌을 적게 받으려고 거짓말을 하는 것입니다.

문   피의자의 주장을 뒷받침할 증거가 있나요.

답   예. 2012. 6.경 총무부장인 전총무가 교통사고를 당해 입원해 있을 때 제가 아끼던 직원이어서 안타까운 마음에 생활비라도 좀 보태주러 병문안을 갔다가 전총무로부터 제가 5만 원짜리 현금 다발 40개 합계 2억 원을 이을남에게 주는 것을 목격하였다는 내용의 증명서를 받은 사실이 있습니다. 전총무는 온 몸에 다발성골절상을 입어 글씨를 쓰기 어려운 상황이었기 때문에 위 증명서는 전총무가 하는 이야기를 병간호를 하고 있던 전총무의 아내 나부인이 전총무가 불러주는 그대로를 받아 적은 것입니다.

이때 검사는 피의자로부터 전총무 명의의 증명서를 제출받아 기록에 첨부하기로 하고,

문   전총무는 지금도 회사에서 근무하고 있는가요.

답   아닙니다. 제가 병문안 갔을 때만 하더라도 정신은 멀쩡했는데, 갑자기 내출혈이 심해져 한 달 정도 뒤 사망했습니다. 전총무가 입원했을 때부터 지금까지도 그랬지만 앞으로도 전총무 가족은 제가 책임지도록 하겠습니다.

<피의자들에게>

문   이상의 진술은 모두 사실인가요.

답   (피의자 김갑동) 예. 사실입니다.

      (피의자 이을남) 예. 사실입니다.

위의 조서를 진술자들에게 열람하게 하였던바, 진술한 대로 오기나 증감·변경할 것이 전혀 없다고 말하므로 간인한 후 서명무인하게 하다.

진술자 김 갑 동 (무인)

진술자 이 을 남 (무인)

2013. 8. 5.

서울중앙지방검찰청

검   사 구 사 현 ㊞

검찰주사 전 주 사 ㊞

형사법

증 명 서

　저는 갑동주식회사의 총무부장으로서 2012년 5월 10일경에 회
사 사무실에서 김갑동이 이을남에게 5만 원짜리 현금 다발 40개
(2억 원)을 주는 것을 목격한 사실이 있습니다.

　　　　　　　2012. 6. 5.

　　　　　　　전 총 무

피의자신문조서(제2회)

피의자 : 이을남

위의 사람에 대한 절도 등 피의사건에 관하여 2013. 10. 7. 서울중앙지방검찰청 901호 검사실에서 검사 구사현은 검찰주사 전주사를 참여하게 한 후, 아래와 같이 피의자임에 틀림없음을 확인한다.

검사는 피의사실의 요지를 설명하고 검사의 신문에 대하여「형사소송법」제244조의3에 따라 진술을 거부할 수 있는 권리 및 변호인의 참여 등 조력을 받을 권리가 있음을 피의자에게 알려주고 이를 행사할 것인지 그 의사를 확인하다.

> ## 진술거부권 및 변호인 조력권 고지 등 확인
>
> 1. 귀하는 일체의 진술을 하지 아니하거나 개개의 질문에 대하여 진술을 하지 아니할 수 있습니다.
> 2. 귀하가 진술을 하지 아니하더라도 불이익을 받지 아니합니다.
> 3. 귀하가 진술을 거부할 권리를 포기하고 행한 진술은 법정에서 유죄의 증거로 사용될 수 있습니다.
> 4. 귀하가 신문을 받을 때에는 변호인을 참여하게 하는 등 변호인의 조력을 받을 수 있습니다.

문 피의자는 위와 같은 권리들이 있음을 고지받았는가요.
답 예. 고지받았습니다.
문 피의자는 진술거부권을 행사할 것인가요.
답 아닙니다.
문 피의자는 변호인의 조력을 받을 권리를 행사할 것인가요.
답 아닙니다. 혼자서 조사를 받겠습니다.

이에 검사는 피의사실에 관하여 다음과 같이 피의자를 신문하다.
문 피의자는 전회에 사실대로 진술하였나요.
이때 검사는 피의자에게 기록 중 해당부분을 읽어준바,
답 예. 사실대로 말씀드렸습니다.
문 피의자는 다른 사람의 카메라를 몰래 가져간 사실이 있나요.
답 예. 2008. 9.말경 김갑동과 함께 경복궁에 바람을 쐬러 갔는데, 일본인 단체관광객들이 많았습니다. 저는 한적한 곳에 있는 벤치에 앉아 쉬고 있는데 일본인 아주머니가 풍경 사진을 찍다가 제 옆에 와서 앉았습니다. 얼마 후 단체관광 가이드가 비행기 시간이 다 되었는지 급히 신호를 하자 제 옆에 있던 아주머니가 벤치 옆에 카메라를 놓아둔 채 허겁지겁 달려갔고 관광객들이 다 모이자 버스에 타는 즉시 떠났습니다. 저는 김갑동과 함께 경복궁 경내를 한바퀴 돌고 왔는데도 그 카메라가 그대로 그 장소에 방치되어 있어서 주변을 둘러보니 경복궁 폐장 시간이 다 되어 보는 사람이 없어서 순간적으로 잘못된 마음을 먹고 출입문이 닫히기 직전 슬쩍 가져 온 것입니다.

문 김갑동은 피의자가 카메라를 가져가는 것을 보았나요.

답 옆에 있기는 했는데 제가 카메라를 집어 잽싸게 가방에 집어넣었기 때문에 보았는지는 잘 모르겠습니다.

문 그 카메라를 지금까지 집에다 보관해 온 이유는 무엇인가요.

답 제가 몇 번 사용하다가 팔려고 하였지만 혹시 카메라가 절도로 신고되어 있었을지 몰라 그냥 집에 둔 것입니다.

문 피의자는 다른 사람의 금목걸이를 훔친 사실이 있나요.

답 예. 2011. 크리스마스 일주일 전쯤에 이웃집에서 돌잔치를 한다고 해서 선물을 사러 봉천금은방에 갔는데, 주인이 진열대 위에서 금목걸이를 닦고 있었습니다. 그런데 주인이 휴대폰을 받더니 제가 있는 자리에서 말하기 힘든 급한 사정이 있었는지 갑자기 가게 밖으로 뛰쳐나갔습니다. 얘기가 길어지는지 5분이 지나도 오지 않아서 순간적으로 잘못된 마음을 먹고 진열대 위에 있던 금목걸이를 몰래 가져와서 지금까지 제가 걸고 다녔습니다. 그런데 이번에 경찰에 체포되면서 제 집에 벗어놓았던 금목걸이를 압수당하였습니다.

문 금은방 주인과는 어떤 관계인가요.

다 아무런 관계도 아닙니다. 사실 금목걸이를 가져온 다음날 이를 돌려주고 용서를 빌러 금은방에 찾아갔는데 유리로 된 출입문에는 "폐업"이라는 쪽지가 붙여있고 가게 안은 어수선하게 난장판이 되어 있는 것이 야반도주라도 한 것처럼 보였습니다.

문 이상의 진술은 사실인가요.

답 예. 사실입니다.

문 더 할 말이나 유리한 증거가 있는가요.

답 없습니다.

위의 조서를 진술자에게 열람하게 하였던바, 진술한 대로 오기나 증감·변경할 것이 전혀 없다고 말하므로 간인한 후 서명무인하게 하다.

진술자 이 을 남 (무인)

2013. 10. 7.

서울중앙지방검찰청
검   사 구 사 현 ㉑
검찰주사 전 주 사 ㉑

기타 법원에 제출되어 있는 증거들

※ 편의상 다음 증거서류의 내용을 생략하였으나, 법원에 증거로 적법하게 제출되어 있음을 유의하여 변론할 것.

○ 부동산매매계약서(2012. 4. 15.자)

– 김갑동이 개봉동 토지를 박고소에게 계약금 1억 원, 중도금 2억 원, 잔금 1억 원에 매도하는 계약서.

○ 영수증(2012. 4. 15.자)

– 김갑동이 박고소로부터 개봉동 토지 매매 계약금과 중도금 합계 3억 원을 수령한 사실을 김갑동이 확인한 내용.

○ 신한카드 사용 내역(카드번호 : 4***-****-****-****)

– 2012. 5. 21. 신한은행 현금자동지급기에서 김갑동 명의의 신한카드를 이용하여 100만 원이 인출된 내역.

○ 각 가족관계등명서

– 김갑동과 이을남이 사촌지간이라는 사실의 기재.

○ 피고인들에 대한 각 조회보고서

– 피고인들에 대한 전과 조회로서 각각 특별한 전과 없음.

○ 갑동주식회사 납품업체들이 발행한 각 세금계산서

– 갑동주식회사로부터 합계 1억 5,000만 원을 납품대금으로 받았음.

○ 사망진단서사본

– 전총무가 2012. 7. 1. 사망함.

2013년 제2회 변호사시험 기록형 기출문제

 문 제

다음 기록을 읽고 피고인 김갑인의 변호인 김힘찬과 피고인 이을해의 변호인 이사랑의 변론요지서를 작성하되, 다음 쪽 변론요지서 양식 중 <u>본문 I, II 부분만 작성하시오.</u>

▌작성요령

1. 시험의 편의상 두 변호인의 변론을 하나의 변론요지서에 작성함.
2. 피고인들 사이에 이해가 상충되는 경우 피고인들 각각의 입장에 충실하게 변론할 것.
3. 학설·판례 등의 견해가 대립되는 경우, 한 견해를 취하여 변론할 것. 다만, 대법원 판례와 다른 견해를 취하여 변론을 하고자 하는 경우에는 자신의 입장에 따른 변론을 하되, 대법원 판례의 취지를 적시할 것.
4. 증거능력이 없는 증거는 실제 소송에서는 증거로 채택되지 않아 증거조사가 진행되지 않지만, 이 문제에서는 시험의 편의상 증거로 채택되어 증거조사가 진행된 것을 전제하였음. 따라서 필요한 경우 증거능력에 대하여도 변론할 것.

▌주의사항

1. 쪽 번호는 편의상 연속되는 번호를 붙였음.
2. 조서, 기타 서류에는 필요한 서명, 날인, 무인, 간인, 정정인이 있는 것으로 볼 것.
3. 증거목록, 공판기록 또는 증거기록 중 '(생략)'이라고 표시된 부분에는 법에 따른 절차가 진행되어 그에 따라 적절한 기재가 있는 것으로 볼 것.
4. 공판기록과 증거기록에 첨부하여야 할 일부 서류 중 '(생략)' 표시가 있는 것, '증인선서서'와 수사기관의 조서에 첨부하여야 할 '수사과정확인서'는 적법하게 존재하는 것으로 볼 것.
5. 송달이나 접수, 통지, 결재가 필요한 서류는 모두 적법한 절차를 거친 것으로 볼 것.

【변론요지서 양식】

변론요지서

사　건　2012고합1277 특정경제범죄가중처벌등에관한법률위반(사기) 등
피고인　1. 김갑인
　　　　2. 이을해

　위 사건에 관하여 피고인 김갑인의 변호인 변호사 김힘찬, 피고인 이을해의
변호인 변호사 이사랑은 다음과 같이 변론합니다.

다　음

Ⅰ. 피고인 김갑인에 대하여 **(40점)**
　　1. 사문서위조, 위조사문서행사의 점
　　2. 특정범죄가중처벌등에관한법률위반(도주차량)의 점
　　3. 도로교통법위반(음주운전)의 점

Ⅱ. 피고인 이을해에 대하여 **(60점)**
　　1. 특정경제범죄가중처벌등에관한법률위반(사기)의 점
　　2. 공갈의 점

※ **평가제외사항 － 공소사실의 요지, 정상관계, 피고인 김갑인에 대한 특정경**
　　　　　　　　제범죄가중처벌등에관한법률위반(사기) 부분
　　　　　　　　(답안지에 기재하지 말 것)

2013. 1. 5.

피고인 김갑인의 변호인 변호사 김힘찬 ㉑
피고인 이을해의 변호인 변호사 이사랑 ㉑

서울중앙지방법원 제26형사부 귀중

<table>
<tr><td colspan="2"></td><td>구속만료</td><td></td><td>미결구금</td></tr>
<tr><td colspan="2">서 울 중 앙 지 방 법 원</td><td>최종만료</td><td></td><td></td></tr>
<tr><td colspan="2">구공판 형 사 제1 심 소 송 기 록</td><td>대행 갱신
만　　료</td><td></td><td></td></tr>
</table>

기일 1회기일	사건번호	2012고합1277	담임	제26부	주심	다
12/7 A10						
12/21 P3	사 건 명	가. 특정경제범죄가중처벌등에관한법률위반(사기) 나. 특정범죄가중처벌등에관한법률위반(도주차량) 다. 공갈 라. 사문서위조 마. 위조사문서행사 바. 도로교통법위반(음주운전)				

검　　사	정이감	2012형제55511호
공소제기일	2012. 10. 19.	
피 고 인	1. 가.나.라.마.바.　　**김갑인** 2. 가.다.　　**이을해**	
변 호 인	사선　변호사　김힘찬(피고인 김갑인) 사선　변호사　이사랑(피고인 이을해)	

확　　정			완결 공람	담 임	과 장	국 장	주심 판사	재판장	원장
보존종기									
종결구분									
보　　존									

접 수 공 람	과　　장	국　　장	원　　장
	㊞	㊞	㊞

공 판 준 비 절 차

회 부 수명법관 지정 일자	수명법관 이름	재 판 장	비　　고

법 정 외 에 서 지 정 하 는 기 일

기일의 종류	일　　시				재 판 장	비 고
1회 공판기일	2012.	12.	7.	10:00	㊞	

서울중앙지방법원

목 록		
문 서 명 칭	장 수	비 고
증거목록	8	검사
증거목록	10	피고인 및 변호인
공소장	11	
변호인선임신고서	(생략)	피고인 김갑인
변호인선임신고서	(생략)	피고인 이을해
영수증(공소장부본 등)	(생략)	피고인 깁갑인
영수증(공소장부본 등)	(생략)	피고인 이을해
영수증(공판기일통지서)	(생략)	변호사 김힘찬
영수증(공판기일통지서)	(생략)	변호사 이사랑
의견서	(생략)	피고인 김갑인
의견서	(생략)	피고인 이을해
공판조서(제1회)	15	
증거서류제출서	17	변호사 김힘찬
공판조서(제2회)	20	
증인신문조서	22	박병진
증인신문조서	23	안경위

서울중앙지방법원

목 록 (구속관계)		
문 서 명 칭	장 수	비 고
긴급체포서	**14**	피고인 이을해
석방보고서	**(생략)**	피고인 이을해

형
사
법

증 거 목 록 (증거서류 등)

2012고합1277

① 김갑인
② 이을해

신청인: 검사

2012형제55511호

순번	증거방법 작성	쪽수(수)	쪽수(증)	증거명칭	성 명	참조사항등	신청기일	증거의견 기일	증거의견 내용	증거결정 기일	증거결정 내용	증거조사기일	비고
1	검사	(생략)		피의자신문조서	김갑인	사기 등	1	1	① ○ ② ×				
2	〃	47		피의자신문조서	이을해	사기 등	1	1	② ○ ① ○				
3	〃	(생략)		사망진단서사본	양신구	사기 등	1	1	①② ○				
4	사경	26		진술조서	박병진	사기,위조등	1	1	① ○ ② ×				
5	〃	30		부동산매매계약서		사기,위조등	1	1	①② ○				
6	〃	(생략)		무통장입금증 2장		사기	1	1	①② ○				
7	〃	(생략)		등기사항전부증명서		사기	1	1	①② ○				
8	〃	31		진술조서	최정오	사기,위조등	1	1	①② ○				
9	〃	33		피의자신문조서	김갑인	사기,위조등	1	1	① ○ ② ×				
10	〃	36		피의자신문조서	이을해	사기	1	1	② × ① ○	(생략)			(생략)
11	〃	38		피의자신문조서	김갑인	도주차량등	1	1	① ○				
12	〃	40		진술서	고경자	도주차량	1	1	① ○				
13	〃	(생략)		진단서	고경자	도주차량	1	1	① ○				
14	〃	(생략)		교통사고실황조사서		도주차량	1	1	① ○				
15	〃	41		주취운전자적발보고서		음주운전	1	1	① ○				
16	〃	42		수사보고서(혈중알콜농도 산출보고)		음주운전	1	1	① 진정성립 만 인정				
17	〃	43		자동차종합보험가입사실증명서	김갑인	도주차량	1	1	① ○				
18	〃	44		진술서	강기술	공갈	1	1	② ○				
19	〃	45		피의자신문조서	이을해	공갈	1	1	② ○				
20	〃	(생략)		조회회보서	김갑인	전과	1	1	① ○				
21	〃	(생략)		조회회보서	이을해	전과	1	1	① ○				

※ 증거의견 표시 - 피의자신문조서: 인정 ○, 부인 ×
　　　　　　　　　(여러 개의 부호가 있는 경우, 성립/임의성/내용의 순서임)
　　　　　　　 - 기타 증거서류: 동의 ○, 부동의 ×
※ 증거결정 표시: 채 ○, 부 ×
※ 증거조사 내용은 제시, 내용고지

증 거 목 록 (증인 등)
2012고합1277

① 긴갑인
② 이을해

2012형제55511호

신청인: 검사

증 거 방 법	쪽수 (공)	입증취지 등	신청 기일	증거결정 기일	증거결정 내용	증거조사기일	비고
증인 박병진	22	공소사실 1항 관련	1	1	○	2012. 12. 21. 15:00 (실시)	
증인 안경위	23	공소사실 1항 관련	1	1	○	2012. 12. 21. 15:00 (실시)	

※ 증거결정 표시: 채 ○, 부 ×

증 거 목 록 (증거서류 등) 2012고합1277

2012형제55511호

① 긴갑인
② 이을해

신청인: 피고인 및 변호인

순 번	증 거 방 법						참조 사항 등	신청 기일	증거의견		증거결정		증거 조사 기일	비고
	작성	쪽수 (수)	쪽수 (공)	증거명칭		성 명			기일	내용	기 일	내 용		
1			18	약식명령등본		긴갑인		2	2	○	(생략)		(생략)	
2			19	서적사본		긴갑인		2	2	○				

※ 증거의견 표시 - 피의자신문조서: 인정 ○, 부인 ×
  　　　　　　　　(여러 개의 부호가 있는 경우, 성립/임의성/내용의 순서임)
  　　　　　 - 기타 증거서류: 동의 ○, 부동의 ×
※ 증거결정 표시: 채 ○, 부 ×
※ 증거조사 내용은 제시, 내용고지

서 울 중 앙 지 방 검 찰 청

2012. 10. 19.

사건번호   2012년 형제55511호

수 신 자   서울중앙지방법원

제   목   **공소장**

검사 정이감은 아래와 같이 공소를 제기합니다.

Ⅰ. 피고인 관련사항

1. 피 고 인   김갑인 (52****-1******), 60세

직업 부동산중개업, 010-****-****

주거 경기도 화성시 봉담읍 동화리 25 동화아파트 102동 203호

등록기준지 (생략)

죄   명   특정경제범죄가중처벌등에관한법률위반(사기), 특정범죄가중처벌등

에관한법률위반(도주차량), 사문서위조, 위조사문서행사, 도로교통

법위반(음주운전)

적용법조   특정경제범죄 가중처벌 등에 관한 법률 제3조 제1항 제2호, 형법

제347조 제1항, 특정범죄 가중처벌 등에 관한 법률 제5조의3 제1

항 제2호, 형법 제268조, 도로교통법 제54조 제1항, 형법 제231조,

제234조, 도로교통법 제148조의2 제2항 제3호, 제44조 제1항, 형법

제30조, 제37조, 제38조

구속여부   불구속

변 호 인   없음

1277

접수
No. 15511
2012. 10. 19.
서울중앙지방법원
형사접수실

2. 피 고 인   이을해 (52****-1******), 60세

직업 무직, 010-****-****

주거 서울 서초구 양재동 123-12 양재빌라 1동 지하 103호

등록기준지 (생략)

죄   명   특정경제범죄가중처벌등에관한법률위반(사기), 공갈

적용법조   특정경제범죄 가중처벌 등에 관한 법률 제3조 제1항 제2호, 형법

제347조 제1항, 제350조 제1항, 제30조, 제37조, 제38조

구속여부   불구속

변 호 인   없음

Ⅱ. 공소사실

1. 피고인들의 공동범행

　피고인들은 피고인 이을해의 고등학교 동창인 피해자 박병진(60세)에게서 주유소 부지로 이용하려고 하니 최정오가 소유한 경기도 화성시 봉담읍 동화리 283 대 1,503㎡를 매수해달라는 의뢰를 받고, 토지소유자인 최정오와 매매 교섭을 하는 과정에서 최정오에게서 토지 매매대금으로 3억 원을 제시받자, 피해자 박병진에게 토지 매매대금이 5억 원이라고 부풀려 말하여 그 매매대금을 편취하기로 공모하였다.

　피고인 이을해는 2012. 4. 10.경 서울 서초구 서초1동 150에 있는 피해자 박병진의 집에서 피해자에게 "내가 고향친구인 토지 중개업자 김갑인에게 알아보았는데 토지소유자가 5억 원은 주어야 토지를 팔겠다고 하고, 요즘 그 주변 땅 시세가 그 이상 나가니, 5억 원 가량이면 그 땅을 싸게 사는 편이라고 하더라."라고 거짓말을 하였다. 피고인 김갑인도 전화로 피해자에게 "토지소유자가 5억 원 아래로는 안 팔겠다고 한다. 요즘 그 부근 토지 시세를 확인해보았는데 그 토지가격이 5억 원 이상 나가니 안심하고 구입해도 된다."고 거짓말을 하였다.

　그러나, 사실은 최정오는 이미 피고인들에게 3억 원을 토지 매매대금으로 제시한 상황이었다.

　그럼에도 불구하고 피고인들은 위와 같이 거짓말하여 피해자 박병진에게서 2012. 5. 3. 토지 매매계약금 명목으로 5,000만 원을, 같은 해 5. 18. 잔금 명목으로 4억 5,000만 원을 각각 송금받았다.

　이로써 피고인들은 공모하여 위와 같이 피해자를 기망하여 5억 원을 교부받았다.

2. 피고인 김갑인

가. 사문서위조

　피고인은 경기도 화성시 봉담읍 동화리 567에 있는 '사구팔 부동산중개소'에서 사실은 위 1.항 기재 토지에 관하여 매도인 최정오와 매수인 박병진 사이에 매매대금을 3억 원으로 한 매매계약서가 이미 작성되었음에도 불구하고, 매매대금을 5억 원으로 하는 매매계약서를 위조하여 박병진에게 교부하기로 마음먹었다.

　피고인은 2012. 5. 25.경 위 '사구팔 부동산중개소'에서 부동산매매계약서 용지의 부동산의 표시란에 '경기도 화성시 봉담읍 동화리 283 대 1503㎡', 매매대금란에 '

금 5억 원', 매수인란에 '박병진'이라고 기재한 다음, 박병진 이름 옆에 갖고 있던 박병진의 도장을 찍었다.

이로써 피고인은 행사할 목적으로 권리의무에 관한 사문서인 박병진 명의의 부동산매매계약서 1장을 위조하였다.

나. 위조사문서행사

피고인은 2012. 5. 25.경 서울 서초구 서초1동 150에 있는 박병진의 집에서 위와 같이 위조한 부동산매매계약서를 그 사실을 모르는 박병진에게 마치 진정하게 성립된 것처럼 교부하여 행사하였다.

다. 도로교통법위반(음주운전), 특정범죄가중처벌등에관한법률위반(도주차량)

피고인은 2012. 9. 18. 21:30경 혈중알콜농도 0.053%의 술에 취한 상태로 59투5099호 제네시스 승용차를 운전하여 서울 서초구 서초동에 있는 교대역 사거리 앞 도로를 서초역 쪽에서 강남역 쪽으로 편도 3차로를 따라 진행하던 중, 전방을 제대로 보지 않은 채 그대로 진행한 업무상 과실로 때마침 횡단보도 앞에서 적색신호에 정차한 피해자 고경자(여, 37세)가 운전하는 33수3010호 YF쏘나타 승용차의 뒷범퍼 부분을 위 제네시스 승용차의 앞범퍼 부분으로 들이받았다.

피고인은 위와 같은 업무상 과실로 피해자에게 약 2주간의 치료를 요하는 경추부 염좌상을 입게 하고도 곧 정차하여 피해자를 구호하는 등의 필요한 조치를 취하지 아니하고 그대로 도주하였다.

3. 피고인 이을해

피고인은 2012. 9. 27. 20:10경 서울 서초구 양재동에 있는 피해자 강기술(45세)이 운영하는 '양재곱창'에서 5만 원어치의 술과 음식을 주문하여 먹었다. 피고인은 같은 날 21:30경 음식 값을 계산하려고 지갑을 꺼내어 보니 가진 현금이 부족한 것을 발견하고, 음식 값의 지급을 면하기 위해서 피해자가 잠시 한눈을 파는 사이에 식당 밖으로 걸어 나갔다. 피고인은 피해자가 이를 발견하고 피고인을 따라와 음식 값을 달라고 요구하자, 피해자의 목을 잡고 손으로 뺨을 4~5회 때려 이에 겁을 먹은 피해자로 하여금 음식 값 5만 원의 청구를 단념하게 하였다.

이로써 피고인은 피해자를 공갈하여 재산상 이익을 취득하였다.

Ⅲ. 첨부서류

1. 긴급체포서 1통
2. 석방보고서 1통 (생략)

검사 정이감 ㉑

■ 검사의 사법경찰관리에 대한 수사지휘 및 사법경찰관리의 수사준칙에 관한 규정 [별지 제28호서식]

긴 급 체 포 서

제 2012-1144 호

피의자	성 명	이을해 (李乙亥)
	주 민 등 록 번 호	(생략)
	직 업	(생략)
	주 거	(생략)
변 호 인		

위 피의자에 대한 특정경제범죄가중처벌등에관한법률위반(사기) 피의사건에

관하여 「형사소송법」 제200조의3 제1항에 따라 동인을 아래와 같이 긴급체포함

2012. 10. 2.

서울서초경찰서

사법경찰관 경위 안경위   (인)

체 포 한 일 시	2012. 10. 2. 12:20
체 포 한 장 소	서울서초경찰서 경제팀 사무실 내
범 죄 사 실 및 체 포 의 사 유	피의자는 김갑인과 공모하여 2012. 5.경 피해자 박병진에게서 토지 매입 의뢰를 받고 매도인이 제시한 토지매매대금을 부풀려 피해자로부터 금 5억 원을 교부받아 편취한 것으로서, 피의자가 범행을 부인하므로 증거인멸의 우려가 있음.
체 포 자 의 관 직 및 성 명	서울서초경찰서 경제팀 경사 강철중
인 치 한 일 시	2012. 10. 2. 12:20
인 치 한 장 소	서울서초경찰서 경제팀 사무실
구 금 한 일 시	
구 금 한 장 소	
구금을 집행한 자의 관 직 및 성 명	

210mm×297mm일반용지 60g/㎡(재활용품)

서 울 중 앙 지 방 법 원

공 판 조 서

제 1 회

사 건	2012고합1277 특정경제범죄가중처벌등에관한법률위반(사기) 등	

재판장 판사	황숙현	기 일:	2012. 12. 7. 10:00
판사	최지혁	장 소:	제425호 법정
판사	송하영	공개 여부:	공개
법원사무관	성진수	고 지 된 다음기일:	2012. 12. 21. 15:00

피 고 인	1. 김갑인 2. 이을해	각각 출석
검 사	한준석	출석
변 호 인	변호사 김힘찬 (피고인 1을 위하여)	출석
	변호사 이사랑 (피고인 2를 위하여)	출석

재판장

피고인들은 진술을 하지 아니하거나 각개의 물음에 대하여 진술을 거부할
수 있고, 이익 되는 사실을 진술할 수 있음을 고지

재판장의 인정신문

성   명: 1. 김갑인   2. 이을해

주민등록번호: 각각 공소장 기재와 같음

직   업: 〃

주   거: 〃

등 록 기 준 지: 〃

재판장

피고인들에 대하여

주소가 변경될 경우에는 이를 법원에 보고할 것을 명하고, 소재가 확인되지
않을 때에는 피고인들의 진술 없이 재판할 경우가 있음을 경고

검 사

공소장에 의하여 공소사실, 죄명, 적용법조 낭독

피고인 김갑인

교통사고 당시 술을 마시고 운전하였지만, 피해자의 상태를 확인하고 갔음에도 뺑소니로 처벌받는 것은 억울하고, 나머지 공소사실은 모두 인정한다고 진술

피고인 이을해

피고인 김갑인과 공모하여 돈을 편취한 사실이 전혀 없고, 공갈로 처벌받는 것은 억울하다고 진술

피고인 김갑인의 변호인 변호사 김힘찬

피고인 김갑인을 위하여 유리한 변론을 함. 변론기재는 (생략).

피고인 이을해의 변호인 변호사 이사랑

피고인 이을해를 위하여 유리한 변론을 함. 변론기재는 (생략).

재판장

증거조사를 하겠다고 고지

증거관계 별지와 같음(검사, 변호인)

재판장

각각의 증거조사 결과에 대하여 의견을 묻고 권리를 보호하는 데에 필요한 증거조사를 신청할 수 있음을 고지

소송관계인

별 의견 없다고 각각 진술

재판장

변론 속행

2012. 12. 7.

법 원 사 무 관   성진수 ㊞

재판장 판 사   황숙현 ㊞

증거서류제출서

사　건　　2012고합1277 특정경제범죄가중처벌등에관한법률위반(사기) 등
피고인　　김갑인

　위 사건에 관하여 피고인 김갑인의 변호인은 위 피고인의 이익을 위하여 다
음 증거서류를 제출합니다.

다　　음

1. 약식명령등본 1통
1. 서적사본(OOO 발간, 교통과 형법 제200쪽) 1통

```
접 수
No. 16857
2012. 12. 20.
서울중앙지방법원
형사 접수실
```


2012. 12. 20.

피고인 김갑인의 변호인
변호사　김힘찬 ㉑

서울중앙지방법원　제26형사부 귀중

수원지방법원

약 식 명 령

사 건 2012고약11692 사문서위조,위조사문서행사
(2012년형제24517호)

<table>
<tr><td>확정일 2012. 11. 29.
수원지방법원
법원주사 김주사 ㉑</td></tr>
</table>

피 고 인 김갑인 (52****-1******), 부동산중개업
주거 경기 화성시 봉담읍 동화리 25 동화아파트 102동 203호
등록기준지 (생략)

주 형 과 피고인을 벌금 1,500,000(일백오십만)원에 처한다.
부수처분 피고인이 위 벌금을 납입하지 아니하는 경우 50,000원을 1일로 환산한
기간 피고인을 노역장에 유치한다.

범죄사실 피고인은 2012. 5. 25.경 경기도 화성시 봉담읍 동화리 567에 있는 '사구
팔 부동산중개소'에서 부동산매매계약서 용지의 부동산의 표시란에 '경기
도 화성시 봉담읍 동화리 283 대 1503㎡', 매매대금란에 '금 5억원', 매도
인란에 '최정오'라고 기재한 다음, 최정오의 이름 옆에 임의로 새긴 최정
오의 도장을 찍었다. 이로써 피고인은 행사할 목적으로 권리의무에 관한
사문서인 최정오 명의의 부동산매매계약서 1장을 위조하고, 2012. 5. 25.경
서울 서초구 서초1동 150에 있는 박병진의 집에서 위와 같이 위조한 부동
산매매계약서를 그 사실을 모르는 박병진에게 마치 진정하게 성립된 것처
럼 교부하여 행사하였다.

적용법령 형법 제231조, 제234조(각 벌금형 선택), 제37조, 제38조, 제70조, 제69
조 제2항

검사 또는 피고인은 이 명령등본을 송달받은 날부터 7일 이내에 정식재판의 청구를
할 수 있습니다.

2012. 10. 24.

판 사 박 경 순 ㉑

<table>
<tr><td>등본임.
2012. 12. 18.
수원지방검찰청
검찰주사 김희권 ㉑</td></tr>
</table>

[000 발간, 교통과 형법 제200쪽의 일부 사본]

특정 운전시점부터 일정한 시간이 지난 후에 혈중알코올농도가 측정된 때에는 시간당 혈중알코올의 분해소멸에 따른 감소치에 따라 운전시점 이후의 혈중알코올 분해량을 계산한 후, 측정된 혈중알코올농도에 이를 가산하여 운전시점의 혈중알코올농도를 추정하게 된다. 혈중알코올 분해량은 피검사자의 체질, 음주한 술의 종류, 음주속도, 음주 시 위장에 있는 음식의 정도 등에 따라 개인마다 차이가 있는데 시간당 약 0.008% ~ 0.03%(평균 약 0.015%)씩 감소하는 것으로 알려져 있다.

......(중략)

한편, 섭취한 알코올이 체내에 흡수 분배되어 최고 혈중알코올농도에 이르기까지는 피검사자의 체질, 음주한 술의 종류, 음주속도, 음주 시 위장에 있는 음식의 정도 등에 따라 개인마다 차이가 있다. 실험 결과, 혈중알코올농도는 최종 음주시각부터 상승하기 시작하여 30분부터 90분 사이에 최고도에 달하는 것으로 알려져 있다. 따라서 최종 음주시각부터 90분 내에 혈중알코올농도가 측정된 경우에는 피검사자의 혈중알코올농도가 최고도에 이르기까지 상승하고 있는 상태인지, 최고도에 이른 후 하강하고 있는 상태인지 여부를 확정하기 어렵다.

......(하략)

형
사
법

서 울 중 앙 지 방 법 원

공 판 조 서

제 2 회

사　　　건　　2012고합1277 특정경제범죄가중처벌등에관한법률위반(사기) 등

재판장 판사　　황숙현　　　　　　　　　기 일:　　　　　　　2012. 12. 21. 15:00

　　　판사　　최지혁　　　　　　　　　장 소:　　　　　　　제425호 법정

　　　판사　　송하영　　　　　　　　　공개 여부:　　　　　　　　　공개

법원사무관　　성진수　　　　　　　　고 지 된

　　　　　　　　　　　　　　　　　　　다음기일:　　　　　　　2013. 1. 11. 11:00

피 고 인　　　1. 김갑인　　2. 이을해　　　　　　　　　각각 출석

검　　사　　　한준석　　　　　　　　　　　　　　　　　출석

변 호 인　　　변호사 김힘찬 (피고인 1을 위하여)　　　　출석

　　　　　　　변호사 이사랑 (피고인 2를 위하여)　　　　출석

증　　인　　　박병진, 안경위　　　　　　　　　　　각각 출석

재판장

　　　전회 공판심리에 관한 주요사항의 요지를 공판조서에 의하여 고지
소송관계인

　　　변경할 점이나 이의할 점이 없다고 진술
출석한 증인 박병진, 안경위를 각각 별지와 같이 신문하다
증거관계 별지와 같음(검사, 변호인)
재판장

　　　각 증거조사 결과에 대하여 의견을 묻고 권리를 보호하는 데에 필요한 증거
　　　조사를 신청할 수 있음을 고지
피고인 이을해

　　　경찰관 안경위의 증언은 사실과 다르다고 진술
소송관계인

　　　별 의견 없으며, 달리 신청할 증거도 없다고 각각 진술
재판장

증거조사를 마치고 피고인신문을 하겠다고 고지

검 사

　　피고인 김갑인에게

문　피고인은 이을해와 공모하여 피해자 박병진에게서 돈을 편취한 사실이 있는가요.

답　예, 그렇습니다.

문　피고인이 양신구를 통해서 이을해에게 2억 원을 교부한 것인가요.

답　예, 그렇습니다.

문　피고인이 교통사고를 내고 피해자 고경자가 상해를 입은 사실은 인정하는가요.

답　예, 나중에 치료를 받았다고 하므로 변호사님과 상의한 결과 상해를 입힌 부
　　분은 인정하기로 하였으므로 다투지 않겠습니다.

피고인 이을해의 변호인 변호사 이사랑

　　피고인 김갑인에게

문　피고인은 사기 범행이 발각되자, 중한 처벌을 면하고 편취한 돈의 행방을 감
　　추려고 이을해에게 책임을 전가하는 것이 아닌가요.

답　아닙니다.

검 사

　　피고인 이을해에게

문　피고인은 김갑인과 공모해서 2억 원을 편취한 사실이 없다는 것인가요.

답　예, 그런 사실이 없습니다.

재판장

　　피고인신문을 마쳤음을 고지

재판장

　　검사에게

문　피고인 김갑인의 음주 최종시각 이후 채내 혈중알콜농도가 하강기에 있는지
　　여부를 확인하고 음주측정이 이루어진 것인가요.

답　확인하지 못한 상태에서 음주측정이 이루어진 것으로 보입니다.

재판장

　　변론 속행 (변론 준비를 위한 변호인들의 요청으로)

2012. 12. 21.

법 원 사 무 관　　　성진수 ㊞

재판장 판 사　　　황숙현 ㊞

서울중앙지방법원

증인신문조서 (제2회 공판조서의 일부)

사 건 2012고합1277 특정경제범죄가중처벌등에관한법률위반(사기) 등
증 인 이 름 박병진
생년월일 및 주거는 (생략)

재판장

증인에게 형사소송법 제148조 또는 제149조에 해당하는가의 여부를 물어 증인이 이에 해당하지 아니함을 인정하고, 위증의 벌을 경고한 후 별지 선서서와 같이 선서를 하게 하였다. 다음에 신문할 증인은 재정하지 아니하였다.

검사

증인에게 수사기록 중 사법경찰리가 작성한 증인에 대한 진술조서를 보여주고 열람하게 한 후,

문 증인은 경찰에서 사실대로 진술하고 그 조서를 읽어보고 서명, 무인한 사실이 있고, 그 진술조서는 그때 경찰관에게 진술한 내용과 동일하게 기재되어 있는가요.

답 예, 그렇습니다.

문 증인은 2012. 6. 10.경 죽은 양신구로부터 피고인 이을해에게 2억 원을 전달하였다는 말을 들은 적이 있나요.

답 예, 제가 그때 김갑인과 죽은 양신구를 함께 만나서 왜 매매대금이 2억 원이나 차이가 나는지 따졌는데, 죽은 양신구가 "김갑인의 지시에 따라 이을해에게 현금 2억 원을 전달해주었다"고 분명히 저에게 말하였습니다.

피고인 이을해의 변호인 변호사 이사랑

증인에게

문 피고인 이을해가 증인에게 2012. 6. 1. 빌린 돈을 갚아야 하는데 돈이 없다고 하면서 500만 원을 빌려달라고 한 적이 있지요.

답 예, 그때 500만 원을 빌려 주고 그 돈도 아직까지 받지 못하고 있습니다.

문 김갑인은 2억 원을 일주일 동안 소액 현금으로 분산하여 인출하였는데 증인은 김갑인과 양신구가 서로 나누어 가졌다는 의심은 해보지 않았나요.

답 그런 생각은 해보지 못했습니다.

2012. 12. 21.

법 원 사 무 관   성진수 ㉑

재판장 판 사   황숙현 ㉑

서울중앙지방법원

증 인 신 문 조 서 (제2회 공판조서의 일부)

사   건   2012고합1277 특정경제범죄가중처벌등에관한법률위반(사기) 등
증   인 이   름   안경위
                  생년월일 및 주거는 (생략)

재판장

증인에게 형사소송법 제148조 또는 제149조에 해당하는가의 여부를 물어 증인이 이에 해당하지 아니함을 인정하고, 위증의 벌을 경고한 후 별지 선서서와 같이 선서를 하게 하였다.

검사

증인에게

문   피고인 이을해가 증인에게 조사를 받으면서 어떤 진술을 하였는가요.

답   피고인은 조사 당시 2012. 4.경 박병진으로부터 주유소 부지를 알아봐달라는 부탁을 받자, 매매대금을 부풀려 차액을 편취하기로 김갑인과 공모하고, 실제로는 최정오가 매매대금으로 3억 원을 제시하였음에도 박병진에게 토지소유자가 5억 원을 달라고 한다고 거짓말하여, 같은 해 5.경 박병진으로부터 5억 원을 송금받았다고 자백하였습니다.

문   피고인 이을해가 강압적인 분위기에서 조사를 받은 것은 아닌가요.

답   피고인은 당시 자유로운 분위기에서 자발적으로 자백하였습니다. 저는 피고인이 담배를 피우고 싶다고 하기에 담배도 1대 피우도록 건네주었고, 피고인은 당시 자백하면서 피해자에게 죄송하다면서 눈물까지 글썽였습니다.

피고인 이을해의 변호인 변호사 이사랑

피고인 이을해을 위하여 유리한 신문을 함. 기재는 (생략).

2012. 12. 21.

법 원 사 무 관   성진수 ㉑

재판장 판 사   황숙현 ㉑

형
사
법

		제	1	책
		제	1	권

서울중앙지방법원
증거서류등(검사)

사 건 번 호	2012고합1277	담임	제26형사부	주심	다

사 건 명	가. 특정경제범죄가중처벌등에관한법률위반(사기) 나. 특정범죄가중처벌등에관한법률위반(도주차량) 다. 공갈 라. 사문서위조 마. 위조사문서행사 바. 도로교통법위반(음주운전)

검 사	정이감	2012년 형제55511호

피 고 인	1. 가.나.라.마.바. **김갑인** 2. 가.다. **이을해**

공소제기일	2012. 10. 19.		
1심 선고	20 . . .	항소	20 . . .
2심 선고	20 . . .	상고	20 . . .
확 정	20 . . .	보존	

		제 1 책
		제 1 권

구공판		서 울 중 앙 지 방 검 찰 청 증 거 기 록			

검 찰	사건번호	2012년 형제55511호	법원	사건번호	2012년 고합1277호
	검 사	정이감		판 사	

피 고 인	1. 가.나.라.마.바. **김갑인** 2. 가.다. **이을해**

죄 명	가. 특정경제범죄가중처벌등에관한법률위반(사기) 나. 특정범죄가중처벌등에관한법률위반(도주차량) 다. 공갈 라. 사문서위조 마. 위조사문서행사 바. 도로교통법위반(음주운전)

공소제기일	2012. 10. 19.		
구 속	각각 불구속	석 방	
변 호 인			
증 거 물			
비 고			

형
사
법

진술조서

성   명: 박병진

주민등록번호: 52****-1******   60세

직   업: (생략)

주   거: (생략)

등 록 기 준 지: (생략)

직 장 주 소: (생략)

연 락 처: (자택전화) (생략)   (휴대전화) (생략)

(직장전화) (생략)   (전자우편) (생략)

위의 사람은 피의자 김갑인, 이을해에 대한 특정경제범죄가중처벌등에관한법률위반(사기) 피의사건에 관하여 2012. 9. 11. 서울서초경찰서 경제팀 사무실에 임의 출석하여 다음과 같이 진술하다.

1. 피의자와의 관계

피의자들과 아무런 관계가 없습니다.

2. 피의사실과의 관계

저는 피의자들로부터 사기를 당한 사실과 관련하여 고소인 자격으로 출석하였습니다.

이때 사법경찰리는 진술인 박병진을 상대로 다음과 같이 문답하다.

문   진술인은 2012. 9. 6.경 우리 서에 피의자들을 상대로 사기로 고소한 사실이 있지요.

답   예, 그렇습니다.

문   피해 사실이 무엇인가요.

답   제가 피의자들에게 최정오가 소유하는 경기도 화성시 봉담읍 동화리 283에 있는 토지를 매수해달라는 의뢰를 하였는데, 토지소유자 최정오가 피의자들에게 토지 매매대금을 3억 원으로 제시하였음에도 불구하고, 피의자들이 저에게는 매매대금을 5억 원으로 부풀려서 제게서 5억 원을 송금받아

편취하였다는 것입니다.

문 자세한 경위가 어떠한가요.

답 저는 그 동안 다니던 직장을 퇴직하면, 직장에서 받은 퇴직금으로 주유소를 운영해볼 생각이 있었습니다. 2012. 3. 20.경 저와는 고등학교 동창으로서 절친한 친구인 이을해를 만나 함께 술을 마시던 중, 제 계획을 이야기하였더니, 이을해가 자기 고향 일대에 최근 개발 붐이 일어서 아파트들이 많이 들어섰는데 좋은 위치의 땅이 있을 것이니 주유소를 신축해보는 것은 어떻겠냐고 제의하였습니다. 그래서 제가 이을해에게 좋은 부지를 알아봐달라고 하였는데, 며칠 후 이을해로부터 전화가 와서 좋은 땅을 찾았는데 한번 보지 않겠냐고 하는 것이었습니다. 그래서 이을해와 함께 경기도 화성시 봉담읍 동화리 283에 있는 땅을 직접 찾아가보았는데 그 땅 주변에는 아파트 단지들이 많이 들어서 있었고 주변에 큰 도로들이 있는데도 주위에 주유소는 거의 없는 것으로 봐서 주유소를 신축하면 수익성이 높을 것으로 판단되었습니다. 저는 토지 매수에 관해서는 거의 경험이 없어서 예전에 토지 매매 경험이 제법 있었던 이을해에게 그 토지를 매입해줄 것을 의뢰하게 되었습니다. 이을해는 얼마 후인 2012. 4. 10.경 저의 집으로 찾아와서 "내가 고향친구이자 토지 중개업자인 김갑인에게 알아보았는데 토지 소유자가 5억 원은 주어야 토지를 팔겠다고 하고, 요즘 그 주변 땅 시세가 그 이상 나가니, 5억 원 가량이면 그 땅을 싸게 사는 편이라고 하더라."라고 이야기하였습니다. 그래서 제가 김갑인과 직접 이야기해보겠다고 하였더니 그 자리에서 이을해가 김갑인을 전화로 연결시켜 주었는데 김갑인도 "토지 소유자가 5억 원 아래로는 안 팔겠다고 한다. 요즘 그 부근 토지 시세를 확인해보았는데 그 토지가격이 5억 원 이상 나가니 안심하고 구입해도 된다."고 이야기하였습니다. 그래서 저는 피의자들의 말을 믿고 2012. 5. 3.경 위 토지 매매계약금으로 금 5,000만 원을, 같은 해 5. 18.경 중도금과 잔금으로 금 4억 5,000만 원을 각각 송금해주었습니다. 그리고 피의자 이을해에게는 잔금을 보내준 날 따로 수고비로 현금 300만 원을 건네주었습니다. 피의자들이 소유권이전등기절차까지 알아서 처리해주었습니다.

형사법

문 그 후 어떻게 되었는가요.

답 제가 김갑인에게 토지매매계약서를 보내달라고 하였더니 김갑인이 2012. 5. 25.경 토지 매도인과의 계약서라고 하면서 토지 매매대금이 5억 원으로 기재되어 있는 매매계약서를 저에게 가져다주었습니다. 그런데 2012. 6. 현충일날 주유소를 신축하기 위해 위 토지 부근의 건설업자들과 접촉하는 과정에서 우연히 그 부근 토지의 시세에 대해 알게 되었는데 제가 만나본 사람들은 그 토지가 5억 원까지는 나가지 않을 것이란 말을 하는 것이었습니다. 그래서 토지 매도인 최정오에게 연락해보았는데 최정오는 토지 매매대금으로 3억 원밖에 받지 않았다고 하였습니다. 그때까지만 해도 저는 친구인 이을해를 의심해볼 생각도 하지 못했고 2012. 6. 10.경 김갑인을 찾아가서 도대체 어떻게 매매대금이 2억 원이나 차이가 나느냐고 따져 물었더니 김갑인은 이을해의 지시에 따라 매매가격을 부풀렸다고 시인하면서 이을해로부터는 수고비로 300만 원을 받았을 뿐 매매대금 차액 2억 원을 모두 이을해에게 현금으로 보내주었다고 하였습니다. 그러면서 김갑인의 사무실 직원인 양신구가 이을해에게 돈을 직접 전달하였다고 하면서 양신구를 제 앞에 데리고 왔는데, 양신구는 저에게 2012. 5. 30.경 2억 원을 가방에 넣어 승용차에 싣고 이을해의 집으로 가서 이을해에게 직접 전달해주었다고 말하였습니다. 저는 절친한 친구였던 이을해에게 배신감이 들어 이을해에게 연락을 해볼 엄두가 나지 않아 고민하다가 고소에 이르게 된 것입니다.

문 계약서가 위조되었다는 것을 언제 알게 되었나요.

답 소유권이전등기는 공시지가대로 이루어진 것으로 알았기 때문에 별 신경을 쓰지 않았고, 나중에 최정오를 만나서 실제 매매대금이 3억 원이라는 말을 듣고서야 비로소 5억 원짜리 계약서가 위조되었다는 사실을 알게 되었습니다.

문 피해사실을 뒷받침할 자료가 있는가요.

답 이 사건 관련 토지 등기부등본 1부, 5억 원을 2회에 걸쳐서 송금한 무통장 입금증 2장, 매매대금이 5억 원으로 기재된 위조매매계약서 1부를 제출하사법경찰리는 진술인에게서 토지 등기사항전부증명서 1부, 무통장입금증 2부, 위조매매계약서 1부를 각각 제출받아 조서 말미에 첨부하다. 등기사항전부증명서와 무통장입금증은 각각 (생략).

문   달리 할 말이 있는가요.

답   순진한 고소인이 평생 모은 돈을 이토록 쉽게 편취한 피의자들이 다시는 죄를 짓지 못하도록 엄벌하여 주시기 바랍니다.

문   이상의 진술은 사실인가요.

답   예, 사실입니다.

위의 조서를 진술자에게 열람하게 하였던바, 진술한 대로 오기나 증감·변경할 것이 전혀 없다고 말하므로 간인한 후 서명무인하게 하다.

진술자   박 병 진 (무인)

2012. 9. 11.

서울서초경찰서

사법경찰리   경사   강 철 중 ㉕

형
사
법

(표준계약서식 제1호)   **不 動 産 賣 買 契 約 書**

매도인과 매수인 쌍방은 아래 표시 부동산에 관하여 다음 계약내용과 같이 매매 계약을 체결한다.

     1. 부동산의 표시 : 경기도 화성시 봉담읍 동화리 283 대 1503㎡

     2. 계약내용   : 소유권이전

제1조 위 부동산의 매매에 있어 매수인은 매매대금을 아래와 같이 지불하기로 한다.

賣買代金	金 5억 원 整 (₩500,000,000)	單位	
契 約 金	金 5천만 원整을 계약시 지불하고		
中 渡 金	金 원整은 년 월 일 지불하며		
殘 金	金 4억 5천만 원整은 2012년 5월 18일 중개업자 입회하에 지불한다.		

구체적인 계약내용은 (생략).

2012년 5월 3일

매도인	주 소	경기 화성시 봉담읍 동화리 11					
	주민등록번호	56xxxx-xxxxxxx	전화	010-5425-xxxx	성명	허정오	허정오
매수인	주 소	서울 서초구 서초1동 150					
	주민등록번호	52xxxx-xxxxxxx	전화	011-634-xxxx	성명	박병진	박병진
중개인	사업장소재지	경기 화성시 봉담읍 동화리 567					검인
	상 호	사구팔 부동산중개소					
	대 표	김갑인	전화	010-xxxx-xxxx			
	등 록 번 호	(생략)					

진술조서

성   명: 최정오

주민등록번호: 56****-1****** 55세

직업, 주거, 등록기준지, 직장주소, 연락처는 각각 (생략)

위의 사람은 피의자 김갑인, 이을해에 대한 특정경제범죄가중처벌등에관한법률위반(사기) 피의사건에 관하여 2012. 9. 12. 서울서초경찰서 경제팀 사무실에 임의 출석하여 다음과 같이 진술하다.

1. 피의자와의 관계

피의자들과 아무런 관계가 없습니다.

2. 피의사실과의 관계

피의자 김갑인을 통해 제 토지를 매도한 사실과 관련하여 진술인 자격으로 출석하였습니다.

이때 사법경찰리는 진술인 최정오를 상대로 다음과 같이 문답하다.

문   진술인은 진술인이 소유하던 토지를 피의자 김갑인을 통해서 박병진에게 매도한 사실이 있지요.

답   예, 그렇습니다.

문   토지의 매매 경위에 관하여 진술하여 보겠는가요.

답   저는 2012. 5. 3.경 피의자 김갑인을 통해서 제 소유의 경기 화성시 동화리 283에 있는 토지를 박병진에게 매도한 사실이 있습니다. 피의자 김갑인은 저희 마을에서 부동산 중개업소를 운영하는 사람인데, 2012. 4.경 저의 집으로 찾아와서 제 토지를 사려는 사람이 있는데 토지를 팔 생각이 없느냐고 물어보았습니다. 저는 3억 원 정도면 좋다는 결론을 내리고, 3억 원을 제의하였습니다. 그랬더니 며칠 후 피의자 김갑인이 선뜻 매수인 박병진이 그 토지를 3억 원에 사겠다고 하였다면서 계약서를 작성하자고 하였습니다. 그래서 2012. 5. 3. 피의자 김갑인이 매수인 박병진을 대행하여 매매대금을 3억 원으로 하는 계약서를 작성한 후 당일 피의자 김갑인에게서 계약금 5,000만 원을 송금받았습니다. 그리고 같은 달 18.경 피의자 김갑인에게

형
사
법

서 중도금과 잔금으로 2억 5,000만 원을 송금받은 후 아무런 문제없이 소유권이전등기절차까지 마무리되었습니다. 그런데 2012. 6. 현충일 다음날 갑자기 토지 매수인인 박병진으로부터 왜 토지 시세보다 훨씬 많은 5억 원이나 토지 매매대금을 받았느냐는 항의를 받고서, 깜짝 놀라 박병진에게 저는 3억 원밖에 받지 않았다고 이야기하였더니, 박병진이 토지 매매계약서를 들고 저를 찾아왔습니다. 제가 그 매매계약서를 보니 매도인으로 제 이름이 기재되어 있었지만, 매매대금이 5억 원으로 되어 있었습니다. 저는 그런 계약서는 그날 처음 보았습니다. 그래서 피의자 김갑인을 찾아가 어떻게 된 것인지 따져 물었더니, 피의자 김갑인은 실제와 달리 매매대금을 5억 원으로 기재한 매매계약서를 이중으로 작성하여 박병진에게 보여주었다면서, 저에게 1,000만 원을 줄 테니 수사기관에 고소는 하지 말아줄 것을 부탁하였습니다.

이상의 진술은 사실인가요.

예, 사실입니다.

조서를 진술자에게 열람하게 하였던바, 진술한 대로 오기나 증감·변경할 전혀 없다고 말하므로 간인한 후 서명무인하게 하다.

진술자 최 정 오 (무인)

2012. 9. 12.

서울서초경찰서

사법경찰리 경사 강 철 중 ㉔

피의자신문조서

피의자 김갑인에 대한 특정경제범죄가중처벌등에관한법률위반(사기) 등 피의사건에 관하여 2012. 10. 2. 서울서초경찰서 경제팀 사무실에서 사법경찰관 경위 안경위는 사법경찰리 경사 강철중을 참여하게 하고, 아래와 같이 피의자임에 틀림없음을 확인하다.

문   피의자의 성명, 주민등록번호, 직업, 주거, 등록기준지 등을 말하십시오.

답   성명은   김갑인(金甲寅)

        주민등록번호는   52****-1******   직업은 부동산중개업

        주거는   (생략)

        등록기준지는   (생략)

        직장 주소는   (생략)

        연락처는   자택전화 (생략)   휴대전화 (생략)

                      직장전화 (생략)   전자우편(e-mail) (생략)   입니다.

사법경찰관은 피의사건의 요지를 설명하고 사법경찰관의 신문에 대하여 「형사소송법」 제244조의3에 따라 진술을 거부할 수 있는 권리 및 변호인의 참여 등 조력을 받을 권리가 있음을 피의자에게 알려주고 이를 행사할 것인지 그 의사를 확인하다.

진술거부권 및 변호인 조력권 고지 등 확인

1. 귀하는 일체의 진술을 하지 아니하거나 개개의 질문에 대하여 진술을 하지 아니할 수 있습니다.
2. 귀하가 진술을 하지 아니하더라도 불이익을 받지 아니합니다.
3. 귀하가 진술을 거부할 권리를 포기하고 행한 진술은 법정에서 유죄의 증거로 사용될 수 있습니다.
4. 귀하가 신문을 받을 때에는 변호인을 참여하게 하는 등 변호인의 조력을 받을 수 있습니다.

문   피의자는 위와 같은 권리들이 있음을 고지받았는가요.

답   예, 고지받았습니다.

문   피의자는 진술거부권을 행사할 것인가요.

답   아닙니다.

문   피의자는 변호인의 조력을 받을 권리를 행사할 것인가요.

답   아닙니다. 혼자서 조사을 받겠습니다.

이에 사법경찰관은 피의사실에 관하여 다음과 같이 피의자를 신문하다.

[피의자의 범죄전력, 경력, 학력, 가족·재산 관계 등은 각각 (생략)]

문   피의자는 2012. 3. 하순경 박병진에게서 주유소 부지로 이용하려고 하니 최정오가 소유하는 경기 화성시 봉담읍 동화리 283에 있는 토지를 매입해달라는 의뢰를 받은 사실이 있는가요.

답   예, 이을해를 통해서 박병진으로부터 그런 의뢰를 받은 사실이 있습니다.

문   피의자는 이을해와 공모하여 사실은 토지소유자 최정오로부터 토지 매매대금으로 3억 원을 제시받았음에도 박병진에게는 토지 매매대금이 5억 원이라고 부풀려 말함으로써 이에 속은 박병진으로부터 그 매매대금 5억 원을 송금받아 편취한 사실이 있는가요.

답   예, 박병진에게 거짓말하여 매매대금으로 5억 원을 송금받은 것은 사실입니다만, 저는 이을해의 지시에 따라 그렇게 하였을 뿐이고, 실제 매매대금 3억 원은 토지 소유자인 최정오에게 다시 송금해주었고, 실제 대금과의 차액인 2억 원은 저의 사무소 직원인 양신구를 통해 모두 이을해에게 전달해주었고, 저는 이을해로부터 수고비 명목으로 300만 원을 송금받았을 따름입니다.

문   자세한 경위는 어떠한가요.

답   2012. 4. 초순경 이을해가 저의 중개사무소를 찾아와서 자신의 친구인 박병진이 주유소를 세우기 위해서 최정오의 토지를 사려고 하는데 가격을 좀 알아봐달라고 해서, 제가 토지 소유자인 최정오에게 물어봤더니 최정오는 3억 원을 달라고 하였습니다. 제가 이을해에게 최정오가 3억 원을 부른다고 말했더니, 이을해는 저에게 "박병진은 순진해서 토지 거래에 대해서는 잘 모른다. 그러니 박병진에게는 토지소유자가 부르는 가격보다 부풀려 말해서 이 기회에 한 몫 챙길 생각이다. 나중에 일이 잘 되면 너도 섭섭하지 않게 돈을 나누어주겠다. 너는 나중에 박병진으로부터 연락이 오면 '토지 소유자가 5억 원 아래로는 안 팔겠다고 한다. 요즘 그 부근 토지 시세를 확인해보았는데 그 토지가격이 5억 원 이상 나가니 안심하고 구입해도 된다.'고만 말해달라."고 하였습니다. 그런 후 2012. 4. 10.경 진짜로 박병진으로부터 전화 연락이 왔기에 저는 이을해로부터 부탁받은 그대로 박병진에게 말해주었습니다. 그런 후 2012. 5. 3.경 제가 매수인 박병진을 대행하여 토지 매도인 최정오와 매매대금을 3억 원으로 하는 계약서를 작성하고, 박병진으로부터 계약금 5,000만 원을 송금받아 최정오의 계좌로 송금해주고, 같은 해 5. 18.경 중도금과 잔금 명목으로 4억 5,000만 원을 박병진으로부터 송금받아 그중 2억 5,000만 원은 최정오의 계좌로 송금해준 후 박병진의 앞으로 소유권이전등기를 해주었습니다. 나머지 2억 원은 제 사무소 직원인 양신구를 시켜서 2012. 5. 23.부터 1주일간 소액으로 분산하여 모두 5만 원권 현금으로 인출한 후 2012. 5. 30.경 가방에 넣어 승용차에 싣고 이을해의 집으로 가 전달하게 하였습니다. 그럼에도 불구하고 이을해는 같은 해 5. 19. 수고비로 달랑 300만 원을 저에게 보내주었을 뿐입니다. 그리고 2012. 5. 25.경 박병진이 토지매매계약서를 보내달라고 하기에 같은 날 제가 운영하는 '사구팔 부동산중개소'에서 매매계약서 용지의 부동산의 표시란에 '경기도 화성시 봉담읍 동화리 283 대 1503㎡', 매매대금란에 '금 5억 원', 토지매수인란에 '박병진'이라고 기재한 다음, 박병진의 이름 옆에 갖고 있던 박병진의 도장을 찍어서, 도장과 함께 박병진에게 가져다주었습니다.

피의자는 최정오와의 계약을 처리하고, 5억 원을 송금받았으며, 계약서까지 위조하였는데, 왜 2억 원 전액을 추적이 어려운 현금으로 인출하여 이을해에게 교부한 것인가요.

이을해의 지시에 따랐을 뿐입니다.

이상의 진술내용에 대하여 이의나 의견이 있는가요.

없습니다. 죄송합니다. 선처를 부탁합니다.

조서를 진술자에게 열람하게 하였던바, 진술한 대로 오기나 증감·변경할 전혀 없다고 하므로 간인한 후 서명무인하게 하다.

진술자 **김갑인** (무인)

2012.   10.   2.

서울서초경찰서

사법경찰관   경위   안 경 위 ㉐

사법경찰리   경사   강 철 중 ㉐

피의자신문조서

피의자 이을해에 대한 특정경제범죄가중처벌등에관한법률위반(사기) 피의사건에 관하여 2012. 10. 2. 서울서초경찰서 수사과 경제팀 사무실에서 사법경찰관 경위 안경위는 사법경찰리 경사 강철중을 참여하게 하고, 아래와 같이 피의자임에 틀림 없음을 확인하다.

문   피의자의 성명, 주민등록번호, 직업, 주거, 등록기준지 등을 말하십시오.

답   성명은 이을해(李乙亥)

       주민등록번호는   52****-1******   직업은 무직

       주거, 등록기준지, 직장주소, 연락처는 각각 **(생략)**

사법경찰관은 피의사건의 요지를 설명하고 사법경찰관의 신문에 대하여 「형사소송법」 제244조의3에 따라 진술을 거부할 수 있는 권리 및 변호인의 참여 등 조력을 받을 권리가 있음을 피의자에게 알려주고 이를 행사할 것인지 그 의사를 확인하다.

[진술거부권 및 변호인 조력권 고지함. 그 내용은 (생략)]

이에 사법경찰관은 피의사실에 관하여 다음과 같이 피의자를 신문하다.

[피의자의 범죄전력, 경력, 학력, 가족·재산 관계 등 각각 (생략)]

문   피의자는 2012. 3. 하순경 박병진에게서 주유소 부지로 이용하려고 하니 최정오가 소유하는 경기 화성시 봉담읍 동화리 283 토지를 매입해달라는 의뢰를 받은 사실이 있는가요.

답   예, 박병진으로부터 그런 의뢰를 받은 사실이 있습니다.

문   피의자는 김갑인과 공모하여 사실은 토지소유자 최정오로부터 토지 매매대금으로 3억 원을 제시받았음에도 박병진에게는 토지 매매대금이 5억 원이라고 부풀려 말함으로써 이에 속은 박병진에게서 그 매매대금 5억 원을 송금받아 편취한 사실이 있는가요.

답   예, 그런 사실이 있습니다.

문   자세한 경위는 어떠한가요.

답   2012. 4. 초순경 친구인 박병진에게서 주유소 부지를 알아봐달라는 부탁을 받

고, 고향에서 부동산중개업소를 운영하는 김갑인에게 최정오가 소유하는 경기도 화성시 봉담읍 동화리 283 토지 매입을 의뢰하였습니다. 김갑인이 최정오가 토지 매매대금으로 3억 원을 달라고 한다고 말하기에, 순간적으로 욕심이 나서 박병진에게 최정오가 부르는 가격보다 토지가격을 부풀려 말해서 차액을 챙기자는 김갑인의 제의에 동의하게 되었습니다. 2012. 4. 10.경 박병진의 집으로 찾아가서 박병진에게 "내가 토지 중개업자인 김갑인에게 알아보았는데 토지 소유자가 5억 원은 주어야 토지를 팔겠다고 하고, 요즘 그 주변 땅 시세가 그 이상 나가니, 5억 원 가량이면 그 땅을 싸게 사는 편이라고 하더라."라고 이야기하였고 김갑인도 전화로 "토지 소유자가 5억 원 아래로는 안 팔겠다고 한다. 요즘 그 부근 토지 시세를 확인해보았는데 그 토지가격이 5억 원 이상 나가니 안심하고 구입해도 된다."고 이야기하였습니다. 결국 2012. 5. 3.경 김갑인이 토지 매도인 최정오와 매매대금을 3억 원으로 하여 계약한 후, 박병진으로부터 총 5억 원을 송금받아 그 중 3억 원만 최정오의 계좌로 송금해주고 박병진의 앞으로 소유권이전등기를 마친 것으로 알고 있습니다.

이상의 진술내용에 대하여 이의나 의견이 있는가요.

없습니다.

조서를 진술자에게 열람하게 하였던바, 진술한 대로 오기나 증감·변경할 전혀 없다고 하므로 간인한 후 서명무인하게 하다.

진술자 이 을 해 (무인)

2012. 10. 2.

서울서초경찰서

사법경찰관 경위 안 경 위 ㊞

사법경찰리 경사 강 철 중 ㊞

피의자신문조서

피의자 김갑인에 대한 특정범죄가중처벌등에관한법률위반(도주차량) 등 피의사건에 관하여 2012. 9. 18. 서울서초경찰서 교통사고조사계 사무실에서 사법경찰관 경위 노교동은 사법경찰리 경장 오경장을 참여하게 하고, 아래와 같이 피의자임에 틀림없음을 확인하다.

문　피의자의 성명, 주민등록번호, 직업, 주거, 등록기준지 등을 말하십시오.

답　성명은　김갑인(金甲寅)

　　주민등록번호는　　　52****-1******　　　직업은 부동산중개업

　　주거, 등록기준지, 직장주소, 연락처는 각각 **(생략)**

사법경찰관은 피의사건의 요지를 설명하고 사법경찰관의 신문에 대하여 「형사소송법」 제244조의3에 따라 진술을 거부할 수 있는 권리 및 변호인의 참여 등 조력을 받을 권리가 있음을 피의자에게 알려주고 이를 행사할 것인지 그 의사를 확인하다.

[진술거부권 및 변호인 조력권 고지함. 그 내용은 (생략)]

이에 사법경찰관은 피의사실에 관하여 다음과 같이 피의자를 신문하다.

[피의자의 범죄전력, 경력, 학력, 가족·재산 관계 등 각각 (생략)]

문　피의자는 술을 마시고 운전하다 교통사고를 낸 사실이 있는가요.

답　예, 그렇습니다.

문　언제, 어디서 그랬는가요.

답　2012. 9. 18. 21:30경 술을 마시고 석 달 전에 새로 뽑은 제 소유의 59투5099호 제네시스 승용차를 운전하여 서울 서초구 서초동에 있는 교대역 사거리 앞 도로를 서초역 쪽에서 강남역 쪽으로 편도 3차로를 따라 진행하던 도중에 잠시 딴 생각을 하다가 횡단보도 앞에서 적색신호에 정차한 앞 차량을 보지 못하고 그대로 들이받았습니다.

문　술은 언제 어디에서 얼마나 마셨는가요.

답　2012. 9. 18. 21:00경부터 21:20경까지 서울 서초구 서초동에 있는 서초갈비에서 식사하면서 혼자서 소주 3잔 정도 술을 마시고 집으로 내려가려던 중에 사고가 난 것입니다.

문　피의자는 교통사고를 낸 후 그대로 도주한 사실이 있는가요.

답　사고 당시 피해차량 운전자가 차에서 목을 문지르면서 내리더니 일단 차량을 다

른 장소로 이동하자고 하여, 일단 피해차량과 함께 부근 편의점 앞 도로로 이동 하였습니다. 그곳에서 피해차량을 살펴보니 피해차량의 번호판이 약간 꺾이고 뒷 범퍼에 흠집이 난 것을 확인할 수 있었습니다. 제가 보험처리를 해주겠다고 하였 으나, 피해자가 저로부터 술 냄새가 나는 것 같다고 하더니 경찰에 신고해서 혼 이 좀 나봐야 한다고 하면서 합의금으로 300만 원을 요구하였습니다. 약 40분간 을 옥신각신하다가 피해자가 정말 경찰을 부르려고 전화를 하자 겁이 나서 그냥 차량을 타고 가버렸는데, 가는 도중에 경찰에서 전화가 와서 출석하라는 통보를 받고 고민하다가 자진하여 서울서초경찰서로 출석하여 음주측정을 받았습니다.

문 피의자가 서울서초경찰서 교통사고조사계에 자진출석하였을 때 음주측정을 한 결과 피의자의 혈중알콜농도 0.045%가 검출되었고, 교통사고 시점으로부터 음 주측정시까지 1시간이 경과되었으므로 시간당 감소수치 0.008%를 합산하면 혈 중알콜농도가 0.053%에 해당하는데 이를 인정하는가요.

답 예, 제가 술을 마시고 음주운전한 것은 틀림없으니 인정하겠습니다.

문 피해자는 사고 후 병원에서 경추염좌 등으로 치료를 받고 진단서를 제출하겠다 고 하는데 피해자가 상해를 입은 사실은 인정하는가요.

답 예, 피해자가 다쳤다고 하면 그게 맞겠지요. 다만 사고 당시에는 피해자가 지나치게 많은 합의금을 요구하고 경찰에 신고하려 하여 가버렸을 뿐 뺑소니를 하려 한 것은 아닙니다.

문 피의자의 차량은 종합보험에 가입되어 있는가요.

답 예, 종합보험에 가입되어 있고 보험회사에 사고신고를 해둔 상황입니다.

문 이상의 진술내용에 대하여 이의나 의견이 있는가요.

답 없습니다. 선처를 부탁합니다.

위의 조서를 진술자에게 열람하게 하였던바, 진술한 대로 오기나 증감·변경할 것이 전혀 없다고 하므로 간인한 후 서명무인하게 하다.

진술자 **김 갑 인** (무인)

2012. 9. 18.

서울서초경찰서

사법경찰관 경위   노 교 동 ㊞

사법경찰리 경장   오 경 장 ㊞

진 술 서

성 명   고경자 (75****-2******)

주 소   (생략)

1. 저는 2012. 9. 18. 21:30경 서울 서초구 서초동에 있는 교대역 사거리 앞 도로에서 교통사고를 당한 사실이 있습니다.

1. 저는 그 당시 제 소유의 33수3010호 YF쏘나타 승용차를 운전해서 서초역 쪽에서 강남역 쪽으로 가던 도중에 횡단보도 앞에서 적색신호를 받고 서 있는데 뒤에서 59투5099호 제네시스 승용차에 의하여 들이받혔습니다.

1. 사고 후 가해운전자와 함께 일단 차량을 다른 장소로 이동한 후에 제 차의 번호판이 약간 꺾이고 뒷범퍼에 흠집이 난 것을 확인하였습니다. 거기서 교통사고 합의금 문제로 약 40분간을 옥신각신하였는데 가해자가 음주운전을 하다가 사고를 낸 것이 틀림없음에도 자기는 합의금을 못 주겠다고 하여 제가 경찰을 부르려고 전화하자 허겁지겁 차량을 타고 가버렸습니다.

1. 그래서 제가 경찰에 교통사고를 당하였는데 음주운전 가해자가 59투5099호 제네시스 승용차를 타고 도주하였다고 신고하였습니다.

1. 사고 직후에는 흥분해서 잘 모르고 집에 그냥 갔는데, 집에 돌아가서 다음 날 목과 허리가 좋지 않아서 병원에 갔더니 경추염좌라고 하였습니다.

1. 병원에서 발급해준 요치 2주의 경추염좌상 진단서를 제출하도록 하겠습니다.

1. 피의자의 처벌을 원합니다.

첨부: 진단서(생략)

2012. 9. 20.

진술자   고 경 자   ㉙

주취운전자 적발보고서			결재	계장	과장	서장
No. 2012-9-1119-00001						

주취 운전 측정	일시	2012. 9. 18. 22:30	위반유형		
	장소	서울서초경찰서 교통사고조사계 사무실내	☐ 단순음주 ■ 음주사고		
	방법	■ 음주측정기(기기번호 303)	☐ 채혈검사		
	결과	혈중알콜농도 : 영 점 영 사 오 (0.045%)			

최종음 주일시 장소	일시	2012. 9. 18. 21:20	음주 20분 경과 후 측정여부	경과
	장소	서울 서초구 서초동 서초갈비		

구강청정제사용 여부	미사용	입헹굼 여부	○

주취 운전자	주소	(생략)		전화	(생략)
	성명	김갑인	주민등록번호	(생략)	
	차량번호	59투5099호	면허번호	(생략)	차종

주취운전자 차종: (승용), 승합, 특수, 건설기계, 이륜

참고인	주소	
	성명	전화

단속자	소속	서울서초경찰서 교통사고조사계	
	계급	경장	성명 오경장

인수자	소속		계급		성명	

본인은 위 기재내용이 사실과 틀림없음을 확인하고 서명무인함.

운전자 성명 **김 갑 인** (무인)

확인결재	위와 같이 주취운전자를 적발하였기에 보고합니다.
일시	2012. 9. 18.
확인자	보고자 성명 오 경 장 (인)
결재	서울서초경찰서장 귀하

서 울 서 초 경 찰 서

2012. 9. 21.

수 신   경찰서장

참 조   교통사고조사계장

제 목   수사보고(혈중알콜농도 산출보고)

피의자 이을해에 대한 도로교통법위반(음주운전) 사건에 관하여 피의자가 2012. 9. 18. 22:30경 서울서초경찰서 교통사고조사계 사무실에 자진출석하여 음주측정한 결과 혈중알콜농도가 0.045%로 측정되었는바, 측정시각으로부터 1시간 전인 교통사고 발생 시점 2012. 9. 18. 21:30경의 피의자의 혈중알콜농도를 계산하기 위하여 아래 위드마크 공식에 따라 위 측정치에 피의자에게 가장 유리한 시간당 감소치인 0.008%를 합산하여 피의자의 혈중알콜농도를 0.053%로 추산하였기에 보고합니다.

※ 위드마크 공식에 의한 혈중알콜농도 산출근거 :

운전시점의 혈중알콜농도 = 혈중알콜농도 측정치 + (시간당 알콜분해량 × 경과시간)

: 통계적으로 확인된, 시간당 알콜분해량은 개인에 따라 최저 0.008%에서 최고 0.03%에 이르는 것으로 알려져 있음

보고자   교통사고조사계 경장 오 경 장 (인)

자동차종합보험		가입사실증명서		

제201209797호   사고접수번호   201229769

피보험자	성 명	김갑인		자 동 차 등록번호	59투5099호
	주소	(생략)			제네시스
사 고 내 용	사고일시	2012년09월18일 21:30경		피 해 자	고경자
	사고장소	서울 서초구 서초동 교대역사거리		피 해 물	33수3010호 YF쏘나타
	운전자	김갑인 주민등록번호 : 52*****-1******			
담보	구분	가입금액		유효기간	
	대인배상1	자배법		2012. 6. 5. ~2013. 6. 5.	
	대인배상2	무한		2012. 6. 5. ~2013. 6. 5.	
	대물배상	2,000만원		2012. 6. 5. ~2013. 6. 5.	
	자기신체사고	(인당) 3,000만원		2012. 6. 5. ~2013. 6. 5.	
	무보험차상해	1인당 최고 2억원		2012. 6. 5. ~2013. 6. 5.	

특약 : 연령한정 특약(만 30세 이상), 운전자 한정특약(가족한정)

상기 사항은 사실과 틀림없음을 확인합니다.

대인배상1 및 대물배상담보에 가입한 경우 자동차손해배상보장법 제5조의 규정에 의한 의무보험에 가입하였음을 증명합니다.

자동차보험에 처음 가입하는 자동차의 경우 보험료를 받은 때부터 마지막 날 24시까지(단, 증권상의 보험기간 이전에 보험료를 납입한 경우 그 보험기간의 첫날 0시부터 마지막 날 24시까지) 보험 효력이 발생합니다.

2012년 9월 19일

삼성화재해상보험주식회사

(취급자   박 지 급 ㉑)   대표이사 사장   이 삼 승

진 술 서

성 명   강 기 술 (67****-1******)

주 소   (생략)

1. 저는 서울 서초구 양재동에서 '양재곱창' 식당을 운영하고 있습니다.

1. 2012. 9. 27. 20:10경 피의자가 저의 식당에 들어와서 5만 원어치의 술과 음식을 주문하여 먹었습니다.

1. 2012. 9. 27. 21:30경 피의자가 음식 값을 계산하지 않고 몰래 식당 밖으로 걸어 나가는 것을 발견하고 뒤따라가 음식 값을 달라고 요구하자, 피의자는 갑자기 저의 목을 잡고 손으로 뺨을 4~5회 때리고 다시 도주하였습니다.

1. 제가 도망가는 피의자를 뒤따라가 피의자의 집이 어디인지 확인한 후에 경찰에 신고를 하였습니다.

1. 피의자가 음식 값을 변제하고 용서를 구하고 있고, 제가 다친 부분이 없으므로 피의자의 처벌까지 원하지는 않습니다.

2012.   9.   28.

진술자   강 기 술   ⑩

피의자신문조서

피의자 이을해에 대한 공갈 피의사건에 관하여 2012. 10. 5. 서울서초경찰서 형사과 형사팀 사무실에서 사법경찰관 경위 홍반장은 사법경찰리 경사 조영사를 참여하게 하고, 아래와 같이 피의자임에 틀림없음을 확인하다.

문   피의자의 성명, 주민등록번호, 직업, 주거, 등록기준지 등을 말하십시오.

답   성명은 이을해(李乙亥)

      주민등록번호는   52****-1******   직업은 무직

      주거, 등록기준지, 직장주소, 연락처는 각각 **(생략)**

사법경찰관은 피의사건의 요지를 설명하고 사법경찰관의 신문에 대하여 「형사소송법」제244조의3에 따라 진술을 거부할 수 있는 권리 및 변호인의 참여 등 조력을 받을 권리가 있음을 피의자에게 알려주고 이를 행사할 것인지 그 의사를 확인하다.

[진술거부권 및 변호인 조력권 고지함. 그 내용은 (생략)]

이에 사법경찰관은 피의사실에 관하여 다음과 같이 피의자를 신문하다.

[피의자의 범죄전력, 경력, 학력, 가족·재산 관계 등 각각 (생략)]

문   피의자는 음식 값을 내지 않으려고 식당 주인을 폭행한 사실이 있는가요.

답   예, 그런 사실이 있습니다.

문   그 경위는 어떠한가요.

답   2012. 9. 27. 20:10경 서울 서초구 양재동 집 근처에 있는 '양재곱창'에서 혼자서 5만 원 어치의 술과 음식을 주문하여 먹었습니다. 제가 21:30경 식사를 마치고 음식 값을 계산하려고 지갑을 꺼내보니, 그때서야 소지하고 있는 현금이 3만 원밖에 없다는 것을 발견하게 되었습니다. 어떻게 할까 고민하다가 식당주인이 잠시 한눈을 파는 사이에 식당 밖으로 걸어 나갔습니다. 그런데 식당주인이 저를 발견하고 뒤따라와 음식 값을 달라고 요구하기에, 피해자의 목을 잡고 손으로 뺨을 4~5회 때렸습니다.

문   그 뒤에 어떻게 되었는가요.

답   제가 도망쳤으나 식당주인이 저의 집에까지 뒤따라와서 저의 집이 어디인
     지 확인한 후에 경찰에 신고한 것으로 알고 있습니다.

문   이상의 진술내용에 대하여 이의나 의견이 있는가요.

답   없습니다. 죄송합니다.

위의 조서를 진술자에게 열람하게 하였던바, 진술한 대로 오기나 증감·변경할
것이 전혀 없다고 하므로 간인한 후 서명무인하게 하다.

                        진술자   이 을 해 (무인)

                2012.   10.   5.

                서울서초경찰서

                사법경찰관   경위   홍 반 장 ㉑

                사법경찰리   경사   조 영 사 ㉑

피의자신문조서

성   명: 이을해

주민등록번호: 52****-1******

위의 사람에 대한 특정경제범죄가중처벌등에관한법률위반(사기) 등 피의사건에 관하여 2012. 10. 16. 서울중앙지방검찰청 제511호 검사실에서 검사 정이감은 검찰주사 한조사를 참여하게 한 후, 아래와 같이 피의자임에 틀림없음을 확인하다.

문   피의자의 성명, 주민등록번호, 직업, 주거, 등록기준지 등을 말하시오.

답   성명은 이을해(李乙亥)

       주민등록번호, 직업, 주거, 등록기준지, 직장주소, 연락처는 각각 **(생략)**

  검사는 피의사실의 요지를 설명하고 검사의 신문에 대하여 「형사소송법」 제244조의3에 따라 진술을 거부할 수 있는 권리 및 변호인의 참여 등 조력을 받을 권리가 있음을 피의자에게 알려주고 이를 행사할 것인지 그 의사를 확인하다.

진술거부권 및 변호인 조력권 고지 등 확인

1. 귀하는 일체의 진술을 하지 아니하거나 개개의 질문에 대하여 진술을 하지 아니할 수 있습니다.
2. 귀하가 진술을 하지 아니하더라도 불이익을 받지 아니합니다.
3. 귀하가 진술을 거부할 권리를 포기하고 행한 진술은 법정에서 유죄의 증거로 사용될 수 있습니다.
4. 귀하가 신문을 받을 때에는 변호인을 참여하게 하는 등 변호인의 조력을 받을 수 있습니다.

문   피의자는 위와 같은 권리들이 있음을 고지받았는가요.

답   예. 고지받았습니다.

문   피의자는 진술거부권을 행사할 것인가요.

답   아닙니다.

문   피의자는 변호인의 조력을 받을 권리를 행사할 것인가요.

답   아닙니다. 혼자서 조사를 받겠습니다.

이에 검사는 피의사실에 관하여 다음과 같이 피의자를 신문하다.

문 피의자의 학력, 경력, 가족관계, 재산정도, 건강상태 등은 경찰에서 사실대로 진술하였나요.

이 때 검사는 사법경찰관 작성의 피의자신문조서 중 해당부분을 읽어준바,

답 예. 그렇습니다.

문 피의자는 2012. 9. 27. 20:10경 서울 서초구 양재동 '양재곱창'에서 5만 원어치의 술과 음식을 먹은 후 그 대금을 면하려고 도망하다가 업주 강기술을 폭행한 사실이 있는가요.

답 예, 그렇습니다.

문 피의자는 김갑인과 공모하여 사실은 토지소유자 최정오에게서 토지 매매대금으로 3억 원을 제시받았음에도 박병진에게는 토지 매매대금이 5억 원이라고 부풀려 말함으로써 이에 속은 박병진에게서 그 매매대금 5억 원을 송금받아 편취한 사실이 있는가요.

답 아닙니다. 그런 사실이 없습니다.

문 피의자는 2012. 3. 하순경 박병진으로부터 주유소 부지로 이용하려고 하니 최정오가 소유하는 경기 화성시 봉담읍 동화리 283 토지를 매입해달라는 의뢰를 받고, 김갑인에게 다시 최정오로부터 위 토지를 매입해달라고 의뢰한 사실은 있는가요.

답 예, 그런 사실이 있습니다.

문 피의자는 그 과정에서 김갑인에게 "박병진은 순진해서 토지 거래에 대해서는 잘 모른다. 그러니 박병진에게는 토지 소유자가 부르는 가격보다 부풀려 말해서 이 기회에 한 몫 챙길 생각이다. 나중에 일이 잘 되면 너도 섭섭하지 않게 돈을 나누어주겠다. 너는 나중에 박병진으로부터 연락이 오면 '토지 소유자가 5억 원 아래로는 안 팔겠다고 한다. 요즘 그 부근 토지 시세를 확인해보았는데 그 토지가격이 5억 원 이상 나가니 안심하고 구입해도 된다.'고만 말해달라."고 한 사실이 없는가요.

답 그런 사실이 없습니다. 저는 김갑인이 저에게 최정오가 5억 원을 매매대금으로 부른다고 하고, 그 주변 땅 시세가 그 이상 된다고 하여, 김갑인의 말을 믿고 박병진에게 김갑인의 말을 전달해주고 김갑인과 통화하도록 해준 사실밖에 없습니다.

문 피의자는 김갑인으로부터 양신구를 통해 실제 매매대금 3억 원과의 차액인 현금 2억 원을 전달받은 사실이 없는가요.

답 저는 전혀 그런 사실이 없습니다. 박병진과는 절친한 친구로서 제가 그의 돈을 받을 수 없다고 생각했기에, 박병진에게서 수고비로 받은 300만 원도 받은 다음 날 전부 김갑인에게 송금해주었고, 이번 일과 관련해서 저는 한 푼도 개인적으로 받은 사실이 없습니다.

문   피의자는 경찰에서는 김갑인과 사기범행을 공모한 사실에 관하여 시인하지 않았는가요.

답   2012. 10. 2. 09:30경 경찰관이 전화로 이 사건과 관련해서 당일 11:00까지 서울서초경찰서로 출석하라고 전화를 하였는데, 당시 제가 반포동에 있는 메리어트 호텔 커피숍에서 현재 구상하고 있는 사업과 관련해서 사람을 만나고 있는 중이니 점심식사를 마치고 그날 오후 02:00경까지 출석하겠다고 대답하였는데, 약 30분 가량 지나서 경찰관 2명이 박병진과 함께 메리어트 호텔 로비로 찾아와서 저에게 서울서초경찰서로 함께 가주어야 하겠다고 하였습니다. 제가 지금 사업상 중요한 이야기를 하고 있으니 끝나고 가겠다고 하였으나 경찰관들은 지금 꼭 가야된다고 하면서 저를 경찰차량에 태워서 서울서초경찰서 경제팀 사무실로 데리고 갔습니다. 그곳에서 박병진과 김갑인을 동석시킨 후 경찰관이 저에게 김갑인과 공모하여 박병진으로부터 토지 매매대금 5억 원을 편취한 것이 아니냐고 묻기에 저는 그런 사실이 없다고 부인하였습니다. 그랬더니 경찰관이 저를 긴급체포하였고, 박병진과 김갑인이 옆에서 이미 저의 범죄를 입증할 증거가 모두 갖추어졌으니 부인해봐야 소용없다고 하면서 지금 자백하고 용서를 구하면 가볍게 처벌받을 수도 있을 것이라고 하여 어쩔 수 없이 경찰관이 말하는 대로 진술하였던 것입니다. 그러나 그 때 진술한 것은 사실이 아닙니다.

문   이상의 진술내용에 대하여 이의나 의견이 있는가요.

답   없습니다.

위의 조서를 진술자에게 열람하게 하였던바, 진술한 대로 오기나 증감 · 변경할 것이 전혀 없다고 말하므로 간인한 후 서명무인하게 하다.

진술자 **이 을 해** (무인)

2012. 10. 16.

서울중앙지방검찰청

검   사 *정이감*   ㉑

검찰주사 *한조사*   ㉑

기타 법원에 제출되어 있는 증거들

※ 편의상 다음 증거서류의 내용을 생략하였으나, 법원에
증거로 적법하게 제출되어 있음을 유의하여 변론할 것.

○ 교통사고실황조사서(2012. 9. 18. 자)

○ 검사 작성의 피고인 김갑인에 대한 피의자
신문조서(2012. 10. 12. 자)

- 공소사실 전부와 관련하여는 피고인 김갑인이 경찰에서
한 진술과 동일하므로 내용 생략.

○ 사망진단서사본(양신구가 2012. 9. 28. 교통
사고로 사망하였다는 취지)

○ 피고인들에 대한 각 조회회보서(2012. 10. 8. 자)

- 피고인들에 대한 전과 조회로서 각각 특별한 전과 없음.

2012년 제1회 변호사시험 기록형 기출문제

다음 기록을 읽고 피고인 김토건의 변호인 김힘찬과 피고인 이달수의 변호인 이사랑의 변론요지서를 작성하되, 다음 쪽 변론요지서 양식 중 <u>본문 Ⅰ, Ⅱ 부분만 작성하시오.</u>

┃작성요령

1. 시험의 편의상 두 변호인의 변론을 하나의 변론요지서에 작성함.
2. 피고인들 사이에 이해가 상충되는 경우 피고인들 각각의 입장에 충실하게 변론할 것.
3. 학설·판례 등의 견해가 대립되는 경우, 한 견해를 취하여 변론할 것. 다만, 대법원 판례와 다른 견해를 취하여 변론을 하고자 하는 경우에는 자신의 입장에 따른 변론을 하되 대법원 판례의 취지를 적시할 것.
4. 증거능력이 없는 증거는 실제 소송에서는 증거로 채택되지 않아 증거조사가 진행되지 않지만, 이 문제에서는 시험의 편의상 증거로 채택되어 증거조사가 진행된 것을 전제하였음. 따라서 필요한 경우 증거능력에 대하여도 변론할 것.

┃기 록 형 식 안 내

1. 쪽 번호는 편의상 연속되는 번호를 붙였음.
2. 조서, 기타 서류에는 필요한 서명, 날인, 무인, 간인, 정정인이 있는 것으로 볼 것.
3. 증거목록 중 '기재생략이라고 표시된 부분에는 법에 따른 절차가 진행되어 그에 따라 적절한 기재가 있는 것으로 볼 것.
4. 공판기록과 증거기록에 첨부하여야 할 일부 서류 중 '(생략)' 표시가 있는 것, 증인선서서와 수사기관의 조서에 첨부하여야 할 '수사과정확인서'는 적법하게 존재하는 것으로 볼 것.
5. 송달이나 접수, 통지, 결재가 필요한 서류는 모두 적법한 절차를 거친 것으로 볼 것.

형
사
법

【변론요지서 양식】

변론요지서

사　건　2011고합1234 특수강도교사 등
피고인　1. 김토건
　　　　2. 이달수
　위 사건에 관하여 피고인 김토건의 변호인 변호사 김힘찬, 피고인 이달수의
변호인 변호사 이사랑은 다음과 같이 변론합니다.

다　음

Ⅰ. 피고인 김토건에 대하여(45점)

Ⅱ. 피고인 이달수에 대하여(55점)
　　1. 횡령의 점
　　2. 성폭력범죄의처벌등에관한특례법위반(주거침입강간등)의 점
　　3. 교통사고처리특례법위반의 점
　　4. 사기의 점

※ 평가제외사항 - 공소사실의 요지, 정상관계, 피고인 이달수의 특수강도 부분
　　　　　　　　(답안지에 기재하지 말 것)

2012.　1.　4.

피고인 김토건의 변호인 변호사 김힘찬 ㉑
피고인 이달수의 변호인 변호사 이사랑 ㉑

서울중앙지방법원 제26형사부 귀중

<table>
<tr><td rowspan="2"></td><td rowspan="2">구속만료</td><td>2012. 1. 15.</td><td>미결구금</td></tr>
<tr><td>최종만료</td><td>2012. 5. 15.</td></tr>
</table>

서 울 중 앙 지 방 법 원

구공판 **형 사 제 1 심 소 송 기 록**

| 대행 갱신 만   료 | | |

기일	사건번호	2011고합1234	담임	제26부	주심	다
1회기일						

12/14 A10

12/28 P2

사 건 명	가. 특수강도교사 나. 특수강도 다. 성폭력범죄의처벌등에관한특례법위반(주거침입강간등) 라. 사기 마. 횡령 바. 교통사고처리특례법위반
검 사	명검사 2011형제53874호
공소제기일	2011. 11. 16.
피 고 인	1. 가 **김토건** [구속] 2. 나.다.라.마.바. **이달수**
변 호 인	사선 변호사 김힘찬(피고인 김토건) 사선 변호사 이사랑(피고인 이달수)

확 정	
보존종기	
종결구분	
보 존	

	담 임	과 장	국 장	주심 판사	재판장	원장
완결 공람						

형 사 법

접 수 공 람	과　　　장	국　　　장	원　　　장
	㊞	㊞	㊞

공 판 준 비 절 차

회　부 수명법관 지정 일자	수명법관 이름	재 판 장	비　고

법 정 외 에 서 지 정 하 는 기 일

기일의 종류	일　　　시				재 판 장	비　고
1회 공판기일	2011.	12.	14.	10:00	㊞	

서울중앙지방법원

목 록		
문 서 명 칭	장 수	비 고
증거목록	8	검사
증거목록	10	피고인 및 변호인
공소장	12	
변호인선임신고서	(생략)	피고인 김토건
변호인선임신고서	(생략)	피고인 이달수
영수증(공소장부본 등)	(생략)	
영수증(공소장부본 등)	(생략)	피고인 김토건
영수증(공판기일통지서)	(생략)	변호사 김힘찬
영수증(공판기일통지서)	(생략)	변호사 이사랑
의견서	(생략)	피고인 김토건
의견서	(생략)	피고인 이달수
공판조서(제1회)	15	
증인신청서	(생략)	검사
증인신청서	(생략)	변호사 김힘찬
증거서류제출서	17	변호사 이사랑
공판조서(제2회)	20	
증인신문조서	22	박대우
증인신문조서	23	이칠수
증인신문조서	24	정미희

서울중앙지방법원

목 록 (구속관계)		
문 서 명 칭	장 수	비 고
긴급체포서	**(생략)**	피고인 이달수
구속영장(체포된 피의자용)	**(생략)**	피고인 이달수
피의자 수용증명	**(생략)**	피고인 이달수

증 거 목 록 (증거서류 등)

2011고합1234

2011형제53874호

① 김토건
② 이달수
신청인: 검사

순번	증거방법 작성	쪽수(수)	쪽수(증)	증거명칭	성명	참조사항등	신청기일	증거의견 기일	증거의견 내용	증거결정 기일	증거결정 내용	증거조사기일	비고
1	검사	(생략)		피의자신문조서	김토건		1	1	① ○ ② ○	기재 생략		기재 생략	
2	〃	(생략)		피의자신문조서	이달수		1	1	① × ② ○				
3	사경	28		진술조서	박대우		1	1	① ○ ② ○				
4	〃	30		피의자신문조서	이달수		1	1	① × ② ○				
5	〃	33		진술조서	정미희		1	1	② ×				
6	〃	35		진술조서(제2회)	정미희		1	1	② ×				
7	〃	37		압수조서 및 압수목록(신발)			1	1	② 진정성립만 인정				
8	〃	39		교통사고보고(실황조사서)			1	1	② ○				
9	〃	40		진술서	조범생		1	1	② ○				
10	〃	(생략)		진단서	조범생		1	1	② ○				
11	〃	41		진술서	장희빈		1	1	② ○				
12	〃	(생략)		영수증			1	1	② ○				
13	〃	42		피의자신문조서	김토건		1	1	① ○ ② ○				
14	〃	45		피의자신문조서(제2회)	이달수		1	1	② ○				
15	〃	48		감정서(신발)			1	1	② 진정성립만 인정				
16	〃	49		조회회보서	이달수		1	1	② ○				
17	〃	(생략)		조회회보서	김토건		1	1	① ○				

※ 증거의견 표시 - 피의자신문조서: 인정 ○, 부인 ×
　　　　　　　　(여러 개의 부호가 있는 경우, 성립/임의성/내용의 순서임)
　　　　　　 - 기타 증거서류: 동의 ○, 부동의 ×
※ 증거결정 표시: 채 ○, 부 ×
※ 증거조사 내용은 제시, 내용고지

증 거 목 록 (증인 등)

2011고합1234

① 김토건

② 이달수

2011형제53874호

신청인: 검사

증 거 방 법	쪽수 (공)	입증취지 등	신청 기일	증거결정		증거조사기일	비고
				기일	내용		
증인 정머희	24	공소사실 2의 나항 관련	1	1	○	2011. 12. 28. 14:00 (실시)	
나이키 신발		공소사실 2의 나항 관련	1	2	○	2011. 12. 28. 14:00 (실시)	

※ 증거결정 표시: 채 ○, 부 ×

증 거 목 록 (증거서류 등)
2011고합1234

① 긴토건
② 이달수

2011형제53874호　　　　　　　　　　　　　　신청인: 피고인 및 변호인

순번	증 거 방 법 작성	쪽수(수)	쪽수(증)	증 거 명 칭	성 명	참조사항등	신청기일	증거의견 기일	증거의견 내용	증거결정 기일	증거결정 내용	증거조사기일	비고
1			18	합의서	조변생		2	2	○				②신청
2			19	약식명령	이달수		2	2	○	기재생략			②신청
3			(생략)	'대건설 주식회사' 하도급규정집			2	2	○				②신청
4			(생략)	건설업등록증 (긴토건)			2	2	○				②신청

※ 증거의견 표시 - 피의자신문조서: 인정 ○, 부인 ×
　　　　　　　　　(여러 개의 부호가 있는 경우, 성립/임의성/내용의 순서임)
　　　　　　　 - 기타 증거서류: 동의 ○, 부동의 ×
※ 증거결정 표시: 채 ○, 부 ×
※ 증거조사 내용은 제시, 내용고지

증 거 목 록 (증인 등)

2011고합1234

① 김토건
② 이달수

2011형제53874호   신청인: 피고인 및 변호인

증 거 방 법	쪽수 (공)	입증취지 등	신청 기일	증거결정 기일	증거결정 내용	증거조사기일	비고
증인 박대우	22	공소사실 1 범행도구 관련	1	1	○	2011. 12. 28. 14:00 (실시)	①신청
증인 이칠수	23	공소사실 1 관련	1	1	○	2011. 12. 28. 14:00 (실시)	①신청

※ 증거결정 표시: 채 ○, 부 ×

서 울 중 앙 지 방 검 찰 청

2011. 11. 16.

사건번호   2011년 형제53874호

수 신 자   서울중앙지방법원

제   목   **공소장**

검사 명검사는 아래와 같이 공소를 제기합니다.

Ⅰ. 피고인 관련사항

1. 피 고 인   김토건 (******-*******), 50세

직업 건설업체 사장, ***-****-****

주거 서울특별시 강남구 대치1동 기아아파트 101동 1007호

등록기준지 (생략)

죄   명   특수강도교사

적용법조   형법 제334조 제2항, 제1항, 제333조, 제31조 제1항

구속여부   불구속

변 호 인   변호사 김힘찬

2. 피 고 인   이달수 (******-*******), 40세   **1234**

직업 무직, ***-****-****

주거 서울특별시 서초구 양재2동 125

등록기준지 (생략)

죄   명   특수강도, 성폭력범죄의처벌등에관한특례법위반(주거침입강간등),

사기, 횡령, 교통사고처리특례법위반

적용법조   형법 제334조 제2항, 제1항, 제333조, 성폭력범죄의 처벌 등에 관한

특례법 제14조, 제3조 제1항, 형법 제319조 제1항, 제297조, 제347조

제1항, 제355조 제1항, 교통사고처리 특례법 제3조 제1항, 제2항 단서

제6호, 형법 제268조, 제37조, 제38조

구속여부   2011. 11. 4. 구속 (2011. 11. 2. 체포)

변 호 인   변호사 이사랑

Ⅱ. 공소사실

피고인 김토건은 서울 서초구 서초1동 10에 있는 'D건설'을 운영하는 사람이고, 피고인 이달수는 피고인 김토건의 고향 후배로서 일정한 직업이 없는 사람이다.

1. 피고인들의 범행

피고인 김토건은 피해자 박대우(55세)에게 1억 원을 빌려주었다가 돌려받지 못하고 있었다. 피고인 이달수가 피고인 김토건에게 3,000만 원을 빌려달라고 부탁하자, 피고인 김토건은 피고인 이달수에게 피해자가 빌려 간 돈 1억 원을 받아 오면 그 중 3,000만 원을 빌려주겠다고 하였다. 이에 피고인 이달수는 피해자에게 가서 채무변제를 여러 번 독촉하였다.

가. 피고인 김토건

피고인은 2011. 10. 31. 15:00경 인천국제공항에서 서울로 가는 98허7654호 에쿠스 승용차 안에서 이달수에게 "박대우가 어제 아니면 오늘 공사 기성금을 받은 것으로 알고 있다. 순순히 말해서는 주지 않을 것이니 확실히 받아 와라. 돈을 받아 오면 그 중 일부를 빌려주겠다."라고 말하면서 흉기인 주방용 식칼(칼날 길이 15cm, 손잡이 길이 10cm)이 든 봉투를 건네주어 이달수로 하여금 피해자로부터 금원을 강취할 것을 마음먹게 하였다.

이달수는 그 다음 날인 2011. 11. 1. 09:00경 서울 서초구 서초2동 250에 있는 피해자의 집을 찾아가 1억 원의 변제를 독촉하였으나 피해자가 돈이 없다고 거절하였다. 이달수는 집 안을 둘러보다가 안방 화장대 위에 있던 5,000만 원이 든 봉투를 발견하였다. 피해자가 돈 봉투를 집어 가슴에 품은 채 지급을 거절하자, 이달수는 미리 가지고 간 위 식칼을 피해자의 목에 들이대어 반항을 억압한 다음 돈 봉투를 빼앗아 가지고 나왔다.

이로써 피고인은 이달수로 하여금 위와 같이 피해자로부터 5,000만 원을 빼앗게 함으로써 특수강도를 교사하였다.

나. 피고인 이달수

피고인은 위 김토건의 교사에 따라 2011. 11. 1. 09:00경 서울 서초구 서초2동 250에 있는 피해자의 집에서 전항과 같이 피해자로부터 5,000만 원을 빼앗아 강취하였다.

2. 피고인 이달수

가. 횡령

피고인은 2010. 10. 1.경 서울 서초구 서초1동 10에 있는 위 'D건설' 사무실에서 피해자 김토건으로부터 'H건설 주식회사' 계약담당이사 최현대에게 가져다주라는 지시와 함께 현금 4,000만 원을 교부받아 피해자를 위하여 보관하였다. 피고인은 그날 위 4,000만 원을 피고인의 개인 채무 변제에 임의로 사용하여 횡령하였다.

나. 성폭력범죄의처벌등에관한특례법위반(주거침입강간등)

피고인은 2011. 6. 1. 23:00경 서울 서초구 서초3동 130에 있는 피해자 정미희 (여, 27세)의 집에 이르러 잠겨 있지 아니한 문간방 창문을 통하여 집 안으로 침입하였다. 피고인은 안방에서 잠들어 있는 피해자를 발견하고 피해자를 간음할 목적으로 피해자의 하의를 벗겼다. 그때 피해자가 깨어나자 피고인은 한 손으로 피해자의 입을 막고 몸으로 피해자를 눌러 반항을 억압한 다음 자신의 바지를 내리고 피해자를 간음하려 하였으나 피해자가 소리치며 격렬히 저항하는 바람에 간음하지 못하고 집 밖으로 도망쳐 나왔다.

이로써 피고인은 주거에 침입하여 피해자를 강간하려다가 미수에 그쳤다.

다. 교통사고처리특례법위반

피고인은 2011. 9. 1. 08:00경 12가3456호 쏘나타 승용차를 운전하고 서울 서초구 서초1동 114에 있는 'S고등학교' 앞길을 방배역 쪽에서 서초역 쪽으로 진행하고 있었다. 그곳 전방에 횡단보도가 있으므로 운전자는 횡단보도 앞에서 일시정지 하는 등으로 보행자를 보호하여야 할 업무상 주의의무가 있었다. 그럼에도 피고인은 그 주의의무를 게을리 한 과실로 때마침 자전거를 타고 횡단보도를 건너던 피해자 조범생(22세)을 위 승용차 앞 범퍼 부분으로 들이받아 그 충격으로 피해자가 약 4주간의 치료가 필요한 왼쪽 다리 골절 등의 상해를 입게 하였다.

라. 사기

피고인은 2011. 10. 10. 23:00경 서울 서초구 서초2동 119에 있는 피해자 장희빈이 운영하는 '룰루' 유흥주점에서 마치 술값 등을 제대로 지급할 것처럼 행세하며 술 등을 주문하여 이에 속은 피해자로부터 100만 원에 해당하는 술과 서비스 등을 제공받았다. 그러나 피고인은 현금 2만 원만 가지고 있어 그 대금을 지급할 의사나 능력이 없었다.

III. 첨부서류

1. 긴급체포서 1통 (생략)

2. 구속영장(체포된 피의자용) 1통 (생략)

3. 변호인선임신고서 2통 (생략)

4. 피의자수용증명 1통 (생략)

검사 명건사 ㉑

서 울 중 앙 지 방 법 원

공 판 조 서

제 1 회

사 건	2011고합1234 특수강도교사 등			
재판장 판사	배현일	기 일:	2011. 12. 14. 10:00
판사	김 석	장 소:	제418호 법정
판사	문현주	공개 여부:	공개
법원사무관	국영수	고 지 된 다음기일:	2011. 12. 28. 14:00
피 고 인	1. 김토건 2. 이달수		각 출석
검 사	강선주		출석
변 호 인	변호사 김힘찬 (피고인 1을 위하여)		출석
	변호사 이사랑 (피고인 2를 위하여)		출석

재판장

　　피고인들은 진술을 하지 아니하거나 각개의 물음에 대하여 진술을 거부할 수 있고, 이익 되는 사실을 진술할 수 있음을 고지

재판장의 인정신문

　　성　　　명: 1. 김토건　　2. 이달수
　　주민등록번호: 각 공소장 기재와 같음.
　　직　　　업:　　　″
　　주　　　거:　　　″
　　등록기준지:　　　″

재판장

　　피고인들에 대하여

　　주소가 변경될 경우에는 이를 법원에 보고할 것을 명하고, 소재가 확인되지 않을 때에는 그 진술 없이 재판할 경우가 있음을 경고

검 사

공소장에 의하여 공소사실, 죄명, 적용법조 낭독

피고인 김토건

피고인 이달수에게 강도를 교사한 사실이 없다고 진술

피고인 이달수

피해자 정미희에 대한 공소사실은 인정할 수 없고, 나머지 공소사실은 인정한다고 진술

피고인 김토건의 변호인 변호사 김힘찬

피고인 김토건이 피고인 이달수에게 피해자 박대우가 빌려 간 돈을 받아 오면 그 돈을 빌려주겠다고 말한 사실과, 피해자 박대우가 공사 기성금을 받아 돈을 갖고 있을 것이라고 알려 준 사실은 있으나, 칼을 주면서 강도를 교사하지는 않았다고 진술

피고인 이달수의 변호인 변호사 이사랑

피고인 이달수는 피해자 정미희를 알지 못한다고 진술

재판장

증거조사를 하겠다고 고지

증거관계 별지와 같음(검사, 변호인)

재판장

각 증거조사 결과에 대하여 의견을 묻고 권리를 보호하는 데에 필요한 증거조사를 신청할 수 있음을 고지

소송관계인

별 의견 없다고 각각 진술

재판장

변론속행

2011. 12. 14.

법 원 사 무 관　　국영수 ㊞

재판장 판 사　　배현일 ㊞

증거서류제출서

사건번호 2011고합1234 특수강도교사 등

피고인 이달수

위 사건에 관하여 피고인 이달수의 변호인은 피고인의 이익을 위하여 다음 증거서류를 제출합니다.

다 음

1. 합의서 1통
1. 약식명령 1통
1. 'H건설 주식회사' 하도급규정집 (생략)
1. 건설업등록증(김토건) (생략)

2011. 12. 20.

피고인 이달수의 변호인
변호사 이사랑 ㊞

서울중앙지방법원 제26형사부 귀중

합의서

가해자 성명: 이달수
　　　주소: (생략)

피해자 성명: 조범생
　　　주소: (생략)

피해자는 2011. 9. 1. 08:00경 서울 서초구 서초1동 114에 있는 'S고등학교' 앞 길 횡단보도에서 가해자가 운전하는 12가3456호 쏘나타 승용차에 부딪혀 약 4주간의 치료가 필요한 왼쪽 다리 골절 등의 상해를 입었습니다. 피해자는 가해자에게서 치료비 등 일체의 손해를 변상받고 합의하였습니다. 이에 피해자는 가해자의 처벌을 원하지 아니하고, 이후 민형사상 일체의 이의를 제기하지 않을 것을 확인합니다.

2011. 12. 16.

피해자 조범생 ㉑

첨부: 인감증명 1통(생략)

춘천지방법원 강릉지원

약 식 명 령

사　　건　　2011고약692 상습사기

　　　　　　(2011년형제3577호)

피 고 인　　이달수 (******-*******), 무직

　　　　　　주거　　서울 서초구 양재2동 125

　　　　　　등록기준지 (생략)

주 형 과　　피고인을 벌금 3,000,000(삼백만)원에 처한다.

　　　　　　피고인이 위 벌금을 납입하지 아니하는 경우 금 50,000(오만)원을 1일로

　　　　　　환산한 기간 피고인을 노역장에 유치한다.

범죄사실　　피고인은 2009. 10. 30. 서울중앙지방법원에서 상습사기죄로 벌금 3,000,000원의

　　　　　　약식명령을 받는 등 동종전력 3회가 있는 자로서, 상습으로,

　　　　　　수중에 현금이나 신용카드 등 다른 대금지급 수단이 없어 술값 등을 지급할

　　　　　　의사나 능력이 없었음에도, 2011. 10. 25. 23:00경 강릉시 경포동 113에

　　　　　　있는 피해자 이미순이 운영하는 '경포' 유흥주점에서 마치 술값 등을 제대로

　　　　　　지급할 것처럼 행세하며 술 등을 주문하여 이에 속은 피해자로부터

　　　　　　80만 원에 해당하는 술과 서비스를 제공받았다.

적용법령　　형법 제351조, 제347조 제1항 (벌금형 선택), 제70조, 제69조 제2항

검사 또는 피고인은 이 명령등본을 송달받은 날부터 7일 이내에 정식재판의 청구를

할 수 있습니다.

2011. 11. 20.

판 사　　이　원　철 ㉑

서 울 중 앙 지 방 법 원

공 판 조 서

제 2 회

사 건	2011고합1234 특수강도교사 등			
재판장 판사	배현일	기 일:	2011. 12. 28. 14:00	
판사	김 석	장 소:	제418호 법정	
판사	문현주	공개 여부:	공개	

법원사무관   국영수   고 지 된

다음기일: 2012. 1. 4. 10:00

피 고 인	1. 김토건 2. 이달수	각 출석
검 사	강선주	출석
변 호 인	변호사 김힘찬 (피고인 1을 위하여)	출석
	변호사 이사랑 (피고인 2를 위하여)	출석
증 인	박대우, 이칠수, 정미희	각 출석

재판장

전회 공판심리에 관한 주요사항의 요지를 공판조서에 의하여 고지

소송관계인

변경할 점이나 이의할 점이 없다고 진술

출석한 증인 박대우, 이칠수, 정미희를 별지와 같이 신문하다

증거관계 별지와 같음(검사, 변호인)

재판장

각 증거조사 결과에 대하여 의견을 묻고 권리를 보호하는 데에 필요한 증거

조사를 신청할 수 있음을 고지

소송관계인

별 의견 없으며, 달리 신청할 증거도 없다고 각각 진술

재판장

증거조사를 마치고 피고인 신문을 하겠다고 고지

형
사
법

339

형사법 기록형

검 사

    피고인 김토건에게

문   피고인 이달수에게 "순순히 주지 않을 것이니 확실히 받아 와라."라는 말을 하였는가요.

답   예.

문   그 말은 결국 강제로라도 돈을 빼앗아 오라는 뜻이 아닌가요.

답   아닙니다.

    피고인 이달수에게

문   피해자 박대우를 협박한 칼은 피고인 김토건에게서 받은 것인가요.

답   예.

이때 검사는 수사기록에 편철되어 있는 사법경찰관이 각각 작성한 피고인 이달수에 대한 피의자신문조서와 검사가 작성한 동인에 대한 피의자신문조서를 각각 제시하여 읽어보게 한 다음

문   피고인이 수사기관에서 진술한 대로 기재되어 있음을 확인하고 서명무인 하였나요.

답   예, 그렇습니다.

문   당시 자유로운 분위기 속에서 임의로, 충분히 진술하였나요.

답   예.

이때 검사는 나이키 신발 1켤레를 제시하고

문   이 신발이 피고인의 것이 맞는가요.

답   예, 맞습니다.

피고인 김토건의 변호인 변호사 김힘찬

    피고인 이달수에게

문   피해자 박대우를 협박한 칼은 왜 버렸나요.

답   20㎝ 이상이 되는 주방용 식칼을 계속 가지고 다니기에는 부담스러웠습니다.

재판장

    피고인신문을 마쳤음을 고지

재판장

    변론속행 (변론 준비를 위한 변호인의 요청으로)

2011. 12. 28.

법 원 사 무 관   국영수 ㊞

재판장 판 사   배현일 ㊞

서울중앙지방법원

증인신문조서 (제2회 공판조서의 일부)

사 건   2011고합1234 특수강도교사 등

증 인   이 름   박대우

생년월일   ****. **. **.

주 거   서울 서초구 서초2동 250

재판장

증인에게 형사소송법 제148조 또는 제149조에 해당하는가의 여부를 물어 증인이 이에 해당하지 아니함을 인정하고, 위증의 벌을 경고한 후 별지 선서서와 같이 선서를 하게 하였다. 다음에 신문할 증인은 재정하지 아니하였다.

피고인 김토건의 변호인 변호사 김힘찬

증인에게

문 당시 피고인 이달수가 증인에게 칼을 보여주며 협박한 것은 사실인가요.

답 예, 피고인 이달수가 점퍼 안주머니에서 칼을 꺼내어 저의 목에 들이대는 순간 접힌 칼날이 '척' 소리를 내며 펼쳐졌습니다.

문 피고인 김토건의 처벌을 원하는가요.

답 예, 처벌을 원합니다.

2011. 12. 28.

법 원 사 무 관   국영수 ㊞

재판장 판 사   배현일 ㊞

서울중앙지방법원

증인신문조서 (제2회 공판조서의 일부)

사   건   2011고합1234 특수강도교사 등
증   인   이   름   이칠수
          생년월일   ****. **. **.
          주   거   서울 서초구 양재동 100 호성빌라 305동 102호

───

재판장

증인에게 형사소송법 제148조 또는 제149조에 해당하는가의 여부를 물어 증인이 이에 해당하지 아니함을 인정하고, 위증의 벌을 경고한 후 별지 선서서와 같이 선서를 하게 하였다. 다음에 신문할 증인은 재정하지 아니하였다.

피고인 김토건의 변호인 변호사 김힘찬

증인에게

문   증인은 2011. 11. 1. 이달수에게서 3,000만 원을 송금받은 사실이 있나요.

답   예, 그날 오전에 저에게 송금하였다고 전화하여 확인하였습니다.

문   증인이 그 돈을 송금받을 이유가 있었나요.

답   예, 제가 1년 전에 고교 동창인 피고인 이달수에게 3,000만 원을 빌려주었다가 돌려받지 못하고 있던 중 저의 아내가 큰 수술을 받게 되어 피고인 이달수에게 돈을 갚아달라고 최근에 독촉하여 받은 돈입니다.

검사

증인에게

문   그 돈이 어떻게 마련된 것인지 아는가요.

답   예, 그날 밤 피고인 이달수가 저의 집으로 찾아 와서 "김토건 선배의 채권을 받아다 주고 그 돈을 빌렸다. 김토건 선배가 칼을 주면서 꼭 받아오라고 하길래 한 번 사고를 쳤다."라고 말해서 알았습니다.

2011. 12. 28.

법 원 사 무 관   국영수 ㉘

재판장 판 사   배현일 ㉘

서울중앙지방법원

증 인 신 문 조 서 (제2회 공판조서의 일부)

사   건   2011고합1234 특수강도교사 등
증   인   이   름   정미희
　　　　　생년월일   ****. **. **.
　　　　　주   거   서울 서초구 서초3동 130

___

재판장

　　증인에게 형사소송법 제148조 또는 제149조에 해당하는가의 여부를 물어
　　증인이 이에 해당하지 아니함을 인정하고, 위증의 벌을 경고한 후 별지
　　선서서와 같이 선서를 하게 하였다.

검사

　　증인에게

문 증인은 2011. 6. 1. 23:00경 증인의 집에서 강간 피해를 당할 뻔한 적이 있었고,
　　그 사실에 대하여 경찰에서 진술한 사실이 있지요.

답 예, 그렇습니다.

이때 검사는 수사기록에 편철된 사법경찰리가 각각 작성한 증인에 대한 2011. 6. 2.자
및 2011. 11. 2.자 진술조서를 각각 제시하여 읽어보게 한 다음

문 증인은 경찰에서 진술한 대로 기재되어 있음을 확인하고 서명무인 하였나요.

답 예, 그렇습니다.

문 당시 자유로운 분위기 속에서 임의로, 충분히 진술하였나요.

답 예.

피고인 이달수의 변호인 변호사 이사랑

이때 변호인은 피고인 이달수의 얼굴을 들게 하고

문 피고인 이달수가 범인이 맞는가요.

답 예, 그렇습니다.

2011. 12. 28.

법 원 사 무 관　　　국영수 ㊞

재판장 판 사　　　배현일 ㊞

<table>
<tr><td colspan="6" align="center">서울중앙지방법원

증거서류등(검사)</td></tr>
<tr><td rowspan="3">사 건 번 호</td><td>2011고합1234</td><td rowspan="3">담임</td><td>제26형사부</td><td rowspan="3">주심</td><td>다</td></tr>
<tr><td></td><td></td><td></td></tr>
<tr><td></td><td></td><td></td></tr>
<tr><td rowspan="1">사 건 명</td><td colspan="5">가. 특수강도교사

나. 특수강도

다. 성폭력범죄의처벌등에관한특례법위반(주거침입강간등)

라. 사기

마. 횡령

바. 교통사고처리특례법위반</td></tr>
<tr><td>검 사</td><td colspan="2" align="center">명검사</td><td colspan="3" align="center">2011년 형제53874호</td></tr>
<tr><td rowspan="2">피 고 인</td><td colspan="2">1. 가</td><td colspan="3">김토건</td></tr>
<tr><td>구속</td><td>2. 나.다.라.마.바.</td><td colspan="3">이달수</td></tr>
<tr><td>공소제기일</td><td colspan="5" align="center">2011. 11. 16.</td></tr>
<tr><td>1심 선고</td><td colspan="2">20 . . .</td><td>항소</td><td colspan="2">20 . . .</td></tr>
<tr><td>2심 선고</td><td colspan="2">20 . . .</td><td>상고</td><td colspan="2">20 . . .</td></tr>
<tr><td>확 정</td><td colspan="2">20 . . .</td><td>보존</td><td colspan="2"></td></tr>
</table>

		제 1 책
		제 1 권

<table>
<tr><td rowspan="2">구공판</td><td colspan="5" align="center">서 울 중 앙 지 방 검 찰 청

증 거 기 록</td></tr>
</table>

검 찰	사건번호	2011년 형제53874호	법원	사건번호	2011년 고합1234호
	검 사	명검사		판 사	

피 고 인	1. 가 　　　　　　　　　　**김토건** 구속　2. 나.다.라.마.바.　　　**이달수**

죄 　명	가. 특수강도교사 나. 특수강도 다. 성폭력범죄의처벌등에관한특례법위반(주거침입강간등) 라. 사기 마. 횡령 바. 교통사고처리특례법위반

공소제기일	2011. 11. 16.		
구　　　속	2. 2011. 11. 4. 구속(2011. 11. 2. 체포)	석　방	
변 호 인	1. 변호사 김힘찬 2. 변호사 이사랑		
증 거 물	있음		
비　　　고			

형사법

<table>
<tr><th rowspan="3">순
번</th><th colspan="5">증 거 방 법</th><th rowspan="3">참조
사항
등</th><th rowspan="3">신
청
기
일</th><th colspan="2">증거의견</th><th colspan="2">증거결정</th><th rowspan="3">증거
조사
기일</th><th rowspan="3">비
고</th></tr>
<tr><th rowspan="2">작성</th><th>쪽수
(수)</th><th>쪽수
(증)</th><th rowspan="2">증거명칭</th><th rowspan="2">성명</th><th rowspan="2">기
일</th><th rowspan="2">내용</th><th rowspan="2">기
일</th><th rowspan="2">내
용</th></tr>
<tr><th></th><th></th></tr>
<tr><td>1</td><td>검사</td><td>(생략)</td><td></td><td>피의자신문조서</td><td>이달수</td><td></td><td></td><td></td><td></td><td></td><td></td><td></td><td></td></tr>
<tr><td>2</td><td>〃</td><td>(생략)</td><td></td><td>피의자신문조서</td><td>김토건</td><td></td><td></td><td></td><td></td><td></td><td></td><td></td><td></td></tr>
<tr><td>3</td><td>사경</td><td>28</td><td></td><td>진술조서</td><td>박대우</td><td></td><td></td><td></td><td></td><td></td><td></td><td></td><td></td></tr>
<tr><td>4</td><td>〃</td><td>30</td><td></td><td>피의자신문조서</td><td>이달수</td><td></td><td></td><td></td><td></td><td></td><td></td><td></td><td></td></tr>
<tr><td>5</td><td>〃</td><td>33</td><td></td><td>진술조서</td><td>정미희</td><td></td><td></td><td></td><td></td><td></td><td></td><td></td><td></td></tr>
<tr><td>6</td><td>〃</td><td>35</td><td></td><td>진술조서
(제2회)</td><td>정미희</td><td></td><td></td><td></td><td></td><td></td><td></td><td></td><td></td></tr>
<tr><td>7</td><td>〃</td><td>37</td><td></td><td>압수조서 및
압수목록(신발)</td><td></td><td></td><td></td><td></td><td></td><td></td><td></td><td></td><td></td></tr>
<tr><td>8</td><td>〃</td><td></td><td></td><td>나이키 신발</td><td>이달수</td><td></td><td></td><td></td><td></td><td></td><td></td><td></td><td></td></tr>
<tr><td>9</td><td>〃</td><td>39</td><td></td><td>교통사고보고
(실황조사서)</td><td></td><td></td><td></td><td></td><td></td><td></td><td></td><td></td><td></td></tr>
<tr><td>10</td><td>〃</td><td>40</td><td></td><td>진술서</td><td>조범생</td><td></td><td></td><td></td><td></td><td></td><td></td><td></td><td></td></tr>
<tr><td>11</td><td>〃</td><td>(생략)</td><td></td><td>진단서</td><td>조범생</td><td></td><td></td><td></td><td></td><td></td><td></td><td></td><td></td></tr>
<tr><td>12</td><td>〃</td><td>41</td><td></td><td>진술서</td><td>장희빈</td><td></td><td></td><td></td><td></td><td></td><td></td><td></td><td></td></tr>
<tr><td>13</td><td>〃</td><td>(생략)</td><td></td><td>영수증</td><td></td><td></td><td></td><td></td><td></td><td></td><td></td><td></td><td></td></tr>
<tr><td>14</td><td>〃</td><td>42</td><td></td><td>피의자신문조서</td><td>김토건</td><td></td><td></td><td></td><td></td><td></td><td></td><td></td><td></td></tr>
<tr><td>15</td><td>〃</td><td>45</td><td></td><td>피의자신문조서
(제2회)</td><td>이달수</td><td></td><td></td><td></td><td></td><td></td><td></td><td></td><td></td></tr>
<tr><td>16</td><td>〃</td><td>48</td><td></td><td>감정서(신발)</td><td></td><td></td><td></td><td></td><td></td><td></td><td></td><td></td><td></td></tr>
<tr><td>17</td><td>〃</td><td>49</td><td></td><td>조회회보서</td><td>이달수</td><td></td><td></td><td></td><td></td><td></td><td></td><td></td><td></td></tr>
<tr><td>18</td><td>〃</td><td>(생략)</td><td></td><td>조회회보서</td><td>김토건</td><td></td><td></td><td></td><td></td><td></td><td></td><td></td><td></td></tr>
</table>

증 거 목 록 (증거서류 등)

2011고합1234

2011형제53874호   신청인: 검사

진술조서

성   명: 박대우

주민등록번호: ******-*******   55세

직   업: K건설 운영

주   거: 서울특별시 서초구 서초2동 250

등 록 기 준 지: (생략)

직 장 주 소: (생략)

연   락   처: (자택전화)   (생략)   (휴대전화)   (생략)

                (직장전화)   (생략)   (전자우편)   (생략)

위의 사람은 피의자 이달수에 대한 특수강도 피의사건에 관하여 2011. 11. 1. 서울서초경찰서 형사팀 사무실에 임의 출석하여 다음과 같이 진술하다.

1. 피의자와의 관계

피의자는 저와 아무런 관계가 없습니다.

2. 피의사실과의 관계

저는 피의자에게 5,000만 원을 빼앗긴 사실과 관련하여 피해자 자격으로 출석하였습니다.

이때 사법경찰리는 진술인 박대우를 상대로 다음과 같이 문답하다.

문   진술인은 오늘 진술인의 집에서 피의자 이달수에게 5,000만 원을 빼앗겼다고 하였지요.

답   예, 그렇습니다.

문   그 경위에 대하여 자세히 진술하시오.

답　오늘 2011. 11. 1. 09:00경 서울 서초구 서초2동 250에 있는 저의 집으로 이달수가 찾아왔습니다. 제가 약 3년 전에 동종의 건설업체를 운영하는 김토건으로부터 1억 원을 빌려 갚지 못하고 있었는데, 최근 이달수가 김토건 대신 저를 찾아와 돈을 갚을 것을 요구하여 이달수를 알게 되었습니다.

이달수는 집 안으로 들어오더니 다짜고짜 "기성금을 받았다는데 돈을 갚아야 할 것이 아니냐."라고 하였습니다. 제가 어제 기성금 2억 원을 받은 것은 사실이나 이미 1억 5,000만 원은 하도급 업체에 공사대금으로 지급하였고, 딸의 전세보증금 지급을 위하여 5,000만 원(100만 원권 자기앞수표 50장)만 봉투에 담아 안방 화장대 위에 놓아두고 있었습니다.

제가 "이미 돈을 다 써버려 갚을 돈이 없다."라고 하자 이달수가 돈을 찾는지 집안을 둘러보다 안방에 있는 봉투를 쳐다보았습니다. 저는 순간 봉투를 집어 가슴에 품었고 "이건 딸의 전세보증금이니 줄 수 없다."라고 하였습니다. 그러자 이달수는 칼을 저의 목에 들이대면서 봉투를 빼앗아 갔습니다.

문　이달수의 처벌을 원하는가요.

답　엄한 처벌을 원합니다.

문　이상의 진술은 사실인가요.

답　예, 사실입니다. (무인)

위의 조서를 진술자에게 열람하게 하였던바, 진술한 대로 오기나 증감·변경할 것이 전혀 없다고 말하므로 간인한 후 서명무인하게 하다.

진술자　박 대 우　(무인)

2011.　11.　1.

서울서초경찰서

사법경리　경사　강 철 중　㊞

피의자신문조서

피의자 이달수에 대한 특수강도 피의사건에 관하여 2011. 11. 2. 서울서초경찰서 형사과 형사팀 사무실에서 사법경찰관 경위 홍반장은 사법경찰리 경사 강철중을 참여하게 하고, 아래와 같이 피의자임에 틀림없음을 확인하다.

문   피의자의 성명, 주민등록번호, 직업, 주거, 등록기준지 등을 말하십시오.
답   성명은   이달수(李達洙)

　　　주민등록번호는 　　　　******-*******　　　직업은 무직

　　　주거는 　　　　　　　　서울 서초구 양재2동 125

　　　등록기준지는 　　　　　(생략)

　　　직장 주소는 　　　　　　없음

　　　연락처는 　　　　　　　자택전화 (생략)　　휴대전화 (생략)

　　　　　　　　　　　　　　직장전화 없음　　　전자우편(e-mail) (생략)　　입니다.

　사법경찰관은 피의사건의 요지를 설명하고 사법경찰관의 신문에 대하여 「형사소송법」 제244조의3에 따라 진술을 거부할 수 있는 권리 및 변호인의 참여 등 조력을 받을 권리가 있음을 피의자에게 알려주고 이를 행사할 것인지 그 의사를 확인하다.

진술거부권 및 변호인 조력권 고지 등 확인

1. 귀하는 일체의 진술을 하지 아니하거나 개개의 질문에 대하여 진술을 하지 아니할 수 있습니다.
2. 귀하가 진술을 하지 아니하더라도 불이익을 받지 아니합니다.
3. 귀하가 진술을 거부할 권리를 포기하고 행한 진술은 법정에서 유죄의 증거로 사용될 수 있습니다.
4. 귀하가 신문을 받을 때에는 변호인을 참여하게 하는 등 변호인의 조력을 받을 수 있습니다.

문   피의자는 위와 같은 권리들이 있음을 고지받았는가요.
답   예. 고지받았습니다.

문　피의자는 진술거부권을 행사할 것인가요.

답　아닙니다.

문　피의자는 변호인의 조력을 받을 권리를 행사할 것인가요.

답　아닙니다. 혼자서 조사를 받겠습니다.

이에 사법경찰관은 피의사실에 관하여 다음과 같이 피의자를 신문하다.

[피의자의 범죄전력, 경력, 학력, 가족·재산 관계 등은 생략]

문　피의자는 박대우로부터 5,000만 원을 빼앗은 사실이 있는가요.

답　예, 그런 사실이 있습니다.

문　언제, 어디에서인가요.

답　2011. 11. 1. 09:00경 서울 서초구 서초2동 250에 있는 피해자의 집에서입니다.

문　그 경위는 어떠한가요.

답　저의 고향선배 김토건이 'D건설'을 운영하는데 박대우에게 1억 원을 빌려
　　주고 돌려받지 못하고 있었습니다. 제가 김토건에게 3,000만 원을 빌려
　　달라고 부탁하였는데 처음에는 거절하다가 박대우가 빌려 간 돈을 대신
　　받아 오면 그 돈을 빌려주겠다는 것입니다. 그래서 몇 번 박대우를 찾아
　　갔는데 번번이 돈이 없다는 것입니다.

　　그런데 2011. 10. 31. 오전에 김토건이 전화하여 지금 일본에서 한국으로
　　들어가고 있는데 자신의 에쿠스 승용차(**허****호)를 가지고 14:00까지 인
　　천국제공항으로 마중 나오라고 하였습니다. 인천국제공항에서 김토건을 마
　　중하여 서울로 오는 차 안에서 김토건이 "박대우가 어제 아니면 오늘 공
　　사 기성금을 받은 것으로 알고 있다. 순순히 말해서는 주지 않을 것이니 확
　　실히 받아 와라. 돈을 받아 오면 그 중 일부를 빌려주겠다."라고 말하였습
　　니다. 그때 휴대용 서류 가방에서 봉투를 꺼내 주었는데 그 속에 주방용 식
　　칼이 들어 있었습니다.

　　다음날 09:00경 서울 서초구 서초2동 250에 있는 박대우의 집에 찾아가
　　박대우에게 1억 원을 갚으라고 하였더니 돈이 없다는 것입니다. 그래서
　　돈을 숨겨놓지 않나 집 안을 둘러보던 중 안방 화장대 위에 봉투가 놓여

있어 살펴보려고 하니 박대우가 먼저 봉투를 집어 가슴에 품으면서 딸의 전세보증금이라는 것입니다. 박대우가 너무 완강해 보여 그냥 받을 수 없을 것 같아 제가 미리 점퍼 안주머니에 넣어 둔 주방용 식칼을 꺼내어 박대우의 목에 들이대면서 봉투를 빼앗았습니다. 그 후 바로 김토건의 사무실로 가서 봉투 안에 든 5,000만 원 중에서 3,000만 원을 빌리고 2,000만 원을 김토건에게 주었습니다.

문   그 칼은 지금 어디에 있는가요.

답   박대우 집을 나온 뒤 길거리에서 버렸던데 어디에 버렸는지는 정확히 기억나지 않습니다.

문   그 칼은 어떻게 생겼는가요.

답   주방용 식칼인데 손잡이는 검고, 칼날은 15cm, 손잡이는 10cm 정도입니다.

문   김토건이 돈을 어떻게 받아 왔는지 묻지 않았는가요.

답   김토건이 묻지 않아서 굳이 설명하지 않았습니다.

문   피의자가 가져간 3,000만 원은 어떻게 하였는가요.

답   바로 사채를 갚았습니다.

문   피의자는 어떻게 체포되었는가요.

답   신고된 사실을 알고 도망가기 위하여 옷가지라도 챙기러 집에 들어가려다가 새벽 4:00경에 긴급체포 되었습니다.

문   이상의 진술내용에 대하여 이의나 의견이 있는가요.

답   없습니다. (무인)

위의 조서를 진술자에게 열람하게 하였던바, 진술한 대로 오기나 증감·변경할 것이 전혀 없다고 하므로 간인한 후 서명무인하게 하다.

진술자   이 달 수 (무인)

2011. 11. 2.

서울서초경찰서

사법경찰관   경위   홍 반 장 ㉙

사법경찰리   경사   강 철 중 ㉙

진술조서

성   명: 정미희

주민등록번호: ******-*******   27세

직   업: 회사원

주   거: 서울 서초구 서초3동 130

등 록 기 준 지: (생략)

직 장 주 소: (생략)

연 락 처: (자택전화) (생략)   (휴대전화) (생략)

　　　　　　　(직장전화) (생략)   (전자우편) (생략)

위의 사람은 피의자 성명불상자에 대한 성폭력범죄의처벌등에관한특례법위반(주거침입강간등) 피의사건에 관하여 2011. 6. 2. 서울서초경찰서 형사팀 사무실에 임의 출석하여 다음과 같이 진술하다.

1. 피의자 및 피의사실과의 관계

저는 성명불상의 피의자로부터 강간을 당할 뻔한 사실과 관련하여 피해자 자격으로 출석하였습니다.

이때 사법경찰리는 진술인 정미희를 상대로 다음과 같이 문답하다.

문   진술인은 어제인 2011. 6. 1. 23:00경 서울 서초구 서초3동 130 진술인의 집에서 강간당할 뻔하였다고 하였지요.

답   예, 그렇습니다.

문   그 경위에 대하여 자세히 진술하시오.

답   예, 저는 다세대주택의 1층에 세 들어 살고 있습니다. 엊저녁에 안방에서 잠을 자고 있는데 이상하여 눈을 떠보니 어떤 남자가 제 하의를 벗기고 있었습니다. 제가 소리를 치면서 몸을 밀어내려 하자 남자는 한 손으로 제 입을 막고 몸으로 눌러 움직이지 못하게 하면서 자신의 바지를 내리는 것이었습니다. 이대로 있다가는 당하겠구나 하는 생각에 계속해서 몸부림

치면서 소리치자 당황한 남자가 문간방을 통하여 바로 도망갔습니다. 정신을 차리고 보니 문간방 창문이 열려 있었고 창문 턱에 신발자국이 남아 있었습니다. 아마 제가 창문 잠그는 것을 잊어버렸나 봅니다.

문 범인의 인상착의 등 특징에 대하여 기억나는 대로 진술하시오.

답 저는 침대 스탠드 보조등을 켜놓고 잠을 자는데 그 빛으로 어느 정도 볼 수 있습니다. 범인은 30~40대로 보이고, 짧은 곱슬머리에 얼굴이 각이 졌고 눈썹이 짙었습니다. 도망갈 때 보니 키는 중간 정도였고, 짙은 색 계통의 점퍼와 트레이닝복 바지를 입고 있었습니다.

문 범인의 처벌을 원하는가요.

답 꼭 처벌해 주십시오.

문 이상의 진술은 사실인가요.

답 예, 사실입니다. (무인)

위의 조서를 진술자에게 열람하게 하였던바, 진술한 대로 오기나 증감·변경할 것이 전혀 없다고 말하므로 간인한 후 서명무인하게 하다.

진술자 정 머 희 (무인)

2011. 6. 2.

서울서초경찰서

사법경찰리 경장 송 먼 첨 ㉑

진술조서(제2회)

성   명: 정미희

주민등록번호: ******-*******   27 세

직   업: 회사원

주   거: 서울 서초구 서초3동 130

등 록 기 준 지 : (생략)

직 장 주 소: (생략)

연   락   처: (자택전화) (생략)   (휴대전화) (생략)

                  (직장전화) (생략)   (전자우편) (생략)

위의 사람은 피의자 이달수에 대한 성폭력범죄의처벌등에관한특례법위반(주거침입강간등) 피의사건에 관하여 2011. 11. 2. 서울서초경찰서 형사팀 사무실에 임의 출석하여 다음과 같이 진술하다.

1. 피의자와의 관계

피의자와 아무런 관계가 없습니다.

2. 피의사실과의 관계

저는 피의자로부터 강간을 당할 뻔한 사실과 관련하여 피해자 자격으로 출석하였습니다.

이때 사법경찰리는 진술인 정미희를 상대로 다음과 같이 문답하다.

문   진술인은 2011. 6. 1. 23:00경 서울 서초구 서초3동 130 진술인의 집에서 강간당할 뻔한 사실이 있어 2011. 6. 2. 우리 경찰서에서 피해자로서 진술한 사실이 있지요.

답   예, 그렇습니다.

2011. 6. 2. 작성된 피해자에 대한 진술조서를 제시하여 읽어보게 한 다음

문   이때 사실대로 진술하였는가요.

답   예, 그렇습니다.

문   진술인은 오늘 12:00경 피의자 이달수의 얼굴을 확인하였지요.

답   경찰관이 용의자 한 명을 한 쪽에서만 볼 수 있는 유리창 너머에 세워 놓고 저에게 확인시켰습니다. 첫눈에 범인이라는 생각이 들었습니다.

문   피의자의 처벌을 원하는가요.

답   예, 엄히 처벌해주시기 바랍니다.

문   이상의 진술은 사실인가요.

답   예, 사실입니다. (무인)

위의 조서를 진술자에게 열람하게 하였던바, 진술한 대로 오기나 증감·변경할 것이 전혀 없다고 말하므로 간인한 후 서명무인하게 하다.

진술자   정 머 희   (무인)

2011.   11.   2.

서울서초경찰서

사법경찰리   경장   송 면 철   ⑪

압 수 조 서

　　피의자 이달수에 대한 특수강도 등 피의사건에 관하여 2011년 11월 2일 17시00분경 서울 서초구 양재2동 125 이달수의 집에서 서초경찰서 형사과 형사팀 사법경찰관 경위 최경수는 사법경찰리 경장 송민철을 참여하게 하고 별지 목록의 물건을 다음과 같이 압수하다.

압 수 경 위

　　2011. 11. 2. 04:00 피의자 이달수를 특수강도 혐의로 긴급체포하여 서울서초경찰서 형사과 형사팀 사무실로 인치하였는데, 피의자의 인상착의가 당서에서 수사 중인 2011. 6. 1.자 주거침입 강간미수사건의 용의자와 유사하여 피해자 정미희를 당서로 불러 피의자를 보여준 결과 범인이 맞다고 하다. 이에 피의자의 주거지를 수색한 결과 용의자의 신발자국과 유사한 신발을 발견하고 형사소송법 제217조 제1항에 따라 긴급체포한 지 24시간 이내에 압수하다.

참여인	성 명	주민등록번호	주 소	서명 또는 날인
	박숙자 (동거녀)	(생략)	피의자와 동일	(생략)

2011년　11월　2일

서 울 서 초 경 찰 서

사법경찰관 경위　최 경 수 ㉑

사법경찰리 경장　송 민 철 ㉑

압 수 목 록								
번호	품 종	수량	피 압 수 자 주 거 성 명				소 유 자 주 거 · 성 명	비 고
			1	2	3	(4)		
			유류자	보관자	소지자	소유자		
1	나이키 신발	1켤레	서울 서초구 양재2동 125 이달수				이달수	

형 사 법

교 통 사 고 보 고
(실황조사서)

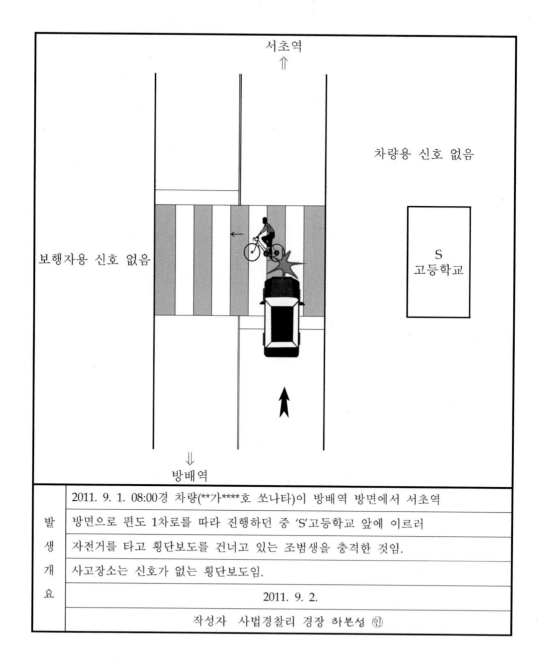

발생개요	2011. 9. 1. 08:00경 차량(**가****호 쏘나타)이 방배역 방면에서 서초역
	방면으로 편도 1차로를 따라 진행하던 중 'S'고등학교 앞에 이르러
	자전거를 타고 횡단보도를 건너고 있는 조범생을 충격한 것임.
	사고장소는 신호가 없는 횡단보도임.
	2011. 9. 2.
	작성자 사법경찰리 경장 하본성 ㉑

진 술 서

성 명　　조범생 (******-*******)

주 소　　서울 서초동 이하 생략

1. 저는 2011. 9. 1. 08:00경 서울 서초구 서초1동 114 'S고등학교' 정문 앞 횡단보도
   에서 교통사고를 당한 사실이 있습니다.

1. 제가 자전거를 타고 신호등이 없는 횡단보도를 건너는데 **가****호 쏘나타 승
   용차가 저와 자전거 왼쪽을 들이받아 길바닥에 넘어지면서 다리가 골절되는 등
   상해를 입었습니다.

1. 가해자 차량은 종합보험에 가입되지 않은 것으로 알고 있습니다.

1. 아직 가해자가 피해를 배상하지 아니하여 처벌을 원합니다.

1. 진단서를 제출하겠습니다.

첨부: 진단서(생략)

2011.　9.　3.

진술자　　조　범　생　⑩

진 술 서

성 명   장희빈 (******_*******)

주 소   서울 동대문구 이문동 333

1. 저는 서울 서초구 서초2동 119에서 '룰루' 유흥주점을 운영하고 있습니다.

1. 저는 2011. 10. 10. 23:00경 무전취식의 피해를 당한 사실이 있습니다.

1. 이달수가 혼자 들어와 호기롭게 술 등을 주문하여 돈이 없는 줄 몰랐습니다.
   도우미 1명을 부르고 21년 산 양주 2병을 마셨습니다. 대금이 100만 원이 나와
   지급을 요구하니까 외상으로 하자고 하여 바로 경찰에 신고하였습니다.

1. 경찰이 출동하여 확인해 보니 수중에 현금 2만 원만 있고, 신용카드도 없었습니다.

1. 술값만 지급하면 처벌을 원하지는 않습니다.

1. 영수증을 제시하겠습니다.

첨부: 영수증(생략)

2011.   10.   11.

진술자   장 희 빈 ㊞

피의자신문조서

피의자 김토건에 대한 특수강도교사 피의사건에 관하여 2011. 11. 3. 서울서초경찰서 형사과 형사팀 사무실에서 사법경찰관 경위 홍반장은 사법경찰리 경사 강철중을 참여하게 하고, 아래와 같이 피의자임에 틀림없음을 확인하다.

문   피의자의 성명, 주민등록번호, 직업, 주거, 등록기준지 등을 말하십시오.

답   성명은   김토건(金土建)

주민등록번호는   ******-*******   직업은 건설업체 사장

주거는 서울 강남구 대치1동 기아아파트 101동 1007호

등록기준지는   (생략)

직장 주소는 서울 서초구 서초1동 10

연락처는   자택전화 (생략)   휴대전화 (생략)

직장전화 (생략)   전자우편 (e-mail) (생략)   입니다.

사법경찰관은 피의사건의 요지를 설명하고 사법경찰관의 신문에 대하여 「형사소송법」 제244조의3에 따라 진술을 거부할 수 있는 권리 및 변호인의 참여 등 조력을 받을 권리가 있음을 피의자에게 알려주고 이를 행사할 것인지 그 의사를 확인하다.

[진술거부권 및 변호인 조력권 고지함. 그 내용은 생략]

[피의자의 범죄전력, 경력, 학력, 가족·재산 관계 등 생략]

문   피의자는 2011. 10. 31. 15:00경 이달수를 시켜 박대우가 빌려 간 돈 5,000만 원을 받아 오게 한 사실이 있지요

답   예, 그렇습니다.

문 그 경위를 진술하시오.

답 제가 3년 전에 박대우에게 빌려준 1억 원을 받지 못하고 있었습니다. 그러던 중 제 고향후배인 이달수가 저에게 3,000만 원을 빌려달라고 조르기에 박대우에게서 돈을 받아 오면 3,000만 원을 빌려주겠다고 하면서 박대우의 연락처, 사무실과 집 위치를 가르쳐주었습니다.

2011. 10. 31.경 일본 출장 중이었는데 거래처와 통화하던 중 박대우가 원청으로부터 기성금을 수억 원 받는다는 이야기를 들었습니다. 이때 받지 않으면 당분간 못 받을 것 같아서 바로 이달수에게 전화하여 오후에 귀국하니까 제 차를 가지고 공항에서 대기하라고 하였습니다. 그리고 인천국제공항에서 서울로 들어오는 길에 이달수에게 "박대우가 어제 아니면 오늘 공사 기성금을 받은 것으로 알고 있다. 순순히 말해서는 주지 않을 것이니 확실히 받아 와라. 돈을 받아오면 그중 일부를 빌려주겠다."라고 말하였습니다. 다음날 오전에 이달수가 박대우의 집을 찾아가서 5,000만 원을 받아 왔기에 그중 3,000만 원을 빌려주었습니다. 속으로 용케 받아 왔구나 생각하고 더 이상 묻지 않았습니다.

문 이달수는 피의자가 인천공항에서 서울로 오는 자동차 안에서 주방용 식칼이 든 봉투를 서류가방 속에서 꺼내 주어 그 식칼로 범행을 하였다고 진술하는데 어떠한가요.

답 말도 안 됩니다.

이때 피의자가 추가로 진술할 내용이 있다고 하다.

문 추가로 진술할 내용에 대하여 말하시오.

답 저는 2010. 9.경에 'H건설 주식회사'에서 시공하는 낙동강 창녕-함안보 공사를 하도급 받으려고 시도하였습니다. 그런데 저희 업체는 건설업체로서 보 공사 관련 전문면허와 공사 실적이 없어 하도급에 참여할 수 없었습니다. 그래서 'H건설 주식회사'의 내부 규정에 반하지만 어떤 식으로든지 공사의 하도급을 맡게 해 달라는 취지로 'H건설 주식회사' 이사 최현대에게 4,000만 원을 주려고

2010. 10. 1. 저의 사무실에서 이런 내용을 알고 있는 이달수에게 현금 4,000만 원을 주면서 최현대에게 주고 오라고 심부름을 시켰는데 이달수가 그 돈을 마음대로 써버렸습니다.

지금까지 참고 있었는데 이 사건에 저를 끌어들이기까지 하여 진술을 하는 것입니다. 처벌해주시기 바랍니다.

문   이상의 진술내용에 대하여 이의나 의견이 있는가요.

답   없습니다. (무인)

위의 조서를 진술자에게 열람하게 하였던바, 진술한 대로 오기나 증감·변경할 것이 전혀 없다고 하므로 간인한 후 서명무인하게 하다.

진술자   김 토 건 (무인)

2011.   11.   3.

서울서초경찰서

사법경찰관   경위   홍 반 장 ㉑

사법경찰리   경사   강 척 중 ㉑

피의자신문조서(제2회)

피의자: 이달수

위의 사람에 대한 특수강도 등 피의사건에 관하여 2011. 11. 3. 서울서초경찰서에서 사법경찰관 경위 홍반장은 사법경찰리 경사 강철중을 참여하게 한 후, 피의자에 대하여 다시 아래의 권리들이 있음을 알려주고 이를 행사할 것인지 그 의사를 확인하다.

[진술거부권 및 변호인 조력권 고지함. 그 내용은 생략]

[피의자의 범죄전력, 경력, 학력, 가족·재산 관계 등 생략]

[횡령]

문   피의자는 2010. 10. 1.경 김토건이 'H건설 주식회사' 계약담당이사 최현대에게 전해주라며 받은 4,000만 원을 가져다주지 않고 임의로 사용한 사실이 있는가요.

답   예, 그렇습니다.

문   그 경위를 진술하시오.

답   김토건은 2010. 9.경에 'H건설 주식회사'에서 시공하는 낙동강 창녕-함안보 공사를 하도급 받으려고 시도하였습니다. 그런데 김토건의 사업체는 건설업체로서 보 공사 관련 전문면허와 공사 실적이 없어 하도급에 참여할 수 없었습니다. 그래서 'H건설 주식회사'의 내부 규정에 반하지만 어떤 식으로든지 공사의 하도급을 맡게 해 달라는 취지로 'H건설 주식회사' 이사 최현대에게 4,000만 원을 주라고 하였습니다. 그런데 그날 제 개인 채무 변제에 써버렸습니다.

[성폭력범죄의처벌등에관한특례법위반(주거침입강간등)]

문   피의자는 2011. 6. 1. 23:00경 서울 서초구 서초3동 130에 있는 피해자 정미희의 집에 들어가 피해자를 강간하려 한 사실이 있는가요.

답   없습니다.

문　　피해자는 피의자의 얼굴을 확인하고 피의자가 범인이 맞다고 하는데요.

답　　억울합니다.

문　　범행 장소가 김토건의 사무실과 가까운데 범행 장소에 가본 적이 있는가요.

답　　어디인지 모릅니다.

이때 피의자의 집에서 압수해 온 나이키 신발과 피해자의 집 창문 턱에 난 신발
자국 사진을 제시하며

문　　피의자가 신고 다니는 나이키 신발이 맞지요.

답　　예, 제가 가끔 신는 것입니다.

문　　피해자 집 창문 턱에 난 신발자국과 피의자의 나이키 신발 바닥 무늬가
　　　육안으로 같아 보이는데 어떻게 된 것인가요.

답　　같은 나이키 신발을 신는 사람이 어디 한두 명이겠습니까? 저는 인정할 수
　　　없습니다.

문　　피의자는 이전에도 주거에 침입하여 강간한 전력이 있는데요.

답　　오래 전 젊었을 때의 일입니다. 전과만으로 용의자로 몰리는 것은 억울합니다.

[교통사고처리특례법위반]

문　　피의자는 2011. 9. 1. 08:00경 서울 서초구 서초1동 114 'S고등학교' 정문
　　　앞 횡단보도에서 교통사고를 낸 사실이 있는가요.

답　　예, 그렇습니다.

문　　그 경위를 진술하시오.

답　　제가 12가3456호 쏘나타 승용차를 운전하다가 횡단보도를 통과하면서
　　　자전거를 타고 횡단보도를 건너던 피해자를 뒤늦게 발견하고 제 승용차
　　　앞 범퍼 부분으로 자전거를 들이받아 피해자가 넘어지면서 다리가 골절되는
　　　상해를 입혔습니다.
　　　제 차는 종합보험에 가입되어 있지 않고, 아직 합의하지 못하고 있습니다.

[사기]

문 피의자는 2011. 10. 10. 23:00경 서울 서초구 서초2동 119에 있는 피해자 장희빈이 운영하는 유흥주점에서 100만 원에 해당하는 술과 서비스를 제공받고, 그 대금을 지급하지 아니한 사실이 있지요.

답 예, 그렇습니다.

문 당시 술값을 지급할 수 있었는가요.

답 당시 수중에 2만 원밖에 없어 지급할 수 없었습니다.

문 피의자는 상습사기와 사기로 여러 번 처벌받은 전력이 있는데 모두 무전 취식인가요.

답 예, 모두 무전취식입니다.

문 피해자 장희빈에게 변제하였는가요.

답 아직 변제하지 못하였습니다.

문 이상의 진술내용에 대하여 이의나 의견이 있는가요.

답 없습니다. (무인)

위의 조서를 진술자에게 열람하게 하였던바, 진술한 대로 오기나 증감·변경할 것이 전혀 없다고 하므로 간인한 후 서명무인하게 하다.

진술자   이 달 수 (무인)

2011.   11.   3.

서울서초경찰서

사법경찰관   경위   총 반 장 ㉑

사법경찰리   경사   강 철 중 ㉑

국 립 과 학 수 사 연 구 원

1. 형사과-8342호 (1122-165)(2011-M-46804 경장 송민철)와 관련된 것입니다.

2. 위 건에 대한 감정결과를 회보합니다.

3. 문서처리자는 각 담당자에게 열람을 요청합니다.

4. 비밀번호 조회는 http://pwd.nisi.go.kr 에서 로그인 후 확인 바랍니다.

감정결과: 창문 턱에 있는 신발자국과 피의자 이달수의 나이키 신발의 바닥 무늬와
크기가 일치함. 끝.

국 립 과 학 수 사 연 구 원 장

수신자

전결 11/6

| ○○연구관 | 정○○ | ○○분석과장 | 홍○○ |

협조자

시행   ○○분석과-5229(2011.11.3)   접수   (2011.11.3)
우 158-707   서울 양천구 신월7동 국립과학수사연구원   / http://www.mopas.go.kr
전화 02-2600-****   전송 02-2600-****   /*****@****.**.**   /비공개

조 회 회 보 서

제2011-5231호
　　　2011. 11. 2.
□ 조회대상자

성명	이달수	주민등록번호	******-*******	성별	남
지문번호	*****-75***	주민지문번호	*****-758**	일련번호	********
주소	서울 서초구 양재2동 125				
등록기준지	(생략)				

□ 주민정보 - (생략)

□ 범죄경력자료

연번	입건일	입건관서	작성번호	송치번호	형제번호
	처분일	죄명		처분관서	처분결과
1	2000. 9. 2.	서울강동경찰서	003323	2000-131	****-***-*****
	2001. 1. 22.	성폭력범죄의처벌및피해자보호 등에관한법률위반(주거침입강간등)		서울지방법원 동부지원	징역 3년 집행유예 5년
2	2006. 3. 26.	서울강남경찰서	003421	2006-3877	****-***-*****
	2006. 5. 21.	사기		서울중앙지방법원	벌금 100만 원
3	2007. 9. 2.	서울강남경찰서	004323	2007-9900	****-***-*****
	2007. 11. 22.	상습사기		서울중앙지방법원	벌금 200만 원
4	2009. 9. 2.	서울강남경찰서	004357	2009-9999	****-***-*****
	2009. 10. 30.	상습사기		서울중앙지방법원	벌금 300만 원

□ 수사경력자료 (생략)　□ 지명수배내역 (생략)

위와 같이 조회 결과를 통보합니다.

조 회 용 도 : 접수번호 2011-**** 수사

조회의뢰자 : 형사팀 경위 홍반장

작 성 자 : 형사팀 경사 김주용

서울서초경찰서장 [인]

기타 법원에 제출되어 있는 증거들

※ 편의상 다음 증거서류의 내용을 생략하였으나, 법원에 증거로 적법하게 제출되어 있음을 유의하여 변론할 것.

○ 검사 작성의 피의자 이달수에 대한 피의자 신문조서(2011. 11. 9.)

  - 경찰에서의 진술과 동일한 취지로 내용 생략

○ 검사 작성의 피의자 김토건에 대한 피의자 신문조서(2011. 11. 10.)

  - 경찰에서의 진술과 동일한 취지로 내용 생략

○ 김토건에 대한 조회회보서(2011. 11. 3.)

  - 범죄경력이 없는 초범으로 내용 생략

2015년 변호사시험 대비

bar examination bar examination bar examination bar examination

기록형

공법 / 민사법 / 형사법

[해설집]

변호사시험

기출문제집

고시계 편집국 편저

고시계사   www.Gosi-law.com
www.Eduall.kr

2015년 변호사 시험 대비

bar examination bar examination bar examination bar examination

기록형

변호사시험 기출문제집

공법 / 민사법 / 형사법

[해설집]

고시계 편집국 편저

고시계사   www.Gosi-law.com
           www.Eduall.kr

Contents

공법

민사법

형사법

변호사시험

공 법
민사법
형사법

2014년 제3회 변호사시험
기록형 기출문제 해설

공법

조 재 현 〔동아대학교 법학전문대학원 교수〕

공법

>>> 기록형 1문

헌법소원심판청구서

청구인   김동식
            서울 서초구 잠원로 25

미성년자이므로 법정대리인
친권자   부 김갑동
            모 이순희

대리인 법무법인 진리
        담당 변호사 김정의
        서울 서초구 서초중앙로 200 진리빌딩 2층
        02-555-6789, 02-555-6790

청구취지

"학교폭력예방 및 대책에 관한 법률(2012. 12. 28. 법률 제12345호로 전부개정된 것) 제17조 제4항 중 제1항 제1호 부분 및 제7항 본문 중 제1항 제9호 부분과 같은 항 단서 제1호는 헌법에 위반된다."라는 결정을 구합니다.

당해사건

서울행정법원 2013구합246 퇴학처분등 취소

위헌이라고 해석되는 법률조항

학교폭력예방 및 대책에 관한 법률(2012. 12. 28. 법률 제12345호로 전부개정된 것) 제17조 제4항 중 제1항 제1호 부분 및 제7항 본문 중 제1항 제9호 부분과 같은 항 단서 제1호

청구이유

I. 쟁점의 정리

학교폭력예방 및 대책에 관한 법률(이하 학교폭력법) 제17조의 서면사과명령조항과 퇴학처분조항은 헌법소원청구의 적법요건을 충족하며, 동 조항은 과잉금지원칙이나 명확성의 원칙에 위배되어 헌법상 청구인의 양심의 자유 및 교육받을 권리와 청구인 부모의 자녀교육권 등을 침해하고 있습니다.

II. 적법요건의 구비여부

헌법재판소법 제68조 제2항에 의한 헌법소원심판청구가 적법하기 위해서는 위헌제청신청기각결정이 있어야 하며, 재판의 전제성, 청구기간, 변호사강제주의 등의 요건을 충족하여야 합니다. 서울행정법원 제1부는 2013. 11. 28. 2013아135 위헌법률심판제청신청사건에서 신청인의 위헌법률심판제청신청을 기각하였습니다. 위헌제청 된 학교폭력법 제17조 제4항 중 제1항 제1호 부분 및 제7항 본문 중 제1항 제9호 부분과 같은 항 단서 제1호는 당해 소송사건에서 직접 적용되는 조항으로, 동 조항이 위헌으로 결정될 경우 당해사건인 2013구합246 퇴학처분등 취소사건은 재판의 결론이나 주문이 달라질 것이므로 재판의 전제성 요건이 충족됩니다. 그리고 서울행정법원의 위헌제청신청기각결정문은 2013. 12. 6. 에 송달되었고, 결정문이 송달된 날로부터 30일 이내인 2014. 1. 3. 에 헌법소원심판이 청구되었으므로 청구기간을 준수하였습니다. 헌법재판소법 제25조 제3항에 의하면 헌법소원심판절차에서 당사자인 사인은 변호사를 선임하지 않으면 심판청구를 하거나 심판수행을 하지 못하도록 규정하고 있는 바, 청구인 김동식은 법무법인 진리를 대리인으로 선임하였습니다. 따라서 청구인의 헌법소원심판청구는 적법하다고 할 수 있습니다.

Ⅲ. 위헌이라고 해석되는 이유

1. 학교폭력법 제17조 제4항 중 제1항 제1호 부분(서면사과명령조항)

학교폭력법 제17조 제4항에 의하면 학교의 장은 가해학생에 대한 선도가 긴급하다고 인정할 경우 피해학생에 대한 서면사과를 명할 수 있도록 하고 있는데, 이는 헌법 제19조에서 정하고 있는 양심의 자유를 제한하는 규정입니다. 헌법상 양심의 자유는 내심의 자유인 '양심형성의 자유'와 양심적 결정을 외부로 표현하고 실현하는 '양심실현의 자유'로 구분되며, 양심형성의 자유란 외부로부터의 부당한 간섭이나 강제를 받지 않고 개인의 내심영역에서 양심을 형성하고 양심상의 결정을 내리는 자유를 말한다. 양심실현의 자유란 형성된 양심을 외부로 표명하고 양심에 따라 삶을 형성할 자유, 구체적으로는 양심을 표명하거나 또는 양심을 표명하도록 강요받지 아니할 자유(양심표명의 자유), 양심에 반하는 행동을 강요받지 아니할 자유(부작위에 의한 양심실현의 자유), 양심에 따른 행동을 할 자유(작위에 의한 양심실현의 자유)를 모두 포함합니다. 서면사과명령조항은 양심에 반하는 행동을 강요받지 아니할 부작위에 의한 양심실현의 자유를 제한하는 조항입니다.

학교폭력법 상의 서면사과명령조항은 학교폭력을 예방하고 피해학생의 보호, 가해학생의 선도를 목적으로 하고 있는 것으로 입법목적의 정당성은 인정됩니다. 피해학생의 보호와 가해학생의 선도·교육을 위하여 가해학생에게 서면사과를 하도록 하는 것은 입법목적의 달성을 위한 수단의 적절성도 인정됩니다. 하지만 학교장이 서면사과를 요구하게 되면, 가해학생은 이에 따라야하고 만약 따르지 않는 경우 사회봉사, 출석정지 등을 포함하여 전학이나 퇴학처분을 받게 되므로 사실상 서면사과를 할 것이 강제됩니다. 서면사과를 강요한다면 이는 윤리적 도의적 판단을 강요하는 것으로서 양심의 자유를 침해하는 행위에 해당하게 됩니다. 서면사과를 가해학생의 임의적 결정에 맡겨두지 않고, 퇴학처분 등의 조치를 조건으로 사실상 서면사과를 할 수밖에 없도록 강요하는 것은 최소침해성의 원칙에 위배됩니다. 그 뿐만 아니라 서면사과를 강제함으로써 얻게 되는 가해학생에 대한 선도 내지 교육적 가치인 공익에 비하여 서면사과가 강제됨으로써 받게 되는 청구인의 양심상의 불이익이 현저히 크다고 볼 수 있으므로 법익의 균형성도 상실됩니다. 결국 서면사과를 사실상 강제하는 것은 과잉금지원칙에 위배되어 청구인의 양심의 자유를 침해한다고 볼 수 있습니다.

2. 학교폭력법 제17조 제7항 본문 중 제1항 제9호 부분과 같은 항 단서 제1호(퇴학처분조항)

(1) 퇴학처분조항의 문제점

학교폭력법 제17조 제7항 본문에 의하면 가해학생이 서면사과를 거부하거나 회피하게 되면 학교의 장은 사회봉사, 출석정지, 학급교체, 전학, 퇴학처분 등을 명하게 됩니다. 다만 단서조항에 의하여 퇴학처분은 품행이 불량하여 개전의 가망이 없다고 인정된 자 또는 정당한 이유 없이 수입일수의 3분의 1을 초과하여 출석하지 아니한 자에 대해서만 할 수 있습니다. 이와 같은 학교폭력법 상의 퇴학처분조항은 과잉금지원칙에 위배되어 학생의 교육을 받을 권리와 학부모의 자녀교육권을 제한하는 조항이며, 동 조항은 헌법상 명확성의 원칙과 의무교육조항에도 위배됩니다.

(2) 과잉금지원칙위반여부

자녀의 양육과 교육은 일차적으로 부모의 천부적인 권리인 동시에 부모에게 부과된 의무입니다. '부모의 자녀에 대한 교육권'은 비록 헌법에 명문으로 규정되어 있지는 아니하지만, 이는 모든 인간이 누리는 불가침의 인권으로서 혼인과 가족생활을 보장하는 헌법 제36조 제1항, 행복추구권을 보장하는 헌법 제10조 및 "국민의 자유와 권리는 헌법에 열거되지 아니한 이유로 경시되지 아니한다"고 규정하는 헌법 제37조 제1항에서 나오는 중요한 기본권이라는 것이 헌법재판소의 견해입니다. 그리고 모든 국민은 개개인의 능력에 따라 균등하게 교육받을 권리가 보장됩니다. 수학권의 보장은 인간으로서의 존엄과 가치를 가지며 행복을 추구하고 인간다운 생활을 하는데 있어서 필수적인 조건이자 대전제라고 할 수 있습니다.

학교폭력법 상의 퇴학처분조항은 학교폭력을 예방하고 피해학생의 보호, 가해학생의 선도를 목적으로 하고 있는 것으로 입법목적의 정당성은 인정됩니다. 하지만 퇴학처분은 피해학생을 가해학생으로부터 보호한다는 입법목적의 달성을 위해서는 적절한 수단일 수 있으나, 가해학생에 대한 선도·교육이라는 입법목적의 달성을 위해서는 적절한 수단이라고 할 수 없습니다. 그리고 학교폭력의 예방과 피해학생의 보호 및 가해학생의 선도를 위해서는 사회봉사, 출석정지, 학급교체, 전학 등이라는 덜 제약적인 수단이 있음에도 불구하고 퇴학처분을 강제로 명할 수 있도록 하고 있는 것은 침해의 최소성에도 부합되지 않으며, 학교폭력의 예방 등을 위한 공익적 목적에 비하여 퇴학처분을 받음으로써 받게 되는 사익이 훨씬 크다고 볼 수 있어 법익의 균형성 또한 지켜지지 않습니다.

결국 학교폭력법 상의 퇴학처분조항은 과잉금지원칙에 위배되어 청구인의 수학권과 청구인 부모의 자녀교육권 등을 침해하고 있습니다.

(3) 명확성원칙 위반여부

학교폭력법에서 정하는 퇴학처분은 가해학생에 가해지는 조치 중에서도 가장 강력한 징계수단입니다. 만약에 퇴학처분이 헌법상 과잉금지원칙에 위반되지 않는다고 하더라도 명확성 원칙의 관점에서 문제가 될 수 있습니다. 퇴학처분은 가해학생에 대한 조치 중에서도 가장 강력한 징계인만큼 아주 엄격한 요건하에서만 부과되어야 합니다. 그런데 학교폭력법 제17조에 의하면 '품행이 불량하여 개전의 가망이 없다고 인정된 자'에게 퇴학처분은 행해질 수 있습니다. '품행의 불량'이나 '개전의 가망'은 그 의미가 매우 다의적이어서 헌법상 명확성의 원칙에 위배될 수 있습니다.

　명확성의 원칙은 법치국가원리의 한 표현으로서 기본권을 제한하는 법규범의 내용은 명확하여야 한다는 헌법상의 원칙입니다. 법규범의 의미내용이 불확실하면 법적 안정성과 예측가능성을 확보할 수 없고, 법집행 당국의 자의적인 법해석과 집행을 가능하게 할 것이기 때문에, 기본권을 제한하는 법규범은 그 내용이 명확하여야 합니다. 법규범은 가치개념을 포함한 일반적, 규범적 개념을 사용하기 때문에 기본적으로 최대한이 아닌 최소한의 명확성을 지킬 것이 요구되며, 법 문언이 법관의 보충적인 가치판단을 통해서 그 의미내용을 확인할 수 있고, 그러한 보충적 해석이 해석자의 개인적인 취향에 따라 좌우될 가능성이 없다면 명확성의 원칙에 반하지 않습니다. 이러한 관점에서 본다면 '품행의 불량'이나 '개전의 가망'은 그 의미내용이 매우 다의적이며, 불확실하고 예측가능성을 확보할 수 없다는 점에서 헌법상 명확성의 원칙에도 위배된다고 할 수 있습니다.

(4) 의무교육조항

　아울러 퇴학처분조항은 헌법 제31조 제2항과 교육기본법 제8조에서 정하는 헌법상 의무교육조항에 위배됩니다. 헌법 제31조 제2항에서 모든 국민에게 초등교육과 법률이 정하는 교육을 받게 할 의무를 지우고 있다. 헌법이 요구하고 있는 것은 입법자가 학교제도의 핵심적 사항의 하나인 의무교육의 실시여부 및 그 연한을 스스로 결정하여야 한다는 것이며, 교육기본법에서는 중등교육을 의무교육으로 정하고 있다. 따라서 중학생인 청구인에 대하여 퇴학처분을 명하는 것은 헌법과 교육기본법에서 정하는 의무교육조항에 위배되며, 의무교육 대상인 중학생에 대하여 퇴학처분을 명하는 것이 가능하도록 해석되는 조항은 헌법에 위반되는 조항으로 볼 수 있습니다.

Ⅳ. 결 론

　서면사과조항은 과잉금지원칙에 위배되어 양심의 자유를 침해하는 조항이며, 퇴학처분조항은 과잉금지원칙에 위배될 뿐만 아니라 헌법상 명확성의 원칙과 헌법상 의무교육조항에도 위배됩니다. 따라서 학교폭력법 제17조 제4항 중 제1항 제1호 부분 및 제7항 본문 중 제1항 제9호 부분과 같은 항 단서 제1호는 헌법에 위반됩니다.

첨부서류

1. 위헌제청신청기각결정문
1. 송달증명원
1. 대리인선임서
1. 위헌법률심판제청신청서
1. 변론조서
1. 주민등록표등본

2014. 1. 3.
청구인의 대리인
법무법인 진리
담당 변호사 김정의

헌법재판소 귀중

>>> 기록형 2문

행정소송 소장

원   고   김동식
　　　　　서울 서초구 잠원로 25

　　　　　미성년자이므로 법정대리인
　　　　　친권자 부 김갑동
　　　　　　　　 모 이순희

　　　　　소송대리인 법무법인 진리
　　　　　　　　담당 변호사 김정의
　　　　　　　　서울 서초구 서초중앙로 200 진리빌딩 2층
　　　　　　　　02-555-6789, 02-555-6790

피 고   대한중학교장

청구취지

1. 피고가 원고에게 한 2013. 6. 21. 서면사과명령처분과 2013. 7. 5. 퇴학처분을 각 취소한다.

2. 소송비용은 피고가 부담한다.

청구원인

3. 이 사건 각 처분의 위법성

(1) 법적 근거와 이유의 부실기재

학교폭력법에 따라 서면사과명령이나 퇴학처분을 하는 경우에는 학교폭력법 제17조 제8항에 따라 그 근거와 이유를 제시하여 가해학생과 보호자에게 통지하여야 합니다. 학교의 장이 피고에 대하여 서면사과나 퇴학처분을 부과하면서 근거와 이유를 통지하지 않는 경우 행정절차상 하자가 있는 것으로 위법한 처분이 됩니다. 서면사과명령서와 징계처분통지서를 보면 서면사과와 퇴학처분 등의 처분행위만이 적시되어 있을 뿐이며, 그러한 처분을 하게 된 법적 근거나 그 이유가 기재되어 있지 않습니다. 이는 학교폭력법 제17조 제8항에 위배되는 위법적 조치라고 할 것입니다.

(2) 재량권의 일탈 · 남용

학교폭력자치위원회의 조치요청서를 보면 피고의 품행불량을 그 사유로 하여 퇴학처분을 요청하고 있습니다. 학교폭력법 제17조 제7항 제1호에서도 퇴학처분의 사유를 품행불량을 그 요건으로 하고 있습니다. 그런데 법률상담일지에서 보듯이 피고는 평소 결석을 단한 번도 하지 않을 정도로 착실하게 학교생활을 해 왔던 것을 알 수가 있습니다. 피고의 진술내용을 보더라도 피고는 몇 차례 말싸움을 한 적은 있으나 원고를 때리거나 괴롭힌 적이 없다고 하고 있으며, 피고의 다른 반 친구들도 피고가 원고를 때리거나 괴롭히는 등의 행위를 하는 것을 보지 못했다고 하고 있습니다. 이러한 사실에 비추어 볼 때 퇴학처분을 하기 위한 요건으로 요구되는 피고의 품행불량 등을 인정할 수 없다고 할 수 있습니다. 따라서 퇴학처분의 요건이 없음에도 불구하고 퇴학처분을 한 것은 명백한 행정청의 재량권 일탈이나 남용에 해당한다고 할 수 있습니다.

(3) 결론

이 사건 각 처분은 처분의 근거나 이유를 통지하지 아니한 하자가 있는 처분으로 학교폭력법에 위배되는 처분이며, 비록 법령 등에 근거한 처분이라고 하더라도 재량권을 일탈·남용한 처분으로서 위법하다고 할 수 있습니다.

2013. 7. 15.
원 고 김동식
소송대리인 법무법인 진리
담당 변호사 김정의

서울행정법원 귀중

2013년 제2회 변호사시험
기록형 기출문제 해설

공법

성 중 탁 〔경북대학교 법학전문대학원 교수·변호사〕

>>> 기록형 1문

헌법소원심판청구

청구인   송미령
 서울 서대문구 홍은동 101 소망빌라 지층 1호

 국선대리인 변호사 김신뢰
 서울 서초구 서초동 100-2 정의빌딩 3층
 전화 02-555-****, 전송 02-555-****, 전자우편 ***@justicelaw.com

청구취지

"미용업자 위생관리기준 (2011. 10. 15. 보건복지부고시 제2011-35) 제1호 중 '점빼기, 귓볼뚫기' 부분은 헌법에 위반된다."라는 결정을 바랍니다.

침해된 권리

직업수행(영업)의 자유, 평등권, 행복추구권 등

청구이유

1. 쟁점의 정리

가. 이 사건의 경위 및 쟁점

청구인은 한국에서 태어난 중국 국적의 여자로서 2005년 1월경부터 서울 서대문구 소재 미용실에서 미용사 보조원으로 다년간 일하다가 퇴직한 후, 미용사가 되기 위해 서울 강남구 소재 미용학원에서 1년 여 간 수강 및 실습을 하고 미용사 면허시험에 응시하여 2012. 8. 31. 미용사 자격을 취득하였습니다. 청구인은 2012. 9. 3. 미용실을 개설하여 그동안 배우고 익힌 기술을 활용하여 점빼기와 귓볼뚫기 등 미용행위를 하려고 하였으나, 대한미용업협회에 질의한 결과 공중위생 관련 규정에서 미용사는 점빼기와 귓볼뚫기를 할 수 없도록 하고 있다는 회신을 같은 달 10. 받았습니다. 위와 같은 경위에 비추어 이 사건은 외국인인 청구인이 자신의 직업의 자유나 평등권, 행복추구권 등의 침해를 이유로 헌법소원을 제기할 기본권 주체성(청구인 능력 내지 청구인 적격)이 인정되는지 여부 및 인정된다고 볼 경우 미용사인 청구인으로 하여금 점빼기와 귓볼뚫기를 할 수 없도록 규정하고 있는 보건복지부 고시가 과연 청구인의 위 기본권들을 제한할 수 있는 정당한 근거가 될 수 있는지와 관련하여 의회유보원칙 내지 포괄위임금지원칙 위배여부가 문제되고 있고, 나아가 그 전제로서 고시 즉 행정규칙의 헌법소원 대상성도 문제됩니다.

나. 이 사건 헌법소원의 적법성

(1) 헌법재판소법 제68조 제1항 소정의 헌법소원은 ① 청구인능력, ② 공권력의 행사 또는 불행사의 존재, ③ 자신의 기본권의, 현재 그리고 직접적 침해가능성(기본권 침해가능성, 침해의 자기관련성·현재성·직접성), ④ 보충성, ⑤ 청구기간, ⑥ 권리보호이익 등을 적법요건으로 하고 있습니다.

(2) 사안의 경우 첫번째 쟁점은 중국 국적의 미용사에게 청구인능력이 인정되는가와 관련하여, 외국인의 기본권주체성입니다. 외국인의 기본권주체성에 대하여 부정설과 긍정설의 대립이 있지만 다수설과 헌법재판소는 국민의 권리와 인간의 권리를 나누어 인간의 권리에 대하여는 원칙적으로 기본권주체성을 긍정하는 입장에 있습니다(헌재 2001. 11. 29. 선고 99헌마494). 즉, 사회적 기본권에 해당하는 근로의 권리와 같은 적극적으로 근로의 기회를 부여해 주도록 외국인이 타 국가에 대해 요구하는 것은 부정된다고 할 것이나, 이미 취업을 한 외국인의 경우 제대로 된 근로 환경에 대한 조성권리는 긍정하는 것이 헌법재판소의 태도입니다. 그러므로 이 사건에서 점빼기와 귓볼뚫기 등 유사의료행위 기회를 국가에 대하여 부여해 달라는 요구는 할 수 없다고 하더라도 청구인이 행하고자 하는 미용

사 업무내용으로서 점빼기와 귓볼뚫기 등을 통한 직업의 자유와 평등권 실현 부분은 외국인인 청구인에게 그 기본권 주체성이 인정된다고 봄이 상당합니다.

(3) 두번째 쟁점으로 점빼기와 귓볼뚫기를 금지하는 보건복지부 고시의 법적 성격 및 법령보충적 행정규칙도 헌법재판소법 제68조 제1항의 공권력에 해당하는지 여부입니다. 법령보충적 행정규칙이란 일반적으로 '법령의 위임을 받아 법령을 보충하는 내용을 정하는 행정규칙'을 말하는바, 이 사건 보건복지부 고시는 형식은 행정규칙(고시, 규칙, 명령, 기준)이지만 실질은 국민의 기본권을 직접적으로 제한하는 등의 영향을 끼치는 이른바, 행적규칙형식의 법규명령으로서 법령보충적 행정규칙이라고 할 것입니다. 이러한 법령보충적 행정규칙과 관련하여 헌법재판소는 "고시에 대하여 처분성을 인정하여 행정소송법에 의한 행정소송 등 다른 권리구제절차를 허용할 수 있는지 여부가 객관적으로 불확실한 경우에는 보충성의 예외에 해당하는 것으로 보아 헌법소원 대상성을 인정할 수 있다."고 하고 있습니다(헌재 2004.10.28, 2002 헌마328 결정). 그러므로, 이 사건 청구취지 기재 보건복지부 고시 역시 이른바 법령보충적 행정규칙에 해당하여 헌법소원의 대상이 인정된다고 할 것입니다.

(4) 세 번째 쟁점으로 헌법소원의 직접성 요건 및 보충성 요건입니다. 즉, 이 사건에서 청구인은 2012. 9. 12. 대한미용업협회로부터 청구취지 기재 보건복지부 고시로 말미암아 점빼기와 귓볼뚫기를 할 수 없다는 회신을 받았는바, 이 경우 행정청의 구체적이고도 직접적인 처분이 없는 상황에서 직접성 내지 보충성 예외 요건의 충족여부가 문제가 됩니다.

이와 관련하여 일반적으로 헌법재판소는 직접성 요건과 관련하여 집행행위의 개입 없이 직접 기본권을 제한하고 있는 경우 직접성이 인정된다고 보고 있습니다. 따라서 사안의 경우 별개의 행정처분 없이 점빼기와 귓볼뚫기를 금지하는 보건복지부 고시의 내용 자체로 인해 미용사인 청구인의 기본권을 직접적으로 제한 내지 침해하고 있다고 할 것이므로 기본권 침해의 직접성도 충족하고 있습니다.

나아가, 헌법재판소는 "고시에 대하여 처분성을 인정하여 행정소송법에 의한 행정소송 등 다른 권리구제절차를 허용할 수 있는지 여부가 객관적으로 불확실한 경우에는 보충성의 예외에 해당하는 것으로 보아 헌법소원 대상성을 인정할 수 있다."고 하고 있습니다[1](헌재

---

1) 이 사건과 같은 법령소원의 경우에는 직접성 요건과 보충성 요건의 적용에 있어 다소 헷갈릴 수 있다. 즉, 위 2가지 요건이 동일한 개념이라고 볼 수 있는지 여부가 문제되는데 양 요건은 기능상 또는 요구되는 헌소 요건의 취지상 불가분의 관계에 있는 요건이지만, 동일한 개념은 아니라고 한다. 예컨대, 법령에 대한 헌법소원의 경우 법령에 대한 위헌 여부를 다툴 수 있는 다른 권리구제절차가 없기 때문에 사전 구제절차를 거쳐야 한다는 보충성의 요건이 불필요하다. 그러나 법령에 대한 헌법소원의 경우 특별히 법령을 집행하는 집행행위가 따로 존재하는 경우에는 바로 법령에 대한 헌법소원을 청구할 수 없고 원칙적으로 해당 집행행위를 대상으로 한 구제절차(일반 행정소송 등)를 반드시 거쳐야 한다는 의미이다.

2004.10.28, 2002 헌마328 결정). 이 사건 보건복지부고시는 말 그대로 '고시'라는 형식으로 담아낸 것이므로 행정소송으로 이를 다툴 수 있는지에 대하여는 법률전문가들도 판단하기 힘든 것이라는 점을 감안할 때 보충성의 예외에 해당되어 당연히 헌법소원 대상이 됩니다. 한편, 대법원 역시 헌법소원에서처럼 법령 자체를 제거하는 것을 통해 권리구제를 인정하고 있지는 않고 있으므로 이 점에서도 권리구제의 보충성 요건은 충족된다고 할 것입니다.

(5) 마지막으로, 나머지 헌법소원 청구기간 준수요건과 관련하여 이 사건 청구인은 대한미용업협회로부터 이 사건 문제가 된 관련 규정에 근거하여 미용사는 점빼기와 귓볼뚫기를 할 수 없도록 하고 있다는 회신을 2012. 9. 10. 받았으므로 이로부터 90일 이내인 2012. 11. 20. 국선대리인 선임 신청을 하였으므로 이 사건 헌법소원은 적법합니다.

2. 이 사건 규정의 위헌성

가. 이 사건 고시의 근거 법령의 위헌 여부

(1) 기본권은 헌법 제37조 제2항에 의하여 국가안전보장·질서유지 또는 공공복리를 위하여 필요한 경우에 한하여 이를 제한할 수 있고, 그 제한의 방법은 원칙적으로 법률로써만 가능하고 하위 법령으로써 제한할 때에는 반드시 법률의 근거와 위임이 있어야 합니다. 만약 기본권을 제한하는 하위 법령이 법률이 위임한 범위를 벗어나거나 법률이 위임하지 않은 사항을 규정한다면 이는 법률의 근거 없는 기본권 제한으로서 법률유보의 원칙에 반하여 헌법에 위반된다고 할 것입니다(헌재 2003. 11. 27. 2002헌마193; 헌재 2005. 2. 24. 2003헌마289). 즉, "헌법 제37조 제2항 전단에 의거한 기본권의 제한은 원칙적으로 '법률'의 형식으로써만 가능하다.... 이때의 법률이란 국회가 제정한 형식적 의미의 법률을 말한다." 고 되어있는데 위 '법률'의 의미란 형식적 의미의 '국회'가 제정한 법률을 의미하는 것입니다. 그러나 '법률로써 제한'이라는 말은 반드시 '형식적 의미의 법률에 의한 제한'을 의미하는 것이 아니라 '법률에 근거한 제한'을 의미합니다. 이는 법률은 모든 사항을 규율할 수 없을 뿐만 아니라 전문적이고 기술적 사항에 대해서 전문가가 아닌 국회가 세세히 규정하는 것이 불가능하기 때문입니다. 따라서, 본질적이고 중요한 사항의 대강을 정하고(의회유보), 어떤 내용이 규정될 것인지 예측가능토록 범위를 정해(포괄위임금지) 법규명령이나 고시(법률보충적 행정규칙)에 위임하여 기본권을 제한할 수도 있다고 할 것입니다.

(2) 그런데, 사안의 경우 공중위생관리법 제4조(공중위생영업자의 위생관리의무등) ④항 제3호는 "그 밖에 미용업자가 준수하여야 할 위생관리기준은 보건복지부장관이 고시로 정한다."라고 규정하여 미용업자가 준수하여야 할 위생관리 기준에 관하여 구체적이고 명

확한 한계를 두지 아니한 채 이를 보건복지부장관에게 포괄적으로 위임하여 헌법 제75조
가 규정하는 위임입법의 한계를 일탈하는 한편, 이는 미용업자의 직업수행의 자유와 평등
권 등을 제한하는 것으로서 본질적이고 중요한 사항의 대강은 반드시 의회가 만든 법률에
규정하여야 하고(의회유보), 어떤 내용이 규정될 것인지 최소한의 예측가능토록 범위를 법
률에 규정한 후(포괄위임금지) 비로서 법규명령이나 고시(법률보충적 행정규칙)에 위임하
여 기본권을 제한할 수 있어야 함에도 위와 같은 의회유보 원칙과 포괄위임금지 원칙을 위
반하였습니다. 나아가, 이 사건 문제가 되고 있는 보건복지부 고시 조항(점빼기, 귓볼뚫기)
은 그 근거되는 상위법규인 공중위생관리법 "미용업자가 준수하여야 할 위생관리기준"이라
고도 보기 어려워 근거규정이 있는 행정규칙 내지 행정행위이더라도 상위법령의 취지에 반
하면 안 된다는 법률우위 원칙에도 정면으로 반한다고 할 것입니다.

나. 영업의 자유 침해 여부

(1) 사안은 미용사인 청구인으로 하여금 귓볼뚫기와 점빼기 영업을 하지 못하도록 의무
지우고, 이를 위반하는 경우에 영업정지 및 나아가 영업장 폐쇄명령까지 할 수 있도록 규
정하고 있는바, 이는 미용사인 청구인의 직업의 자유 중 영업의 자유 내지 직업 수행의 자
유를 제한한 것입니다. 헌법상 직업의 자유는 "인간이 생활을 유지·영위하기 위하여 그가
원하는 바에 따라 직업을 선택하고 선택한 직업에 종사할 수 있는 자유"를 말합니다. 그러
나 헌법상 보장된 직업의 자유도 절대적인 것이 아니기 때문에 필요하고 불가피한 경우에
는 그 본질적인 내용을 침해하지 않는 한, 헌법 제37조 제2항의 기본권제한입법(법률유
보)의 한계내에서 이를 제한할 수 있습니다. 직업의 자유를 제한하는 경우에 그 제한이 구
체적으로 어느 정도까지 가능한가에 관하여 독일연방헌법재판소 판례(1958. 6. 11
BVerfGE 7, 377.)를 통하여 확립된 단계이론이 있는데 이 이론은 직업의 자유를 제한
함에 있어서는 방법상 그 침해의 진지성이 적은 방법부터 선택하여야 한다는 것으로 우리
헌법재판소도 이 이론을 수용하고 있습니다. 단계이론은 먼저 1단계로 "직업행사(수행)의
자유의 제한"으로 직업선택의 자유에 대한 제한이 불가피한 경우에도 선택의 자유보다 침
해가 경미한 수행의 자유를 제한하는 방법으로 목적을 달성해야 한다는 것으로 백화점의
바겐세일 연중회수와 기간의 제한, 택시의 합승행위의 금지, 택시의 격일제 영업제도, 유
흥업소 및 식당의 영업시간 제한이 그 예입니다. 2단계로는 "주관적 사유에 의한 직업선택
의 자유의 제한" 방법인데 이 방법은 기본권 주체의 "주관적 사유(시험의 합격, 교육과정의
이수 등)"를 이유로 해서 직업선택의 자유를 제한하는 것으로서, 직업선택의 자유를 그 직
업이 요구하는 일정한 자격과 결부시켜 제한하는 방법을 말합니다. 예로는 사법시험제도,
의사고시제도, 대학입학 고사제도 등이 있습니다. 마지막 3단계는 "객관적 사유에 의한 직
업선택의 자유의 제한"으로 개인적인 능력 또는 자격과는 무관한 객관적 사유를 이유로 제

한하는 것을 말하는데 이 제한은 직업선택의 자유에 대한 제한이 심대하기 때문에 공공의 이익에 대한 명백하고 현존하는 위험을 방지하기 위하 여 불가피한 경우에만 허용된다. 예로는 화약류의 제조·판매·운송업 등이 있습니다. 본 사안의 경우 의사가 아닌 미용사에게 점빼기와 귓볼뚫기를 하지못하도록 제한함으로써 직업의 자유에 대한 단계이론 중 제1단계 직업수행의 자유 내지 제2단계 주관적 사유에 의한 제한에 해당하므로 비교적 완화된 기본권 제한에 관한 심사기준이 적용된다고 할 것입니다.

(2) 입법목적의 정당성

미용업은 공중위생영업으로서 손님의 외모를 아름답게 꾸미는 업인데도 불구하고 최근 미용업자가 미용시술을 빙자하여 쌍꺼풀수술, 문신, 박피술 등을 시행하거나 의약품 또는 의료기기를 사용하는 사례가 많고, 이로 인한 피해 사례가 발생하였거나 우려되고 있으므로, 미용업자가 의료에 관한 전문적 지식과 기술을 필요로 하는 시술을 하거나 의약품 또는 의료기기 사용을 하지 못하게 하는 등 미용업자 위생관리기준을 명확히 정함으로써 국민의 건강과 위생보호에 만전을 기하려는 것으로 보여지는바, 이러한 입법목적은 헌법 제37조 제2항에서 규정하고 있는 공공복리를 달성하고자 하는 것으로서 정당하다고 할 것입니다.

(3) 방법의 적절성과 최소침해성

이 사건 규정에 의하여 의사가 아닌 미용사에 의하여 유사 의료행위에 해당하는 점빼기와 귓볼뚫기 행위를 하지 못하도록 제한하는 것은 일반 시민들의 생명과 신체에 관련된 성형 행위의 경우 보다 안전한 곳에서 시술하도록 하는 환경을 조성하기 위한 적절한 수단이라고 할 수 있습니다. 그런데, 점 빼는 일이 1, 2분 만에 끝나는 간단한 일이고, 위험한 일도 아니며, 무슨 대단한 의료기기나 의료기술이 필요한 일이 아닙니다. 더욱이, 일반인 입장에서는 병원 가서 점을 빼려면 비용부담이 크고 번거로 측면도 있습니다. 따라서 의사와 동일한 기술 있는 미용사가 점을 제거하는 것을 전면적으로 금지하는 규정은 침해의 최소성에 반한다고 할 것입니다. 더욱이, 이 사건 규정을 위반하는 경우에 행정적 제재는 물론 과태료와 과징금까지 부과할 수 있도록 하는 것은 입법목적의 달성을 위하여 불합리하다거나 지나치게 과도한 제재에 해당한다고 할 것입니다.

(4) 법익 균형성

마지막으로, 지금까지 국민들은 관행적으로 점빼기와 귓볼뚫기를 위해 병원에 가는 상황은 많지 아니함에 비하여 대부분의 귓볼뚫기 등을 동네의 신뢰있는 미용실에서 하는 것이 일반적이었습니다. 그러므로, 이 사건 규정으로 인하여 미용사의 점빼기와 귓볼뚫기 영업을 현실적으로 전면 금지하는 경우 이를 통해 달성하고자 하는 국민 건강과 위생보호라는 공익은 그로 말미암아 초래되는 청구인의의 직업수행의 자유제한이나 불이익보다 더 크지 않다고 할 것입니다.

(5) 소결론

따라서 이 사건 규정은 미용사로서 점빼기와 귓볼뚫기에 관한 전문 기술자인 청구인의 직업수행의 자유를 헌법 제37조 제2항의 한도를 넘어 제한한다고 할 입니다.

나. 평등권 내지 평등원칙 침해여부

(1) 심사기준

(가) 헌법재판소는 평등권 내지 평등원칙위반의 판단에 있어서 완화된 심사척도를 사용하는 경우와 엄격한 심사척도를 사용하는 경우로 나누는데, 이는 입법자에게 부여된 입법형성권의 정도에 따라 구별하고 있습니다. 이중 완화된 심사척도는 통상적인 자의금지의 원칙에 따라 판단하는데 이때 자의금지의 원칙은 본질적으로 같은 것을 자의적으로 다르게, 본질적으로 다른 것을 자의적으로 같게 취급하는 것을 금지함을 의미하므로 차별대우가 자의금지원칙에 반하지 않는 것으로 되기 위해서는 헌법적으로 정당화 되어야 하는데, 그 정당화 사유는 객관적이고 합리적인 이유가 존재하는 경우를 말합니다. 이에 반해 엄격한 심사척도는 자의금지원칙에 따른 판단이 아니라 비례성의 원칙에 의한 판단으로 이루어지게 됩니다. 헌법재판소는 1999년 12월 23일의 제대군인가산점제도 위헌결정에서 자의금지원칙이 적용되는 완화된 심사척도와 엄격한 심사척도가 적용되는 경우에 대한 구별기준을 명료하게 제시하였는바 헌법 스스로 차별의 근거로 삼아서는 아니되는 기준을 제시하거나 차별을 특히 금지하고 있는 영역을 제시하는 경우와, 차별적 취급으로 인하여 관련 기본권에 대한 중대한 제한을 초래하게 될 경우 엄격한 심사척도가 적용되는 것이 정당화 된다고 보았습니다. 이러한 입장은 독일과 미국에서 발달된 평등심사기준의 경향을 수용한 것으로 우리 헌법재판소의 입장과 독일과 미국의 비교법적인 검토에서 공통적으로 확인할 수 있는 바로는 기본권을 침해하는 차별의 경우는 엄격한 심사척도를 적용하되, 개인이나 인적 집단을 직접적인 차별대상으로 하지 않는 경제 및 사회분야의 경우는 완화된 심사기준을 적용하고 있습니다.

(나) 사안의 경우 귓볼뚫기나 점빼기의 경우 동일한 피부미용 시술임에도 의사와 미용사를 차별하고 있는 바 이는 차별적 취급으로 인하여 미용사인 청구인의 직업의 자유 등에 대한 중대한 제한을 초래하게 될 경우라고 할 것이므로 엄격한 심사기준이 적용된다고 할 것입니다(다만, 국가가 공익적 목적하에 일정부분 미용사 본연의 두발에 관한 미용업무가 아닌 부수적 업무에 해당하는 피부미용 업무를 제한하고자 하는 경우로 보아 '합리적인 기준'을 적용하여 차별에 관한 입법자의 기준설정에 합리적인 이유가 있는지 여부를 심사하는 완화된 심사기준을 적용하여 판단하는 것도 가능하다고 할 것입니다).

(2) 비례원칙 위반 여부

(가) 먼저, 입법목적의 정당성과 관련하여서는 최근 미용업자가 미용시술을 빙자하여 쌍꺼풀수술, 문신, 박피술 등을 시행하거나 의약품 또는 의료기기를 사용하는 사례가 많고, 이로 인한 피해 사례가 발생하였거나 우려되고 있으므로, 미용업자가 의료에 관한 전문적 지식과 기술을 필요로 하는 시술을 하거나 의약품 또는 의료기기 사용을 하지 못하게 하는 등 미용업자 위생관리기준을 명확히 정함으로써 국민의 건강과 위생보호에 만전을 기하려는 것으로 보여지므로 입법목적은 정당하다고 할 것입니다.

(나) 다음으로, 방법의 적절성과 최소침해성과 관련하여 이 사건 규정에 의하여 의사가 아닌 미용사에 의하여 유사 의료행위에 해당하는 점빼기와 귓볼뚫기 행위를 하지 못하도록 제한하는 것은 일반 시민들의 생명과 신체에 관련된 성형 행위의 경우 보다 안전한 곳에서 시술하도록 하는 환경을 조성하기 위한 적절한 수단이라고 할 수 있는 반면, 점 빼는 일이 1, 2분 만에 끝나는 간단한 일이고, 위험한 일도 아니며, 의료기기나 의료기술이 필요한 일이 아니며, 일반인 입장에서는 병원가서 점을 빼려면 비용부담이 크고 번거로운 측면도 있어 의사와 동일한 기술 있는 미용사가 점을 제거하는 것을 전면적으로 금지하는 규정은 침해의 최소성에 반한다고 할 것입니다. 더욱이, 이 사건 규정을 위반하는 경우에 행정적 제재는 물론 금전상의 행정벌을 부과하는 것은 입법목적의 달성을 위하여 불합리하다거나 지나치게 과도한 제재에 해당한다고 할 것입니다.

(다) 마지막으로, 지금까지 국민들은 관행적으로 점빼기와 귓볼뚫기를 위해 병원에 가는 상황은 많지 아니함에 비하여 대부분의 귓볼뚫기 등을 동네의 신뢰있는 미용실에서 하는 것이 일반적이므로, 이 사건 규정으로 인하여 미용사의 점빼기와 귓볼뚫기 영업을 현실적으로 전면 금지하는 경우 이를 통해 달성하고자 하는 국민 건강과 위생보호라는 공익은 그로 말미암아 초래되는 청구인의의 직업수행의 자유제한이나 불이익보다 더 크지 않다고 할 것이므로 침해되는 사익이 보호되는 공익보다 월등히 크다고 할 것입니다.

(라) 소결
그렇다면 이 사건 고시조항은 차별취급을 통하여 달성하려는 입법목적의 비중에 비하여 차별로 인한 불평등의 효과가 극심하므로 가산점제도는 차별취급의 비례성을 상실하고 있다고 할 것이므로 헌법 제11조에 위배되며, 이로 인하여 청구인의 평등권이 침해된다고 할 것입니다.

다. 행복추구권 위반 여부

행복추구권은 다른 기본권에 대한 보충적 기본권으로서의 성격을 지니고(헌재 2000. 12. 14. 99헌마112등 ; 헌재 2002. 8. 29. 2000헌가5등), 특히 어떠한 법령이 수범자의 직업의 자유와 행복추구권 양자를 제한하는 외관을 띠는 경우 두 기본권의 경합 문제가 발생하는데, 보호영역으로서 '직업'이 문제되는 경우 행복추구권과 직업의 자유는 서로 일반특별관계에 있어 기본권의 내용상 특별성을 갖는 직업의 자유의 침해 여부가 우선하여 행복추구권 관련 위헌 여부의 심사는 배제되어야 한다고 보고 있습니다(헌재 2003. 9. 25. 2002헌마519 ; 헌재 2007. 5. 31. 2007헌바3). 이 사건에 있어서 청구인이 중국동포로서 한국에 들어와 어렵게 미용사 관련 자격을 취득하고, 미용실을 개업한 후 그 중에서도 본인의 주특기 기술로 점빼기와 귓볼뚫기에 관한 업무를 영위하는 것은 단순한 직업수행의 자유 이상으로 청구인에게는 대한민국에서 행복한 삶을 추구하고 영위할 수 있는 주요한 기본권이라고 할 것이므로 이를 이 사건 고시로 인해 침해받았다고 할 것입니다. 구체적인 심사사항은 앞서 직업의 자유, 평등권에 설명드린 바 있습니다.

3. 결 론

따라서 이 사건 청구취지 기재 법령조항은 헌법상 과잉금지 원칙에 위배하여 과도하게 청구인의 직업의 자유, 평등권, 행복추구권을 침해하고, 포괄위임금지원칙과 의회유보원칙 내지 법률우위원칙에도 위반된다고 할 것이므로 이 사건 심판청구에 이르게 되었습니다.

첨부서류

1. 국선대리인선정결정 정본
1. 국선대린선임신청서 부본
1. 영업신고증
1. 외국인등록증
1. 미용업회 질의회신서

2012. 1. 4.
청구인의 국선대리인
변호사 김신뢰

헌법재판소 제1지정 재판부 귀중

>>> 기록형 2문

행정소송 소장

I. 청구취지

　　1. 피고가 2012. 12. 13. 원고에게 한 영업정지처분을 취소한다.

　　2. 소송비용은 피고의 부담으로 한다.

　　라는 판결을 구합니다.

II. 청구원인 중 이 사건 처분의 위법성

1. 이 사건 행정처분의 기준이 된 시행규칙의 법적 구속력 인정여부

　　이 사건 영업정지처분의 근거가 된 보건복지부령은 이른바, 법규명령형식의 행정규칙에 속한다고 볼 수 있습니다. 행정규칙은 일반적으로 고시, 훈령, 예규 등의 형식으로 정립되나, 경우에 따라서는 대통령령이나 부령 등 법규명령형식으로 정립되기도 합니다. 이러한 경우 법규성의 인정여부가 문제되는데 학설은 법적 안정성을 확보하기 위하여 법규의 형식으로 규정된 이상 국민을 구속한다는 법규명령설과 법규의 형식이라도 성질이 변하는 것이 아니라며 법규성을 부정하는 행정규칙설, 법률의 수권여부에 따라 판단하는 수권여부기준설 등이 있습니다. 판례는 원칙적으로 실질적 내용에 따라 행정규칙으로 보고 있으나 규정 형식상 대통령령의 경우에는 법규명령으로 보고 있습니다. 대통령령과 부령의 경우를 구분하여 법규성을 인정하는 판례의 태도는 일관성을 결여되어 있다는 비판이 가능하나, 결과적으로 판례에 따를 경우 이 사건 보건복지부령 형식으로 되어 있는 행정처분기준의 경우 그 법적 구속력이 인정되지 않는다고 봄이 상당합니다. 그러므로 이 사건 영업정지처분은 그 자체로 처분의 근거가 결여된 위법한 처분에 해당한다고 하겠습니다.

2. 이 사건 영업정치저분의 재량, 일탈, 남용

　　나아가 서대문구청장의 행정처분서 등을 보면 이 사건 영업정지처분의 발령주체나 형식 면에서는 문제가 없고, 절차면에서도 사전 통지를 하고 이유를 부기하였으므로 문제가 될 것이 없습니다. 그런데, 피고가 내린 2월의 영업정지처분은 재량행위에 해당합니다(공중위생관리법 제11조(공중위생영업소의 폐쇄등). 제①항 시장·군수·구청장은 공중위생영업자가 이 법 또는 이 법에 의한 명령에 위반하여 관계행정기관의 장의 요청이 있는 때에는

6월 이내의 기간을 정하여 영업의 정지 또는 일부 시설의 사용중지를 명하거나 영업소폐쇄 등을 명할 수 있다). 또한, 행정청의 내부기준에 해당하는 보건복지부령 행정처분기준 I. 의 4.호에 의하면, "행정처분권자는 위반사항의 내용으로 보아 그 위반정도가 경미하거나 해당위반사항에 관하여 검사로부터 기소유예의 처분을 받거나 법원으로부터 선고유예의 판결을 받은 때에는 II. 개별기준에 불구하고 그 처분기준을 다음의 구분에 따라 경감할 수 있다. 가. 영업정지의 경우에는 그 처분기준 일수의 2분의 1의 범위안에서 경감할 수 있다."라고 규정하고 있는바, 피고는 다음과 같은 사정으로 말미암아 이 사건 원고에 대한 영업정지처분을 굳이 행하지 않거나, 1/2로 경감하여 처분할 수도 있었음에도 불구하고 그러한 재량을 일탈, 남용한 위법이 있습니다.

즉, 이 사건의 경우 첨부한 고객들의 사실확인서, 진술서 등에 의하면 원고는 원고 운영 미용실에서 고객들을 상대로 점빼기와 귓볼뚫기 등을 행한 점은 인정되나, 이는 순전히 돈을 벌 욕심에 고의로 해당 법규를 위반하여 행한 것이 아니라 시간과 비용상 병원에 가기가 부담이 되는 고객들의 간절한 요청에 기인하여 마지못해 시술을 행한 점이 인정되며, 시술 결과도 부작용이 전혀 없이 훌륭히 잘 된 점이 인정됩니다. 더욱이, 원고는 이 건 이외에 다른 행정벌과 행정처분을 받은 적이 없으며, 이 사건 시술을 받은 고객들은 원고에 대한 선처를 강하게 요청하고 있는 상황입니다. 그러므로, 이 사건 영업정지처분의 경우 가사 백보를 양보하여 점빼기와 귓볼뚫기가 국민의 생명과 신체의 건강과 관련되는 의료행위에 해당하여 의료기관이 아닌 미용실 등에서 시술하지 못하도록 이를 행한 미용업자에 대하여 영업정지처분 등을 내리는 것이 위와 같은 공익을 달성하기 위한 적합한 수단이 되고 또한 그 필요성까지 인정된다고 치더라도 이 사건 원고의 경우에 까지 그대로 적용함은 그 달성 하고자 하는 공익에 비추어 지나치게 원고의 이익을 침해한다고 할 것이므로 상당성에도 반한다고 할 것입니다.

그러므로, 이 사건 원고에 대한 피고의 영업정지처분은 그 처분의 근거가 된 행정처분기 준(보건복지부령)이 행정기관 내부를 구속할 뿐 대외적 구속력은 인정되지 아니하여 사인 인 원고에 대하여는 효력이 없을 뿐만 아니라, 가사 효력이 인정된다고 보는 경우에도 재 량을 일탈, 남용한 위법한 처분에 해당하여 취소되어야 마땅합니다.

2012년 제1회 변호사시험
기록형 기출문제 해설

공법

정 형 근   〔경희대학교 법학전문대학원 교수 · 변호사 〕

Ⅰ. 머리말

 법학전문대학원 졸업생이 처음으로 배출되고 변호사시험도 실시되었다. 공법기록형 기출문제는 비교적 무난한 편이었다는 것이 중론이다. 출제위원들은 답안으로 작성하게 될 소장 양식을 제시하여 수험생들은 그 내용에만 신경을 쓸 수 있게 하였다. 아울러 소장을 작성함에 있어 필요한 쟁점을 목차별로 제시하여 주었다. 따라서 수험생들은 어렵지 않게 답안을 작성할 수 있었을 것으로 예상된다. 대부분의 수험생이 합격하는 시험이기에 이 같은 형식의 출제를 하였을 것으로 생각된다. 그렇지만 변호사로서의 실무능력을 검증하는 과목을 구체적인 답안의 쟁점과 목차까지 제시하는 것은 바람직한 출제방식이라고는 할 수 없다.

 기록형 문제는 먼저 〔문제〕를 읽어서 작성하게 될 서면의 종류를 확인하여야 한다. 예컨대 소장 또는 행정심판청구서, 위헌법률심판청구서를 작성하라는 것인지 여부를 정확히 파악하여야 한다. 〔문제〕는 이번 시험처럼 기록 앞면에 있을 수도 있고, 기록 맨 나중에 배치해 놓을 수도 있다. 이번 시험에서는 '취소소송의 소장'을 작성하라고 특정해 두고 있다.
 그 후에는 기록에 목차가 있다면, 여러 종류의 서면 중에서 '행정처분서(통지서)'를 먼저 확인하여야 한다. 행정쟁송에 관한 사건은 행정청의 처분이 위법한 것인지 여부를 검토하는 것이기 때문에 처분내용을 먼저 파악하는 것이 답안을 구상하는데 유익하다. 처분서 외에 다른 자료들은 그 처분의 적법성을 입증하기 위한 행정청의 자료이거나 원고의 정상관계 자료등이 대부분이기 때문이다.

 그리고 기록 뒤쪽에 첨부된 관계법령은 처분 당시의 법령이므로 그 법령에 근거하여 처분이 행하여졌는지 여부를 검토하여야 한다. 기록에 첨부된 법령은 그 처분 당시의 법령으로 보기 때문에 그 내용으로만 판단하여야 한다. 설령 가상의 법령이 아니라 실제 시행중인 법령으로 그 내용이 서로 다를지라도 판단의 기준은 기록에 첨부된 법령에 의하여야 한다. 이하 이번 변호사시험 공법기록형에서 작성해야 할 내용을 쟁점별로 정리해 보기로 한다.

II. 당사자

1. 원고적격

원고 박미숙은 이 사건 처분으로 노래연습장 영업의 자유와 재산권 행사의 제약을 받게 되는 법률상 직접적이고 구체적인 이익을 침해받은 직접 상대방이므로 처분의 취소를 구할 원고적격이 있다. 답안 상단에 '소장'이라는 표기를 하고, 그 다음에 원고 박미숙의 이름을 기재하고 그의 주민등록번호와 주소를 기재한다. 아울러 원고의 소송대리인의 표기로 법무법인과 담당변호사와 법률사무소의 주소를 기재하여야 한다. 대리인의 전화와 팩스, 이메일이 있을 경우에는 그것도 기재한다. 기록형은 반드시 변호사가 대리하는 것을 상정하기 때문에 법무법인의 명칭과 담당변호사 및 주소와 전화번호등이 누락되지 않도록 하여야 한다.

2. 피고적격

가. 외부적으로 처분을 한 행정청

행정처분의 취소를 구하는 행정소송은 원칙적으로 소송의 대상인 행정처분 등을 외부적으로 그의 명의로 행한 행정청을 피고로 하여야 한다(대법원 1995.3.14. 선고 94누9962 판결).

나. 권한의 위임 · 위탁받은 수임행정청

권한의 위임이나 위탁을 받아 수임행정청이 정당한 권한에 기하여 그 명의로 한 처분에 대하여는 말할 것도 없고, 내부위임이나 대리권을 수여받은 데 불과하여 원행정청 명의나 대리관계를 밝히지 아니하고는 그의 명의로 처분 등을 할 권한이 없는 행정청이 권한 없이 그의 명의로 한 처분에 대하여도 처분명의자인 행정청이 피고가 되어야 할 것이다(대법원 1995. 12. 22. 선고 95누14688 판결).

다. 처분권한 없는 행정청

행정처분을 행할 적법한 권한 있는 상급행정청으로부터 내부위임을 받은 데 불과한 하급행정청이 권한 없이 행정처분을 한 경우에도 실제로 그 처분을 행한 하급행정청을 피고로 하여야 할 것이지 그 처분을 행할 적법한 권한 있는 상급행정청을 피고로 할 것은 아니다 (대법원 1994. 8. 12. 선고 94누2763 판결).

3. 이 사건의 경우

처분명의자인 천안시장이 피고가 된다. 천안시장이 동남구청장에게 노래연습장 단속 및 처분권한을 행사하게 하는 내부위임을 하여 이 사건 원고에 대한 단속을 하였지만, 이 사건 처분명의자는 천안시장이므로 동남구청장은 피고적격이 없다. 천안시장 표기 앞에 '충청남도'를 기재하는 것도 누락하지 않아야 한다.

Ⅲ. 사건명과 청구취지

1. 사건명

사건명은 청구취지와 청구원인 및 청구의 내용을 요약하여 알려주는 역할을 하므로, 간결하고 정확하게 표시하여야 한다. 대개의 경우 처분통지서의 제목을 기재하지만, 그 제목이 너무 긴 경우에는 요약해서 기재하는 것이 실무례이다. 이 사건 사건명은 '노래연습장 등록취소처분 취소청구의 소'로 표시할 수 있다.

2. 청구취지

청구취지는 원고의 청구가 인용될 경우에 판결의 주문에 해당되므로, '피고가 2011. 9. 13. 원고에게 한 노래연습장등록취소처분을 취소한다'고 표시하여야 한다. 취소소송은 형성의 소이므로 이행의 소에서와 같이 "… 취소하라"로 표시하여서는 아니 된다.

Ⅳ. 처분의 경위

1. 원고의 노래방 양수와 영업

원고는 2011. 6. 17. 이원숙으로부터 천안시 동남구 안서동 11-1 소재 노래연습장을 양수받아 같은 달 24. 노래연습장업 등록을 하고, 같은 해 7. 1.부터 재미노래연습장이라는 상호로 노래연습장업을 운영하고 있다.

2. 피고의 이 사건 처분

피고는 2011. 9. 13. 원고가 같은 해 7. 25. 오후 7시 경 이 사건 노래방에 만 17세의 청소년 정미성을 출입제한 시간에 출입시켰다는 사유로 이 사건 노래방에 대해 등록취소처분을 하였다.

Ⅴ. 이 사건 소의 적법성 검토

1. 취소소송의 적법요건

취소소송을 제기하기 위하여서는 ① 행정청의, ② 처분 등이 존재하고, ③ 그것이 위법하여, ④ 원고적격을 가진 자가, ⑤ 피고적격을 가진 행정청을 피고로 하여, ⑥ 제소기간 내에, ⑦ 일정한 형식의 소장에 의하여, ⑧ 예외적으로는 행정심판을 거쳐, ⑨ 관할 행정법원에, ⑩ 취소·변경을 구하는 것이어야 한다. 소송요건의 구비 여부는 직권조사사항이다 (대법원 1977. 4. 12. 선고 76누268 판결 등).

2. 제소기간

가. 처분이 있음을 안 날

취소소송은 처분등이 있음을 안 날부터 90일 이내에 제기하여야 한다(행정소송법 제20조 제1항). 처분의 송달은 우편·교부 또는 정보통신망 이용 등의 방법에 의하되 송달받을 자(대표자 또는 대리인을 포함한다. 이하 같다)의 주소·거소·영업소·사무소 또는 전자우편주소(이하 '주소등'이라 한다)로 한다. 다만, 송달받을 자가 동의하는 경우에는 그를 만나는 장소에서 송달할 수 있다(행정절차법 제14조 제1항). 교부에 의한 송달은 수령확인서를 받고 문서를 교부함으로써 행하며, 송달하는 장소에서 송달받을 자를 만나지 못한 때에는 그 사무원·피용자 또는 동거자로서 사리를 분별할 지능이 있는 자에게 이를 교부할 수 있다(행정절차법 제14조 제2항).

나. 이 사건의 경우

⑴ 원고의 친정 어머니 윤숙자는 피고의 원고에 대한 이 사건 처분통지서를 수령한 후 그 사실을 원고에게 알리지 않았으며, 원고 역시 이 사건 처분이 있음을 알지 못하였기 때문에 윤숙자가 처분통지서를 수령한 날을 원고가 처분이 있음을 안 날로 기산할 수 없다.

⑵ 따라서 원고가 2011. 10. 13. 이 사건 처분통지서를 수령한 날에 처분이 있음을 안 날로 보아야 하며, 그로부터 90일 이내에 제소한 이 사건 소는 적법한 제소기간을 준수하였다. 만약 원고가 직접 이 사건 처분통지서를 수령하지 않았다면, 윤숙자가 이 사건 처분통지서를 수령한 사실을 알게 되어 비로소 처분이 있음을 알게 된 날인 2011. 11. 5.부터 제소기간을 기산하여야 한다.

3. 피고적격

위 당사자 '피고적격' 내용에 기술하였다. 원고가 피고적격이 없는 자를 피고로 하였다면 피고가 소의 각하사유에 해당된다는 본안전 항변을 하게 될 것이므로, 원고가 피고적격이 있다는 점을 반드시 설명할 필요는 없다. 그러나 문제에서 이 점까지 언급하라고 요구하고 있으므로, 위의 내용을 기재하면 된다.

Ⅵ. 이 사건 처분의 위법성

1. 공법기록형에서의 위법성 주장의 범위와 한계

기록은 처분의 위법성 주장을 '기존 판례와 학설의 입장'에 비추어 볼 때 설득력 있는 주장을 중심으로 작성하라고 한다. 기존 판례와 학설의 입장에 비추어 답안을 작성하라는 것은 수험생 개인의 독창적인 법률상 주장에 근거하지 말라는 것이다. 기존의 판례나 학설에 대하여 비판적인 견해를 가지고 있더라도 답안은 기존의 판례와 학설을 기초로 하여야 한다. 이렇게 하여야만 기록의 해답에 대한 시비를 야기하지 않게 되고 채점의 공정성도 기할 수 있다.

실무상 변호사는 당해 사안에 적용될 수 있는 판례에 대하여 비판적인 입장을 가질 수 있고, 그 판례의 변경을 주장할 수도 있다. 그러나 수험생의 입장에서는 어디까지나 그 처분 당시의 판례를 숙지하는 것이 필요하고, 기록형 시험 역시 그러한 판례의 해석ㆍ적용능력을 테스트하는데 목적이 있는 점을 유념하여야 한다. 따라서 이 사건 처분의 위법성을 주장함에 있어서도 처분 당시의 판례에 의하되, 판례가 없을 경우에는 보충적으로 학설을 참고하여야 한다.

2. 행정절차상의 하자

가. 청문사유

행정청이 처분을 함에 있어서 ① 다른 법령 등에서 실시하도록 규정하고 있는 경우, ② 행정청이 필요하다고 인정하는 경우에는 청문을 실시하여야 한다(행정절차법 제22조 제1항). 다만 청문 절차를 거쳐야 하는 경우에도 당사자가 의견진술의 기회를 포기한다는 뜻을 명백히 밝힌 경우 및 행정절차법 제21조 제4항 각호의 사유에 해당하는 경우에는 청문을 거치지 않을 수 있다.

나. 청문을 실시하지 않은 경우

판례는 청문을 거치지 아니한 처분의 위법을 인정하는 것이 일반적이다. 식품위생법 제64조, 같은법 시행령 제37조 제1항 소정의 청문절차를 전혀 거치지 아니하거나 거쳤다고 하여도 그 절차적 요건을 제대로 준수하지 아니한 경우에는 가사 영업정지사유 등 위 법 제58조 등 소정 사유가 인정된다고 하더라도 그 처분은 위법하여 취소를 면할 수 없다(대법원 1991.7.9. 선고 91누971 판결).

다. 이 사건의 경우

이 사건 처분 근거법령인 음악진흥법은 노래연습장등록 취소를 하는 경우에는 청문을 실시하도록 하고 있다. 그럼에도 피고는 이를 행하지 아니한 절차상의 하자로 인하여 이 사건 처분은 위법하다.

3. 실체법적 하자

가. 법리오해ㆍ사실오인

원고는 성인들인 직장동료 6명과 함께 들어오는 청소년을 사전에 알아내서 출입을 제한시킬 수 있는 행위에 대한 기대가능성이 없기 때문에 이 사건 처분은 청소년 출입제한에 관한 법리오해 또는 사실오인이 있다. 음악진흥법 제2조 제14호는 청소년을 18세 미만의 자로 정의하고 있지만, 청소년보호법은 청소년을 만 19세 미만의 자로 한다(청소년보호법 제2조 제1항)는 점도 유의할 필요가 있다.

나. 행정처분기준의 위반

피고는 이 사건 처분을 함에 있어 음악진흥법 시행규칙 제15조 제1항 〔별표 2〕가 정하는 '3차위반'의 행정처분기준에 따라 '영업정지 3월' 범위 내에서 처분을 하여야 하는데도, '4차위반'에 해당하는 이 사건 처분인 등록취소를 하여 행정처분기준을 위반하였다.

(1) 이원숙은 이 사건 노래방 영업 중에 원고의 이 사건 처분 사유와 같은 청소년 출입제한 시간 위반 사유로 3회의 처분을 받은 바 있다. 원고는 양수계약 당시에 동일한 사유로 제재처분이 이미 3회 있었다는 사실을 이원숙으로부터 들어서 알고 있었다. 그러므로 원고는 노래연습장 변경등록을 한 날로부터 1년 전까지 이원숙이 받은 행정제재처분을 승계받게 된다.

(2) 위반행위의 횟수에 따른 행정처분의 기준은 최근 1년간 같은 위반행위로 행정처분을 받은 경우에 적용하며, 이 경우 행정처분 기준의 적용은 같은 위반행위에 대하여 최초로 행정처분을 한 날을 기준으로 한다(음악진흥법 시행규칙 제15조 제1항 〔별표 2〕 1. 일반기준, 다.항). 원고의 이 사건 처분사유와 이원숙이 받았던 제재처분 사유는 '같은 위반행위'에 해당된다. 그리고 위반행위의 횟수에 따른 가중처분의 기준은 '최초로 행정처분을 한 날'을 기준으로 하기 때문에, 원고는 최초의 행정처분일부터 1년 이내에 해당하는 이 사건 위반행위는 가중처분 요건에 해당된다.

(3) 따라서 피고는 원고에게 처분을 함에 있어 3차 위반 행정처분기준에 따라 '영업정지 3월' 범위 내에서 처분을 하여야 하는데도, 피고는 원고에게 4차 위반에 해당하는 행정처분인 '등록취소'를 하기에 이르렀다. 행정청이 처분기준을 따르지 아니하고 특정한 개인에 대하여만 위 처분기준을 과도하게 초과하는 처분을 한 경우에는 재량권의 한계를 일탈하였다고 볼 만한 여지가 충분하기 때문에 피고의 원고에 대한 이 사건 처분은 위법하여 취소되어야 한다.

다. 비례의 원칙 위반

피고는 이 사건 처분으로 달성되는 공익과 원고의 불이익을 비교 형량하지 않은 가운데 지나치게 무거운 처분을 하여 비례의 원칙을 위반하였다. 피고는 원고가 청소년을 출입시킨 경위, 원고가 노래방을 양수하여 영업하기 위하여 권리금과 보증금, 인테리어비용 등을 투자한 점, 노래방 영업이 자녀들과 유일한 생계수단인 점등을 고려하지 않은 재량권의 일탈 · 남용의 점이 있다.

라. 평등의 원칙 위반

피고는 특별한 사정이 있거나 합리적인 이유 없이 원고에게 과거 이원숙을 비롯한 다수인들에게 행하였던 것보다 그 처분기준을 벗어난 무거운 처분을 하여 평등의 원칙에도 위반하는 재량권의 일탈·남용의 점이 있다.

4. 소 결

이 사건 처분은 행정절차상의 하자와 행정처분기준에 반하며, 비례의 원칙 및 평등의 원칙에도 위반하는 재량권의 일탈·남용에 해당하는 위법한 처분으로 취소되어야 한다.

VII. 이 사건 처분 근거법령의 위헌성

1. 포괄위임금지원칙의 위반

노래방연습업자의 주의사항의 위임규정인 음악진흥법 제22조 제1항 제4호는 '기타 대통령령이 정하는 사항'이라고 규정하여 하위법규에 규정될 내용 및 범위에 관한 기본 사항이 가능한 한 구체적이고 명확하게 규정되어 있지 않아 최소한의 예측가능성도 없어 포괄위임금지원칙에 위반하였다.

2. 과잉금지원칙의 위반

이 사건 처분 근거법령과 같이 기본권을 제한하는 입법은 과잉금지원칙에 따라 입법목적의 정당성, 수단의 상당성, 피해의 최소성, 법익의 균형성의 요건을 충족하여야 함에도 이를 위반하였다. 따라서 이 사건 처분 근거법령은 청소년의 야간 노래연습장 출입을 제한하여 원고의 헌법 제15조가 보장하는 영업수행의 자유와 헌법 제10조로부터 파생되는 일반적 행동의 자유 및 다른 업종종사자에 비하여 합리적 이유없는 차별을 받게 되어 평등권의 침해를 야기하게 되었으며, 노래연습장에 출입할 수 없게 된 청소년의 행복추구권도 침해받게 되었다.

VIII. 기 타

1. 입증방법과 첨부서류

원고에게 유리한 자료를 갑 호증으로 제출한다. 기록 목차 중에서 처분통지 및 행정처분서 및 자술서, 노래방 등록증 등을 제출하면 된다. 재판 진행중에 추가로 입증자료를 제출할 수 있으므로 소장 제출시에 모두 제출하여야 하는 것은 아니다. 그리고 필요한 소송위임장 등 필요한 첨부서류를 표시한다.

2. 소장 제출일과 대리인 표시

기록에서는 2012. 1. 3. 소장을 제출하는 것으로 제시하였으므로 첨부서류 하단에 위 날짜를 기재한 후 원고 소송대리인을 기재한다. 기록에서 제시하는 제출일자가 적법한 제소기간(처분이 있음을 안 날로부터 90일) 내인지 여부를 확인하여야 한다. 만약 적법한 제소기간이 도과한 날짜라면 제소기간의 제한을 받지 아니하는 무효확인의 소를 제기하라는 것인지 여부도 검토하여야 한다. 기록에서는 취소소송의 소장을 작성하도록 하고 있으므로 제출일이 적법한 제소기간임을 나타내고 있다고 볼 수 있다. 다만 처분이 무효인 경우에도 무효확인을 선언(확인)하는 의미에서 취소소송을 제기할 법률상 이익이 있는데, 이때에도 적법한 제소기간을 준수하여야 한다.

3. 관할

행정사건은 행정법원에 제기하는 것이 원칙이나, 행정법원이 설치되지 않은 지역에 있어서의 행정사건은 해당 지방법원 본원이 관할하도록 되어 있으므로, 충청남도 천안시장이 피고인 이 사건의 관할은 대전지방법원이다.

IX. 마치면서

최근 법학전문대학원과 사법연수원 교수들이 기록교재를 개발하기 위한 공동작업을 진행한 바 있다. 그리하여 몇 건의 민사기록과 형사기록이 정리되어 나오게 되었다. 이로 인하여 법학전문대학원의 민·형사실무 교육자료로 유익하게 사용될 것으로 기대된다. 반면, 사법연수원의 실무교육이 민사와 형사에 국한되어 있기 때문에 공법기록의 개발을 위한 공동작업은 이번에 진행되지 아니하였다. 현재 공법기록형 교재로 필자의 「공법기록형 공법소송실무」(박영사, 2011), 차진아 교수님의 「헌법기록형문제」(법문사, 2011)가 출간되어 있다. 그러므로 행정쟁송사건이나 헌법재판기록을 법학전문대학원에서 개발하여 교육하는 것은 사법연수원의 실무교육에 비하여 강점으로 평가될 수 있는 점이다. 이번 첫 변호사시험의 수준에 관하여 논란도 있는 것으로 알려지고 있다. 그러나 모든 시험은 해를 거듭할수록 그 난이도를 더해 갈 수밖에 없다. 공법기록형 역시 금년에는 무난했다는 평가가 있지만, 공법관련 사건이 쉽게 해결할 수 있는 성질의 것은 아니기 때문에 보다 깊은 수준의 학습이 있어야 한다. 일반인들은 법률문제의 해결이 쉽지 않기 때문에 변호사에게 높은 수임료를 지급하고 그 사건의 처리를 위임한다. 법학전문대학원의 실무교육을 불신하여 입법된 6개월 의무연수제도는 졸업생들의 취업에 큰 장애물로 작용하고 있다. 기록형 수업과 그 시험준비를 통하여 변호사시험에 합격한 변호사들의 실무능력이 탁월하다는 평가가 있게 되어 장차 의무연수제도가 폐지되기를 기대한다. 끝으로 공법기록형을 비롯한 기록형 문제의 분량이 30~50면으로 제한되어 있는 가운데 2시간 안에 답안을 작성하도록 하는 현행 제도는 재고할 필요가 있다. 기록 1면을 읽는데 최소한 1~2분이 소요된다고 볼 때, 2시간 내에 답안작성까지 하라는 것은 전혀 현실적이지 않다. 사례형 문제와 동일하게 취급하고 있는 기록형 시험 시간은 조절할 필요가 있다.

변호사시험

공법

민사법

형사법

2014년 제3회 변호사시험
기록형 기출문제 해설

민사법

박 태 신 〔홍익대학교 법대 교수 · 변호사〕

민
사
법

I. 들어가면서

2009년 3월 법학전문대학원이 설립·운영되기 시작하여 금년에 제3회 변호사시험을 실시하였다. 개인적으로 금년도 변호사시험(민사법) 문제를 검토하면서 비록 시기적으로 민사법 문제의 적절성 및 수준 등에 관한 논의를 할 수 있을 것으로 생각된다. 그러나 올해 출제된 민사법문제의 적절성 여부는 별론으로 하고 수험자 입장에서 변호사시험(민사법) 문제를 해설하고자 한다. 수험자의 입장에서 유리한 소장을 작성하기 위한 권고사항을 지적한다면 소장 등을 작성할 때 우선 해당사안을 정확하게 법리적으로 각 사안의 요건사실에 부합하도록 정리하고 그것을 전제로 당사자의 주장 및 증거관계를 면밀하게 검토하여야 할 것이다.

금년도 변호사시험(민사법) 문제도 이러한 범주 내의 것으로 위와 같은 노력 등이 소장 등을 작성하는데 얼마나 중요한지를 보여주는 문제라고 생각한다. 특히 금년도 민사법 문제 중 【문제1. 소장 작성】은 〔대법원 2002.12.26. 선고 2000다21123 판결〕 등을, 【문제2. 답변서 작성】은 〔대법원 1987.3.10. 선고 85다카2508 판결〕 등을 바탕으로 작성된 것으로 보인다. 따라서 이를 근거로 이하 소장과 답변서를 작성하는 것으로 한다.

II. 【문제1. 소장 작성】

1. 등장인물

이 사건에서 첫째, 명의신탁과 관련해서는 등장하는 인물을 살펴보면, ① 매수인 겸 명의신탁자로는 이명구, 최회선이, ② 매도인으로는 정준일이, ③ 등기명의자 겸 명의수탁자로는 박이채가 등장하고 있다. 그리고 둘째, 수입목가구 1점 매도와 관련해서는 ④ 매도인으로는 최회선이, 매수인 겸 영업양도인으로는 김병수가, 영업양수인으로는 김병만이 등장한다.

민사법 기록형

2. 상담내용을 전제로 한 사실관계

가. 부동산 매매

(1) 서울 서대문구 홍은동 520 임야 3,200평방미터와 관련하여

(가) 이명구와 김회선은 2010년 3월 1일 공동으로 부동산을 매수하기로 합의하고 매수자금으로는 각자 금3억원 출자하여 금6억원을 마련하였다. 그리고 매수업무를 처음에는 이명구가, 2012.12월부터 김회선이 담당하기로 합의하였다.

(나) 매수인 이명구는 박이채의 대리인으로 하여 2010년 5월 1일 정준일 소유의 서울 서대문구 홍은동 520 임야 3,200평방미터(이하 "갑지")와 같은 동 521 잡종지 90평방미터(이하 "을지")를 그로부터 매수하였다. 이 과정에서 이명구는 박이채에게 최회선과 공동으로 매수하기로 하였다는 점을 설명하고 박이채 명의로 등기를 넘겨받기로 동의를 받았지만 정준일은 매매 당시 명의차용이나 공동매수관계를 전혀 알지 못하였다.

(다) 매수인 이명구는 2010년 6월 30일 매매대금 모두 지급하고 갑지의 소유권을 이전받았지만 을지는 미등기상태이어서 추후 보존등기를 한 후 소유권이전등기를 하는 것으로 약속하였다.

(라) 명의수탁자 박이채는 서병덕에 대한 손해배상채무를 담보하기 위하여 갑지를 서병덕 명의로 소유권이전등기하였다. 그런데 이때 박이채와 서병덕 간에는 담보약정 이외에 채무청산방법 등에 관하여 합의가 없는 실정이었다.

(2) 서울 서대문구 홍은동 521 잡종지 90평방미터와 관련하여

(가) 정준일은 을지 토지를 인도하지 않은 상태에서 2010년 7월부터 무단으로 미등기 건물 1동 신축 후 김병만에게 임대해 주었다. 그런데 이와 관련하여 이명구·최회선과 정준일은 2010년 11월 5일 김병만 등에게 을지를 2010년 12월 31일까지 인도하기로 하는 것을 수용하면서 이명구·최회선은 정준일에 대한 손해배상청구권을 포기하는 내용의 재판상 화해를 하였다.

(나) 위와 같은 화해를 하였음에도 매도인 정준일은 2010월 12월 31일까지 을지를 매수인 이명구·최회선에게 인도하지 않고 있다. 또한 최회선이 2013년 2월경 정준일을 방문하여 을지의 조속한 등기이전과 인도를 요구하자 정준일은 토지대장 오류로 정리한 후 소유권을 이전하고 토지를 인도하겠다는 약속하였다. 그런데 그후 엉뚱하게도 자신의 권리 (사용,수익권) 주장하면서 행방을 감추었다.

나. 목가구 1점의 매매와 관련하여

(1) 매도인 최회선은 2001년 봄 "런던가구"라는 상호로 가구판매점을 운영하는 김병수

에게 목가구 1점을 매도하였는데 이 목가구를 김병수는 팔기 위해 구매하였다.

(2) 김병수는 2007년1월 가구점의 영업 일체를 김병만에게 양도하여 현재까지 김병만은 같은 이름으로 가구점 운영하고 있지만 목가구 1점의 매매대금에 관하여는 서로 책임을 회피하고 있는 실정이다.

3. 위와 같은 사실관계를 전제로 발생한 법률문제 등을 해결하기 위하여 이명구, 최회선은 2004년 1월 3일 조일국 변호사를 찾아가 상담하자 위 변호사는 의뢰인의 요구사항을 참작하여 다음과 같은 내용으로 2014년 1월 6일 소장을 법원에 접수하였다.

4. 소장 작성시 의뢰인의 요구사항

가. 이명구 · 최선을 위해 갑지에 대한 일체의 권리실현을 요구하고 을지에 대한 소유권확인 문제는 현재 진행 중이므로 이를 보류해 주는 반면, 을지에 대한 손해를 전보받고 싶다.

나. 수입목가구 매도대금에 대한 사안을 해결해 주기를 바란다.

5. 소장작성요령

【문제1. 소장작성】의 요령에 따르면 ① 소장작성일과 소 제기일은 2014.1.6.이고, ② 의뢰인들의 의사와 요구에 따라 최대한 부합하는 내용으로 소장을 작성한다. 다만 법령 및 판례에 부합하는 내용으로 소장을 작성하되 법령 및 판례에 따라 일부라도 패소하는 부분이 생기지 않도록 하고, ③ 청구원인은 주요사실이 분명하게 드러나도록 기재하고 물건의 표시는 소장의 해당부분에 직접 표기하고 당사자는 소송상 자격(원고, 피고 등)과 그 이름으로 지칭하고, ④ 의뢰인 상담일지와 그 첨부서류에 나타난 사실관계는 모두 진실한 것으로 간주하고, ⑤ 피고가 복수인 경우 청구원인은 피고별로 나누어 기재하고 증거방법란과 첨부서류란은 기재하지 말고 해당증거방법을 적절한 형식으로 제시하여도 무방하고, ⑥ 소장의 작성자와 수소법원은 기재할 것을 요구하고 있다.

따라서 필자가 아래와 같은 소장을 할 때 위와 같은 요령을 준수하되 필요에 따라 다소 가감하는 것으로 하였다. 즉, ①, ③, ④, ⑥을 준수하고 특히, ②를 준수하여 소멸시효가 완성한 수입 목가구 1점에 대한 판매대금청구부분에 대한 소장을 작성하지 않기로 하고 ⑤ 부분에 관하여는 향후 변호사업무를 할 변호사를 위하여 기본적으로 작성하는 것으로 하였다.

【문제 1. 소장 작성】

소 장

원고 1. 이명구(630507-1542634)

　　　　서울 서대문구 창천로 32 현대아파트 101동 503호

　　2. 최회선(6301127-1538216)

　　　　서울 서대문구 연희로 57 삼성아파트 102호

위 원고 이명구, 최회선의 소송대리인 조일국

서울 종로구 삼청동 1121 1503호(삼청동, 삼청빌딩)(우편번호 110-230)

(연락처: Tel 02-720-1100, Fax 02-720-1101, e-mail ikc@gmail.com)

피고 1. 박이채(640805-1349510)

　　　　서울 마포구 공덕로 41 대명아파트 201동 309호(우편번호 121-800)

　　2. 정준일(541120-19113459)

　　　　서울 은평구 진관사로 59(우편번호 122-200)

부당이득반환청구 등의 소

청구취지

1. 원고 이명구, 최회선에게,

　가. 피고 박이채는 금500,000,000원 및 2010년 7월 1일부터 이 판결선고일까지는 연5푼의, 이 판결선고 다음날부터 다갚는 날까지는 연2할의 각 비율에 의한 금원을 지급하라.

　나. 피고 정준일은 금18,500,00원과 서울 서대문구 홍은동 521 잡종지 90평방미터를 명도할 때까지 매월 금50만원씩의 금원을 지급하라.

3. 제1, 2항은 가집행할 수 있다.

4. 소송비용은 피고들이 연대하여 부담하는 것으로 한다.

라는 재판을 구합니다.

청구원인

1. 원고 이명구, 최회선의 관계

원고 이명구, 최회선은 2010년 3월 1일 공동하여 부동산을 매수하기로 합의하고 매수자금으로 각자 금3억원을 출자하여 금6억원을 마련하였고 부동산의 매수와 관련된 업무를 처음에는 같은 이명구가, 2012년 12월부터는 같은 최회선이 담당하였습니다(갑제1호증 합의서 참조).

2. 피고 박이채의 부당이득

가. 원고 이명구는 동서인 피고 박이채의 대리인으로 행세하면서 2010년 5월 1일 피고 정준일로부터 서울 서대문구 홍은동 520 임야 3,200평방미터(이하 이를 "갑지"라고 합니다)와 같은 동 521 잡종지 90평방미터(이하 이를 "을지"라고 합니다)를 매수하였습니다. 이때 같은 이명구는 피고 박이채에게 원고 최회선과 공동으로 위 갑지와 을지를 매수하기로 하였다는 점을 설명하면서 매수인을 피고 박이채로 하였습니다(갑제2호증 등기사항전부증명서 - 토지, 갑제3호증 토지대장, 갑제4호증 부동산매매계약서 참조).

나. 그러나 피고 정준일로부터 갑지와 을지를 매수하면서 박이채가 명의수탁자인 사실을 고지하지 않고 그가 매수인인 것처럼 하기 위하여 원고 이명구는 박이채의 대리인으로 활동하면서 갑지와 을지를 모두 매수하기로 하여 2010년 6월 3일 잔금까지 금550,000,000원을 모두 지급하였는데 갑지의 가격은 금500,000,000원이고 을지의 가격은 금50,000,000원입니다(갑제4호증 참조). 또한 갑지는 등기된 부동산이어서 2010년 5월 1일 매매를 원인으로 하여 2010년 6월 30일 명의수탁자인 피고 박이채 명의로 소유권이전등기를 완료하였지만(갑제2호증 참조) 을지는 미등기부동산이어서 추후 피고 정준일 명의로 보존등기가 이루어진 이후에 소유권등기를 이전받기로 하였습니다(갑제5호증 서울중앙지방법원 판결 참조).

다. 그런데 피고 박이채는 갑지의 소유권자로 되어 있는 것을 이용하여 소외 서병석에 대한 손해배상채무를 담보하기 위하여 2010년 8월 8일 매매를 원인으로 그의 명의로 2010년 8월 10일 소유권이전등기를 경료해 주었습니다. 그런데 피고 박이채와 소외 서병덕 간에는 위와 같은 소유권이전등기를 하는 과정에서 갑지에 관한 정산방법 등 아무런 합의를 하지 않은 상태이어서 오히려 지금은 같은 서병덕이 갑지를 자신의 소유라고 주장하고 있는 실정입니다(갑제2호증 참조).

라. (1) 사실이 위와 같다면, 부동산 실권리자 명의등기에 관한 법률에 따라 명의신탁자인 원고 이명구, 최회선과 명의수탁자인 피고 박이채는 명의신탁 약정을 맺고 이에 따라 명의수탁자가 당사자가 되어 명의신탁 약정이 있다는 사실을 알지 못하는 소유자와의 사이에 부동산에 관한 매매계약을 체결한 후 그 계약에 따라 당해 부동산의 소유권이전등기를 수탁자인 박이채 명의로 경료한 소위 계약명의신탁에 해당합니다.

(2) 이른바 계약명의신탁약정에 따라 수탁자인 피고 박이채가 당사자가 되어 명의신탁약정이 있다는 사실을 알지 못하는 소유자 피고 정준일과의 사이에 부동산매매계약을 체결한 후 그에 따라 수탁자 명의로 소유권이전등기를 마친 경우에는 신탁자인 원고 이명구, 최회선과 수탁자 박이채 사이의 명의신탁약정이 무효임에도 불구

하고 수탁자인 피고 박이채는 당해 부동산의 완전한 소유권을 취득하게 되고, 다만 수탁자인 피고 박이채는 신탁자인 원고 이명구, 최회선에게 매수대금 상당의 부당이득반환의무를 부담하게 될 것입니다(대판 2013.9.12. 2011다89903).

 (3) 한편, 위와 같이 피고 박이채의 갑지에 대한 소유권을 취득한다고 하는 부당이득을 할 경우 반환하여야할 의무범위는 명의신탁자인 원고 이명구, 최회선이 지출하여 입게 되는 손해는 당해 부동산 자체가 아니라 명의수탁자인 피고 박이채에게 제공한 매수자금인 금500,000,000원이라고 하여야할 것이므로 명의수탁자인 피고 박이채는 위 금액 상당의 부당이득을 하였다고 할 것입니다(대판 2011.05.26. 2010다21214).

 마. 따라서 명의수탁자인 피고 박이채는 명의신탁자인 원고 이명구, 최회선에게 위 부당이득금으로 금500,000,000원 및 지급일 다음날인 2010년 7월 1일부터 이 판결선고일까지는 민법 소정의 연5푼의 지연손해금과 그 다음날부터 이 판결선고 다음날부터 다갚는 날까지는 소송촉진특례법 소정의 연2할의 각 비율에 의한 금원을 지급할 의무가 있다할 것입니다.

3. 피고 정준일의 부당이득

 가. 피고 정준일은 아무런 법률상 권원도 없이 을지에 시멘트벽돌조 판넬지붕 점포 1채를 2010년 7월 1일에 완공하여 같은 해 8월 1일부터 소외 김병만에게 매월 임료 금500,000원씩 받기로 약정하고 임대하였기 때문에 그 만큼의 부당이득을 얻는 반면, 원고 이명구, 최회선은 소유자임에도 그 만큼의 이득을 얻지 못하고 있으므로 이를 회복하기 위하여 지속적으로 을지의 명도를 요구하였습니다(갑제5호증 통지서 참조).

 나. 한편, 위와 같은 과정에서 소유자인 원고 이명구, 최회선은 2010년경 불법점유자인 서울중앙지방법원에 대하여 피고 정준일이 을지를 인도해 줄 것과 함께 손해배상을 청구하였습니다. 그러한 재판을 진행하는 과정에서 2010년 11월 5일 원고 이명구, 최회선은 재판상 화해를 하여 화해조서를 작성하게 되었는데 그 내용은 "1. 피고 정준일은 을지를 2010년 12월 31일까지 인도한다. 2. 원고 이명구, 최회선은 피고 정준일에 대한 이사건 손해배상청구권을 포기한다."고 하는 것입니다(갑제7호증 화해조서 참조).

 다. 즉, 피고 정준일은 을지를 현재까지 가.항과 같은 조건으로 소외 김병만에게 임대하여 현재까지 소외 김병만이 이를 이용하고 있어 이는 피고 정준일이 임료 상당의 부당이득을 얻고 있는 반면, 원고 이명구, 최회선은 그 만큼의 손실을 입는다고 할 것입니다. 비록 화해조서를 작성한 일자인 2010년 11월 5일까지의 손해배상청구권은 포기하였다고 할지라도 그 기간을 제외한 2010.12.1.부터 피고 정준일은 원고 이명구, 최회선에게 현재까지 임료 상당의 부당이득금을 지급할 의무가 있다고 할 것입니다.

 라. 따라서 피고 정준일은 2010년 12월 1일부터 2013.12월까지 이미 발생된 임료 상당 부당이득금 금18,500,000원과 향후 명도할 때까지 매월 금50만원씩 지급할 의무가 있다할 것입니다(갑제8호증 확인서 참조).

4. 결 론

 따라서 원고 이명구, 최희선에게 (1) 피고 박이채는 원고 이명구, 최희선에게 위 부당이득금으로 금550,000,000원 및 지급일 다음날인 2010년 7월 1일부터 이 판결선고일까지는 민법 소정의 연5푼의 지연손해금과 그 다음날부터 이 판결선고 다음날부터 다갚는 날까지는 소송촉진특례법 소정의 연2할의 각 비율에 의한 금원을 지급할 의무가 있다할 것이고 (2) 피고 정준일은 2010년 12월 1일부터 2013년 12월까지 이미 발생된 임료 상당 부당이득금 금18,500,00원과 향후 을지를 명도할 때까지 매월 금50만원씩 지급할 의무가 있다할 것이어서 이를 지급받고자 이 청구에 이르른 것입니다.

입증방법

1. 갑제1호증 합의서
1. 갑제2호증 등기사항전부증명서 - 토지
1. 갑제3호증 토지대장
1. 갑제4호증 부동산매매계약서
1. 갑제5호증 판결
1. 갑제6호증 통지서
1. 갑제7호증 화해조서
1. 갑제8호증 확인서

1. 기타 입증방법은 변론시 수시로 제출하겠습니다.

첨부서류

1. 소장부본 2통
1. 위 입증방법 각 3통
1. 소송위임장1통
1. 인지대납부영수증1통
1. 송달료납부영수증1통
1. 소송위임장1통

2014.1.6.

위 원고의 소송대리인
변호사 조일국(인)

서울서부지방법원 귀중

Ⅲ. 【문제2. 답변서 작성】

답변서 작성요령에 따르면 제시된 소장을 검토한 다음 ① 피고의 소송대리인을 변호사 이민우로 할 것, ② 원고표시를 "원고 ○ ○ ○"으로, 법원표시를 ○○○법원 제2단독으로, 사건번호를 2013가단10123 소유권확인으로 각 표시할 것, ③ 증거방법란과 첨부서류란은 생략할 것, ④ 2014.1.6.자로 법원에 제출할 것을 요구하고 있다. 그러나 참고답안도 소장과 마찬가지로 답변서를 작성하는 과정에서 위 ①, ②, ④항은 준수하였지만 ③은 추후 실무를 할 변호사 등을 위해 기재하는 것으로 하였다.

답변서

사건 2013가단10123 소유권확인
원고 ○ ○ ○
피고 대한민국

위 사건에 관하여 피고 대한민국의 소송대리인은 다음과 같이 변론을 준비합니다.

다음

청구취지에 대한 답변

1. 원고의 청구를 기각한다.
2. 소송비용은 피고의 부담으로 한다.
라는 재판을 구합니다.

청구원인에 대한 답변

1. 원고의 주장요지

원고는 서울 서대문구 홍은동 521 잡종지 90평방미터(이하 "이 토지"라고 합니다)가 자신의 소유임을 확인해달라는 취지의 소송을 제기하면서 위 토지는 현재 미등기상태로 그 토지대장에는 "연암정씨숙정공파종중"이 사정받은 것으로 잘못 등록되어 있기 때문에 자신의 명의로 소유권보존등기를 하기 위하여 이 소유권확인청구소송에 이르게 되었다고 주장하고 있습니다.

2. 원고의 주장사실에 대한 반박

가. 기본적으로 이 토지는 사정받을 당시인 1911.2.1.부터 현재까지 아무런 변동이 없이 "연암정씨숙정공파종중"의 소유로 토지대장에는 등재되어 있습니다(을제1호증 토지대장).

나. 사실이 위와 같다면 구 토지대장규칙(1914.4.25. 조선총독부령 제45호) 시행 당시인 1911.2.1. 토지대장에 소유권등록이

되어 있다고 한다면 당시 이미 그 명의자 앞으로 소유권이 있다고 하는 것으로 그 무렵 이미 소유권을 취득하였음을 의미할 것입니다(대판 1993.2.26. 92다3083).

다. 또한 토지대장의 기재는 다른 뚜렷한 반증이 없는 이상 진실과 부합하는 것으로 추정된다고 할 것입니다(대판 1987.03.10. 85다카2508).

3. 결 론

사실이 위와 같다고 한다면 원고의 주장은 아무런 법률적 근거도 없이 주장하는 것이므로 이를 청구취지에 대한 답변과 같이 기각하여 주시기 바라와 이 답변서를 제출하는 바입니다.

입증방법

1. 을제1호증토지대장
1. 기타 입증방법은 변론시 수시제출하겠습니다.

첨부서류

1. 답변서 부본1통
1. 위 입증방법2통
1. 소송위임장1통

2014.1.6.

피고 대한민국의 소송대리인
변호사 이민우 (인)

○ ○ ○법원 제2단독 귀중

Ⅳ. 나가면서

이상과 같이 2014년도 제3회 변호사시험 문제 민사법(기록형)에 대한 답안을 사견으로 검토해 보았다. 개인적으로 출제문제는 좋은 내용이라고 생각하지만 아쉬운 점이 조금 있다. 왜냐하면 앞으로 실무자로 성장할 법학전문대학원 졸업자에게 좀더 많이 취급되는 사건을 중심으로 문제를 검토하고 익힐 수 있는 기회를 주는 것이 보다 바람직하다고 생각하기 때문이다. 특히, 2013년도 대법원 사법통계 중 제3절 사건의 현황(세별표)에 있는 민사본안사건 종류별 접수건수를 살펴보면 비록 출제문제가 명의신탁 등과 관련한 부동산사건이지만 과연 얼마나 많이 취급할지에 관하여 생각하고 이론적 검토를 전제로 한 전개보다는 판례의 知·不知로 결정이 난다고 한다면 더욱 그렇다. 이를 절충하는 입장이 바람직하다고 생각한다.

예컨대, 2013년 민사본안사건은 총305,086건이 접수되었다. 그 내용을 살펴보면 ① 대여금사건이 44,045건, ② 건물명도 및 철거사건이 33,396건, ③ 구상금사건이 28,660건, ④ 매매대금사건이 21,052건, ⑤ 양수금사건이 21,471건, ⑥ 부동산소유권사건이 15,561건, ⑦ 공사대금사건이 9,197건, ⑧ 제3자이의 및 청구이의사건이 9,864건, ⑨ 사해행위취소사건이 7,947건, ⑩ (근)저당권설정·말소사건이 3,945건, ⑪ 신용카드이용대금사건 2,484건, ⑫ 어음수표사건이 2,114건이 신건으로 접수되었다.1)

향후 변호사문제 [민사법] 역시 위 통계에서 제시된 사건 등을 중심으로 문제를 출제하는 것이 실무자를 양성하는 법학전문대학원의 수업방향 등에 비추어 보다 좋은 결과를 얻을 수 있어 보다 바람직한 변호사시험이 될 것으로 생각한다.

---

1) [2013년도 대법원 사법통계 중 제3절 사건의 현황(세별표)
file://C:/Documents%20and%20Setting ss/Hongik/My%20Documents/Downloads/2013%EB%85%84%2053-693-817(0904)[4].pdf 2014.4.17. access)]

2013년 제2회 변호사시험
기록형 기출문제 해설

공법

오 시 영 〔숭실대학교 법대 교수 · 변호사〕

민사법

소 장

원고 (1) 송무중
　　　서울 종로구 내자동 500
　　　(2) 김갑동
　　　서울 영등포구 여의도동 334
　　　원고들의 소송대리인 변호사 이 경 수
　　　서울 서초구 서초동 ***

피고 (1) 을서주식회사
　　　서울 송파구 잠실동 123 송파빌딩 407호
　　　대표이사 노용호
　　　(2) 박병남
　　　서울 강남구 삼성동 475
　　　(3) 최정북
　　　서울 서초구 반포동 423

청 구 취 지

1. 원고(1) 송무중에게

　　가. 피고(1) 을서주식회사는

(1) 원고로부터 금 200,000,000원을 지급받음과 동시에 지급받음과 서울 서초구 서초 동 671 지상 철골조 샌드위치패널지붕 2층 근린생활시설 1층 200평방미터, 2층 200평방미터에 관하여

     (가) 2012. 12. 21. 매매를 원인으로 한 소유권이전등기절차를 이행하고,

     (나) 명도하고,

   (2) 2012년 11월 23일부터 서울 서초구 서초동 671 대 320평방미터의 명도일까지 매월 5,000,000만원의 비율에 의한 금원을 지급하고,

   (3) 금 100,000,000원 및 이 금원에 대하여 2006. 1. 5.부터 이 사건 소장 부본송달일까지는 연 6%, 그 다음날부터 완제일까지는 연 20%의 각 비율에 의한 금원을 지급하고,

  나. 피고(2) 박병남은 서울 서초구 서초동 671 대 320평방미터 및 동 지상 건물 철골조 샌드위치패널지붕 2층 근린생활시설 1층 200평방미터, 2층 200평방미터를 명도하고,

  다. 피고(3) 최정북은 서울 서초구 서초동 671 지상 건물 철골조 샌드위치패널지붕 2층 근린생활시설 1층 200평방미터, 2층 200평방미터에 대한 서울중앙지방법원 2010년 8월 25일 접수 제17543호로 마친 근저당권설정등기에 대하여 2013. 1. 7. 변제공탁을 원인으로 한 말소등기절차를 이행하라.

2. 피고(1) 을서주식회사는 원고(2) 김갑중에게 25,000,000원 및 위 금원에 대하여 2012. 11. 23.부터 이 사건 소장 부본 송달일까지는 연 5%, 그 다음날부터 완제일까지 연 20%의 각 비율에 의한 금원을 지급하라.

3. 소송비용은 피고들의 부담으로 한다.

4. 위 1의 가의 (1)의 (나), (2), (3) 및 나, 2는 가집행할 수 있다.

라는 판결을 구합니다.

청 구 원 인

1. 원고(1) 송무중의 피고(1) 을서주식회사에 대하여

가. 원고(1) 송무중의 이 사건 건물에 대한 소유권이전등기청구부분에 대하여

(1) 원고(1) 송무중의 이 사건 대지에 대한 소유권취득

(가) 서울 서초구 서초동 671 대 320평방미터(이하 이 사건 대지라 한다)는 원래 소외 김갑동의 소유입니다.

(나) 그런데 원고(1) 송무중은 2012년 11월 10일 이 사건 대지를 소외 김갑동으로부터 금 2,000,000,000원에 매수하여, 2012년 11월 23일 소유권이전등기를 마침으로써 이 사건 대지의 소유권을 취득하였습니다(갑제호증 토지등기부등본. 갑제호증 부동산매매계약서 각 참조).

(2) 이 사건 건물에 대한 매매 성립과 소유권이전등기청구 및 명도청구

(가) 소외 김갑동은 피고(1) 을서주식회사와 2010년 6월 23일 이 사건 대지에 대하여 임대보증금 700,000,000원, 월세 5,000,000원, 임대기간 2010년 6월 23일부터 2012년 6월 22일까지 2년으로 하는 임대차계약(이하 이 사건 임대차라고 한다)을 체결하고(이 사건 대지상에 건물을 축조하여 영업할 수 있다는 특약을 체결하였습니다), 위 계약일에 이 사건 대지를 피고(1) 을서주식회사에게 명도하여 주었고, 2012년 6월 22일까지 월세를 모두 지급받았습니다(갑제호증 부동산임대차계약서 참조).

(나) 피고(1) 을서주식회사는 이 사건 대지를 소외 김갑동으로부터 위와 같이 임차한 후, 이 사건 대지 위에 철골조 샌드위치패널지붕 2층 근린생활시설 1층 200평방미터, 2층 200평방미터(이하 이 사건 건물이라 한다)를 신축하고 2010년 8월 13일 소유권보존등기를 마쳤습니다(갑제호증, 건물등기부등본 참조).

(다) 피고(1) 을서주식회사는 2012년 6월 15일 소외 김갑동에게 이 사건 대지에 대하여 임대차계약갱신을 청구하였으나 원고(1) 송무중이 이를 거절하였습니다(갑제호증, 2012가합*** 판결문 참조). 한편 원고(1) 송무중은 피고(1) 을서주식회사를 상대로 귀원에 이 사건 대지에 대한 명도소송을 제기하여 승소하였고, 그 승소판결은 2012. 11. 30.에 확정되었고(갑제호증 확정증명원 참조), 원고(1) 송무중은 위 판결에 대해 승계집행문을 부여받아 2012년 12월 21일 명도집행을 단행하려 하였으나 피고(1) 을서주식회사는 이 사건 대지 명도판결 확정 후임에도 불구하고 이 사건 건물에 대한 임차인으로서의 매수청구권을 행사하겠다면서 명도집행을 거부하고, 이 사건 건물에 대한 매매대금으로 금 3억 원을 요구하였습니다(갑제호증, 건물철거 및 토지인도 집행불능조서 참조). 그렇다면 피고(1) 을서주식회

사가 매수청구권을 행사한 2012년 12월 21일에 이 사건 건물에 대한 매매계약이 성립되었다고 할 것입니다.

다만 이 사건 건물의 시가는 금 2억 원에 불과하므로, 원고(1) 송무중은 피고 (1) 을서주식회사에게 이 사건 건물에 대한 매매대금으로 금 2억 원을 지급함과 동시에 이 사건 건물에 관하여 2012년 12월 21일 매매를 원인으로 한 소유권이전등기를 구하는 것입니다(갑제호증, 감정평가서 참조).

(라) 또한 원고(1) 송무중은 이 사건 건물을 피고(1) 을서주식회사로부터 위와 같이 매수하였으므로 매도인인 피고(1) 을서주식회사는 이 사건 건물을 원고(1) 송무중에게 명도할 의무가 있다고 할 것입니다.

나. 원고(1) 송무중의 부당이득금반환청구부분에 대하여

(1) 앞서 주장한 바와 같이 소외 김갑동은 피고(1) 을서주식회사 사이에서는 이 사건 대지에 대한 이 사건 임대차계약을 체결하였습니다.

그런데 이 사건 임대차는 2012년 6월 22일로 만료되어 소멸하였습니다(갑제호증 부동산임대차계약서 참조).

(2) 한편 원고(1) 송무중은 2012년 11월 10일 소외 김갑동으로부터 이 사건 대지를 매수할 때 소외 김갑동(임차보증금반환채무자)의 피고(1) 을서주식회사에 대한 임차보증금 7억 원에 대한 반환채무를 인수하였으며, 피고(1) 을서주식회사(임차보증금반환채권자)로부터 위 채무인수에 대한 승낙을 받았습니다. 그렇다면 임차보증금반환채무의 인수인인 원고(1) 송무중은 임차보증금반환채권자인 피고(1) 을서주식회사에 대하여 위 임차보증금 7억 원을 지급할 의무가 있다 할 것입니다(갑제호증 부동산매매계약서 참조).

(3) 그런데 피고(1) 을서주식회사는 2012년 6월 22일까지의 이 사건 대지 임대료만을 지급하였을 뿐입니다. 그렇다면 임대차기간이 만료됨에 따라 피고(1) 을서주식회사는 이 사건 대지를 위 일시부터 정당한 권원 없이 무단사용하고 있다 할 것이므로 이 사건 대지 명도일까지 임료 상당의 부당이득을 취하고 있다고 할 것입니다.

한편 원고(1) 송무중은 이 사건 대지를 2012년 11월 23일에 소유권을 취득하였습니다. 그렇다면 피고(1) 을서주식회사는 이 사건 대지의 소유자인 원고(1) 송무중에게 2012년 11월 23일부터 매월 22일 기준 이 사건 건물 명도 시까지 월 500만원의 비율에 의한 임료 상당의 부당이득을 반환할 의무가 있다고 할 것입니다(갑제호증 건물등기부등본 및 갑제호증 부동산매매계약서 각 참조).

****** 참고로 원고(1) 송무중의 피고(1) 을서주식회사에 대한 이 사건 대지에 관한 명도소송 및 임차보증금 7억 원에 대한 부분은 이미 전소에서 상환이행판결이 났으므로 전소의 기판력이 미친다고 할 것이므로 이번 소에서는 소송물이 될 수 없다고 하겠다. 따라서 건물 매매에 따른 매매대금지급과 이전등기, 명도관계만 동시이행관계에 있다고 할 것이고, 월세 상당액 부분만 부당이득으로 반환청구하면 될 것이다. 한편 2012년 6월 23일부터 2012년 11월 22일까지 즉 5개월 동안의 임대료 상당의 부당이득은 원고(1) 송무중이 아니라 소외 김갑동이 취득할 것인바, 원고(1) 송무중이 이를 청구할 수는 없다고 할 것이다. 왜냐하면 원고(1) 송무중은 매매대금에서 임차보증금 7억 원 전부를 공제받고 남은 금액만을 지급하였기 때문에 만일 위 5개월치 2,500만원을 원고(1) 송무중이 수령하게 되면 실제로는 임차보증금 중 675,000,000원을 인수한 것이 되어 실질적으로는 매매대금감액의 효과가 생기게 되어 부당하다고 하겠다. 따라서 소외 김갑동이 별도로 피고(1) 을서주식회사에 대하여 2,500만원을 청구해야 할 것으로 보인다.

다. 보증채무(연대채무) 부분에 대하여

(1) 원고(1) 송무중은 2006. 1. 5. 경 소외 문영수에게 금 100,000,000원을 이자 연 6%, 변제기 2007. 1. 4. 로 하여 대여하여 주었습니다(갑제호증 각서, 갑제호증 약속어음 각 참조).

(2) 피고(1) 을서주식회사는 2006. 1. 5. 위 대여금채무에 대하여 같은 조건으로 주채무자 문영수를 연대보증하였습니다(갑제호증 각서 참조).

(3) 원고(1) 송무중은 소외 문영수를 상대로 한 대여금청구소송을 귀원에 제기하였고, 귀원으로부터 2009. 4. 30. "피고(문영수)는 원고(1) 송무중에게 1억 원 및 이에 대한 2006. 1. 5. 부터 2009. 1. 15.까지는 연 6푼의, 그 다음 날부터 다 갚는 날까지는 연 20%의 각 비율에 의한 돈을 지급하라."라는 승소판결을 받았고, 위 판결은 2009. 5. 20. 경 확정되었습니다(갑제호증 2009가단*** 판결, 갑제호증 확정증명원 각 참조).

그렇다면 위 판결 확정일인 2009. 5. 20.에 위 주채무에 대한 소멸시효의 진행이 중단되었다 할 것이므로, 부종성의 원리에 의해 보증채무 역시 소멸시효가 중단된다고 할 것이므로, 위 판결 확정일로부터 다시 상사채무의 시효기간인 5년이 새롭게 진행된다 할 것입니다. 그렇다면 이 사건 소장 접수일 현재 역수상 5년이 경과하지 않았음은 명백하다 할 것입니다(갑제호증 최고에 대한 회신 참조).

***** 참고로 소멸시효 중단 부분 역시 소장에서 원고(1) 송무중이 미리 주장할 사항은 아니지만, 문제에서 피고의 주요한 항변에 대한 반론을 청구원인에서 기재하도록 요구하고 있는바, 내용증명 등이 오고간 것에 의해 틀림없이 동 피고의 주장이 예상되는바, 소장에 기재하는 것이다. 실무에서는 이를 원고(1) 송무중이 소장에서 미리 주장할 필요는 없다고 하겠다.

(4) 그렇다면 연대채무자인 피고(1) 을서주식회사(상인이므로 이자에 대하여는 상법이 적용됨)는 대여금 100,000,000원 및 위 금원에 대하여 대여일인 2006. 1. 5.부터 이 사건 소장 부본 송달일까지는 상법이 정한(또는 당사자 사이의 약정이자에 의한) 연 6%, 그 다음날부터 완제일까지는 소송촉진 등에 관한 특례법이 정한 연 20%의 각 비율에 의한 지연손해금을 원고(1) 송무중에게 지급할 의무가 있다고 할 것입니다(갑제호증, 각서 참조).

***** 참고로 주채무와 보증채무는 각각 별개의 독립된 채무이고, 주채무자에 대한 판결의 효력은 보증인에 대한 시효중단의 효력뿐이라 할 것이어서 주채무자에 대한 판결로 보증인에 대한 강제집행은 불가능하다고 할 것이다. 그렇다면 채권자는 보증인을 상대로 별소(본건)를 제기할 수밖에 없고, 그렇다면 이자 등의 기산일은 별소(본건)의 판결에 의하여 새롭게 결정되게 된다. 그렇게 되면 주채무의 내용과 보증채무의 내용이 이자 등에서 서로 달라질 수도 있다. 한편 계약서 상 이자를 연 6%로 정해 놓고 있으므로 약정이자로 청구하는 것이 맞을 것이나, 상법상의 법정이율과 같으므로 어떻게 청구해도 결론은 같다고 할 것이다.

(5) 한편 피고(1) 을서주식회사는 정관 제22조 ㉯에서 회사가 타인의 채무를 보증하는 행위에 대하여 이사회의 결의를 얻도록 하고 있는바, 당시 대표이사 최상근이 이사회의 결의를 받지 아니하고 채무를 보증하였으므로 피고(1) 을서주식회사로서는 보증채무에 대하여 책임질 수 없다고 주장하고 있으나(갑제호증 정관발췌본 참조), 보증당시 대표이사 최상근은 이사 진현우를 대동하고 있었고, 대표이사 최상근이 법인의 명판과 인감도장을 이용하여 보증계약서에 날인함으로써 연대보증하였고, 현장에 있던 이사 진현우는 이러한 대표이사 최상근의 입보행위에 대하여 아무런 이의를 제기하지 않아 원고(1) 송무중으로서는 대표이사 최상근의 행위를 이사회를 거친 적법한 보증행위로 믿을 수밖에 없었고(갑제호증 답변서 참조), 피고(1) 을서주식회사의 법인등기부에는 대표이사의 권한을 제한하는 어떠한 사항도 등기되어 있지 않는바(갑제호증 법인등기부 등본 참조), 당시 대표이사인 소외 최상근의 연대보증행위는 정당한 대표이사의 행위였다고 할 것이므로, 피고(1) 을서주식회사는 당연히 이를 변제할 책임이 있다고 할 것입니다.

*** 참고로 이 부분은 소장에서 원고(1) 송무중이 먼저 주장할 필요는 없으나, 문제가 피고의 예상되는 항변에 대하여 반박하는 내용의 사실 기재를 요구하고 있으므로 내용증명이 오고간 것에 비추어 청구원인에 기재한 것이다. 실무에서는 이는 준비서면으로 주장될 사항으로 소장에서 원고(1) 송무중이 미리 기재할 필요는 없다.

2. 원고(1) 송무중의 피고(2) 박병남에 대하여

(1) 피고(1) 을서주식회사는 이 사건 건물의 소유자로서, 2012년 12월 3일 이 사건 건물을 피고(2) 박병남에게 무상으로 빌려 주면서 이 사건 건물의 반환과 관련하여 "대주(피고(1) 을서주식회사)가 인도요구를 하면 3일 이내에 조건 없이 원상회복하여 인도한다."는 내용으로 피고(2) 박병남과 사용대차계약을 체결하였습니다(갑제호증, 약정서 참조).

(2) 그런데 원고(1) 송무중은 2012년 12월 21일 피고(1) 을서주식회사로부터 이 사건 건물에 관하여 매수청구권을 행사당하였는바, 그렇다면 이 사건 건물에 대하여 원고(1) 송무중과 피고(1) 을서주식회사 사이에서는 위 일자에 매매계약이 체결되었다고 할 것입니다(갑제 호증, 건물철거 및 토지인도 집행불능조서). 그렇다면 매도인인 피고(1) 을서주식회사는 이 사건 건물을 매수인인 원고(1) 송무중에게 명도하여 주어야 할 의무가 있다 할 것입니다.

****** 참고로 이 사건 대지 부분에 대하여는 전소유자인 소외 김갑동과 위 피고 회사 사이의 명도소송에서 소외 김갑동이 승소하였는바, 소유권을 승계한 원고(1) 송무중으로서는 위 전소의 기판력에 근거한 승계집행문으로 이 사건 대지에 대한 강제집행은 가능하다고 할 것이지만 기록에서 나타난 바와 같이 전소에 의한 판결집행은 건물의 철거가 전제되지 않고서는 위 대지명도판결은 강제집행이 불가능하게 되는데, 이번 새로운 매매계약의 체결로 건물에 대한 명도청구가 가능하게 되었고, 본소에서 이 부분에 대하여 승소하게 되면 양 소송의 판결을 합하여 이 사건 대지 및 건물에 대한 명도집행이 가능하게 될 것이다. 한편 앞서의 승계집행문에 근거한 강제집행 불능이 이루어졌는바, 일단 승계집행문이 부여된 이상 집행이 가능하다고 보아야 하는데 집행관이 집행불능선언을 하였는바, 이 부분에 대하여는 민사집행법 제16조 및 제17조에 의해 원고(1) 송무중이 집행에 대한 이의신청으로 다투어야 할 것이므로 이 소에서 제기할 문제는 아니라고 하겠다(실무상 이렇게 복잡하게 하는 것보다는 직접 점유자인 피고(2) 박병남에 대하여 이 사건 대지 및 건물에 대한 불법점유 내지 무단점유의 책임을 물어 이 사건 대지에 대한 소유권자로서, 이 사건 건물에 대한 매수인으로서 채권자대위권행사에 의하여 각각 명도판결을 받아 간단하게 집행하는 방법을 취한다고 보면 될 것이다).

만일 이렇게 이론구성을 하게 되면 청구취지 피고(2) 박병남 부분은 "나. 피고(2) 박병남은, (1) 서울 서초구 서초동 671 대 320평방미터 및 동 지상 건물 철골조 샌드위치패널지붕2층 근린생활시설 1층 200평방미터, 2층 200평방미터를 명도하고, (2) 2012년 12월 3일부터 서울 서초구 서초동 671 대 320평방미터 및 동 지상 건물 철골조 샌드위치패널지붕2층 근린생활시설 1층 200평방미터, 2층 200평방미터를 명도할 때까지 매월 5,000,000만원의 비율에 의한 금원을 지급하고,"로 표시하여야 할 것이다.

(3) 한편 피고(1) 을서주식회사는 이 사건 건물을 2012년 12월 3일 피고(2) 박병남에게 명도하여 주었는바, 이 사건 건물의 소유자(매도인)인 피고(1) 을서주식회사에게 명도청구권을 가진 원고(1) 송무중으로서는 피고(1) 을서주식회사의 피고(2) 박병남에 대한 이 사건 건물에 관한 사용대차계약을 이 사건 소장 부본 송달에 의한 의사표시로 채권자대위권행사에 의해 해지하는바, 피고(2)는 송달 후 3일 이후부터 이 사건 건물을 피고(1) 을서주식회사(또는 원고(1) 송무중)에게 명도해 줄 의무가 있다 할 것입니다.

***** 참고로 소제기 시 이 사건 건물은 피고(1) 을서주식회사의 소유이다. 따라서 원고(1) 송무중은 매수인(채권자)일 뿐 소유권이전등기를 받기 전까지는 물권자가 아니므로 점유 중에 있는 피고(2) 박병남에 대한 이 사건 건물에 대한 명도청구권이 직접 발생하지 아니한 상태이다. 그런데 사용대주인 피고(1) 을서주식회사는 언제든지 사용대차계약을 해지하고 3일 후 이 사건 건물에 대한 명도청구권을 피고(2) 박병남에게 행사할 수 있으므로, 이 사건 건물의 매수인인 원고(1) 송무중으로서는 매도인인 피고(1) 을서주식회사에 대하여 이 사건 건물의 명도를 청구할 수 있는 권리가 있으므로, 이러한 피보전권리를 행사하기 위하여 피고(1) 을서주식회사의 피고(2) 박병남에 대한 이러한 해지권 및 명도청구권을 채권자대위하여 행사할 수밖에 없다.

(4) 한편 피고(2) 박병남은 2012년 12월 3일부터 원고(1) 송무중 소유인 이 사건 대지를 무단으로 사용하여 임료 상당의 부당이득을 취하고 있는바, 위 일자부터 이 사건 대지를 명도할 때까지 월 5,000,000원의 비율에 의한 임료 상당의 부당이득금을 이 사건 대지의 소유권자인 원고(1) 송무중에게 지급할 의무가 있다 할 것입니다.

****** 이 부분에 대하여도 어차피 피고(1) 을서주식회사에 대한 이 소에서 임료 상당의 부당이득청구에서 승소하면 임차보증금반환채무 7억 원 중에서 공제(상계)하면 될 것이어서 원고(1) 송무중으로서는 일단 담보가 확보되어 있으므로 피고(2) 박병남에게 이 부분을 추가로 청구할 필요까지는 없다고 할 것이나, 경우에 따라서는 피고(2) 박병남이 건물 명도를 지연시키고자 할 의도를 보일 수도 있기 때문에 건물 명도를 지체할 경우 추가로 이 사건 대지 사용료 상당의 부당이득금을 대지 소유권자인 원고(1) 송무중에게 부담할 수도 있다는 사실을 고지하는 의미도 있고, 이를 통한 심리적 압박을 가함으로써, 피고(2) 박병남이 스스로 이 사건 건물의 명도에 응하는 효과를 가져 올 수도 있다고 할 것이므로, 만일 필자가 소송대리인이라면 이 부분, 즉 임대료 상당액의 부당이득반환청구를 함께 제기할 것이다. 다만 출제위원들이 이 부분에 대한 논의가 있었는지, 이를 점수에 반영하는 것으로 책정하였는지는 모르겠다.

3. 원고(1) 송무중의 피고(3) 최정북에 대한 청구 부분

가. 근저당권 설정

피고(3) 최정북은 2010. 8. 23. 피고(1) 을서주식회사로부터 월 4%의 이자를 받기로 하고 금 5,000만원을 대여하면서, 이 사건 건물에 대하여 2010. 8. 25. 채권최고액 6,500만원의 근저당권을 설정하였습니다(갑제호증, 약정서 참조).

나. 피담보채권의 변제

(1) 피고(1) 을서주식회사는 피고(3) 최정북에게 2011. 2. 22. 금 3,750만원을, 2012. 2. 22. 금 2,000만원을 각각 변제하였습니다(갑제호증의1,2 각 영수증 참조).

(2) 그렇다면 피고(1) 을서주식회사가 2011. 2. 22. 변제한 금 3,750만원은 그 날까지의 이자 750만원(=5,000만원 X 6/12 X 30%, 약정이자는 연 48%이나 이자제한법상 제한이율 연 30%를 초과할 수 없으므로 계산은 연 30%를 적용)을 지급하면 남은 돈 3,000만원은 원금에 충당된다고 할 것입니다. 그렇다면 위 일시 경 피담보채권은 금 2,000만원이 남게 됩니다.

(3) 한편 피고(1) 을서주식회사가 2012. 2. 22. 변제한 2,000만원은, 2011년 2월 23일부터 2012년 2월 22일까지의 1년간 이자 600만원(=2,000만원 X 12/12 X 30%)을 지급하면, 남은 돈 1,400만원은 원금에 충당된다고 할 것입니다.

그렇다면 2012년 2월 23일 현재 원금은 600만원이 남았다 할 것입니다.

다. 제3자의 변제

(1) 원고(1) 송무중은 피고(1) 을서주식회사가 피고(3) 최정복에게 변제하여야 할 금 600만원과 위 금원에 대하여 2012년 2월 23일부터 이 사건 소 제기일인 2013년 1월 7일까지의 10.5개월(실제 소장을 작성할 때는 365일로 계산하여 정확한 일수까지 계산하나, 주어진 조건이 월로 계산하도록 되어 있는바, 편의상 10개월 16일을 10.5개월로 계산코자 함)간의 원리금 7,575,000원(= 600만원 + 600만원 X 10.5/12 X 30%)을 민법 제469조에 의한 제3자변제로 소제기일에 변제공탁하였습니다(이 부분에 대하여는 공탁서 등의 별도 서증을 제출하면 될 것이다).

(2) 원고(1) 송무중은 피고(1) 을서주식회사에 변제하여야 할 임차보증금반환채무 700,000,000원에서 위 금원 상당액을 이 사건 소장 부본 송달에 의한 의사표시로 상계하고자 합니다.

***** 필자의 이 모범답안 중 이 부분은 문제의 주어진 전제가 "사실관계는 본 기록에 나타나

있는 것으로 한정"하라고 한 것을 벗어나 제3자에 의한 변제공탁을 추가하고 있어 문제의 조건에는 어긋나나, 또 다른 조건인 원고(1) 송무중의 요구조건인 "타인의 점유나 제한이 없는 상태로 완전한 소유권을 취득"하고자 하는 요건을 충족하기 위해서는(위 미변제금액 7,575,000원 부분만큼 근저당권등기말소청구소송에서 패소할 것이 분명하므로) 제3자변제(변제공탁)와 같은 추가적인 변제행위 없이는 위 근저당권말소등기청구 전부가 인용되기는 어렵다고 하겠다. 대법원 판례 및 학설에 따르면 피담보채권의 변제 여부에 대한 다툼이 있는 경우에는 "장래 이행의 소"로써 다툴 이익이 있다 할 것이나, 위 7,575,000원(변론의 연장으로 이자 금액은 계속 증가할 것이므로 금액은 변동될 것이 예상됨)은 주어진 지문에 의하면 반드시 추가변제하여야만 근저당권을 말소받을 수 있기 때문에 이 상태에서 단순근저당권등기말소청구만으로는 원고(1) 송무중의 요구조건을 충족할 수 없는 문제가 생기게 된다. 따라서 만일 필자가 소송대리인이라면 당사자에게 위 금액 상당을 변제공탁할 것을 법률자문할 것이며, 이 제3자변제액 상당액을 변제공탁한 후 원고(1) 송무중은 대위변제권자로서 피고(1) 을서주식회사에 지급하여야 할 임차보증금 7억 원에서 상계할 것이다(강제집행 당시 이를 주장하여 정산을 밟도록 하면 될 것이다). 출제위원들이 여기까지 감안하여 문제를 출제하였는지는 의문이다. 만일 변제공탁을 하지 않고(상대방과의 항변으로 남겨 놓고, 변론과정에서 이를 주장하거나 청구취지를 변경할 것으로 남겨 놓는다면) 피고(3) 최정복에 대한 청구취지는 나중 변제한 2,000만원에 의해 모든 피담보채무가 소멸되었다고 주장하여야 하기 때문에 "다. 피고(3) 최정북은 서울 서초구 서초동 671 지상 건물 철골조 샌드위치패널지붕 2층 근린생활시설 1층 200평방미터, 2층 200평방미터에 대한 서울중앙지방법원 2010년 8월 25일 접수 제17543호로 마친 근저당권설정등기에 대하여 2012. 2. 22. 변제를 원인으로 한 말소등기절차를 이행하라."라고 표시하면 될 것이다(그렇다면 청구원인 역시 이를 기준으로 약간 달리 표시하면 될 것이다).

(3) 그렇다면 피고(3) 최정복은 이 사건 근저당권에 의한 피담보채권을 모두 변제받았으므로, 청구취지 표시의 근저당권을 말소할 의무가 있다고 할 것입니다.

4. 원고(2) 김갑동의 피고(1) 을서주식회사에 대하여

가. 앞서 주장한 바와 같이 피고(1) 을서주식회사는 이 사건 대지에 대한 임료 상당의 부당이득을 2012년 6월 23일부터 얻고 있는바, 2012년 6월 23일부터 2012년 11월 22일 이 사건 대지의 소유자인 원고(2) 김갑동에게 월 500만원씩 5개월치, 즉 2,500만원의 부당이득금을 반환할 의무가 있다 할 것입니다.

나. 그렇다면 피고(1) 을서주식회사는 원고(2) 김갑동에게 금25,000,000원 및 이 금원에 대하여 연체일인 2012년 11월 23일부터 이 사건 소장 부본 송달일까지는 민법에서 정한 연 5%의, 그 다음날부터 완제일까지는 소송촉진등에관한특례법이 정한 연 20%의 각 비율에 의한 지연손해금을 지급할 책임이 있다고 할 것입니다.

2013년 1월 7일

원고들의 소송대리인
변호사 이 경 수

서울중앙지방법원 귀중

2012년 제1회 변호사시험
기록형 기출문제 해설

민사법

박 태 신 〔홍익대학교 법대 교수 · 변호사〕

I. 사안의 개요

의뢰인 박대원은 변호사 신영수를 방문하여 다음과 같은 내용으로 상담을 하고 소송을 제기하여 줄 것을 의뢰하였다.

가. 자신과 박점숙은 망 박정수(이하 "망인"이라고 한다)의 법률상의 자녀들로서 위 망인이 2000년 8월 1일 사망함에 따라 망인의 소유인 서울 종로구 관철동 50-1 대 500평방미터(이하 "甲" 토지라고 합니다) 및 같은 동 50-2 잡종지 330평방미터(이하 "乙" 토지라고 합니다)을 상속한 상속받았다. 그러나 의뢰인은 위 甲을 토지에 대하여 아직 상속등기를 하지 못한 상태이다.

나. 박진수는 망인의 동생으로 망인의 생존 당시 그의 업무에 조력하고 있었는데 의뢰인이 캐나다 캐나다에서 생활하고 있었고 박점숙이 1992년 혼인하여 부산에 거주하고 있는 관계를 악용하여 위 甲 및 乙 토지의 매매계약서 등을 위조하여 자신의 명의로 2001년 3월 3일자 매매를 원인으로 하여 2001년 3월 5일 아무런 원인도 없는 원인무효의 소유권이전등기를 경료하였다. 그 다음 甲 토지에 대해서는 2001년 7월 3일 주식회사 신한은행과 채권최고액 금5억원으로 하는 근저당설정계약을 체결하고 같은 날 서울중앙지방법원 중부등기소에 제5950호로 접수하여 피고은행 명의의 근저당설정등기를 설정해 주었고 현재에는 피고은행에 금5천만원을 채무를 부담하고 있는 실정이고 또한 乙 토지에 피고 김영철에게 2004년 7월 15일 임대료 월 금3백만원, 임대기간 2004년 9월 1일부터 10년으로 하되 임대기간 만료 후 당사자간의 특별한 의사표시가 없으면 5년 단위로 연장하는 내용의 임대차계약을 체결한 후 피고 박영철에게 점유토록 하여 그는 乙 토지를 점유·사용하고 있으면서 현재까지 위 임대료 금3백만원을 수령하고 있는 실정이다.

다. 따라서 원고는 공유재산에 해당하는 상속재산의 상속인으로 상속재산의 보전을 위하여 단독으로 피고 박진수 명의의 甲 및 乙 토지에 대한 소유권이전등기의 말소등기절차를,

주식회사 신한은행에 대한 저당권설정등기 말소등기절차를 그리고 피고 김영철에 대하여는 임대료 상당의 부당이득금을 받고 싶다고 한다.

Ⅱ. 문 제

위와 같은 사안에서 변호사 신영수는 의뢰인 박대원을 위하여 법원에 소를 제기하기 위하여 필요한 소장을 작성하라.

Ⅲ. 해 답

소 장

원고   박대원(주민등록번호 600824-×××××××)
      서울 종로구 내자동 12(우편번호 110-053)

      위 원고의 소송대리인 변호사 신영수
      서울 종로구 종로1가 1 교보빌딩 1203호(우편번호 110-714)
      연락처: 732-1000, 팩스: 732-1001
      e-mail: ***@*******.****

피고   1. 박진수(주민등록번호 ××××××-×××××××)
         서울 종로구 신교동 500(우편번호 110-032)
      2. 주식회사 신한은행(사업자번호 110301-1109403)
         대표자 은행장△△△
      3. 김영철(주민등록번호 ××××××-×××××××)
         서울 종로구 효자동 32(우편번호 110-033)

소유권이전등기 말소등기청구 등

청구취지1)

1. 원고에게,

가. 피고 박진수는,

(1) 서울 종로구 관철동 50-1 소재 토지에 관하여 서울중앙지방법원 중부 등기소 2001
   년 3월 5일 접수 제1500호로 마친 소유권이전등기의,

(2) 서울 종로구 관철동 50-2 소재 토지에 관하여 서울중앙지방법원 중부등기소 2001
   년 3월 5일 접수 제1500호로 마친 소유권이전등기의,

각 말소등기절차를 이행하라2)3)

나. 피고 주식회사 신한은행은 위 1. 가. (1) 부동산에 대한 말소등기절차에 대하여 승
   낙의 의사표시를 하라.4)

다. 피고 김영철은 금금228,000,000원 및 위 금원에 대하여 이 사건의 소장부본 송달
   일부터 이 판결의 선고일까지는 연 5푼의, 그 다음날부터 다 갚는 날까지는 연 2할
   의 각 비율에 의한 금원을 지급하라.5)6)

---

1) 이 사건에서 상담일지에 따라 상담인 박대원의 주장을 바탕으로 변호사 신영수가 할 수 있는 내용은 ① 박진수 소유로 되어 있는 서울 종로구 관철동 50-1 대 500평방미터 및 같은 동 50-2 잡종지 330평방미터에 대하여 소유권이 전등기말소등기절차의 이행을, ② 甲 토지에 설정되어 있는 주식회사 신한은행의 근저당설정등기 말소등기절차의 이행을, 그리고 ③ 乙 토지를 불법으로 점유하고 있는 김영철에 대해서는 임대료 상당의 부당이 득금을 청구하는 것이다. 따라서 소장의 청구취지는 소유권이전등기의 말소등기청구권, 근저당설정등기의 말소등기청구권 및 임대료 상당의 부당이득금으로 파악할 수 있을 것이다.

2) 사법연수원, 민사실무 1, 2010, 69-70면, 대법원 1981.3.10.선고 80다2583 판결에 따르면 "처음부터 원인 무효의 등기가 이루어졌거나 등기 당시에는 적법하였으나 취소, 해제 등 후발적인 사유로 등기원인이 모효로 된 경우에 등기를 말소하기 위해서는 말소대상등기를 표시하기 위하여 ① 등기소, ② 접수연월일, ③ 접수번호, ④ 등기의 종류만 표시함으로 족하다고 한다.

3) 상게서, 69-70면에 있는 청구취지의 각 기재에 따르면 이전등기, 말소등기 및 승낙의 의사표시를 구하는 것 등 전부에 대하여 "피고는 원고에게···"라는 형태로 청구취지의 작성을 시작하고 있으나 엄밀하게 검토해보 면 말소등기절차를 구하는 경우에는 원고 박진수는 실질적으로는 등기관에게 직권으로 말소하도록 할 수 있는 권원을 만든다는 점에서 "원고 박대원에게"라고 하는 표현의 기재를 생략하는 것이 바람직한 것으로 보이는 반 면, 피고 주식회사 신한은행이 원고 박대원에게 승낙을 하는 것에 비추어 "원고 박대원에게"를 기재하는 것이 바람직할 것이다. 그러나 여기에서는 작성요령이 실무와 판례에 따라 기재할 것을 요구하는 점에 비추어 전자 의 견해에 따라 정리하기로 한다.

4) 소유권이전등기와 저당권설정등기 말소등기청구를 함께 청구하는 경우 후자의 등기가 전자의 등기보다 이후에 경료된 경우 저당권자는 소유권이전등기가 말소됨에 따라 직권으로 등기관에 의해 말소될 운명에 있는 등기를 소집하고 있는 것이 된다. 따라서 이 사건의 경우 피고 박진수의 소유권이전등기가 말소되면 그것을 기초로 하 는 주식회사 신한은행의 저당권설정등기도 말소되기 때문에 위 회사는 등기상의 이해관계를 가지는 제3자에 해 당한다고 말할 수 있다. 한편, 이러한 문제를 해결하기 위하여 부동산등기법상으로 원고는 위 제3자의 승낙을 얻지 않으면 피고 박진수의 소유권이전등기를 말소할 수 없다고 규정하고 있다(동법 제57조). 그래서 원고 박 대원은 주식회사 신한은행으로부터 임의로 승낙서를 얻을 수 없는 경우에는 주식회사 신한은행에 대하여 피고 박진수 명의의 소유권이전등기의 말소등기에 관한 승낙을 구하는 소송(의사진술을 명하는 소송)을 제기할 필요 가 있는데 청구취지는 상술한 바와 같고 이러한 경우의 소송들은 소유권에 기한 방해배제청구권으로서의 승낙 청구권이 될 것이다.

5) 작성요령에 따르면 "금전청구의 경우 기간이 결부될 때에는 이를 정산하지 말고 금액과 기간의 초일, 말일을 표

2. 1.의 다, 항은 가집행할 수 있다.

3. 소송비용은 피고들의 부담으로 한다.

    라는 재판을 구합니다.

청구원인

1. 원고 박대원 소외 박점숙은 소외 망 박정수(이하 "망인"이라고 합니다)의 법률상 자녀들에 해당하므로[7] 위 망인이 2000년 8월 1일 사망함에 따라 위 망인의 소유인 서울 종로구 관철동 50-1 데 500평방미터(이하 "甲" 토지라고 합니다) 및 같은 동 50-2 잡종지 330평방미터(이하 "乙" 토지라고 합니다)을 상속한 상속인들에 해당하므로 민법 제187조에 따라 甲 및 乙의 토지는 등기유무와 관계없이 상속인들의 소유에 속하다고 할 것입니다.

2. 피고 박진수는 망인의 동생으로 망인의 생존 당시 그의 업무에 조력하고 있었던 반면 원고 박대원이 캐나다에서 생활하고 있고, 소외 박점숙이 1992년 혼인하여 부산에 거주하는 관계로 위 甲 및 乙토지에 대하여 적극적인 관심을 보일 수 없는 상황에 이르렀습니다. 그러자 피고 박진수는 ① 매매계약서등을 위조하여 아무런 권한없이 甲·乙 토지에 대하여 2001년3월3일 자 매매를 원인으로 하여 2001년 3월 6일 아무런 원인도 없는 원인무효의 소유권이전등기를 경료한 후[8] ② 甲 토지에 대하여서는 2001년 7월 3일 피고 주식회사

시하는 방법으로 기재하고 지연손해금청구는 제외할 것"으로 기재되어 있다. 따라서 이 방식과 같이 청구취지를 기재한다면 "2005년 9월 21일부터 2012년 2월 1일까지 월 3백만원의 비율에 의한 금원을 지급하라"는 형식이 될 것이지만 그것을 청구취지 및 원인 중 어디에서 위와 같이 하지 말라고 하는 것인지 알 수 없다. 그러나 이러한 입장은 실무상의 입장과 차이가 뿐만 아니라 채점자의 편의만을 고려한 판단으로 생각된다. 따라서 이러한 불분명한 작성요령에 대하여 다시 한번 재고를 요청하면서 작성요령에 바탕을 두고서 청구취지를 기재하지 않고 관련 내용의 기재 즉, 위 금액의 표시 등은 실무를 바탕으로 기재하였다 왜냐하면 실무상 소장의 청구원인에 그에 대한 계산식이 현출되는 것이 통상적이기 때문이다. 즉, 이건의 경우에도 소장의 청구원인을 살펴보면, "원고 박대원이 소외 박점숙과 함께 2005년경 피고 김영철에 대하여 그의 점유개시 당시인 2004년 9월 1일부터 2005년 9월 20일까지의 임대료 상당의 부당이득금청구소송을 제기하였으나 법률상 무지의 소치로 패소를 당하여 그 판결이 2005년 10월 25일 확정되어 기판력의 효과에 따라 그 기간 동안 즉, 피고 김영철의 토지에 대한 점유개시시부터 위 판결의 변론종결일까지의 임대료 상당의 부당이득금의 지급을 구하였던 부분을 공제하고 그 이후인 2005년 9월 21일부터 이 소장의 접수일인 2012.2.1까지의 임대료(월 금3백만원 상당의 부당이득금인 금228,000,000원(=기간 76개월*금3백만원, 기간 계산의 편의상 1개월을 충족하지 못하는 기간은 절삭하기로 합니다)만을 청구하는 것으로 한다."는 기재를 하고 있는 바, 그렇지 않은 경우에는 별지 등을 활용하여 계산식등을 기재하고 있기 때문이다.

6) 한편 피고 박진수가 원고와 소외 박점숙에게 피고 김영철에 대한 대여금채권 금3천만원을 양도한 사실이 있으나 굳이 이것을 드러내어 공제할 필요는 없다고 생각한다. 왜냐하면 이렇게 이해하는 것이 작성요령에 기재된 바와 같이 의뢰인인 원고 박대원을 위하여 최대한 유리하게 소장을 작성하여 주는 것이라고 생각할 수 있기 때문이다.

7) 실무상 법률관계를 기재할 경우 청구원인에 입증방법을 표시하는 것이 관행이지만 증제번호의 표시에 대한 혼동 및 작성요령에 따라 입증방법을 표시하지 않기로 하고 이하 같다.

8) 아는 소유권이전등기 말소등기청구사건의 경우 그것은 소유권에 기한 방해배제청구권의 일환으로 행사되는 것이므로 그에 대한 요건사실은 "① 원고가 현재 그 부동산을 소유하고 있는 사실, ② 그 부동산에 관하여 피고

신한은행(이하 "피고 은행"이라고 합니다)과 채권최고액 금5억원으로 하는 근저당설정계약을 체결하고 같은 날 서울중앙지방법원 중부등기소에 제5950호로 접수하여 피고은행 명의의 근저당설정등기를 설정해 주었고 현재에는 피고은행에 금 5천만원의 채무를 부담하고 있는 실정이고 ③ 乙 토지에 대해서는 등기부상의 외형적 기재 등을 악용하여 피고 김영철에게 2004년 7월 15일 임대료 월 금3백만원, 임대기간 5년 단위로 연장하는 내용의 임대차계약을 체결한 후 피고 김영철에게 점유도록 하여 그로부터 현재까지 위 임대료는 금3백만원을 수령하고 있는 실정입니다.

3. 그러나 위와 같은 피고 박진수 명의의 甲 및 乙 토지의 소유권이전등기는 원인무효에 터잡아 이루어진 등기에 해당하기 때문에 말소될 수 밖에 없는 등기에 해당하고 또한 이를 근거하여 이행된 피고은행 명의의 근저당권설정등기 역시 피고 박진수 명의의 소유권이전등기의 말소등기가 이행됨에 따라 등기관의 직권에 의해 말소될 운명에 있는 등기에 해당합니다. 그러나 그를 위한 전제로 피고은행은 부동산등기법 제57조의 이해관계가 있는 제3자에 해당하므로 그에 따라 등기관의 직권에 의한 소유권이전등기말소등기에 대해서 승낙의 의사표시를 하여야할 당사자입니다. 그러나 피고은행은 현재까지 원고에게 소유권이전등기 말소등기를 위한 승낙을 하고 있지 않으므로 피고 박진수의 의사진술에 갈음하여 그것의 진술을 구할 필요가 절실하다고 할 것입니다.9)

4. 또한 피고 김영철의 乙 토지에 대한 점유행위 등의 행위가 비록 당시 등기명의인인 피고 박진수와의 임대차계약에 따라 진행이 되었을지라도 이것 역시 원인이 없는 등기명의자인 위 피고 박진수와의 임대차계약에 따라 진행이 되었을지라도 이것 역시 원인이 없는 등기명의자인 위 피고 박진수와의 임대차계약에 따른 것이어서 여전히 피고 김영철의 乙 토지에 대한 점유도 법률상 아무런 권원 없이 이루어진 무단점유에 해당한다고 할 것입니다. 따라서 원고 박대원은 피고 김영철의 乙 토지 점유에 의해 점유개시 시부터 현재까지 임대료 상당의 손해를 입고 있다고 말할 수 있으므로 마찬가지로 피고 김영철은 위 기간 동안의 임대료 상당의 부당이득금을 지급할 의무가 있다고 할 것입니다.

그러나 원고는 소의 박점숙과 함께 2005년경 피고 김영철에 대하여 그의 점유개시 당시인 2004년 9월 1일부터 2005년 9월 20일까지 임대료 상당의 부당이득반환금청구소송을 제기하였으나 법률상 무지의 소치로 패소를 당하엿을 뿐만 아니라 그 판결이 2005년 10월 25일 확정되어 기판력의 효과에 따라 그 기간 동안 즉, 피고 김영철의 토지에 대한

명의의 소유권이전등기가 존재하는 사실"이 될 것이다. 따라서 위 사실이 주장 및 입증이 완성된다고 한다면 원고는 승소판결을 얻을 수 있으므로 소장에 기재될 필요최소한의 주장사실은 위 ①②의 사실이 되어야 할 것이다.

9) "피고 명의의 등기가 정당한 권원에 근거하지 않은 사실"을 요건사실로 주장하여야 하는 것처럼 생각 할 수 있고 실제적으로도 소장에 위와 같은 내용을 기재하여야 전개의 흐름이 자연스러워 소장에 기재하는 것이 통상적이다. 하지만 요건사실론적으로 검토할 때에는 피고가 "등기보유의 권원이 있자는 사실"을 항변으로 주장하고 입증하여야할 사항에 해당할 것이다.

점유개시 시부터 위 변론종결일까지의 임대료 상당의 부당이득금의 지급을 구하였던 부분을 공제하고[10] 그 이후의 기간에 해당하는 위 판결의 구술변론종결일의 다음날인 2005년 9월 21일부터 이 소장의 접수일인 2012. 2. 1까지의 임대료(월 금3백만원) 상당의 부당이득금인 금228,000,000원 〔=기간 76개월(2005년 9월 21일 ~ 2012년 2월 1일)X금3백만원, 기간 계산의 편의상 1개월을 충족하지 못하는 기간은 절삭하기로 하여 2005년 10월 1일부터 2012년 1월 31일까지만 계산하기로합니다〕 및 그에 따른 지연손해금으로 위 부당이득금에 대하여 이 사건 소장 부본 송달의 다음날부터 이 판결의 선고일까지는 연 5푼의, 그 다음날부터 다 갚는 날까지는 연 2할의 각 비율에 의한 금원을 지급할 의무가 있다할 것입니다.

5. 따라서 원고는 고유재산에 해당하는 상속재산의 상속인으로 상소재산의 보전을 위하여 단독으로[11] 피고들에게 이건 청구취지와 같은 판결을 구하고자 이 청구에 이르는 것입니다.

입증방법[12]

1. 갑제1호증의 1 내지 3 　각 판결문
1. 갑제3호증의 1, 2 　각 확정증명원
1. 갑제3호증의 1, 2 　각 등기부등본
1. 갑제4호증 　제적등본
1. 갑제5호증 　가족관계증명서
1. 갑제6호증 　부동산임대차계약서
1. 갑제7호증의 1 　등기이행촉구서
　　　　　　　 2 　등기이행촉구서에 대한 답변서
1. 갑제8호증 　통지서
1. 갑제9호증 　채무확인서
1. 기타 입증방법은 변론시 수시 제출하겠습니다.

---

10) 대법원 1988. 9. 27. 선고 88다3116 판결 : 이 판결의 판지에 따르면 확정된 종국판결이 있으면 그 판결의 사실심변론종결 이전에 발생하고 제출할 수 있었던 사유에 기인한 주장이나 항변은 확정판결의 기판력에 의하여 차단되므로 당사자가 그와 같은 사유를 원인으로 확정판결의 내용에 반하는 주장을 새로이 하는 것은 허용되지 아니하나 사실심변론종결 이후에 새로 발생한 사실을 주장하여 전판결내용과 반대되는 청구를 하는 것은 기판력에 저촉되지 아니하므로 허용된다."고 한다.
11) 대법원 1993. 5. 11. 선고92다52870 판결; 이 판결의 판지에 따르면, "부동산의 공유자의 1인은 당해 부동산에 관하여 제3자 명의로 원인무효의 소유권이전등기가 경료되어 있는 경우 공유물에 관한 보존행위로서 제3자에 대하여 그 등기 전부의 말소를 구할 수 있다"고 판시하고 있다.
12) 작성요령에 따르면 입증방법과 첨부서류란을 생략하도록 하고 있으나 소장의 모습을 유지하기 위하여 이를 생략하지 않는 것으로 한다.

첨부서류

1. 소장부본   4통
1. 위 입증방법   각 4통
1. 인지대납부영수증   1통
1. 송달료영수증   1통
1. 소송위임장   1통

2012. 2. 1.

위 원고의 소송대리인
변호사 신영수(인)

서울중앙지방법원 귀중

변호사시험

공 법
민사법
형사법

형사법

2014년 제3회 변호사시험
기록형 기출문제 해설

정 한 중 〔한국외국어대학교 법학전문대학원 교수 · 변호사〕

Ⅰ. 들어가는 말

2014년도의 제3회 변호사시험의 형사기록형 문제는 제1회나 제2회 시험과 마찬가지로 실체법, 절차법에 관련된 쟁점들과 판례를 적절히 배분하여 출제되었다. 그러나 제3회 문제는 지금까지와는 다르게 비록 적은 점수배점이지만 한 피고인(김갑동)의 변호인으로서 객관적인 입장에서 서술한 검토보고서를 작성하게 하고, 다른 피고인(이을남)의 변호인으로서 종래와 같은 변론요지서를 작성하도록 하였다. 이는 기존에 수험생들에게 변론요지서만을 작성하게 한 결과 무죄 등 피고인에게 유리한 변론요지서만 작성하면 되기 때문에 수험생들이 무조건 터무니없는 변론요지서를 작성하는 것을 막고자하는 차원으로 보인다. 다만 형사법기록형 문제에서 진술의 신빙성에 대한 탄핵을 통한 무죄 주장은 사례형 문제와 차별화되는 독자적인 존재 의미를 보여주는 출제임에도 이번에는 그 비중이 매우 적었다는 점에서 유감이다.[1] 변론요지서 작성 문제는 수험생들이 기록을 꼼꼼히 메모하고 검토한다면 기록 속에서 정답을 찾아갈 수 있다는 점에서 어렵지 않다고 생각할 수도 있지만 예측하지 못한 의견서 작성에 시간을 많이 빼앗긴 수험은 시간이 부족했을 것으로 보인다. 시간 안배 등은 사례형 문제에서도 마찬가지인 바, 평소 기록 검토와 답안 작성 연습을 한 수험생과 그렇지 못한 수험생들의 차이가 많았을 것으로 보인다.

Ⅱ. 피고인 김갑동에 대하여(25점)

본 피고인에 대하여는 법률의견서를 작성하는 문제이다.

1. 배임의 점

---

[1] 의견서 작성의 경우, 모의시험에서 1회라도 출제를 한 다음 출제를 하였다면 수험생의 불의타를 방지할 수 있었을 것이라는 아쉬움이 있다. 특히 문제의 참고사항에서 '의율변경' 등 '의율(법률을 구체적 사건에 적용하는 것)'이라는 표현을 사용하였는데, 극히 일부 판례 등에서 나오는 표현으로 실무가들은 잘 아는 표현이지만 수험생들은 생소할 수도 있는 용어이다.

먼저 배임죄와 횡령죄를 구별하여야 하는 문제이다. 횡령죄의 주체는 타인의 재물을 보관하는 자이고, 배임죄의 주체는 타인의 사무를 처리하는 자이다. 부동산에 관하여 외견상 유효하게 이를 처분할 수 있는 지위에 있는 자는 보관자가 된다. 부동산에 대한 사실상의 지배가 없는 경우에도[2] 등기명의를 기준으로 보관자가 되고(대판 2005.6.24, 2005도2413), 명의신탁에 의하여 소유권이전등기를 경료받은 자는 보관자가 된다(대판 1989.12.8, 89도1220). 위 피고인은 대표이사이지만 명의수탁자로서 부동산의 보관자에 있다. 따라서 횡령죄의 주체가 되므로 배임으로 의율한 것은 잘못이고 횡령죄가 올바르다고 의견을 설시하여야 한다.

1인회사라도 그 주주가 회사재산을 처분하는 등 횡령이나 배임행위를 하는 경우 죄가 성립한다고 한다(대판 2007. 6. 1, 2005도5772; 대판 1983.12.13, 83도2330). 다만 사안의 경우, 이을남의 진술(검사작성 김갑동에 대한 피의자신문조서 중 이을남의 진술부분— 김갑동이 회사부도를 막기 위하여 1억5천만원을 사용함), 세금계산서, 피고인의 진술에 비추어 보면, 불법영득의사가 없으므로 무죄[3]이다. 1인 회사[4]이고, 자본금 5천만원(자본금 10억 미만[5])의 회사이므로 회사내부 절차상으로도 하자가 없다고 작성하면 가점을 받을 수 있었을 것으로 보인다.

2. 특정경제범죄가중처벌등에관한법률위반(횡령)의 점

먼저 박고소와 관련하여 부동산의 이중양도 문제이므로 전형적인 배임의 문제이다. 즉 매도인이 제 1 매수인으로부터 중도금을 받은 이후에는 타인의 사무(잔금을 받음과 동시에 그에 대한 부동산이전사무)를 처리하는 자가 된다. 따라서 박고소에 대한 배임죄가 된다. 또한 회사의 명의의 부동산을 처분한 것은 회사에 대한 업무상배임이 된다[6]. 양죄는 상상적 경합이다. 다만 이득(피해)액이 4억 5천만원이므로 특경가법 적용(5억이상)대상이 아니고 형법상 배임죄가 적용되어야 한다. 즉 시가 6억원이지만 기존 신한은행에 대한 피담

---

2) 부동산을 사실상 지배하고 있는 자는 등기명의 여하를 불문하고 보관자가 된다.

3) 불법영득의사에 대한 증명이 없다는 점에서 형소법 제325조 후단 무죄로 보이지만 결과적으로 불법영득의사가 없어 범죄로 되지 않았다는 점에서 전단 무죄로 볼 수도 있으나 양자 사이에 점수의 차이는 없을 것으로 보인다.

4) 대법원 2004.12.10. 선고 2004다25123 판결(1인회사의 경우에는 그 주주가 유일한 주주로서 주주총회에 출석하면 전원 총회로서 성립하고 그 주주의 의사대로 결의가 될 것임이 명백하므로 따로 총회소집절차가 필요 없고, 실제로 총회를 개최한 사실이 없었다 하더라도 그 1인 주주에 의하여 의결이 있었던 것으로 주주총회의 사록이 작성되었다면 특별한 사정이 없는 한 그 내용의 결의가 있었던 것으로 볼 수 있고, 이는 실질적으로 1 인회사인 주식회사의 주주총회의 경우도 마찬가지이며, 그 주주총회의사록이 작성되지 아니한 경우라도 증거에 의하여 주주총회 결의가 있었던 것으로 볼 수 있다.)

5) 자본금 10억 미만의 주식회사는 이사를 1인 또는 2인만 둘 수 있는 등 많은 특칙이 있다.

6) 본 건의 경우는 피고인이 회사의 대표이사로서 1인회사라 하더라도 회사의 사무를 처리하는 자이므로 배임죄의 주체가 된다. 1인회사이고 대표이사이므로 사실상 처분할 수 있는 지위에 있다고 볼 수 있어 횡령의 죄책을 지지 않는가 하는 의문이 있으나 위 명의수탁의 경우와 달리 회사와 대표이사 개인을 구분할 수 있고 회사 명의의 재산이므로 보관자의 지위에 있다고 보기 어렵다. 논란이 있을 수 있으므로 횡령으로 의율한 점을 지적하지 않았다고 하여 큰 감점을 당하지는 않았을 것으로 보인다.

보채무 1억 5천만원을 공제하여야 하기 때문이다.[7] 불법영득의사도 인정되며, 사실을 자백하고 있고, 보강증거도 있다. 따라서 의율이 잘못되었다는 점을 지적하고 유죄인정하고 정상변론하여야 함을 제시하여야 한다.

추가로 피고인이 1차 매매시 박고소로부터 중도금까지 받았으므로 회사에 대한 배임이 문제되므로 1차 매매로 인한 회사에 대한 배임과 2차 매매로 인한 회사에 대한 배임은 피해자가 동일하고 행위태양과 범의가 유사하므로 포괄일죄에 있다는 점을 언급하면 좋은 답안으로 평가받았을 것이다.[8]

Ⅲ. 피고인 이을남에 대하여(75점)

본 피고인에 대하여는 변론요지서를 작성하는 문제이다.

1. 특정경제범죄가중처벌등에관한법률위반의 점

가. 이을남의 공모 여부

(1) 증거능력 없는 증거

먼저 공소사실에 부합하는 듯한 증거의 증거능력 없는 증거를 설시하여야 한다. 김갑동에 대한 경찰작성 피의자신문조서는 공범인 공동피고인에 대한 것으로 당해 피고인인 이을남이 내용부인하는 취지로 부동의하고 있으므로 증거능력이 없다는 점, 박고소의 법정진술(원진술자 김갑동으로부터 전문한 내용), 사경작성 박고소에 대한 진술조서 중 김갑동으로부터 들은 내용은 김갑동이 법정에 재정하고 있으므로 제316조 제2항 중 필요성 요건이 충족되지 못해 증거능력이 없다는 점, 증명서는 제313조 제1항의 요건을 충족하여야 하지만 원진술자(전총무)의 자필이나 서명날인이 없으므로 증거능력이 없고, 이 경우 제314조도 적용되지 않으므로 증거능력이 없다는 점[9]을 각 설시한다. 다만 나부인의 법정진술 중 남편 전총무로부터 들은 내용은 제316조 제2항에 따라 원진술자인 남편이 사망하였으므로 특신상태가 있다면 증거능력이 있을 수 있다는 점을 설시하고 신빙성을 다투어야 한다는 점을 언급하면 좋은 답안이다.

---

7) 박고소로부터 받은 3억원과 최등기로부터 받은 4억원을 합하여 7억원이므로 특경가법 적용 여부를 언급하지 않은 답안이 있었을 것으로 보이지만 양 죄는 피해자가 다르므로 포괄일죄는 아니다.

8) 다만 피해액은 시가 상당액에서 기존 피담보채무를 공제하여야 한다.

9) 대법원 1997.04.11. 선고 96도2865 판결[여기서 특히 신빙할 수 있는 상태하에서 행하여진 때라 함은 그 진술내용이나 조서 또는 서류의 작성에 허위개입의 여지가 거의 없고 그 진술내용의 신빙성이나 임의성을 담보할 구체적이고 외부적인 정황이 있는 경우를 가리킨다.(중략) 피해자가 화상으로 인하여 서명할 수 없다는 이유로 입회하고 있던 동생에게 대신 읽어 주고 그 동생으로 하여금 서명날인하게 한 서류임을 인정할 수 있는바, 이는 형사소송법 제313조 제1항 소정의 형식적 요건을 결여한 서류로서 증거로 사용할 수 없을 뿐만 아니라 원심이 적절히 지적한 바와 같이 그 작성에 허위개입의 여지가 있으며 <u>그 진술내용의 신빙성이나 임의성을 담보할 구체적이고 외부적인 정황이 없는 점에서도 증거능력을 인정하기 어렵다.</u>]

(2) 증명력 판단

먼저 김갑동의 경찰진술과 검찰진술에 관하여 살펴보면, 진술의 일관성이 없고, 이을남이 2억원이나 수령하였다면 굳이 김갑동으로부터 신용카드를 갈취할 이유가 없다는 점, 사실상 상피고인 김갑동 소유의 토지를 매도하면서 이을남에게 수익의 절반(2억원)이나 나누어주는 것은 경험측에 반한다는 점, 이을남의 상피고인에 대한 신용카드 갈취로 인한 악감정이 있을 수 있는 점, 이을남에 대한 책임전가의 가능성에 비추어 믿을 수 없다는 점을 언급한다. 또한 나부인측은 김갑동으로부터 경제적 도움을 받아서 신빙성에 문제가 될 수 있으므로 위에서 만한 나부인의 일부 법정진술(전문진술)도 믿을 수 없다고 언급한다.

다음으로 박고소의 진술은 추측에 불과하고, 부동산매매계약서 등은 공소사실 인정함에 부족하다는 점을 언급하고, 오히려 나부인의 증언에 따르면 본 건 당시에도 피고인이 월세 단칸방에서 혼자 어렵게 살고 있는 등 돈이 피고인에게 유입된 흔적이 없으므로 피고인의 변소에 부합한다는 점을 설시한다. 따라서 합리적인 의심의 여지가 없을 정도로 공소사실이 입증되었다고 보기 어려워 제325조 후단 무죄이다.

가사 공모관계가 인정되더라도 검토의견서에서 설시한 바와 같이 단순 배임죄에 불과하다는 점을 언급한다.

2. 강도의 점

(1) 의율문제

먼저 공소사실 자체나 김갑동과 이을남의 진술에 비추어 협박의 정도가 강도가 아닌 공갈로 의율하여야 함을 주장한다.

(2) 공소기각

공갈죄는 친족상도례(형법 제354조)가 적용되는데, 기족관계등록부, 피고인들의 경찰, 검찰 단계의 진술 등에 의하면 피고인들은 동거하지 않는 사촌으로 친고죄 규정이 적용된다. 고소기간은 범인을 알게 된 날로부터 6개월(형소법 제230조 제1항)인데, 본 건의 경우, 고소인은 2012.5.20. 범행과 범인을 인식하였고, 2013.6.3. 고소를 제기하였는 바, 역수상 고소기간이 도과하였음이 명백하므로 형소법 제327조 제2호에 따라 공소기각 판결을 하여야 한다.

이번과 같이 법정형이 3년 이하의 죄는 형법에서 얼마 되지 않으므로 숙지하면 좋을 것이다.

3. 현금 절도, 여신전문금융업법 위반의 점

먼저 절도를 보면, 피해자(은행이 아니라 김갑동임)가 카드 사용처분권을 수여하였으므로 공갈죄와 포괄일죄의 관계에 있고 별도로 절도죄가 성립하지 않는다(대법원 1996. 9.

20. 선고 95도1728 판결). 다음으로 여전법위반의 점은, 현금카드 기능으로 사용한 것으로 신용카드 부정사용죄가 성립하지 않는다(대법원 2003. 11. 14. 선고 2003도3977 판결)는 점을 언급한다.

4. 점유이탈물횡령의 점

본건의 공소시효는 5년(형소법 제249조 제5호)인 바, 범행일은 2008년 9월 말이므로, 2013.9.29. 공소시효가 완성되었는데, 검사는 2013.10.18. 공소를 제기하였다. 따라서 공소시효가 도과되었으므로 면소판결(형소법 제326조 제3호)을 하여야 한다.

5. 금목걸이 절도의 점

먼저 금목걸이를 압수 할 때 절도혐의에 대한 소명이 부족하였으므로 체포 혐의와 관련 없는 사실로 인한 별건 압수이다. 또한 사후 영장을 발부받아야 함에도 발부받지 아니하였으므로 금목걸이는 위법수집증거로 증거능력이 없다. 따라서 피고인의 자백에 대한 보강증거가 없으므로 형소법 제325조 후단 무죄이다.

Ⅳ. 나가는 말

채점기준에 재량 점수가 있는 경우에는 법률문장에 맞는 법률용어와 문체를 구사하는지 여부 등도 가감의 요인이 될 것이므로 말할 필요도 없지만 그렇지 않다고 하더라도 법률문장이나 용어에 부합하지 않는 답안은 채점자들의 인상에 나쁜 영향을 준다. 따라서 평소 법률문장을 열심히 읽어야 하고 쓰는 습관도 중요하다.

이번에는 신빙성에 대한 배점이 적었지만10) 앞으로 신빙성 탄핵에 좀 더 중점을 두는 출제가 기록형 문제의 출제방향이 되어야 할 것이다. 채점을 하다 보면 위에서 언급한 바와 같이 수험생들이 기록형은 물론 사례형의 경우도 답안 작성 시간 안배에 실패하여 처음에는 쟁점을 빠뜨리지 않고 잘 작성하다가 뒷부분은 엉망으로 작성하거나 백지로 제출하는 경우를 자주 접하게 된다. 모의시험이나 강의 등에서 평소 답안 작성을 하는 연습이 필요하다.

필자는 위에서 언급한 쟁점 등이 대체로 맞을 것이라고 감히 생각하지만 이번 시험의 출제나 채점하는 사람이 아니라서 놓친 쟁점이 있을 수도 있다는 것을 말씀드리고, 내년 시험을 준비하는 수험생들에게도 도움이 되기를 기원하면서 글을 마무리 한다.

---

10) 그러나 이을남의 특경가법 위반의 점은 전부가 신빙성을 탄핵하는 문제로 75점 중 가장 많은 점수가 배점되었을 것으로 추측한다.

2013년 제2회 변호사시험
기록형 기출문제 해설

민사법

정 한 중 〔한국외국어대학교 법학전문대학원 교수·변호사〕

Ⅰ. 들어가는 말

2013년도의 제2회 변호사시험의 형사기록형 문제는 제1회 시험과 마찬가지로 실체법, 절차법에 관련된 쟁점들과 판례를 적절히 배분하여 출제되었고, 특히 진술의 신빙성에 대한 탄핵을 통한 무죄 주장의 쟁점은 사례형 문제와 차별화되는 기록형 문제의 독자적인 존재 의미를 보여주는 출제로 매우 적절하고도 수준 높은 문제였다고 생각한다. 수험생들이 기록을 꼼꼼히 메모하고 검토한다면 기록 속에서 정답을 찾아갈 수 있는 점에서 어렵지 않다고 생각할 수도 있지만 이것이 바로 기록형 문제의 출제방향이 되어야 할 것이다.

좀 더 다양한 죄명으로 쟁점을 세분화하고 공동피고인의 수를 늘려 변별력을 높여야 한다는 요구[1]가 없는 것은 아니지만 변호사시험의 형사기록형 문제를 50쪽 내외로 한다는 법무부의 가이드라인이 있는 상황에서는 더 다양한 죄명과 쟁점을 추가하는 것은 어렵고 현재의 출제만으로도 변별력은 충분히 있다고 본다. 변호사시험이 로스쿨의 실무능력 교육을 견인하고자 한다면 앞으로는 문제 쪽수를 더 늘리면서 동시에 기록형 시험의 배점을 좀 더 높일 필요가 있을 것이다.[2]

이번 문제도 각 피고인별로 공소사실에 대한 변론요지서를 작성하도록 하면서 관련 판례상의 쟁점을 논하도록 하였는데, 각각 다른 변호인들이 변호하여야 할 이해가 상반되는 피

---

1) 김정철, 2013.1.11. 자 법률저널, 10쪽.

2) 물론 변호사시험이 로스쿨 교육을 좌우해서는 곤란하다는 반론도 경청할만 하다. 그런데 '한일 양국의 법조인양성제도 비교'라는 세미나에서 일본에서는 학생들이 실무과목을 외면하는 바람에 실무교육이 제대로 이루어지지 않고 있다는 말을 듣고 차정인 교수가 우리나라 기록형 시험을 들면서 이를 실시하면 문제해결에 도움이 될 것이다라고 조언을 하였다고 한다(차정인, 형사소송실무, 신조사, 2012. 머리말 2쪽 참조). 신사법시험 합격 후 사법연수소(우리나라 사법연수원과 비슷함)에서 1년간 실무연수를 받는 일본과 달리 우리나라는 변호사시험 합격 후 바로 변호사 자격을 부여한다는 점(물론 현재는 6개월 실무수습기간을 거쳐야 단독개업을 할 수 있지만)에서 실무교육의 중요성은 일본보다 더 크다 할 것이다.

고인에 대하여 하나의 변론요지서를 작성하도록 한 점3)과 피고인별로 배점을 제시한 점도 작년과 동일한 유형이다.

특히 후자 즉 피고인별 배점 제시는 쟁점파악과 답안 작성의 분량을 정하는데 있어서 수험생의 착오를 방지하기 위해서도 형사법기록형에서는 매우 바람직하다고 본다. 즉 이번 시험문제를 보면 피고인 김갑인이 죄명과 공소사실이 4개(물론 특가법 부분은 평가제외사항임4))로 2개인 피고인 이을해보다 많음에도 불구하고 배점기준은 피고인 이을해는 60점, 피고인 김갑인은 40점이다. 정상관계는 평가제외 사항이므로 피고인 이을해는 피고인 김갑인과 달리 법률상 무죄나 면소판결 등을 설시하기 보다는 사실관계, 즉 증명력5)을 다투어야 할 부분이 있다는 것을 암시하고 있다. 피고인 김갑인의 경우 3개의 죄목에 대한 배점이 40점이므로 각 죄목당 10~15점의 배점이 주어졌다고 보면 될 것이고, 피고인 이을해의 경우에는 2개의 죄목에 60점의 배점이 주어졌으므로 특경법위반죄에 40~50점의 점수가 배점되고 공갈죄에 10점 내외의 점수가 배점되었다고 볼 수 있다. 따라서 배점이 높은 특경법위반죄의 경우에는 기록을 잘 살펴 증거능력이 없는 증거를 골라내고, 증거능력이 있는 증거에 대하여 그 신빙성을 탄핵하기 위하여 논리와 경험법칙을 동원하여 상당한 분량으로 설시하여야 한다.

Ⅱ. 피고인 김갑인에 대하여(40점)

1. 사문서위조, 위조사문서행사의 점

1장의 문서에 2인 명의의 문서를 위조한 경우에는 각 명의인별로 문서위조죄가 성립하고 양죄는 상상적 경합의 관계에 있다는 것이 판례인데6), 약식명령이 확정된 사문서위조, 위조사문서행사죄의 범죄사실은 매도인인 최정오 명의의 부동산매매계약서에 대한 것이고, 본건 공소사실은 매수인인 박병진 명의의 부동산매매계약서에 대한 것으로 하나의 계약서에 관한 문서위조, 행사죄이다7). 따라서 최정오 명의의 문서죄와 박병진 명의의 문서

---

3) 이에 대하여 실무에서 이런 형식의 변론요지서가 존재할 수 없다는 점에서 비판하는 견해(이창현, 형사법연습, 법률저널, 2012, 602쪽)도 타당하다. 그러나 단독피고인보다 공동피고인이 존재하면 증거법상 쟁점을 테스트하기에 적합하다는 점에서 공동피고인이 있는 한 시험의 편의를 위하여 감수하여야 할 것으로 보인다.

4) 필자는 이번에도 답안에 기재하지 말라고 문제에 지시사항이 있음에도 이를 간과한 채 이 부분을 기재한 수험생이 있었을 것으로 추측한다.

5) 실무에서는 증명력을 다투는 것을 신빙성을 다투는 것으로 보아 사실상 동일하게 파악 하는데, 다수의 견해는 증거의 증명력은 신빙성(증거 그 자체가 진실일 가능성)과 협의의 증명력(요증사실을 추인하는 힘, 추인력)으로 구성된다고 한다(차정인, 전게서, 10면 등). 이번 시험기록의 경우를 예를 들면, 최정오의 진술, 부동산매매계약서 등은 신빙성은 있지만 협의의 증명력이 부족하다고 할 수 있다.

6) 대법원 1987. 7. 21. 87도564 판결

7) 박병진이 5억원의 계약서를 작성할 권한을 주었으므로 문서위조죄가 되지 않는다고 생각하는 수험생이 있을 수 있으나, 기록상 계약과 대금지급 및 등기까지 이루어진 후에 문서를 위조한 것이므로 이는 이미 위임계약 관계가 종료한 후여서 문서위조죄가 성립한다고 보아야 한다.

죄는 각각 형법 제40조 소정의 상상적 경합 관계에 있고, 이 경우 그 중 1죄에 대하여 이미 확정된 약식명령의 기판력은 다른 죄인 이 사건 공소사실에 대하여도 미친다.[8] 따라서 위 각 공소사실은 확정판결이 있는 때에 해당하므로 면소판결을 선고되어야 한다고 변론하여야 한다. 기록을 꼼꼼히 보지 않고 약식명령이 확정된 범죄사실과 이 사건 공소사실이 동일한 것으로 판단하고 상상적 경합에 관한 이론을 언급하지 않은 채 이미 동일한 공소사실에 대하여 확정판결이 있으므로 면소판결을 하여야 한다고만 설시하였다면 충분한 득점을 하지 못하였을 것으로 보인다.

2. 특정범죄가중처벌등에관한법률위반(도주차량)의 점

피고인이 업무상과실로 교통사고를 내 상해를 입힌 사실은 법정에서 자백하고 있으므로[9] 본 사안의 경우는 기록상 나타난 여러 정황을 언급하면서 사고 후 구호조치가 필요없었다고 주장하면서 위 부분 무죄변론을 하여야 한다. 즉 사고의 경위와 내용, 피해자의 상해의 부위와 정도, 사고운전자의 과실 정도, 사고운전자와 피해자의 나이와 성별, 사고 후의 정황 등을 종합적으로 고려하여 사고운전자가 실제로 피해자를 구호하는 등 도로교통법 제50조 제1항에 의한 조치를 취할 필요가 있었다고 인정되지 아니하는 경우에는 사고운전자가 피해자를 구호하는 등 도로교통법 제50조 제1항에 규정된 의무를 이행하기 이전에 사고현장을 이탈하였더라도 특정범죄가중처벌등에관한법률 제5조의3 제1항 위반죄로는 처벌할 수 없다는 판례를 묻는 문제라고 할 것이다(대법원 2002. 1. 11. 선고 2001도 2869 판결[10] 등 참조).

본 건의 경우, 피해자 고경자의 진술서에 따르더라도 경미한 사고인데다 피해자가 사고 후 40분간 합의금 문제로 피고인과 옥신각신하였다고 진술하는 등 사고의 경위와 내용, 사고 후 정황 등을 고려하면 위 법에 따른 구호조치를 취할 필요가 있었다고 보기 어려워 이 부분 공소사실은 범죄의 증명이 없어 무죄 주장을 하여야 한다. 축소사실인 교특법위반죄에 대한 공소기각 주장은 후술한다.

---

8) 대법원 2007. 2 .23. 선고 2005도10233 판결

9) 실제 사건이라면 수사단계에서부터 피해자의 상해 여부를 다툴 수 있으나 본 기록은 증거능력이 인정되는 경찰 및 검사 작성의 피고인 김갑인에 대한 피고인신문조서 뿐 아니라 법정에서도 위 피고인이 상해 사실은 자백하고 있다. 즉 피고인이 법정에서 '변호사님과 상의한 결과 상해를 입힌 부분은 인정하기로 하였으므로 다투지 않겠습니다.'라고 진술하였으므로, 변호인이 상해가 없다는 식의 주장을 하는 것은 기록을 제대로 검토하지 않았다는 것이므로 결코 좋은 득점을 올릴 수 없다고 할 것이다.

10) 사고 운전자가 교통사고를 낸 후 피해자가 목을 주무르고 있는 것을 보고도 별다른 조치 없이 차량을 사고 현장에 두고 다른 사람에게 사고처리를 부탁하기 위하여 사고현장을 이탈하였으나 피해자가 2주간의 치료를 요하는 급성경추염좌의 상해를 입었을 뿐인 경우, 사고 운전자가 실제로 피해자를 구호하는 등의 조치를 취하여야 할 필요가 있었다고 보기 어렵다고 한 사례이다.

3. 도로교통법위반(음주운전)의 점

본 공소사실은 피고인에게 가장 유리한 감소치(0.008%)를 적용하는 위드마크공식에 따라 계산한 혈중알콜농도가 0.053%이지만 사건발생시간의 특정과정에서 발생할 수 있는 오차가능성 뿐 아니라 최종 음주시각부터 90분 내에 혈중알콜농도가 측정된 경우에는 피검사자의 혈중알콜농도가 최고도에 이르기까지 상승하고 있는 상태인지, 최고도에 이른 후 하강하고 있는 상태인지 여부를 확정하기 어렵고, 이를 입증할 책임이 있는 검사도 피고인의 음주 최종시각 이후 체내 혈중알콜농도가 하강기에 있는지 여부를 확인하지 못하고 음주 측정하였다고 진술하고 있다. 따라서 이 부분에서도 피고인이 술을 마신 시간, 운전한 시간, 음주측정한 시간을 구체적으로 언급하면서 위와 같은 법리를 기재하여 무죄변론을 하여야 할 것이다.

또한 이 사안과 같이 위드마크 공식에 의하여 산출한 혈중 알코올농도가 법이 허용하는 혈중 알코올농도를 상당히 초과하는 것이 아니고 근소하게 초과하는 정도에 불과한 경우라면 위 공식에 의하여 산출된 수치에 따라 범죄의 구성요건 사실을 인정함에 있어서 더욱 신중하게 판단하여야 한다는 점의 언급도 필요할 것이다(대법원 2005. 9.9. 2005도3774; 대법원 2005. 7. 14. 선고 2005도3298 판결 등).

따라서 이 부분 공소사실은 범죄의 증명이 없는 경우에 해당한다고 할 것이므로 무죄변론을 하여야 한다.

4. 공소기각판결 부분

위 특정범죄가중처벌등에관한법률위반(도주차량)의 점과 도로교통법위반(음주운전)의 점이 각 범죄의 증명이 없는 경우라 하더라도 위 각 공소사실과 교통사고처리특례법 제3조 제1항 위반의 죄는 공소사실의 동일성이 인정될 뿐만 아니라 축소사실이므로 법원이 공소장변경이 없더라도 직권으로 유·무죄의 실체판단을 할 수 있다. 따라서 변호인은 피고인이 자동차종합보험에 가입된 사실을 들어 위 법률 제4조에 의하여 검사는 공소를 제기할 수 없는데도 공소를 제기한 것임을 주장하여 교특법위반죄에 대하여는 공소제기의 절차가 법률의 규정에 위반하여 무효인 경우에 해당하므로 판결로써 공소를 기각해 달라는 변론을 하여야 한다.

Ⅲ. 피고인 이을해에 대하여(60점)

1. 특정경제범죄가중처벌등에관한법률위반(사기)의 점

형
사
법

가. 법률적용의 오류

먼저 검사는 대법원 2005. 10. 28. 선고 2005도5774 판결[11] 등과 같이 편취액을 2억이 아니라 5억으로 산정하여 특정경제범죄가중처벌법위반으로 기소를 하였다. 그러나 공소사실과 위 판결 등은 사실관계가 전혀 다른 경우로써 본건의 경우에 피고인이 편취한 금액은 실제 지급한 매매대금과의 차액인 2억인 것이다. 따라서 변호인은 특정법위반죄는 편취액이 5억 이상인 경우에 적용되는데 본건의 경우에 편취액은 2억에 불과하므로 특경법이 아닌 단순 사기죄가 적용되어야 한다는 점을 먼저 주장한 후에 구체적인 사실인정의 문제를 주장하여야 한다. 수험생 중에는 위 판례와 사안을 혼동하여 전체 금액을 편취하였다고 전제한 답안도 상당수 있었을 것으로 생각된다.

나. 증거능력 없는 증거들

사법경찰관 작성의 피고인 이을해에 대한 피의자신문조서는 위 피고인이 내용을 인정하지 않고 있으므로 증거능력이 없고(후술하는 바와 같이 위법수집증거배제법칙을 주장하면서 증거능력을 부정할 수도 있다), 피고인 김갑인에 대한 피의자신문조서는 피고인 이을해가 내용부인의 취지로 부동의하였으므로 증거능력이 없다고 배척하는 변론을 하면 된다(공범관계에 있는 공동피고인의 사법경찰관 작성의 피고인신문조서에 대한 증거능력에 대하여 당해 피고인 내용부인설 - 판례, 통설). 검사 작성의 피고인 김갑인에 대한 피의자신문조서는 피고인 이을해가 부동의하였음에도 불구하고 법정에서 원진술자인 피고인 김갑인이 진정성립을 인정하고 있으므로 증거능력이 인정되므로 그 증거능력을 배척하는 주장을 해서는 아니되고 뒤에서 보는 바와 같이 신빙성을 다투어야 한다.

증인 안경위의 증언은 피고인 이을해가 위 증인으로부터 조사를 받으면서 위 공소사실을 자백하였다는 취지로 경찰 피의자신문조서와는 별개로 형소법 제316조 제1항에 의하여 증거로 쓰일 여지가 있다. 그러나 피고인이 경찰로부터 임의동행을 요청받고 거절하였음에도 불구하고 경찰은 피고인을 사실상 강제로 연행하는 위법을 저질렀고, 불법연행 후 이루어진 긴급체포 또한 위법하다[12] 할 것이고, 이와 같이 위법한 체포상태에서 이루어진 피고인의 자백은 임의성이 있다고 하더라도 위법하게 수집한 증거로써 증거능력이 없으므로 피고인의 자백을 그 내용으로 하는 위 증언[13] 역시 위법하게 수집한 증거이므로 증거능력이 없다고 할 것이다.[14] 따라서 안경위의 증언은 위와 같은 임의동행의 위법 및 긴급체포

---

11) 재물편취를 내용으로 하는 사기죄에 있어서는 기망으로 인한 재물교부가 있으면 그 자체로써 피해자의 재산침해가 되어 이로써 곧 사기죄가 성립하는 것이고, 상당한 대가가 지급되었다거나 피해자의 전체 재산상에 손해가 없다 하여도 사기죄의 성립에는 그 영향이 없으므로 사기죄에 있어서 그 대가가 일부 지급된 경우에도 그 편취액은 피해자로부터 교부된 재물의 가치로부터 그 대가를 공제한 차액이 아니라 교부받은 재물 전부라 할 것이다

12) 긴급체포 자체도 그 요건을 갖추었는지 의문이다.

13) 이 증언은 증인의 직접경험사실을 증언하는 것이 아니고 피고인의 자백을 법정에서 현출(증언)하고 있으므로 피고인의 자백이 증거가 되고 따라서 위 증언(내용)은 독수의 과실은 아니고 독수 자체라고 할 수 있다.

의 위법성을 언급하고 위법수집증거배제법칙을 주장하여 증거능력을 부정하는 기재를 하여야 한다.

박병진의 증언과 진술조서의 기재 중 양신구로부터 들었다는 내용은 양신구가 사망하였으므로 증거능력은 있으나 후술하는 바와 같이 신빙성이 없다고 주장하여야 한다.

다. 증명력 문제

(1) 일반론(참고사항)

증명력이 없다고 주장하는 경우[15]에 증인(참고인)진술의 신빙성이 없다는 주장, 즉 증인(참고인) 진술의 자체 모순관계, 여러 증인(참고인) 간의 모순관계, 증인(참고인)과 피고인과의 적대관계, 증인(참고인)과 피해자의 우호관계, 증인(참고인)의 목격 상황, 시력, 청력의 문제, 사건 전후의 증인의 태도에서 공정성을 의심할 만한 사유 등을 찾아서 설시한다. 또한 협의의 증명력(추인력) 부족의 경우에 '부족증거'라는 제목으로 설시할 수 있는데, 증거물, 감정결과로써 공소사실을 추인하기에 부족하다(논리와 경험칙 동원), 증인의 증언(참고인의 진술)이 사실이라고 하더라도 공소사실을 추인하기에 부족하다(논리와 경험칙 동원)고 설시한다. 그리고 피고인에게 유리한 자료가 있는 경우에, 피고인의 주장을 뒷받침하는 진술이나 자료가 있음, 검사 측 증거와 모순되는 진술이나 자료가 있음, (피고인에게 유리한 진술이나 자료를 제시하며) "오히려 ~ 한 사실을 인정할 여지가 있다"라고 설시하고 결론적으로 공소사실에 대하여 합리적 의심을 배제할 수 없으므로 무죄판결을 하여야 한다(간혹, 피고인이 자백하고 있으나 보강증거가 없는 경우, 자백에 대한 보강증거가 없으므로 무죄판결을 해야 한다)고 결론을 맺는다.

(2) 피고인 김갑인과 양신구의 진술의 신빙성

이 사건 공소사실에서 가장 중요한 증거는 상피고인 김갑인의 진술, 즉 피고인 김갑인이 2억원을 현금으로 인출하여 피고인 이을해에게 교부하였다는 진술이므로, 위 진술의 신빙성을 탄핵하여야 한다.

증인 박병진은 피고인 이을해가 범행직후인 2012.6.1. 자신에게 '빌린돈을 갚아야 하는데 돈이 없다고 하면서 500만원을 빌려달라고 하여 빌려주었으나 아직 받지 못하고 있다'고 증언하였는 바, 피고인 김갑인의 진술대로 2억원을 피고인 이을해에게 건네주었다면 피고인이 500만원이 없어 위 박병진에게 빌려달라고 할리가 없다는 점에서 피고인 김갑인의 진술은 믿기 어렵다. 사문서위조와 위조사문서 행사도 모두 피고인 김갑인이 피고인 이을

---

14) 조사자증언의 요건인 특신상태가 없다고 주장하면서 증거능력이 없다고 할 수도 있으나 위 요건은 전문증거나 직접주의의 예외요건이므로 그 보다는 더 전제요건인 위법수집증거 여부를 주장하는 것이 적절할 것으로 보인다.

15) 이하 차정인, 전게서, 10쪽 내지 11쪽 참조.

해와 공모 없이 행한 단독 범죄인 점, 피고인 김갑인이 피고인 이을해로부터 300만원의 수고비만 받았다고 진술하면서도 그 보다 많은 1,000만원을 지급할 것을 제안하면서 매도인 최정오에게 고소를 하지 말 것을 부탁한 점, 피고인 김갑인이 양신구에게 대부분의 편취금액을 이을해에게 전달하라고 하면서 굳이 1주일간 소액으로 분산하여 모두 5만원권으로 인출하게 한 점, 피고인 김갑인이 편취금액의 일부라도 취하지 아니하고 전부를 피고인 이을해에게 건네주는 것은 상식에 반하는 점, 위 김갑인과 양신구가 편취금원을 나누어 썼을 가능성이 크다는 점, 피고인 이을해가 지하 건물에서 거주하고 있고 식대조차도 내지 못할 정도로 궁핍하게 지내고 있는 점 등을 들면서 김갑인과 양신구의 진술은 믿을 수 없다는 변론을 하여야 할 것이다.

(3) 박병진의 진술 신빙성[16]

박병진의 증언 중 양신구로부터 그가 2억원을 피고인 이을해에게 가져다 주었다는 진술은 위에서 본 바와 같이 믿을 수 없다고 할 것이다.

(4) 부족증거

매도인인 최정오의 진술, 박병진의 나머지 진술, 부동산매매계약서, 무통장입금증 등은 모두 진실하다고 하더라도 단순히 매매경위 등에 관한 진술로써 위 공소사실을 추인하기에는 부족하다 할 것이다.

라. 소 결

따라서 이 부분 공소사실은 합리적 의심없이 증명되었다고 보기 어려우므로 범죄의 증명이 없는 때에 해당하여 무죄가 선고되어야 한다는 주장을 하여야 한다.

2. 공 갈

가. 무죄 주장

재산상 이익의 취득으로 인한 공갈죄가 성립하려면 폭행 또는 협박과 같은 공갈행위로 인하여 피공갈자가 재산상 이익을 공여하는 처분행위가 있어야 한다. 그러나 폭행의 상대방이 위와 같은 의미에서의 처분행위를 한 바 없고, 단지 본건과 같이 행위자가 법적으로 의무 있는 재산상 이익의 공여를 면하기 위하여 상대방을 폭행하고 현장에서 도주함으로써 상대방이 행위자로부터 원래라면 얻을 수 있었던 재산상 이익의 실현에 장애가 발생한 것에 불과하다면, 그 행위자에게 공갈죄의 죄책을 물을 수 없다(대법원 2012.1.27. 선고

---

16) 박병진의 증언 중 양신구의 진술은 전문증거이지만 형사소송법 제316조 제2항에 따라 증거능력이 인정될 수 있는 바, 그 요건 중 하나인 특신상태가 없다고 보기는 어려워 증거능력은 인정된다고 할 수 있고, 양신구의 진술이 기재된 박병진의 참고인진술조서의 내용은 재전문서류이지만 판례에 따르면 형사소송법 제312조 제4항과 제316조 제2항의 요건을 갖추어 증거능력은 인정된다고 할 수 있다. 다만 긍정설은 제316조의 피고인 아닌 자의 공판정에서 '진술'을 '진술조서'까지 포함한다는 점에서 법문에 반한다고 보아 재전문서류의 증거능력도 부정하는 반대 견해(졸고, 재전문증거의 증거능력, 외법논집 제34권 제2호, 2010.5. 219면 이하)가 있다. 따라서 판례에 따라 증명력을 탄핵하는 것이 타당할 것으로 보인다.

2011도16044 판결). 따라서 이 부분 공소사실은 범죄로 되지 않아 무죄라는 주장을 하여 야 한다.

나. 공소기각 주장

위 공갈의 공소사실과 폭행은 공소사실의 동일성이 인정될 뿐만 아니라 축소사실이므로 법원이 공소장변경이 없더라도 직권으로 유·무죄의 실체판단을 할 수 있으나 피해자인 강 기술은 공소제기 전인 2012.9.28. 피고인의 처벌을 원하지 않고 있으므로 피해자의 의사 에 반하여 공소를 제기할 수 없는 폭행에 대하여 검사는 공소를 제기할 수 없다. 따라서 위 부분은 공소제기의 절차가 법률의 규정에 위반하여 무효인 경우에 해당하므로 판결로써 공 소를 기각하여야 한다는 주장을 하여야 한다.

Ⅳ. 나가는 말

이번 제2회 변호사시험에서 수험생들 모두 고생하였지만 가혹하게도 제1회 시험과 달리 상당수의 응시생이 탈락할 것으로 예상되고 있다. 내년은 더욱 탈락자가 많아질 예정이므 로 수험생들은 더욱 열심히 준비하여야 할 것이다.

형사법뿐 아니라 모든 기록형은 변호사로서 기본적인 법률지식을 묻는 문제가 출제, 특 히 형사법의 경우 변호인의 입장에서 무죄변론을 하여야 하는 형식으로 출제되므로 그 방 향에서 생각하면 쟁점 찾기도 어렵지 않기 때문에 평소 학교에서 강의나 특강시간에 기록 형 강의를 수강하는 등 조금만 준비하면 고득점을 할 수 있다. 즉 사례형 보다 더 평소 쓰 는 연습을 하여야 한다. 선택형 문제나 사례형 문제도 마찬가지이지만 기록형 문제는 더욱 시간이 모자랄 가능성이 많으므로 평소 시간에 맞추어 기록을 읽고 답안을 작성하는 연습 이 필수적이다.

필자는 위에서 언급한 쟁점 등이 대체로 맞을 것이라고 감히 생각하지만 이번 시험의 출 제나 채점하는 사람이 아니라서 놓친 쟁점이 있을 수도 있다는 것을 말씀드리고, 내년 시 험을 준비하는 수험생들에게도 도움이 되기를 기원하면서 글을 마무리 한다.

형
사
법

2012년 제1회 변호사시험
기록형 기출문제 해설

정 한 중 〔한국외국어대학교 법학전문대학원 교수 · 변호사〕

Ⅰ. 들어가는 말

본고를 작성하는 이 시점에서 보면 제1회 변호사시험의 합격자 발표가 얼마 남지 않았다. 변호사 수급상황 등 여러 측면에서 몇 명을 합격시켜야 좋을지, 또 우리 학교를 포함하여 몇 명이 합격할지 궁금할 뿐이다. 그러나 개인적으로는 이제 변호사 양성 시스템이 달라졌다는 점을 고려하여 기본적인 리걸 마인드를 갖춘 사람은 합격시키고, 학교와 변호사시험으로 채우지 못한 점은 실제 현장에서 도제식 교육으로 보강하면 될 것으로 생각한다.

법조계, 특히 젊은 변호사들을 중심으로 변호사시험이 사법시험과 비교하여 쉽다고 말하는 분들도 있다. 그러나 과목과 준비기간을 비교하면 많은 차이가 있다는 점을 간과한 주장이다. 즉 변호사시험 응시자는 사법시험과 다르게 소위 후사법이 선택형에 포함되고, 사법연수원 시험 과목의 일부라고 할 수 있는 기록형 시험을 추가하였다. 선택형 합격 후 다음해에는 1차 선택형을 면제하며 사법시험을 응시한 후 약 1년이 지난 시점에서 치르는 사법시험 및 연수원 시험과 다르게 변호사 시험 응시자는 이 모든 시험을 일주일에 걸쳐 한꺼번에 응시한다.

따라서 사법시험에 비하여 공부량 등 수험생의 부담은 훨씬 가중되고 준비할 수 있는 기간이 훨씬 짧음에도 불구하고 이번 시험 채점 후 법조계를 중심으로 수험생의 답안을 사법시험 및 사법연수원 수료자와 단순 비교하는 것은 타당하지 않다고 생각한다.

하지만 출제자가 아니라 변호사시험 응시자들을 교육하고 있는 사람의 한 사람으로 역시 채점 후에 답안에 대한 아쉬움과 함께 좀 더 잘 가르쳐야 하겠다는 다짐은 남는다.

II. 출제의도 및 채점평1)

1. 출제의도

출제자들은 위에서 말한 점을 고려하여 기본적인 리걸 마인드를 갖춘 사람은 무난히 답안을 작성할 수 있는 기초적인 가상 사례 몇 개를 상정하여 이를 토대로 기록형 문제를 출제하기로 하였다.

다만 변호사시험에서 법률판단 문제는 사례형이나 선택형에서 충분히 다룰 수 있고 법률판단에 관한 대법원 판례의 이유 부분을 암기하여 작성하면 좋은 점수2)를 받을 수 있으므로 변호사시험의 특성상 기록형의 경우, 법률판단 쟁점은 실체법과 절차법 각 2~3개 정도 묻고 사실인정에 관한 문제3)를 비중있게 출제하기로 하였다.4) 물론 사실인정에 관한 문제를 출제하기 위해서는 기록이 비교적 길어질 수 있고 모범답안이 정형적이 못하며, 한정된 시간에 수험생이 답안을 작성하기가 쉽지 않다는 점을 고려하여 경찰과 검찰의 중복된 수사기록을 생략하고, 기록 앞에서 주의사항을 통하여 기록을 법무부 방침에 맞게 50쪽 이내로 줄이기로 하였다. 앞으로도 기록형 문제의 특성상 일부 특별법을 포함한 형법 각론과 사실인정 문제가 총론에 비하여 많은 비중을 차지할 것으로 보인다.5)

2. 채점평

(1) 응시자가 기본적으로 주의할 사항

문제지의 지시사항에 경위와 양형 등 쓰지말 것 등 수험생에게 지시하는 문구가 있음에도 불구하고 이를 작성하는 사람이 있었다. 또 답안 예시에 큰 목차를 나누어 주어 쓸 내용을 주지시키고 있음에도 변론의 요지를 쓰거나 서론에 사실상 이를 설시한 경우가 있었다. 이는 주의사항을 제대로 읽지 않았다고 할 수 있다. 또한 논술형이나 기록형 시험 등에서 늘 지적되는 말이지만 답안의 가독성을 높이도록 노력하여야 한다. 글씨를 잘 쓰면 금상첨화지만 그렇지 못하더라도 최소한 목차를 나누어 설시하여야 채점자가 읽기가 편하다.6)
변호사 등 법조계에 진출해서도 마찬가지지만 시험에서도 공판조서와 수사기록을 비롯

---

1) 이하 기록형의 골격을 잡으신 광주지검 노로 검사님과 연세대 윤태석 교수님, 예시 변론요지서를 작성하신 부산대 차정인 교수님 등 출제자들의 공동 저작이며 기고자는 일부만 가필하였다.
2) 대법원 판결 이유에 있는 법률검토에 관한 문장을 그대로 암기하여 답안을 작성하면 정답일 뿐만 아니라 문장 구사 면에서도 좋은 인상을 주기 때문이다.
3) 이번 출제자들은 사실인정의 문제는 총론이나 각론의 한 분야라고 할 수도 없고, 반드시 형사소송 문제라고 보기도 어렵다고 생각했다.
4) 실무에서 정상 변론도 형사변론의 주요한 내용이지만 시험이라는 면에서는 정상에 관한 내용은 생략하기로 하였다.
5) 다만 총론 중에서 과실범과 공범 등은 자주 출제될 수 있을 것이다.
6) 채점자들이 대개 40대 중반을 넘긴 교수, 법조인이라 이제 시력이 안 좋아질 나이라는 점을 고려해야 한다. 실무에 나가 작성한 문서를 보여줄 상대방인 선임 변호사나 판사 등도 비슷한 연령이다.

형사법 기록형

하여 사건 기록을 꼼꼼히 읽어야 한다. 특히 공판조서 중 증거 동의 여부 등이 기록되어 있는 증거목록을 잘 검토하여야 한다. 목록 부분은 공판절차에서 있었던 재판과정을 요약하여 둔 것이나 마찬가지이다.

이번 시험에서도 기록 검토를 소홀히 하여 반의사불벌죄가 논점이 되는 사안에서 공소제기 후 합의되었음에도 기소 전 합의된 것으로 보아 이를 토대로 공소제기절차가 법률에 위반된 것으로 설시한 답안이 있었다. 또 기록을 보면 공판절차에서 특신정황 등에 대한 반대신문이 있었음에도 반대신문이 없었다고 한 답안이나 사법경찰관 작성의 피의자신문조서 전부를 내용부인하지 않았음에도 모두 내용부인한 것으로 설시한 답안, 검찰조서도 있지만 내용을 생략한다는 문구가 마지막 면에 있었지만 없는 것으로 상정하고 쓴 답안이 있었다.

배점을 고려하여 답안을 작성하여야 한다. 김토건의 경우에도 45점이 배점되었음에도 불구하고 증거능력만 검토한 답안이 있었다. 피고인 김토건 부분에서 증거능력을 검토할 사항이 많지 않음은 기록상 명백하고 피고인 이달수 부분이 50점임을 고려하면 이는 출제의도를 파악하지 못한 사람이다.

(2) 논점 검토

1) 김토건의 경우

(가) 증거능력 검토

먼저 증거능력 없는 증거를 배제하는 설시를 한다. 이 때 증거능력 없는 증거의 진술내용을 자세히 설시할 필요 없고 ~ 해서(증거능력 요건 갖추지 않아서) 증거능력 없다고 정도로 설시하면 된다.

이달수의 사경작성 피의자신문조서는 피고인이 내용부인하므로 증거능력이 없다(제312조 제3항의 해석에 있어서 당해 피고인인 검토건의 내용인정설이 통설, 판례임을 덧붙여준다).

증인 이칠수의 전문진술은 원진술자 이달수가 법정에 현존하고 있으므로 필요성 요건을 갖추지 못해 증거능력 없다. 여기서 이칠수 진술은 피고인 아닌 자의 진술이 피고인(김토건)의 진술을 내용으로 하는 것이 아니고 피고인 아닌 자(이달수)의 진술임 따라서 316조 제1항이 아니고 제2항 요건을 갖추어야 한다. 단순히 전문진술이므로 증거능력 없다고 쓴 답안은 많은 감점이 된다(다만 이칠수의 진술을 재전문진술로 보더라도 재전문진술에 대한 증거능력을 부인하는 판례에 따라 증거능력이 없다. 재전문조서는 312조 제4항과 제316조 제2항의 요건을 갖추어야 한다는 것이 판례 입장임).

(나) 신빙성 검토

증거능력 있는 검사 제출 증거에 관하여 '...(증거)는 ~ 해서' 증거능력 있다고 증거능력 있는 이유를 자세히 설시하지 말고[7] 바로 하나하나 증명력을 다투어야 한다.

증명력 판단을 설시할 때 추상적이고 변호인의 추측을 근거로 작성하는 것은 부적절하고 기록에 나타난 사실을 근거로, 검사의 공소사실 인정에 관련되는 증거에서 나타난 사실과, 서로 모순되는 점 등을 밝히면서 설시하여야 한다. 따라서 공소사실을 인정할 수 있는 증거나 진술이 피고인 진술과 배치된다는 식으로 언급하거나 변호인이 피고인의 변명만 설시하는 것보다 근거를 가지고 작성하여야 한다.

이달수의 진술의 신빙성을 검토하면, 박대우 진술조서를 보면 칼로 협박을 당했다는 것이 있으므로 위 조서를 인용하여 범행에 사용된 칼이 존재하지 않을 수도 있다는 설시는 적절하지 않다.

구체적으로 검토하면 칼의 모양에 관하여, 이달수는 주방용 식칼이라고 하였으나 피해자 박대우는 법정에서 접히는 칼이라고 진술하였다. 또한 칼을 휴대가방에 소지하면 공항검색을 통과하기가 어렵다는 점을 지적하여야 한다. 다만 점퍼 안주머니에 25세티미터의 주방용 식칼을 소지하기가 어렵다고 쓴다면 부분 점수를 얻을 수 있다.

기타 경험칙으로 기술할 수 있는 것, 즉 재력이 있는 피고인이 굳이 강도교사를 할 이유가 없다는 점(범행동기 부족), 이달수가 채무변제에 돈이 급하여 무리한 단독범행을 할 동기가 있다 점(단독범행의 동기), 이달수는 자기의 죄책을 가볍게 하기 위하여 피고인을 끌어들일 동기가 있다는 점(허위진술의 동기), 이달수는 그전에도 피고인이 돈을 착복한 부도덕한 사람이므로 그 진술을 믿을 수 없다는 점 등이 있다.

신빙성 부분을 설시하지 않거나 간략히 쓰고 자백의 보강증거가 없다고 설시한 답안도 있었다. 그러나 형사소송법 제310조의 피고인의 자백에는 공범인 공동피고인의 진술은 포함되지 않으며, 이러한 공동피고인의 진술에 대하여는 피고인의 반대신문권이 보장되어 있어 독립한 증거능력이 있다(대법원 1992.7.28. 선고 92도917 판결). 즉 공동피고인의 자백은 이에 대한 피고인의 반대신문권이 보장되어 있어 증인으로 심문한 경우와 다를 바 없으므로 독립한 증거능력이 있다(대법원 1987.7.7. 선고 87도973 판결). 즉 공범인 공동피고인의 경우에 증인적격이 없지만 변론을 분리하지 않았더라도 반대신문 기회를 주면 법정진술이나 수사기관의 조서(반대신문 한 경우) 증거능력 있다는 취지인 바, 공판조서를 보면 피고인이 반대신문을 한 것을 알 수 있다.

---

[7] 변호사가 제출하는 변론요지서이므로 검사가 설명할 것을 대신해 자세히 줄 필요가 없다는 취지이다.

(다) 인정되는 사실의 형법적 의미

이론상으로 법원이 축소사실임을 근거로 공소장변경 없이 특수강도를 강도교사로 인정할 여지가 없지 않은 바, 변호인으로서는 예비적으로 강도교사도 인정되지 않는다고 주장할 필요성도 있다. 따라서 피고인이 "순순히 말해서는 주지 않을 것이니 확실히 받아오라"고 한 말은 채무변제를 심하게 독촉하라는 의미로 해석할 수 있을 뿐이다. 즉 교사는 정범에게 특정한 범죄의 결의를 가지게 만드는 행위이므로 이 말을 교사로 볼 수 없다.

(라) 결론

특수강도교사에 대하여 합리적 의심 없는 정도의 증명이 되지 않았으므로 김토건은 무죄라고 설시한다.

2) 이달수 부분

(가) 횡령의 점

피고인이 받은 돈은 부정한 청탁을 하고 대가로 제공한 금품이므로 불법원인급여물이다. 불법원인급여물에 대한 횡령죄 성부에 대하여 견해대립이 있으나 교부자가 반환청구권을 상실하고 따라서 받은 자에게 소유권이 귀속되므로 부정설이 타당하다(다수설, 판례). 그러므로 이 부분은 공소사실이 범죄를 구성하지 않는 경우에 해당하므로 무죄이다.

즉 불법성 근거＋부정설 논거＋판례＋불법원인급여＋무죄를 설시하면 된다. 여기서 불법성의 근거에서 뇌물공여죄에 제공된 금품이 아니라 배임증재죄에 제공된 금품이라는 것을 유의하여야 한다.

(나) 성폭법위반

증거능력 배제 부분에서 신발(압수물)은 특수강도로 긴급체포하면서 압수한 것이므로 본 사건과 관련성이 없어 형소법 제217조의 영장주의 예외가 아니고, 사후영장도 발부받지 않아 증거능력 없다. 또한 족적 감정서는 위법하게 수집한 제1차 증거에 기한 2차 증거(독수과실)이므로 증거능력이 없다. 여기서 족적 감정서는 증거능력이 있으나(판례의 예외조건 설시), 같은 신발이 다수이며, 같은 신발을 신는 사람이 다수이며, 족적 감정의 확률적 오류를 지적한 답안은 감점이 될 수 있다.

피해자 진술의 신빙성 부분에서 피해자의 목격진술은 범인식별절차를 준수하지 않아(쇼업방식) 신빙성이 없다. 판례에 따르면 범인식별절차위반 위법수사로 증거능력 없다는 취지는 아니고 증명력 즉 신빙성이 없다는 것이다. 따라서 이를 근거로 한 압수절차나 긴급체포(기록을 보면 긴급체포 자체는 적법한 것으로 보임)가 위법하다고 설시하면 적절하지 않다. 여기서 범죄 피해 후 5개월 경과하여 기억력이 의문이고, 침대 스탠드 조명이 어둡다만 설시한 답안은 감점이 될 수 있다.

(다) 교특법위반

도교법 제27조 1항의 반대해석 상 횡단보도를 자전거를 타고 진행하는 사람은 보행자가 아니므로 이 사건 교통사고는 횡단보도보행자보호의무 위반이 아니다. 공소제기 후 피해자가 합의서를 제출하였으므로 교통사고처리특례법 제3조 2항, 형소법 제327조 제6호에 의하여 공소기각 판결을 하여야 한다. 즉 보행자 아닌 근거＋보행자 아님＋처벌불원＋공소기각을 설시하여야 한다. 여기서 교특법 전부가 반의사불벌죄가 아님(따라서 반의사불벌죄의 예외에 해당여부가 문제가 되므로 그 중 하나인 보행자 개념에 대한 법률해석을 설시해야 함)에도 합의되었다고 바로 공소기각판결을 하여야 한다는 식으로 설시한 답안이 있었고, 운전자로서 주의의무위반은 인정됨(무단횡단하는 피해자에 대한 관계에서도 주의의무위반은 인정됨, 다만 자동차전용도로 등은 예외)에도 주의의무위반이 없다고 무죄를 설시한 답안은 많은 감점이 될 수 있다.

(라) 사기

공소사실과 확정판결된 범죄사실은 상습범으로서 포괄일죄이므로 기판력의 객관적 범위에 들어가고, 약식명령 선고일(발령일) 이전의 범행이므로 기판력의 시적 범위에 속한다. 따라서 확정판결의 일사부재리 효력에 따라 면소판결을 하여야 한다(형소법 제326조 제1호).

상습범은 포괄일죄＋객관적 범위＋시적 범위＋면소판결 등 법률용어와 날짜 등을 정확히 쓰면서 설시하여야 한다.

여기서 상습사기는 친고죄 아님에도 친고죄로 설시한 답안 있었고, 교특법위반 부분에서뿐 아니라 상습사기에서도 사기의 범위가 없었다는 등 무죄를 변론을 설시한 답안이 있었으나 무죄판결 등 실체재판보다 형식재판(공소기각, 면소판결 등)이 우선 판단하여야 함을 유의하여야 한다.

Ⅲ. 나가는 말

지난 해 제53회 사법시험 출제와 채점하면서 느낀 점과 마찬가지로 이번 시험에서도 우수한 답안은 정말 우수한 반면에 한편으로 형편 없는 답안을 보면서 한심한 생각이 들었다. 그런 답안은 선택형으로도 과락을 면하기 불가능할 정도로 과감하게 과락 점수를 줄 수밖에 없었다. 또한 사례형 답안과 같이 풀이식으로 쓴 답안도 있었다. 이는 모의시험에 응시하지 않았거나 모의시험의 강평을 듣지 않은 수험생일 것이다. 각 로스쿨 교수님들이 말씀은 당국이나 학교에서 여러 번 응시 기회를 주었음에도 회피한 응시자들이 많았고 대부분 공부 못하는 사람들이 빠진다고 한다. 이러한 사람들은 시험 후 반드시 후회하게 되어 있다. 선택형 문제나 사례형 문제도 마찬가지이지만 기록형 문제는 더욱 시간이 모자랄 가능성이 많다. 따라서 평소에 시간에 맞추어 기록을 읽고 답안을 작성하는 연습이 필수적이다.

이번에 시험이 조금 쉽게 출제되었다고 방심하면 곤란하다. 다음 해 형사법을 비롯해 기록형 시험 등은 좀 더 어려워질 수 있다는 점을 유념하여야 한다.

(법률)문어체(예를 들면, '다시 범죄를 저지를 가능성' 보다는 '재범의 위험성' 등)나 기본개념 내지 전문용어(불법- '구성요건에 해당하고 위법한 행위', 가벌성- '구성요건에 해당하고 위법하며 유책한 행위', 귀속- '.... 의 탓이다', 인적- '그 사람에게만' 등)에 익숙하고 이를 구사할 수 있도록 평소에 유의하여야 한다.

민사든 형사든 기본서를 전체적으로 1회독 하면서 회독수를 빨리 늘려가는 것이 좋다. 처음 공부할 때는 모르는 부분이 있더라도 처음 1~3회독할 때까지는 그냥 넘어간다. 뒷부분을 보면 이해할 수 있는 경우가 많다(회독수를 교과서 뒤에 적어 성취감을 느낄 수 있도록 하는 것도 좋은 방법으로 보인다). 최근 출제 경향은 객관식이든 사례형이든 지문이 매우 길고 논점이 여러 가지여서 빨리 문제를 읽고 논점을 파악하고 문제를 풀어야 하기 때문에 시간이 매우 부족하다고 한다. 이는 평소 기본서나 사례집 등을 빨리 읽고 논점을 생각하고 정리하는 습관(순발력을 기르는 방법임)이 필요하다는 것을 말해 준다.

사족이지만 주지하다시피 예습과 복습, 강의에 집중하는 것이 모든 공부의 왕도다. 사법시험이나 변호사시험 뿐만 아니라 학교시험도 마찬 가지이다. 학교시험도 최근에는 진도가 상당히 많이 나가기 때문에 평소 공부가 중요하다. 시험을 앞두고는 정리하는 것이지 공부하는 것이 아니다. 모든 시험은 자신감이 중요하다. 특히 마지막으로 갈수록 포기하지 않는 마음이 중요하다. 한 번 포기한 자는 다음해 또 포기한다. 실질적으로 따지면 모든 시험에서 약 3/1은 정신적으로 포기한다고 생각하고 나만 포기하지 않으면 합격할 수 밖에 없다는 자신감(목표의식을 지닌 자신감을 가지고 공부할 것)이 필요하다.

이번 출제와 채점 뿐만 아니라 과거 사법시험을 준비했던 경험과 그 동안 각종 시험 출제와 채점을 통해서 느낀 점을 바탕으로 두서 없이 쓴 글을 읽어 준 변호사시험 응시자들에게 감사하며, 내년 시험을 준비하는 수험생들에게도 도움이 되어 모두 좋은 결과가 있기를 기원하면서 글을 마무리 한다.

기록형 변호사시험 기출문제집[공법/민사법/형사법]

초 판 인 쇄	2014년 5월 30일	
초 판 발 행	2014년 6월 10일	
편 저	고시계 편집국 편	
발 행 인	鄭 相 薰	
발 행 처	考試界社	

서울특별시 관악구 봉천로 472
코업 B/D B 1층 고시계사
대 표 817-2400   편집부 817-0367~8
영업부 817-0418~9   팩 스 817-8998
등 록 2001. 4. 10. 제16-2381호

www.gosi-law.com / www.eduall.kr

정가 28,000원   ISBN 978-89-5822-488-4   93360

법치주의의 길잡이 60여년 月刊 考 試 界

2015년 변리사시험 대비

기출응용

객관식 / 민사법 / 형사법

변리사시험
기출문제해설

교시계 편집부 편저

bar examination   bar examination   bar examination   bar examination